工商管理专业系列教材

统计学概论

TONGJIXUE GAILUN

[第三版]

曾五一 主编

首都经济贸易大学出版社
Capital University of Economics and Business Press
·北京·

图书在版编目(CIP)数据

统计学概论/曾五一主编. --3版. --北京:首都经济贸易大学出版社,2018.9

ISBN 978-7-5638-2801-2

Ⅰ.①统… Ⅱ.①曾… Ⅲ.①统计学—概论 Ⅳ.①C8

中国版本图书馆CIP数据核字(2018)第102817号

统计学概论(第三版)

曾五一 主编

责任编辑 薛晓红

封面设计 风得信·阿东 FondesyDesign

出版发行 首都经济贸易大学出版社

地　　址 北京市朝阳区红庙(邮编100026)

电　　话 (010)65976483 65065761 65071505(传真)

E-mail publish@cueb.edu.cn

经　　销 全国新华书店

照　　排 北京砚祥志远激光照排技术有限公司

印　　刷 北京九州迅驰传媒文化有限公司

开　　本 787毫米×1092毫米 1/16

字　　数 512千字

印　　张 20

版　　次 2003年1月第1版 2010年3月第2版

2018年9月第3版 2021年8月总第17次印刷

书　　号 ISBN 978-7-5638-2801-2

定　　价 39.00元

图书印装若有质量问题,本社负责调换

第三版前言

《统计学概论》第二版自2010年3月出版发行以来,受到了广大读者欢迎,先后多次印刷,被许多高等院校采用。

为了适应经济社会形势的发展,更好地反映近年来统计学精品课程建设的成果,应出版社的邀约,我们对《统计学概论》再次作了全面的修订,编写了《统计学概论》第三版。参加本书修订的有:吉林财经大学和厦门大学特聘教授曾五一(第一章、第六章、第十章)、厦门大学经济学院教授陈珍珍(第二章、第三章、第九章)、厦门大学管理学院教授朱平辉(第四章、第五章)、厦门大学经济学院教授罗乐勤(第七章、第八章)、厦门大学经济学院高级工程师袁加军(附录一EXCEL概述以及各章中与Excel应用有关的内容)。曾五一教授担任主编,负责全书的设计、总纂和定稿工作。

《统计学概论》第三版是为经济与管理类专业编写的一本统计学基础教材,在保持前两版主要特色的基础上,主要在以下几个方面作了一些改进:

第一,根据与时俱进的原则,对第二版中的一些论述作了修改、补充与完善,同时更新了部分案例和习题。

第二,根据Excel的最新版本,对附录一以及各章中与EXCEL应用有关的部分作了较大的修改。

第三,为了便于教师组织教学,我们还制作了与本书配套的教学辅助资料,内容包括:全套教学用幻灯片、本书全部习题的解答、若干模拟试卷。凡以本书作为教材的教师可与出版社联系,免费获得上述教学资源。本书的再版得到了首都经济贸易大学出版社领导和编辑的热情支持,许多兄弟院校的教师也对本书的修订提了不少宝贵的意见,特在此表示衷心感谢!

限于水平,本书的第三版仍会有许多不足,欢迎读者特别是使用本书作为教材的老师提出批评和建议。

曾五一　于厦门山海花园

2018年3月

第二版前言

《统计学概论》第一版自 2003 年 1 月出版发行以来，受到了读者的欢迎，先后多次印刷，被许多高等院校采用。2005 年本书获国家统计局颁发的全国统计优秀教材奖。2006 年以本书作为教材的厦门大学《统计学》课程被教育部评为国家级精品课程。2008 年厦门大学统计学教学团队被教育部评为国家级教学团队。

在过去的几年里，我们在教学实践中不断修改与完善统计学课程的教学内容，同时还建立了比较丰富的网络资源，内容包括教学录像、教学课件、统计案例和参考资料等，并应用计算机网络与数据库技术初步构建了一个覆盖各个环节的题库系统。

为了适应经济社会形势的发展，更好地反映国家级精品课程建设的成果，我们对《统计学概论》第一版做了全面的修订，编写了《统计学概论》第二版。本书仍由经济管理类统计学国家级重点学科——厦门大学计划统计系的教师集体完成。参加本书编写的有：曾五一（第一、第六章）、陈珍珍（第二、第三、第九章）、罗乐勤（第七、第八、第十章）、朱平辉（第四、第五章）、袁加军（附录一以及各章中与 Excel 应用有关的内容）。本书由曾五一教授担任主编，负责全书的设计、修改、总纂和定稿工作。

《统计学概论》第二版是为经济与管理类专业编写的一本统计学基础教材，在保持第一版基本特色的基础上，主要在以下几个方面做了一些改进：

第一，进一步贯彻"少而精"和"学以致用"的原则，删除了第一版中第六章方差分析和第九章统计决策，将全书内容由原来的 12 章压缩为 10 章；删除了部分计算机时代不再需要的附表。精简后的教学内容与课时安排，更适合非统计学专业的其他经济管理类专业的教学。

第二，删除第一版各章开头的本章学习要点与要求，改为引例，通过生动的案例导出本章所要讨论和学习的问题，以增加读者的兴趣和学习的主动性。

第三，对第一版中的一些论述做了修改与完善，同时更新补充了部分案例和习题。

第四，为了便于教师组织教学，我们制作了与本书配套的教学辅助资料。内容包括：全套教学用幻灯片、本书全部习题的解答、若干模拟试卷。凡以本书作为教材的教师可与出版社联系，免费获得上述教学资源。

本书的再版得到了首都经济贸易大学出版社的热情支持，许多兄弟院校的教师对本书的修订提了不少宝贵的意见，特在此表示衷心感谢！

限于水平，本书的第二版仍会有许多不足，欢迎广大读者特别是使用本书作为教材的老师提出批评和建议。

曾五一　于厦门山海花园

2010年2月

第一版前言

随着我国社会主义市场经济体制的逐步建立与完善，无论是进行宏观的国民经济管理，还是进行微观的企业经营决策，都需要准确地把握有关经济运行的各类数量信息。统计作为认识客观世界数量规律的一个有力工具，在新的形势下，必将发挥更大的作用。因此，《统计学》一直被教育部列为经济和管理类大学本科教育的核心基础课程。

本书是应首都经济贸易大学出版社的邀请，为高等院校工商管理类和经济类专业编写的教材，由经济管理类统计学国家级重点学科——厦门大学计划统计系的教师集体完成。参加本书编写的有：曾五一（第一、第七、第九章）、陈珍珍（第二、第三、第十一章）、罗乐勤（第八、第十、第十二章）、朱平辉（第四、第五、第六章）、袁加军（附录一以及各章中与 Excel 应用有关的内容）。本书由曾五一教授担任主编，陈珍珍、罗乐勤教授担任副主编，负责全书的设计、修改、总纂和定稿工作。

在本书的编写过程中，我们力求使本教材具有特色和新意，从而更加适合新时期经济、管理类专业的统计学教学。

首先，我们根据经济管理类专业的培养目标来设计本书的内容体系。经济、管理类专业统计学教育的目的是：使学生具备基本的统计思想，掌握基本的统计方法，培养应用统计方法分析和解决经济管理中实际问题的能力。由于总学时的限制，非统计学专业的经济、管理类专业难以开设很多的统计学课程。因此，作为经济、管理类各专业的公共基础课，本书将以往分别开设的《社会经济统计学原理》和《数理统计学》这两门课程有机地结合起来，既介绍具有通用方法论性质的一般统计理论与方法及其在经济管理中的应用，又讨论社会经济领域所特有的一些统计方法问题。同时，还包括了一些经济管理类本科生应当掌握的最基本的国民经济统计学知识。

其次,在本教材的编写过程中,我们根据经济管理类专业的特点,努力贯彻“少而精”和“学以致用”的原则,不仅较大幅度地精简了描述统计学的内容,而且对推断统计学的内容也做了适当的取舍,尽可能做到结构合理、概念明确、条理分明、深入浅出。除十分必要外,本书一般不做过多的数学推导与证明,着重通过实例讲述统计思想,培养和提高学生应用统计方法的能力。

最后,为了便于师生教学互动、提高学生学习的兴趣和学习效率,我们在统计学与计算机的结合、教材体例的选择等方面,也做了一些尝试。本书采用最常见的通用软件 Excel 作为实现统计计算和分析的工具。书后附录一为 Excel 概述,并在各有关章节中,结合实例(这些实例大多数采用我国真实的统计数据)介绍了 Excel 在各种统计分析中的具体应用,通过多媒体演示和上机操作,培养学生的实际动手能力。在教材体例上,本书各章开篇设计了内容要点和教学要求提示,章末附有本章小结,对有关教学内容和计算公式作扼要的总结。本书的《思考与练习》不设一般常见的简答题和论述题,而是通过判断题、选择题和计算题来帮助学生掌握有关概念和计算方法。为便于学生自学,同时又为其留有独立思考和独立完成作业的余地,本书书末附有各章编号为奇数的习题的参考答案。本书出版之后,根据情况,我们还将编制该书的多媒体演示教学软件,提供给采用本书的教师使用。

应当指出,尽管我们为提高教材的质量做了不少努力,但由于水平有限,加之时间仓促,书中难免有疏漏或错误之处,恳请同行专家和读者不吝赐教,以便进一步修改与完善。

本书的编写与出版得到首都经济贸易大学出版社的大力支持,刘红同志为本书的组稿、编辑做了大量工作,袁加军同志为本书排版付出了辛勤劳动,在此一并表示衷心的感谢。

曾五一　于厦门大学北村

2002 年 6 月

目 录

第一章

绪　论

引例

无处不在的统计

以下是关于"统计"的几则信息：

- 我国著名的经济学家马寅初指出："学者不能离开统计而治学，政治家不能离开统计而施政，事业家不能离开统计而执业。"
- 美国著名科幻作家威尔斯说："对于追求效率的公民而言，统计思维总有一天会和读写能力一样重要。"
- 在诺贝尔经济学获奖者中，2/3 以上的研究成果与统计和定量分析有关。因此，著名经济学家萨缪尔森在其经典教科书《经济学》(12 版) 中特别提到："在许多与经济学有关的学科中，统计学是特别重要的"。
- 美国杜邦公司的总经理理查德曾经指出："现代公司在许多方面是根据统计来行事的。"
- 美国总统的年薪已经达到 40 万美元，在各国元首中名列前茅，但根据美国《工作等级年鉴》一书的排名，总统一职并未进入最好工作之列，在美国最好的工作是：统计学家。

由以上几则信息可知，统计已经渗透到社会经济活动和科学研究的方方面面，统计无处不在，并且正在发挥越来越重要的作用。那么究竟什么是统计？统计是如何开展研究的？作为一门科学，统计学与其他学科有何区别与联系？这些正是本章所要介绍的主要内容。

第一节　什么是统计

一、关于统计的含义

在日常生活中，人们对于“统计”这一术语常常有不同的用法。例如，每年的高考结束后要“统计”考生的总分，这是将其作为一种工作来看待。了解股票的交易状况要看有关成交额和股票指数“统计”，这时又是将其作为数据来运用。而学生们所说的我们正在学习“统计”，则是指一门科学即统计学。

那么究竟何为统计，这里有必要给出一个比较准确的科学定义。所谓统计，它是人们认识客观世界总体数量变动关系和变动规律的活动的总称，是人们认识客观世界的一种有力工具。与其他认识活动相比，统计的研究对象具有以下特点：

第一，数量性。这是统计研究对象的基本特点，常言说：“数字是统计的语言”，指的就是这个意思。但并不是任何一种数量都可以作为统计对象。统计不同于抽象的数学运算。统计数据总是客观事物量的反映，统计定量认识必须建立在对客观事物定性认识的基础上，统计研究是密切联系现象的质来研究它的量，并通过量来反映现象的质，这一点和数学研究抽象的数量关系是不同的。

第二，总体性。统计的数量研究是对现象总体中各单位普遍存在的事实进行大量观察和综合分析，得出反映现象总体的数量特征。例如，进行城镇居民家计调查，需要对具体的居民家庭进行调查，但其目的并不在于了解个别居民家庭的生活状况，而是要反映一个国家、一个城市的居民收入水平、收入分配、消费水平、消费结构等。

第三，变异性。统计研究同类现象总体的数量特征，它的前提是总体各单位的特征表现存在着差异，而且这些差异并不是事先可以预知的。例如，各种股票的价格和成交量每天不同，这才需要对其进行统计。如果不存在差异，也就无须进行统计。总体各单位的变异表现出个别现象的特殊性和偶然性，而对现象总体的数量研究，则是通过大量观察，从各单位的变异中归纳概括出它们的共同特征，显示出现象的普遍性和必然性。

统计作为一种社会实践活动已有悠久的历史。据历史记载，我国在西周朝代就已建立了统计报告制度。在英文中，统计为 statistics，它与“国家”为同一词根。可以说，自从有了国家，就有统计实践活动。最初，统计只是为统治者了解国家的状况，为管理国家提供数量依据。随着社会经济和科技的发展以及统计学自身的进步，统计的应用领域不断扩大。现在，统计不仅用于经济管理领域，而且在军事、医学、生物、物理和气象等领域也得到广泛的应用。

人们通过统计实践活动所得的成果即统计数据，统计实践活动与统计数据的关系是工作过程与工作成果的关系。工作过程的好坏关系到工作成果质量的高低。人们对统计数据的要求是：客观性，即它能反映客观事实而不受任何偏见的影响或干扰；准确性，即统计数据的偏差不能超过根据统计研究目的而事先确定的允许误差范围;及时性,即统计数据应及时搜集、及时加工处理、及时公布。

统计学是在统计实践活动的基础上,自 17 世纪中叶产生并逐步发展起来的一门科学。它是研究如何测定、收集、整理、归纳和分析反映客观现象总体数量的数据,以便给出正确认识的方法论科学。统计学与统计实践活动的关系是理论与实践的关系,理论源于实践,理论又高于实践,反过来又指导实践。

二、统计研究的基本环节

作为人类认识客观世界的一种活动,统计研究的全过程包括以下几个基本环节。

(一)统计设计

根据所要研究问题的性质,在有关学科理论的指导下,制定统计指标、指标体系和统计分类,给出统一的定义、标准;同时,提出收集、整理和分析数据的方案和工作进度等。统计设计是整个统计研究的前期工程,其完成质量直接关系到整个统计研究的质量。搞好统计设计不仅要以统计学的一般理论和方法为指导,而且还要求设计者对所要研究的问题本身具有深刻的认识和具备相关的学科知识。例如,要设计一套较好地反映国民经济运行情况的统计体系与方案,仅有一般的统计方法知识是不够的,设计者还必须具备经济学的知识和理论素养。

(二)收集数据

经过统计设计,形成方案之后,就可以开始收集统计数据。统计数据的收集有两种基本方法。对于大多数自然科学和工程技术研究来说,有可能通过有控制的科学实验去取得数据,这时可以采用实验法。在统计学中专门有一个分支——实验设计,就是研究如何科学地设计实验方案,从而使通过实验采集的数据既能够符合分析的目的和要求,又不会产生不必要的重复和浪费。而对于社会经济现象来说,一般无法进行重复实验,要取得有关数据就必须到社会总体中去选取足够多的单位进行调查观察,如何科学地进行调查是统计学研究的重要内容。本书是为经济管理类专业编写的统计学教科书,由于篇幅的限制,将只介绍有关统计调查的理论与方法。

(三)整理与分析

原始的统计数据收集上来之后,还必须经过整理、加工处理和分析才能真正发挥其作用。在统计研究的这一阶段,所运用的方法包括两大类:描述统计和推断统计。

描述统计是指对采集的数据进行登记、审核、整理、归类,在此基础上进一步计算出各种能反映总体数量特征的综合指标,并用图表的形式表示经过归纳分析而得到的各种有用的统计信息。统计描述是进一步研究的基础,它为统计推断、统计咨询、统计决策提供必要的事实依据。统计描述也是对客观事物的认识的不断深化过程。它通过对分散无序的原始资料的整理归纳,运用分组法和综合指标法得到现象总体的数量特征,揭露客观事物内在数量规律性,达到认识的目的。

推断统计是在对样本数据进行描述的基础上,利用一定的方法,根据样本数据去估计或检验总体的数量特征,在进行统计研究时,常常存在这种情况:由于各种原因,我们所掌握的数据只是部分单位的数据或有限单位的数据,而我们所关心的却是整个总体的数量特征。例如,民意测验中某一候选人是否能够当选,全国婴儿的性别比例如何,某种电子元件的寿命多长,居民的平均消费倾向是多少等。这时就必须利用统计推断的方法来解决。统计推断是逻辑归纳法在统计推理的应用,所以又称为归纳推理的方法。推断统计是现代统计学的主要内容。

(四)统计资料的积累、开发与应用

通过统计整理和分析,可以得到有关的统计资料,但统计资料的提供并不意味着统计研究的终结。统计的目的在于认识客观世界的规律。对于已经公布的统计资料需要加以积累,同时还可以进行进一步的加工,同时结合相关的实质性学科的理论知识进行分析和利用。如何更好地将统计数据和统计方法应用于各自的研究领域,是应用统计学研究的一个重要方面。

以上所述的统计研究的全过程可以用图 1 – 1 表示。

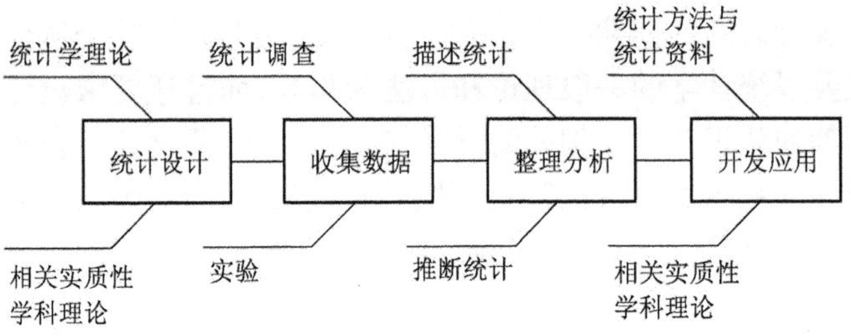

图 1 – 1　统计研究的全过程

第二节　统计学发展的历史与统计学的种类

一、统计学的产生与发展

虽然人类统计的实践活动可以追溯到相当遥远的古代,但是,将统计实践上升到理论,并加以总结和概括成为一门科学——统计学,距今却只有 300 多年的历史。从统计学发展的历史来看,曾经产生过较大影响的主要有以下几个流派。

(一)政治算术学派

最早的统计学源于 17 世纪的英国,其代表人物是威廉·配第(William Patty,1623—1687 年)和约翰·格朗特(John Graunt,1620—1674 年)。威廉·配第在其代表作《政治算术》(1676 年)一书中写道:本书“不用比较级、最高级进行思辨或议论,而是用数字……来表达自己想说的问题……借以考察在自然中有可见的根据的原因。”约翰·格朗特在《对死亡表的自然观察和政治观察》(1662 年)一书中,通过大量观察的方法,研究并发现了一系列关于人口的数量规律,并运用各种方法对统计数据进行间接的推算和相互印证。威廉·配第等人关于运用大量观察和数量分析等方法对社会经济现象进行研究的主张，为统计学的发展开辟了广阔的前景。有趣的是，这一派学者一直没有使用“统计学”这一术语，而是用“政治算术”来表明其研究的特色，因而被称为“政治算术”学派。

（二）国势学派

最早使用“统计学”这一术语的是德国的阿亨瓦尔（G. Achenwall，1719—1772 年）。他认为统计学是关于国家显著事项的学问，主要通过对国家组织、人口、军队、领土、居民职业以及资源财产等事项的记述，对国情国力进行研究。后人把从事这方面研究的德国学者称为“国势学派”。国势学派虽然创造了“统计学”这一术语，但他们主要使用文字记述的方法进行研究，其学科内容与现代统计学有较大的差别。

（三）社会统计学派

19 世纪以后，随着经济和社会的发展，统计在社会经济领域中的应用越来越广泛、越来越深入。为满足国家和社会需要，人们广泛地开展了各种统计调查活动。这不仅为经济学家和社会学家的理论研究和实证分析提供了数量依据，也为统计学家从中概括和提出新的统计方法提供了新思路和数据材料。包括政治统计、人口统计、经济统计、犯罪统计、社会统计等多方面内容的“社会统计学”一词开始出现，并成为统计学中的一个重要流派。该学派在德国、日本和苏联都有相当大的影响。1850 年，德国的统计学家克尼斯（K. G. A. knies）发表了题为《独立科学的统计学》的论文，提出统计学是一门独立的社会科学，是一门对社会经济现象进行数量对比分析的科学，他主张以“国家论”作为国势学的科学命名，而以“统计学”作为“政治算术”的科学命名。这一主张得到当时大多数统计学家的赞同。于是，以往无“统计学”之名而有“统计学”之实的“政治算术”取代了过去有“统计学”之名而无“统计学”之实的“国势学”而成为统计学的正统。

社会统计学派着重对社会经济领域的统计方法及其应用进行研究。各国学者在社会经济统计指标的设定与计算、指数的编制、资料的收集与整理、统计调查的组织和实施、经济社会的数量分析和预测等方面做出的贡献已成为现代统计学的重要组成部分。例如，德国统计学家恩格尔（Christian Lorenz Ernest Engel，1821—1896 年）提出的“恩格尔系数”，至今仍为人们广泛使用。由美国经济学家库兹涅茨（Simon Kuznets，1901—1985 年）和英国经济学家斯通（Richard Stone，1913—1991 年）等人开发的国民收入和国内生产总值的核算方法，被称为“20 世纪最伟大的发明之一。”

（四）数理统计学派

数理统计学的创始人是比利时统计学家凯特勒（Adolphe Quetelet，1796—1874 年）。他所著的代表作《概率论书简》、《社会物理学》等将概率论和统计方法引入社会经济方面的研究。在学科性质上，凯特勒认为统计学是一门既研究社会现象，又研究自然现象的独立的方法论科学。此后，以概率论为基础建立的统计理论与方法被称为数理统计。从 19 世纪中叶到 20 世纪中叶，数理统计学得到迅速发展，英国生物学家高尔顿（FancisGalton，1822—1911 年）首次提出并阐述了“相关”的概念；英国统计学家皮尔逊（Karl Pearson，1857—1936 年）提出了计算复相关和偏相关的方法。英国统计学家戈塞特（William Sealy Gosset，1876—1937 年）建立了“小样本理论”，即所谓的“t 分布”；英国统计学家费歇(Ronald aylmer Fisher,1890—1962 年)在样本相关系数的分布、方差分析、实验设计等方面的研究中做出了重要贡献。到20世纪中期,数理统计学的框架已经基本形成。随着社会经济的发展和自然科学技术的进步,统计研究的领域不断扩大,数理统计方法的运用也日益广泛和深入。

在数理统计学派内部,围绕着对概率的不同认识,又可分为“经典学派”和“贝叶斯学派”。“经典学派”以实际观测的频率作为测定概率的基础,开展各种统计推断。“贝叶斯学派”则提出综合利用先验信息和后验信息来确定概率,并在此基础上进行统计推断的思路和方法。“贝叶斯学派”的代表人物之一沃尔德(Abraham Wald)在统计决策理论领域做出了重要贡献。

二、统计学发展的新动向

自20世纪80年代以来,随着社会经济的发展和科学技术的进步,统计学的发展又出现了一些新的动向。

首先,作为方法论科学的统计学与各实质性学科的结合越来越紧密。统计学已渗透到许多领域,并由此产生不少新的学科,改变了原有单一学科发展的思路,对其他科学的发展具有极大的支撑作用,反过来,这种结合又促进了统计学的发展。例如,统计学与经济学的结合产生了计量经济学这一新的学科。在诺贝尔经济学获奖者中,2/3以上的研究成果与统计和经济定量分析有关。再如,近年来,在发达国家兴起并取得很好效益的“6个西格玛管理”在本质上就是将统计思想、统计方法和统计数据以及企业管理的理论结合起来,应用于企业的经营管理与质量控制。随着统计学的发展,在不少原来似乎很难与统计挂钩的领域如文学和历史学等领域也开始引进统计学的思想和研究方法。从其他学科对统计学的推动作用看,不少现代统计方法来源于一些实质性学科的定量研究活动。例如,最小二乘法与正态分布理论源于天文观察误差分析,相关与回归分析源于生物学研究,主成分分析与因子分析源于教育学与心理学的研究,抽样调查方法源于政府统计调查资料的搜集等。随着科学的进步,在定性分析的基础上进一步开展定量分析已成为现代科学的普遍发展趋势,各学科会越来越需要统计学提供相应的方法论支持。

【例1-1】统计学家为《静静的顿河》的作者洗清剽窃罪

《静静的顿河》为苏联时期最负盛名的著作之一。作者肖洛霍夫花了14年时间才完成全书。这是一部史诗性巨作。该书1941年获得斯大林奖金,1965年又获得诺贝尔文学奖。但是,该书从1928年第一部在苏联《十月》杂志上发表,直到1984年肖洛霍夫去世,一直争议不断。除了对该书内容有各种批评意见外,主要争议为著作权问题。不少人认为,该书剽窃了哥萨克民族主义作家克鲁乌科夫的手稿。其家属曾经多次提出抗议,甚至到放映影片《静静的顿河》的片场闹事。1974年流亡国外的苏联著名作家索尔仁尼琴在巴黎发表了题为《顿河急流——一部长篇小说之谜》的文章,再次提出《静静的顿河》是肖洛霍夫剽窃的作品。其主要理由是:肖洛霍夫作为一个学历浅、经历不广的20多岁的青年,不可能写出那样有广度和深度的鸿篇巨作。就连叛逃到美国的斯大林女儿阿利卢耶娃也说,肖洛霍夫是从一个死去的白军军官那儿窃取了手稿,把它变成了自己的书。

为了探究事实真相,挪威奥斯陆大学的学者盖尔·克其萨(GeirKjetsaa)等人首次应用统计学方法对《静静的顿河》的著作权问题进行了深入的分析。他们把研究的对象分为三组:《静静的顿河》、肖洛霍夫没有争议的著作以及克鲁乌科夫没有争议的著作。他们对这三组著作的用词造句等语言风格进行了多方面的统计分析。分析的结果表明,《静静的顿河》与肖洛霍夫无争议的著作语言风格十分相似,而克鲁乌科夫的作品的语言风格则与《静静的顿河》有显著差异。所以他们认为:即使《静静的顿河》故事来源有可能源自克鲁乌科夫,那也经过了肖洛霍夫脱胎换骨的改造,而不是传言中微小的改动。他们从统计学角度提供的这一强有力证据,说明《静静的顿河》应为肖洛霍夫所作。后来,实物证据的出现也印证了统计分析的论点。1987 年和 1991 年陆续找到该书的部分草稿与手稿;1999 年,俄国科学院世界文学研究所找到了该书的原稿,经过专家鉴定证明:手稿中有 605 页是肖洛霍夫的手迹,285 页是他妻子和姐妹抄写的,用于写作的纸张也是 20 年代生产的。至此,肖洛霍夫的"剽窃罪"终于被彻底洗清,说明他不愧为一代文学天才。①

其次,国际统计学界的主流也从原来的偏重数理统计学的研究向更加重视应用统计研究转变。目前国际统计学会共有 7 个分会:贝努里数理统计与概率学会、国际统计计算协会、国际官方统计协会、国际调查统计学家协会、国际统计教育协会、国际工商统计学会、欧文费雪货币与金融统计委员会(或称中央银行统计的欧文费雪委员会)。这 7 个分会中数理统计与概率学会有着最为悠久的历史,其他几个分会成立得较晚。如官方统计协会、工商统计学会、货币与金融统计委员会都是在 20 世纪 80 年代以后才陆续建立的。这些分会的研究领域涉及面很广,其中相当一部分属于社会经济领域,其所采用的方法也不仅限于概率统计方法。我国著名统计学家陈希孺院士在就"统计学发展前景展望"答记者问时曾提到:"统计学研究应努力与其他实用学科结合而形成交叉或边缘学科。这一点目前已有一定的表现,如生物统计、医药统计、工业统计、金融统计等,都是当前发展很快的热点"。国际知名的统计学家 C. R. Rao 也提出"统计学基本上是寄生的:靠研究其他领域内的工作而生存",主张统计学必须与另一门专门的学问相结合,才有可能做出有重要意义的成果。国际知名的统计学家 Huber 甚至认为,统一的统计学将会因为与其他学科结合发展而分裂成许多并行的学科,好比一个大国分裂成一些小国,并把这称为统计学的巴尔干化。对这种趋势,不少统计学家持肯定的态度,并不认为这将导致一般统计学的消亡。统计学与各实质性学科更紧密地结合,并根据各自领域的特点和问题,开发和研究新的统计方法,将推动整个统计学科的发展。一般应寓于特殊应用领域之中,那种抽象地不与实际领域相结合去研究统计的路将越走越窄。

第三,统计学与计算机科学和信息科学的结合越来越紧密。随着计算机信息技术的发展和统计学的进步,一个被称为"大数据"的新时代正在向我们走来。

所谓大数据是近年来出现的一个新概念。一般的提法是:大数据是具有"4V"特征的

① 资料来源:根据韦博成编著的《漫话信息时代的统计学》(中国统计出版社 2011 年出版)

数据。一是数据规模大(Volume)。二是数据种类多(Variety)。既包括格式化的数据,又包括网络日志、音频、视频、图片、地理信息等非结构型数据。三是数据很有价值,但是价值密度低(Value)。一方面,利用这些数据可以获得许多有价值的信息;另一方面,由于数据规模大,也可能包含大量没有意义甚至是错误的信息,因此降低了数据的价值密度。四是对数据处理的时效性要求高(Velocity)。快速增长的数据量要求数据处理的速度也要相应地提升,只有这样,才能使大量的数据得到有效的利用。

除了上述的“4V”特征外,大数据至少还具有以下2项特征:①它是来源于日常社会经济活动和对客观现象进行监测的数据。这些数据不是根据特定的统计设计去获取的数据,而是伴随日常活动而自然产生并被记录下来的数据。因此,获得这些数据的成本相对较低;同时,受人为干扰的可能性也较小。②它是基于现代信息技术与工具的可以量化、储存和连续扩充的各种类型的数据。现代化信息技术是大数据产生的前提,随着技术的进步,越来越多的数据会转变为大数据。如电子商务的数据、金融交易的数据、电子监控的数据,上网记录通过各种数码传感器获得的信息等。

在大数据时代,统计作为分析和认识客观世界数量规律的工具仍然发挥着重要的作用。适应大数据时代的需要,统计学有必要进一步加强与计算机和信息科学的结合。在统计数据的采集方面,电话和互联网的迅速普及,为统计调查提供了电脑辅助电话调查、传感技术应用和网络调查等新的统计调查方式,不仅使统计调查的效率大大提高,同时还可能带来统计数据收集方式的重大变革。在统计计算方面,统计科学与计算机技术结合,产生了不少新的统计和计量分析的软件和编程软件,如用于编程的R语言、用于统计分析的SAS软件和SPSS软件、用于计量分析的EVIEWS软件等。近年来,针对现实生活中海量数据的出现,统计学与计算机科学等相结合还产生了数据挖掘、云计算和机器学习等新的研究领域。

纵观统计学发展的历史,我们可以发现:统计学最初是从设置指标研究社会经济现象的数量开始的。随着社会的发展,为了适应实践的需要,统计方法和理论不断丰富和完善,统计学也在不断发展和演变。从当前世界各国的状况来看,统计学已经成为研究社会经济现象和自然现象数量方面的有力工具,它既研究确定现象的数量方面,也研究随机现象的数量方面。统计学的作用与功能从描述事物现状、反映事物规律,向着抽样推断、预测未来变化的方向扩张。统计学自身也从单一的实质性社会科学,演变成横跨社会科学领域和自然科学领域的多学科性的方法论科学。

三、理论统计学和应用统计学

统计学历经400多年的发展,目前已经成为横跨社会科学和自然科学领域的多学科性的科学。如前所述,“统计学是有关如何测定、收集和分析反映客观现象总体数量的数据,以便给出正确认识的方法论科学。”从横向看,各种统计学都具有上述共同点,因而能够形成一个学科“家族”;从纵向看,统计学方法应用于各种实质性科学,同它们相结合,产生了一系列专门领域的统计学(参见图1-2)。

由此可见,统计学可以分为两大类:一类是以抽象的数量为研究对象,研究一般的收集数据、整理数据和分析数据方法的理论统计学。另一类是以各个不同领域的具体数量

经济学	社会学	教育学	其他社科		物理学	生物学	医学	其他理工农
经济统计	社会统计	教育统计	其他社科统计	统计学	物理统计	生物统计	医药统计	其他理工农统计

图1－2　统计学学科体系

为研究对象的应用统计学。

理论统计学(又称数理统计学)把研究对象一般化、抽象化,以数学中的概率论为基础,从纯理论的角度,对统计方法加以推导论证,其中心内容是以归纳方法研究随机变量的一般规律,例如统计分布理论,统计估计与假设检验理论,相关与回归分析、方差分析、时间序列分析等。不论是研究自然现象还是社会现象这些方法都是适用的。因此,理论统计学的特点是计量不计质,它具有通用方法论的理学性质。

应用统计学与各不同领域的实质性学科有着非常密切的联系,是有具体对象的方法论。所谓应用既包括一般统计方法的应用,也包括各自领域实质性科学理论的应用。应用统计学从所研究的领域或专门问题出发,根据研究对象的性质采用适当的指标体系和统计方法,来解决所需研究的问题。应用统计学不仅要进行定量分析,还要进行定性分析。它总是先从对现象的定性分析中获得需要考察的指标内涵,才能确定指标的计算口径,建立指标体系。然后在此基础上采集数据,进行数据处理。得到数据之后,还要结合对现象的定性分析,才能得出符合客观现实的结论,作为决策的参考。所以应用统计学需要有关的专业实质性科学的理论作指导,它通常具有边缘交叉和复合型学科的性质。

在统计科学发展的道路上,理论统计学和应用统计学总是互相促进、共同提高的。理论统计的研究为应用统计的数量分析提供方法论基础,大大提高统计分析的认识能力,而应用统计学在对统计方法的实际应用中,又常常会对理论统计学提出新的问题,开拓理论统计学的研究领域。

经济管理类专业的学生,所要学习的统计学主要是经济社会统计学。这是一门以社会经济现象的数量方面为特定研究对象的应用统计学。要在社会经济领域应用统计方法,必须解决如何科学地测定社会经济现象即如何科学地设置指标的问题,这就离不开对有关社会经济现象的质的研究。要对社会经济问题进行统计分析,也必须以有关的经济与社会理论为指导。因此,经济社会统计学的特点是在质与量的紧密联系中,研究事物的数量特征和数量表现。不仅如此,由于社会经济现象的复杂性和特殊性,经济社会统计学不仅要应用一般的统计方法,而且还需要研究自己独特的方法,如估算的方法、核算的方法、综合评价的方法等。所以总体上看,经济社会统计学属于社会科学。通过经济社会统计,国家可以准确、及时、全面、系统地掌握国民经济和社会的发展情况,对国民经济和社会运行进行监督和预警,为宏观调控和决策提供依据。企业可以及时了解商品市场和要素市场运行的状况和企业自身的经营动态,为企业营销决策、投资理财提供参考。在知识经济和信息经济的时代,经济社会统计学有着十分广阔的发展前景。

四、统计学与有关学科的联系与区别

数学是与统计学关系非常密切的一门科学。数学与统计学都是研究数量规律的,都要利用各种公式进行运算。现代统计学中运用了大量的数学理论与数学方法。数学中的概率论研究随机现象的数量关系和变化规律,从数量方面体现了偶然与必然、个别与一般、局部与总体的辩证关系,为统计学提供了数量分析的理论基础。数学分析的方法适用于一切数量分析,当然也包括统计的数量分析。从某种意义上说,统计学中的理论统计学以抽象的数量为研究对象,计量不计质,其大部分内容也可以看作是数学的一个分支。

统计学虽然与数学有密切的联系,但两者之间也存在本质的区别。从研究对象看,数学撇开具体的对象,以最一般的形式研究数量的联系和空间形式,而统计学特别是应用统计学则总是与客观的对象联系在一起的。统计的过程就是从客观对象中抽出其数量表现,得到有关的数据,然后加以适当的运算,取得一定的结果。在此基础上,还要把这些结果返回到客观对象中去,寻求解释这些结果的原因,提供决策的事实依据。从研究方法看,数学的研究方法主要是逻辑推理和演绎论证的方法,从严格的定义、假设的命题和给定的条件出发,去推证有关的结论。而统计的方法,本质上是归纳的方法,根据实验或调查观察到的大量情况,来归纳判断总体的情况。因此,数学家有可能凭借聪明的大脑,从一定的假设出发,冥思苦想开展研究。而统计学家特别是应用统计学家则需要深入实际,进行调查或实验去取得数据,研究时不仅要运用统计的方法,而且还要掌握某一专门领域的知识,才能得到有意义的成果。

统计学中的应用统计学与相关的实质性学科如经济学等,有十分密切的联系。首先,统计学是开展经济研究不可或缺的重要工具。经济学对经济现象及其发展变化规律进行研究时,除了要做规范性的理论分析和定性分析外,还要进行实证的数量分析。由于社会经济现象所具有的特殊性,对其数量规律的认识只能通过统计观测去进行。因此,无论是宏观经济研究还是微观经济研究,都需要运用大量的统计方法。通过统计的实证研究,可以帮助人们认识有关的数量规律,同时检验经济学理论的真实性和完善程度。统计归纳分析所获得的新知识常常为实质性学科的研究开辟新的领域,这在经济学发展历史上是屡见不鲜的。已经有多位经济学家因为在成功地将统计方法运用于有关经济问题的分析方面做出的贡献,而获得诺贝尔经济学奖。其次,经济学等实质性学科对经济统计学等应用统计学起着十分重要的指导作用。不仅统计指标的设定离不开实质性学科的指导,而且应用统计方法也在很大程度上受所研究对象性质的影响。通常是实质性的学科提出了问题,统计学才提出相应的方法,并且才有其用武之地。统计学与相关实质性学科也有着明显的区别。实质性学科研究该领域现象的本质关系并对有关规律做出合理的解释和论证,而统计学只是为实质性学科研究和认识数量规律提供专门的方法和工具，并不直接对规律产生的原因和机理作进一步的分析。例如，利用统计方法对居民食品支出在总消费支出中所占比重(即恩格尔系数)的变动趋势进行分析，可以得出收入水平越高、恩格尔系数越低的结论，而为什么会出现这一趋势，仅仅依靠统计学是无法说明的，而必须由经济学和社会学的理论做出解释。

第三节　统计学的基本概念

一、总体与总体单位

如前所述，统计学研究客观现象总体的数量特征和数量关系。因此，首先对统计总体有一个明确的认识。所谓统计总体，就是根据一定目的确定的所要研究的事物的全体。它是由客观存在的、具有某种共同性质的许多个别事物构成的整体。例如，我们要研究全国城镇居民的收支情况，就以全国城镇居民作为一个总体。成千上万不同的城镇居民家庭可以结合在一起构成总体，这是因为他们具有共同的性质，即他们都是我国的城镇居民，都有一定的收入和支出，都要消费一定的商品和服务。有了这个总体，我们就可以研究全国城镇居民的各种数量特征，例如人均收入、人均消费等。

同质性是确定统计总体的基本标准，它是根据统计的研究目的而定的。研究目的不同，则所确定的总体也不同，其同质性的意义也随之变化。例如，研究城镇居民户的生活状况，所有城镇居民户构成了统计总体，凡是城镇居民户都是同质的。如果研究的是城镇居民贫困户的生活状况，那么，贫困线下的城镇居民户则构成了统计总体，贫困线下的城镇居民户都是同质的，而贫困线上的城镇居民户就是非同质的了。

统计总体还应具备大量性。统计对总体数量特征的研究，其目的是为了探索、揭示现象的规律，而现象的规律只有通过大量观察才能显示出来。因此，统计总体应该由足够数量的同质性单位构成。

总体单位(简称单位)是组成总体的各个个体。根据研究目的的不同，单位可以是人、物、机构等实物单位，也可以是一种现象或活动过程等非实物单位。

总体和单位的概念是相对而言的，随着研究目的的不同而相互变化。同一个研究对象，在一种情况下为总体，但在另一种情况下又可能变成单位。例如，要研究全国各省的人口情况时，全国为总体，各省为总体单位，而要研究某省各县人口状况时，则该省变成了总体，而各县又成了总体单位。

根据总体所包含的单位数量，总体可以分为有限总体和无限总体两类。有限总体是由有限量的单位构成的总体。例如，全国人口普查，尽管其包含的单位数量很大，但仍然是有限的，所以是有限总体。而当总体单位数难以确定，其数量有可能是无限时，便构成了无限总体。例如，要检验某种新工艺是否真正能够改善产品的性能的问题，由于该新工艺有可能一直延续下去，利用该工艺制造的产品包括已经生产和将要生产的产品，其数量难以具体确定，因此属于无限总体。

二、样本

统计研究的目的是要确定总体的数量特征。但是，当总体单位数量很多甚至无限时，不必要或不可能对构成总体的所有单位都进行调查。这时，需要采用一定的方式，从事物全体构成的总体（又称母体）中抽取一部分单位，作为总体的代表加以研究。这种由总体的部分单位组成的集合称为样本（又称子样）。样本也是由一定数量的单位构成的，样本所包含的总体单位数称为样本容量。

样本是推断统计中非常重要的概念。抽取样本时应注意以下问题：

（1）抽取样本的目的是为了推断总体，所以样本的单位必须取自同一总体。

（2）从一个总体中可以抽取多个样本，样本个数的多少和样本所包含的单位数量与抽样方法有关。

（3）样本的抽取必须排除主观因素的影响，以确保样本的客观性与代表性。

（4）样本特征值是总体特征值的代表，由样本去推断总体的特征总是存在一定的误差。如何科学地从总体中抽取样本，怎样控制样本的代表性误差，是推断统计中研究的主要问题。

三、标志

总体各单位普遍具有的属性或特征称为标志。每个总体单位从不同方面考察都具有许多属性和特征，例如，每个工人都具有性别、工种、文化程度、技术等级、年龄、工龄、工资等属性和特征，这些就是工人作为总体单位的标志。统计研究是从登记标志状况开始的，并通过对标志的综合反映出总体的数量特征。

标志分为品质标志和数量标志两种。品质标志表明单位属性方面的特征，其表现只能用文字、语言来描述。例如，工人的性别是品质标志，其标志具体表现为男、女。数量标志表明单位数量方面的特征，可以用数值来表现。例如，职工的工龄是数量标志，其标志具体表现为年数。

尽管标志是总体各单位都具有的普遍属性，但各单位有关标志的具体表现却未必相同。总体各单位在特定时间、地点条件下的具体表现正是统计所关心的问题。如果一个总体中各单位有关标志的具体表现都相同，称之为不变标志。例如在工人这一总体中，职业这一标志的具体表现都是工人，所以职业便是不变标志。在一个总体中，当一个标志在各单位的具体表现有可能不同时，这个标志便称为变异标志。例如在工人总体，各人的工资可能不同，所以工资便是可变标志。在统计总体中，不变标志和变异标志各自发挥着重要的作用。一个总体至少要有一个不变标志，才能够使各单位结合成一个总体。例如，工人总体中职业的标志是不变的，才能使全体工人构成一个总体。所以，不变标志是总体同质性的基础。如果没有不变标志，那么总体也就不存在。作为总体，必须同时存在变异标志，这表示所研究的现象在各单位之间存在着差异，这才需要进行统计研究。上例中工人的职业标志是不变的，但又存在工资等变异标志，这才需要开展调查统计工作，并计算平均工资指标等，如果各工人的工资水平都一样，也就没有必要去统计工资，也不需要用统计方法测度平均工资水平了。

四、统计指标与指标体系

统计指标是反映统计总体数量特征的概念和数值。在《中国统计年鉴》中，人们可以查阅到一系列指标，例如，2014 年我国国内生产总值 636 139 亿元，全社会固定资产投资总额 512 021 亿元等。这些指标从某一侧面反映了我国国民经济的数量特征。由此可见，统计指标是由两项基本要素构成的，即指标的概念（名称）和指标的取值。指标的概念（名称）是对所研究现象本质的抽象概括，也是对总体数量特征的质的规定性。所以，确定统计指标必须有一定的理论依据，使之与社会经济或科学技术的范畴相吻合。同时，又必须对理论范畴加以具体化，以便达到可量化的目的。例如，工资的含义在经济学中是明确的，但在实际经济生活中，职工的奖金、津贴和劳保福利是不是应该纳入工资统计的范围就必须加以具体规定。指标的数值反映所研究现象在具体时间、地点、条件下的规模和水平，不同时间、不同地点或不同条件下，指标的具体数值必然不同。所以，在观察指标数值时，必须了解其具体的时间状态、空间范围、计量单位、计量方法等限定，同时注意由于上述条件的变化而引起数值的可比性问题。总之，统计指标是统计研究对象的具体化，也是统计对客观事物认识过程的起点。

指标与标志之间存在密切的联系。标志反映总体单位的属性和特征，而指标则反映总体的数量特征。标志和指标的关系是个别和整体的关系。需要通过对各单位标志的具体表现进行汇总和计算才能得到相应的指标。由个体过渡到总体，由标志过渡到指标，是人们认识的深化和发展。因为各个个体的标志之间存在着变异，只有通过大量个体标志的综合，才能通过统计指标获得个体难以显现的信息，反映出现象、本质的属性和特征。由于总体和单位的概念会随着研究目的不同而变化，因此指标与标志的概念也是相对而言的。例如，如果所要研究的是全国工业企业的情况，则各企业的职工人数、固定资产、工业增加值等都是总体单位（即各个企业）的标志，而如果研究目的变成研究某一企业的职工状况，则该企业变成一个总体，企业职工人数变成了统计指标，每个职工的文化程度、技术等级、性别、年龄等就成为标志。

统计指标按其所反映的数量特点不同，可以分为数量指标和质量指标。凡是反映现象总规模、总水平的统计指标称为数量指标。例如人口总数、企业总数、职工总数、工资总额、国内生产总值、商品流转额、商品进出口总额等，这些指标反映现象或过程的总规模和水平，所以数量指标也称为总量指标，用绝对数来表示。凡是反映现象相对水平和平均水平的统计指标称为质量指标，例如职工平均工资、人口密度、工人出勤率等。质量指标是总量指标的派生指标，用相对数或平均数来表示，来反映现象之间的内在联系和对比关系。

单个统计指标只反映总体的某一个数量特征，说明现象的某一侧面情况。客观现象是错综复杂的，要反映其全貌，描述现象发展的全过程，只靠单个统计指标是不够的，因此还需要设立统计指标体系。统计指标体系是由一系列相互联系的统计指标所组成的有机整体。用以反映所研究现象各方面相互依存相互制约的关系。例如，为了反映企业生产经营的全貌，需要设立产量、产值、品种、质量、职工人数、劳动生产率、工资总额、原材料、设备、财务成本等多项指标，来组成工业企业统计指标体系。指标体系的设置不但是客观现象的反映,而且也是人们客观认识的结果。随着客观形势的发展变化以及实践经验和理论研究的积累,指标体系也将不断改进更新,逐步完善。

五、统计数据

(一)数据的计量尺度

统计数据是总体单位标志或统计指标的具体数量表现。要对客观现象进行计量,首先必须弄清数据的计量尺度问题。根据对研究对象计量的不同精确程度,人们将计量尺度由低到高、由粗略到精确分为四个层次:定类尺度、定序尺度、定距尺度和定比尺度。

1. 定类尺度。定类尺度是最粗略、计量层次最低的计量尺度。它是按照客观现象的某种属性对其进行分类。这一场合所使用的数值只是作为各种分类的代码,并不反映其优劣、数量的大小或顺序。例如,人口按性别分为男女,用“1”表示男性,用“0”表示女性。定类尺度的主要数学特征是“ = ”或“ ≠ ”。在统计处理中,对于不同的类别,虽然可以计算单位数,但它不能表明第一类的一个单位可以相当于第二类的几个单位。

2. 定序尺度。定序尺度是对客观现象各类之间的等级差或顺序差的一种测度。利用定序尺度不仅可以将研究对象分成不同的类别,而且还可以反映各类的优劣、量的大小或顺序。例如,学生成绩可以分为优、良、中、及格和不及格五类。在这里,定序尺度虽然无法表明一个优等于几个良,但却能确切地表明优好于良,良又好于中,……。定序尺度的主要数学特征是“ < ”或“ > ”。

3. 定距尺度。定距尺度是对现象类别或次序之间间距的测度。定距尺度不但可以用数表示现象各类别的不同和顺序大小的差异,而且可以用确切的数值反映现象之间在量方面的差异。定距尺度使用的计量单位一般为实物单位(自然或物理)或者价值单位。反映现象规模水平的数据必须以定距尺度计量,例如,产品产量、人口数、企业数、国内生产总值等都是以定距尺度为计量尺度的。定距尺度的主要数学特征是“ + ”或“ - ”。定距尺度在统计数据中占据着重要的地位,统计中的总量指标就是运用定距尺度计量的。

4. 定比尺度。定比尺度是在定距尺度的基础上,确定相应的比较基数,然后将两种相关的数加以对比而形成相对数(或平均数),用于反映现象的结构、比重、速度、密度等数量关系。例如,将一个企业创造的增加值与该企业的职工人数对比,计算全员劳动生产率,以此反映该企业的生产效率。定比尺度的主要数学特征是“ × ”或“ ÷ ”。在统计的对比分析中,广泛地运用定比尺度进行计量。

(二)数据的类型

根据对客观现象观察的角度不同,统计数据可分为:横截面数据、时间序列数据和面板数据。横截面数据又称为静态数据,它是指在同一时间对同一总体内不同单位的数量进行观察而获得的数据。时间序列数据又称为动态数据,它是指在不同时间对同一总体的数量表现进行观察而获得的数据。面板数据则是同时在时间和截面空间上取得的二维数据。例如,2010—2015 年 31 个省份的农业总产值数据,从某一年份看,它是由 31 个省份的农业总产值数字组成的截面数据;从某一省份看,它是由 6 年农业总产值数据组成的一个时间序列数据,面板数据则由 31 个省份 6 年的数据组成,共有 186 个观测值。

在统计中,说明现象的某一数量特征的概念也被称为变量,变量的具体取值是变量值，统计数据就是统计变量的具体表现。例如，每个企业所拥有的固定资产是不相同的，它是一个变量，各企业固定资产的具体数值可能是200 万元，也可能是300 万元。这些具体数值即变量值。

根据变量值连续出现与否，变量可分为连续型变量和离散型变量。连续型变量是指变量的取值在数轴上连续不断，无法一一列举，即在一个区间内可以取任意实数值。例如，气象上的温度、湿度，零件的尺寸，电子元件的使用寿命等。离散型变量是指变量的数值只能用计数的方法取得，其取值是整数值，可以一一列举。例如，企业数、职工人数等。根据变量的取值确定与否，变量又可分为确定性变量和随机变量。确定性变量是受确定性因素影响的变量，即影响变量值变化的因素是明确的，是可解释和可控制的。随机变量则是受许多微小的不确定因素（又称随机因素）影响的变量，变量的取值无法事先确定。社会经济现象既有确定性变量也有随机变量。统计学所研究的主要是随机变量。

（三）数据的表现形式

统计数据的表现形式主要有以下三种。

1. 绝对数。现象的规模、水平一般以绝对数形式表现。绝对数的计量单位一般为实物单位或价值单位，有时也采用复合单位。实物单位可以是自然计量单位，也可以是物理计量单位，如人口数用人计量，机器数用台计量，对于一些化工产品和燃料，常常还折合成标准实物单位计量。价值单位是以货币形式进行计量，如国内生产总值、进出口总额等就是以价值单位为计量单位。复合计量单位是由两种或两种以上计量单位复合而成的，如以“吨公里”为货物周转量的计量单位，以“千瓦时”为用电量的计量单位。

绝对数按其反映的时间状态不同，分为时期数据和时点数据。时期数据是反映现象在一段期间内发展过程的总量，它具有连续统计和可相加的特点，其数值大小与所属的时间长短有直接关系，如国内生产总值、进出口总额。时点数据是反映现象在某一特定时点所处的状态，它是采用间断登记方式取得资料的，不宜相加，其数值大小与时点间隔长短没有直接关系，如期末人口数、期末在建工程投资额等。

2. 相对数。相对数由 2 个互相联系的数值对比求得。常用的相对数包括：结构相对数、动态相对数、比较相对数、强度相对数、利用程度相对数、计划完成相对数等。关于这些相对数的含义及其计算，将在本书第十章中做详细介绍。

3. 平均数。平均数反映现象总体的一般水平或分布的集中趋势。关于这部分的内容，将在本书第三章中做详细介绍。

本章小结

1. 统计是人们认识客观世界总体数量的变动关系和变动规律的活动的总称，统计的研究对象具有数量性、总体性与变异性。

2. 统计学是研究如何测定、收集、整理、归纳和分析反映客观现象总体数量的数据，以便给出正确认识的方法论科学。统计学与统计实践活动的关系是理论与实践的关系。统计数据是统计实践活动的成果，人们对统计数据的要求是：客观性、准确性和及时性。

3. 统计研究的全过程包括统计设计、收集数据、整理分析和开发应用等基本环节。统计设计不仅要以统计学的一般理论和方法为指导，而且还要求设计者对所要研究的问题本身具有深刻的认识和相关的学科知识。收集统计数据的基本方式包括科学实验和统计调查。统计整理分析的方法可分为统计描述和统计推断两大类。统计资料的开发与应用必须将实质性学科的理论与统计方法相结合。

4. 将统计实践上升到理论，并加以总结和概括成为一门科学——统计学，距今已有300多年的历史。从统计学发展的历史来看，曾经产生过较大影响的流派主要有：政治算术学派、国势学派、社会统计学派和数理统计学派。在数理统计学派内部又可分为经典学派和贝叶斯学派。

5. 近年来，统计学发展的新动向主要有：①作为方法论科学的统计学与各实质性学科的结合越来越紧密。②国际统计学界的主流从原来的偏重数理统计学的研究向更加重视应用统计研究转变。③统计学与计算机科学和信息科学的结合越来越紧密。一个被称为“大数据”的新时代正在向我们走来。

6. 统计学可以分为两大类：一类是以抽象的数量为研究对象，研究一般的收集数据、整理数据和分析数据方法的理论统计学；另一类是以各个不同领域的具体数量为研究对象的应用统计学。前者是具有理学性质的通用方法论科学。后者是有具体对象的方法论，它具有边缘交叉学科和复合型学科的性质。

7. 数学为统计学提供了数量分析方法的理论基础，但二者之间在研究对象和研究方法上存在着本质区别。

8. 统计学为经济学等实质性学科提供数量分析工具，经济学等实质性学科对统计学在本领域的应用（包括统计指标的设定、统计方法的选择和统计分析）起理论指导作用。

9. 统计总体是由客观存在的、具有某种共同性质的许多个别单位所构成的整体。总体应具备同质性和大量性。单位是组成总体的个体，总体和单位的概念是相对的。根据总体包括单位数量不同，总体可分为有限总体与无限总体。

10. 样本是由总体抽出的部分单位构成的集合体，样本是总体的代表。

11. 标志反映总体各单位的属性或特征。标志按所反映单位的特征不同，可分为品质标志和数量标志。标志按其在各单位的表现是否相同，分为变异标志和不变标志。

12. 统计指标是通过对标志进行汇总计算而得到的反映总体数量特征的概念和数值。它由指标名称与指标数值两部分组成。统计指标体系是由一系列相互联系的统计指标组成的有机整体，用以反映所研究现象各方面相互依存、相互制约的关系。

13. 统计数据是统计实践活动所取得的成果，也是开展统计分析的基础。它是总体单位标志或统计指标的具体数量表现。按对研究对象计量的不同精确程度，统计数据的计量尺度由低到高分为：定类尺度、定序尺度、定距尺度和定比尺度。说明现象的某一数量特征的概念被称为变量，变量的具体取值是变量值，统计数据是统计变量的具体表现。根据变量取值的不同，变量可分为连续型变量和离散型变量。根据观察角度不同，统计数据可分为横截面数据、时间序列数据与面板数据。统计数据的具体表现形式有：绝对数、相对数与平均数。

思考与练习题

一、判断题

1. 统计学是数学的一个分支。(　　)
2. 统计学是一门独立的社会科学。(　　)
3. 统计学是一门实质性科学。(　　)
4. 统计学是一门方法论科学。(　　)
5. 描述统计是用文字和图表对客观世界进行描述。(　　)
6. 对于有限总体不必应用推断统计方法。(　　)
7. 经济社会统计问题都属于有限总体的问题。(　　)
8. 理论统计学与应用统计学是两类性质不同的统计学。(　　)
9. 数量指标是将各单位的数量标志汇总后求得的。(　　)
10. 国内生产总值指标都是时间序列数据。(　　)

二、选择题

1. 社会经济统计学的研究对象是:(　　)

A. 社会经济现象的数量方面　　B. 统计工作

C. 社会经济的内在规律　　D. 统计方法

2. 考察全国的工业企业的情况时,以下标志中属于不变标志的有:(　　)

A. 产业分类　　B. 职工人数

C. 劳动生产率　　D. 所有制

3. 要考察全国居民的人均住房面积,其统计总体是:(　　)

A. 全国所有居民户　　B. 全国的住宅

C. 各省市自治区　　D. 某一居民户

4. 最早使用“统计学”这一学术用语的是(　　)。

A. 政治算术学派　　B. 国势学派

D. 社会统计学派　　D. 数理统计学派

三、问答题

1. 请举一个实例说明品质标志、数量标志、质量指标、数量指标之间的区别与联系。
2. 请举一个实例说明统计总体、样本、单位的含义以及三者之间的联系。
3. 试分析以下几种统计数据所采用的计量尺度属于何种计量尺度:

　人口数　民族　信教人数　进出口总额　经济增长率

4. 请举一个实例说明描述统计与推断统计之间的联系与区别。

第二章

统计数据的收集与整理

引例

如何获得救灾所需的数据

2008年5月12日14时28分，我国发生了震惊世界的汶川特大地震灾害。这次地震灾害造成的损失有多大？受灾群众中得到妥善转移安置的有多少？有多少中小学校在新学期开始前能够全面复课开学？投入抗震救灾斗争的人力、物力和资金共多少？其中来自国内的和来自国际社会的捐助有多少？灾后重建的工作需要哪些方面的人力、物力和财力支持？

为了使灾后重建的工作能够有条不紊地进行，使各种救灾资源得到充分合理的运用，必须掌握相关的统计数据，而要准确地获得这些数据，就必须需要借助一定的方法，本章我们将介绍统计数据的收集与整理方法。

第一节　统计数据的收集

一、统计数据收集概述

（一）有关概念

统计数据收集是根据统计研究预定的目的和任务，运用科学的方法与手段，采集反映客观现象数据的过程。

从统计工作过程的阶段性看，统计数据的收集处于统计工作过程的基础阶段。如前所述，收集统计数据有两种基本方法：一是通过统计调查，二是通过试验。本章主要论述统计调查数据收集的理论与方法。

统计数据按来源的不同可分为原始资料和二手资料。原始资料是直接向调查对象收集的反映被调查单位情况的统计资料。二手资料是借助他人的调查或已公布的资料加工整理后得到的资料。本章主要介绍收集原始统计资料的方法,同时,也对我国二手统计资料的主要来源作简要的介绍。

（二）统计调查的方案设计

在统计调查数据收集工作正式开始之前,必须事先设计一个切实可行、周密细致的工作方案,依此方案开展统计调查。统计调查的方案主要设计如下几项内容:

1. 确定调查目的。这也就是要明确统计调查所要解决的问题。只有明确调查目的,才能正确地确定调查内容,选择具体的调查方法。

2. 确定调查对象和调查单位。所谓调查对象,是指需要调查的现象总体,该总体是由性质相同的许多调查单位组成。所谓调查单位,是指所要调查的具体单位,它是进行调查登记的标志的承担者。例如,调查目的是取得国有工业企业的产品产量、成本和利税等资料,调查对象就是全部的国有工业企业,而具体的每一个工业企业就是调查单位。明确调查单位,还必须把它与报告单位区别开。报告单位亦称填报单位,它是负责向上报告调查内容、提交统计资料的单位。报告单位一般是在行政上、经济上具有一定独立性的单位,而调查单位可以是个人、企事业单位,也可以是物。根据不同的调查目的,调查单位与报告单位有时是一致的,有时则不一致。例如,进行工业设备普查,报告单位是工业企业,调查单位是各种单台设备。显然,这一调查的调查单位与报告单位是不一致的。当我们调查国有工业企业产品产量、成本、利税的情况时,调查单位与报告单位又是一致的。

3. 确定调查项目和调查表。调查项目就是所要调查的具体内容,即所要登记的调查单位的特征,也就是调查单位的基本标志,它由一系列品质标志和数量标志构成。

将各个调查项目按照一定的顺序排列在一定的表格上,就构成了调查表。利用调查表,可以使调查登记资料更加标准化、规范化,还有利于调查后的资料整理与汇总。

调查表一般有一览表和单一表两种形式。一览表是把许多调查单位填写在一张表上,这在调查项目不多时较为简便,而且便于合计和核对差错。单一表是每个调查单位填写一份,可容纳较多标志,一般用于调查项目较多的场合。

问卷调查是一种特殊的调查形式,根据调查目的,在调查对象中随机选择或有意识地确定调查单位,以文字或表格形式了解被调查者的意见,调查者自愿、自由地回答问卷中所提出的问题。调查表格和问卷的设计应简明扼要,以保证所搜集资料的准确性。

4. 确定调查时间和调查期限。调查时间是指调查资料所属的时间,又称客观时间。无论调查员何时到单位调查,均填报的是这个时间点或时间段的情况。在统计调查中,如果所调查的是时期现象,就要明确规定调查资料所反映的起止日期。如果所要调查的是时点现象,调查时间就是规定的统一标准时点。例如,第二次全国经济普查的标准时点是 2008 年 12 月 31 日,时期为 2008 年度。调查期限是进行调查工作的时限,包括搜集资料和报送资料的工作所需的时间,又称为主观时间。例如,2000 年人口普查规定 2000 年 11 月 1 日至 11 月 10 日登记完毕,则调查期限为 2000 年 11 月 1 日至 10 日共 10 天。任何调查都应尽可能缩短调查期限,认保证统计资料的时效性。

5. 确定调查的组织实施计划。要保证统计调查的顺利进行,必须制定严密细致的实施计划。调查组织工作包括确定调查机构,组织和培训调查人员,落实调查经费的来源和开支办法,确定调查资料的报送方法和公布调查结果的时间。

二、统计数据的收集方法

收集调查对象的原始资料,常用的方法有直接观察法、报告法(通讯法)、采访法、试验设计等。任何一种调查都必须采用一定的调查方法去收集原始资料,即使调查的组织形式相同,其调查方法也是可以不同的。应根据调查目的与被调查对象的具体特点,选择合适的调查方法。

(一)直接观察法

直接观察法是指由调查人员到现场对调查对象进行观察点数和计量的方法。

(二)报告法

报告法,或称通讯法,一般是由统计工作机构将调查表格分发或电传给被调查者,被调查者则根据填报的要求将填好的调查表格寄回。我国现行的统计报表制度采用的便是这种方法。

(三)采访法

采访法是根据被调查者的答复来收集统计资料,这种方法又可分为口头询问法和被调查者自填法两种。口头询问法是由调查人员对被调查者逐一采访,当面填答。被调查者自填法,即调查人员把调查表交给被调查者,向被调查者说明填表的要求和方法,并对有关注意事项加以解释,由被调查者按实际情况一一填写,填好后交调查人员审核收回。

(四)登记法

登记法是由有关的组织机构发出通告,规定当事人在某事发生后到该机构进行登记,填写所需登记的材料。例如,人口的出生和死亡的统计及流动人口的统计就是采用规定当事人到公安机构登记的方法。

(五)实验设计调查法

实验设计调查法是用于收集测试某一新产品、新工艺或新方法使用效果的资料的方法。一般地,对于可以通过科学实验取得资料的,采用实验设计调查法,而对于无法通过科学实验取得资料的,如社会现象,则应用大量观察法。

(六)计算机辅助电话调查法(CATI)

计算机辅助电话调查系统 CATI (Computer Assisted Telephone Interviewing System)调查,是利用计算机辅助电话调查而开发的调查访问系统。它主要应用领域包括:市场调查(包括对品牌知名度、市场渗透率、市场占有率、广告达到率、居民消费观念、消费习惯的调查);社情民意调查(包括对市政建设、环境治理、治安情况、就业、住房的评价);行业行风调查(包括对政府透明度、办事程序、办事人员的工作态度的调查);等等。

该调查方法的主要优势有:第一,调查的速度快、费用低。第二,因为与被调查者没有直接面对面,不容易产生故意回答误差,有效保证调查结果的客观性,取得真实结果的可能性更大。第三,灵活性高,比直接面对面的调查较少地受到时间、空间的限制。第四,匿名性强,能够访谈到传统调查不易接触的对象。第五,可以灵活采用多种抽取样本的方法。

该调查方式也存在着局限性:第一,调查内容不能过多、过复杂。第二,因为非面对面的采访,无法向被调查者详尽地解释调查说明,也无法充分了解被调查者相关的背景资料,有可能出现被调查者因不了解调查问题的含义而无法准确地回答问题。第三,近年来由于电信诈骗多发,电话调查出现拒访的情况越来越多。

(七)网络调查法

网络调查法是近几年来新兴的一种调查方式,它是以互联网技术手段为工具,利用网页问卷、电子邮箱问卷、网上聊天室等网络媒体通信手段来搜集调查资料或访谈资料的调查方式。调查者利用互联网的信息传播与远程交互功能,将互联网的网页技术和数据库管理技术等有机结合,使调查者能够通过互联网来发放、收集和处理调查研究的信息。这种调查常用于市场调查和民意测验。网络调查收集资料的主要途径是:通过 E－mail 调查、网站调查和基于 E－mail 的 Web 调查等。

与传统统计调查手段相比,网络调查的优点主要有:第一,网络调查可以使调查的空间扩大,调查的时间大幅度增加。第二,网络调查可以大大提高调查的时效性。第三,网络调查可以降低统计调查的成本。第四,可以减少统计调查的故意回答误差与计量误差。第五,通过与现代计算机技术结合,网络调查的问卷设计方法更为灵活多变,问卷可控制性也进一步提高。

但在网络调查方面仍存在一些有待进一步研究解决的问题。包括:如何与传统的抽样调查理论与方法结合?如何保障网络调查的安全?如何控制与矫正网络调查的误差等等。

随着现代信息技术的发展,还有一些新的技术如卫星遥感、地理信息系统等已经或正在被广泛地引入统计调查领域中,从而产生一些新的调查方法。例如,可以利用卫星所提供的地面农作物颜色的资料来估计农产量所需的资料等。

三、统计调查的具体形式

统计调查的形式是指组织收集数据信息资源的方式方法。

统计调查的形式多种多样,按调查的范围划分,可分为全面调查和非全面调查两大类。全面调查是对调查对象的所有单位一一进行调查。非全面调查是对调查对象其中的一部分单位进行调查。

统计调查按时间标志可分为连续性(经常性)调查和不连续性(一次性)调查。连续性(经常性)调查是指随着研究现象的变化,连续不断地进行调查登记。不连续性(一次性)调查是指间隔一段较长的时间对事物的变化进行一次性调查。

统计调查按组织形式可分为定期报表和专门调查。定期报表制度是按国家统一规定的表式和内容,定期向各级领导机构报送统计资料的一种形式。专门调查是为某一专题研究而组织的专项调查。

以下我们分别介绍具体的统计调查形式。

(一)普查

普查是专门组织的一种全面调查,它主要是用于收集某些不能或不宜用定期报表收集的统计资料。例如,对国情国力的调查一般采用普查。

普查有两个主要特点:第一,它是非经常性的调查,一般间隔较长的时间才进行一次。例如,我国经济普查每10年进行两次,分别在逢3、逢8的年份实施(2003年恰逢“非典”的特殊原因,第一次全国经济普查延至2004年实施);第二,它是一种全面调查,比任何一种调查形式更能掌握大量、详细、全面的统计资料。

普查的组织形式有两种:一种是经过组织的普查机构,配备一定数量的普查人员,对调查单位直接进行登记,如我国人口普查就是采用这种形式;另一种是利用调查单位的原始记录和核算资料,结合清库盘点,由调查单位自行填报调查表格,例如,我国的物资库存普查就采用这种形式。

(二)定期统计报表

定期统计报表是依照国家有关法规,自上而下统一布置,以一定的原始记录为依据,按照统一的表式、统一的指标项目、统一的报送时间和报送程序,自下而上、逐级地定期提供统计资料的一种调查方式。

统计报表的主要特点有:第一,报表资料的来源是建立在各个基层单位的原始记录的基础上,基层单位可利用其资料对生产、经营活动进行监督管理;第二,由于统计报表是逐级上报和汇总的,各级领导部门能获得管辖范围内的报表资料,了解本地区、本部门的经济和社会发展情况;第三,由于统计报表是属于经常性(连续性)调查,调查项目相对稳定,有利于积累资料,并进行动态对比分析。

统计报表包括全面报表与非全面报表。全面统计报表的实施范围是调查对象的全部单位,非全面统计报表的实施范围只要求调查对象中的部分单位填报。

(三)抽样调查

抽样调查是一种非全面调查。本教材所说的抽样调查是概率抽样,即按随机原则从调查对象总体中抽取一部分单位作为样本进行观察,然后根据样本数据去推算或检验调查对象总体的数量特征。

科学的抽样调查必须遵循以下原则:首先是随机原则。所谓随机原则,就是所有调查单位都有非零的、可计算的被抽取的概率。只有按随机原则抽取调查单位,才能保证抽样法符合概率论和数理统计有关定理的要求,从而才能运用这些定理去进行推断。其次是最大抽样效果原则。所谓最大的抽样效果,就是在既定的调查费用下使抽样估计量的误差最小,或者是在给定的精确度条件下,使调查费用最少。调查费用是从人力、物力和财力等方面保证调查工作顺利进行的物质基础。一般说来,提高抽样调查结果的精确度与节省调查费用的要求往往是矛盾的,抽样误差要求越小,调查费用要求就越大。从经济角度看,并非任何一种抽样误差最小的方案就是最优的方案。因此,实践中一般是在给定误差的条件下,选择费用最省的抽样设计方案。

抽样调查有如下几个特点:第一,样本单位按随机原则抽取,排除了主观因素对选样的影响。第二,根据数理统计的原理,抽样调查中样本指标和相对应的总体指标之间存在着内在联系,而且两者的误差分布也是有规律可循的,因而提供了用实际调查所得的部分信息推断总体数量特征的科学方法。第三,抽样误差可以事先计算并加以控制。以样本资料推算总体数量特征,不可避免地会产生误差,但这种误差与其他统计估算所产生的误差不同,它可以根据有关资料事先加以计算,并且通过一定的途径来控制误差的范围,保证抽样推断结果达到预期的可靠程度。

在现实中,抽样调查主要适用于以下两种场合:第一,对一些不可能或不必要进行全面调查的社会现象,可采用抽样调查。例如,电视显像管的耐用时数、轮胎的里程试验等,不可能毁去所有的产品而鉴定其质量,只能采用抽样调查。再如,对居民手存现金情况的调查,不可能也没必要对所有居民逐一观察、经常登记,只能按随机原则选定若干家庭加以调查以获取统计所需的资料。第二,对普查资料进行必要的校正。由于普查涉及面广,工作量大,容易产生登记误差,即出现重复登记或遗漏现象。因此,通常在普查之后作一次抽样调查,将抽样调查的结果同原来的普查资料进行核对,检查普查的质量,同时还可以计算出差错(重复或遗漏)比率,并以此作为修订系数,对普查资料进行必要的修正。

（四）重点调查

重点调查是指在调查对象中,只选择一部分重点单位进行调查。所谓重点单位,是着眼于现象的量的方面而言。尽管这些单位在全部单位中只是一部分,但它们在所研究现象的标志总量中却占有绝大的比重,在总体中具有举足轻重的作用。对这些单位进行调查,能够从数量上反映整个总体在该标志总量方面的基本情况。重点单位的选择主要着眼于调查单位在所研究现象的标志总量中所占的比重。

重点调查由于选择的单位较少,因此调查项目就允许多一些,所了解的情况也可以详细一些。一般地说,当调查任务只要求掌握基本情况,而部分单位又能比较集中地反映研究项目的情况,则采用重点调查比较适宜。重点调查单位一般管理水平较高,统计基础工作较好,资料容易取得且质量较高,所以重点调查是节省人力、物力、效果较好的调查。

根据研究问题的需要,重点调查可能定期进行,也可能是一次性的。定期进行的重点调查,如定期提供重点企业的经济技术指标的资料。更多的重点调查是临时的专门组织进行的。

（五）典型调查

典型调查是一种专门组织的非全面调查。它是根据调查的目的,在对所研究的对象进行初步分析的基础上,有意识地选取若干具有代表性的单位进行调查和研究。

统计中的典型调查的主要作用在于通过深入实际,对所研究事物进行具体、细致的调查研究,详细观察事物的发展过程,具体了解现象发生的原因,并掌握现象各个方面的联系。当所选取的典型单位具有一般代表性时,典型调查获得的数据资料也可以成为科学推算的基础。

四、统计调查体系

在传统的计划经济体制下,我国的统计调查方式以统计报表制度为主,是一种以全面调查、层层汇总为特征的统计调查体系。改革开放以来,随着社会主义市场经济的发展,一方面,社会经济现象空前复杂化,给准确把握统计口径带来困难;另一方面,各类经济组织发展迅速,统计调查单位急剧膨胀,训练有素的基层统计人员日显匮乏。再加上决策主体和利益主体的多层次化,各方面对统计数字真实性的干扰明显增加。这些都使得以全面统计报表为主的调查体系越来越难以满足政府与社会公众对统计信息的需求。为适应社会主义市场经济的要求,我国建立了以必要的周期性的普查为基础,以经常性的抽样调查为主体,同时辅以重点调查、科学推算和部分全面报表综合运用的统计调查方法体系。

在这种新的统计调查体系中,普查是基础,这是因为只有通过普查,才能收集到全面和详细的数据,并为开展抽样调查和统计推断提供必要的基础资料。但是,由于普查要耗费大量的人力、物力、财力和时间,无法及时反映社会经济现象日新月异的变化状况,因此,对大量的社会经济现象,必须采用抽样的调查方式才能及时地捕获各类信息。抽样调查的调查单位少,可以由经过专门训练的人员去完成,同时也便于对某一社会经济现象进行更深入的研究,这样既可以节省调查费用,又可以满足统计时效和统计数据质量的要求。所以,新的统计调查体系要以经常性的抽样调查为主体。重点调查、典型调查和统计报表是我国过去统计实践中常用的方式,在新形势下仍可发挥一定的作用。

在新的统计调查体系中,还要采用科学的推算方法。所谓统计推算,是在不可能或不必直接通过调查取得资料的情况下,根据已掌握的资料,运用各种统计方法进行科学的估计推算,以间接方式取得所需的资料。统计推算若是对同一时期内的未知项所做的推算,则属于静态推算;若是针对未来的时期所做的推算,则属于动态推算。统计推算的内容主要包括:从一个现象推算另一现象,从局部推算总体,从现在推算未来。统计推算的方法主要有:比例推算法,因素估算法,平衡估算法,线性插值法,拉格朗日插值法以及各种动态数列的预测方法等。

总而言之,在统计调查中,应根据调查的目的和调查对象的特点,灵活选用不同的调查方式,及时、准确地获得各种不同的信息。

五、现有统计资料的主要来源

对于应用统计的分析人员来说,相当一部分统计数据是不必亲自进行统计调查的,可自有关统计部门和机构发布的统计资料获取。这方面的资料可通过三个途径获得:一是从相关的年鉴、期刊和有关出版物上获取;二是从有关网站搜寻;三是向有关公司购买各种数据库。

(一)统计年鉴

1.《中国统计年鉴》。该书由国家统计局编辑、中国统计出版社出版,它是一部全面反映我国国民经济和社会发展情况的资料性书籍,每年 9 月份左右出版。该书收录了上年全国和各省、自治区、直辖市经济和社会各方面大量的统计数据,以及历史主要年份和历年全国统计数据。最新的统计年鉴的内容分为 27 个部分:①综合;②人口;③国民经济核算;④就业和工资;⑤价格;⑥人民生活;⑦财政;⑧资源和环境;⑨能源;⑩固定资产投资;⑪对外经济贸易;⑫农业;⑬工业;⑭建筑业;⑮批发和零售业;⑯运输、邮电和软件业;⑰住宿、餐饮业和旅游;⑱金融业;⑲房地产;⑳科学技术;㉑教育;㉒卫生和社会服务;㉓文化和体育;㉔公共管理、社会保障和社会组织;㉕城市、农村和区域发展等等项目;㉖香港特别行政区主要社会经济指标;㉗澳门特别行政区主要社会经济指标。除上述内容外,年鉴还有两个附录。附录一是台湾省主要社会经济指标;附录二是国际主要社会经济指标。该书还附有光盘,提供中文与英文两种文字的统计年鉴电子版。为使用户能方便浏览和使用年鉴,光盘还提供了超文本[HTML]表格和 EXCEL 表格两种浏览方式。

2.《国际统计年鉴》。它由中国统计出版社出版,是一部综合性国际经济、社会统计资料,收录了世界 200 多个国家和地区的统计资料,并对其中的 40 多个主要国家的经济和社会发展状况以及世界主要企业的基本情况做了更为详细的介绍。该书分为 17 个部分:①世界概况;②自然资源和环境保护;③人口和人均主要经济指标;④国民经济核算;⑤农业;⑥工业和建筑业;⑦运输和通讯;⑧就业、工资;⑨财政金融;⑩国际收支、债务;⑪价格指数;⑫国际贸易和旅游;⑬社会和军事;⑭性别差异;⑮家庭收支和居民消费;⑯部分国家分地区的主要指标;⑰重要企业指标。

3. 地方统计年鉴。它由各省、自治区和直辖市以及经济特区的统计局编纂,中国统计出版社出版,它比较详细地反映各省、自治区和直辖市以及经济特区的社会、经济和科技等发展变化的情况。

4.《中国县域社会经济统计年鉴》。它由国家统计局编纂、中国统计出版社出版,包括全国 2 083 个县(市)的统计资料。主要内容包括:区域分析统计图,各县(市)经济主要指标,分区域社会发展基本情况,按主要经济指标分组的社会经济基本情况。

5.《中国金融年鉴》。它由中国人民银行主管的中国金融协会编纂,记述了金融发展的基本情况,提供了有关金融统计的资料,包括货币供应量、银行概述、特定存款机构的资产负债表。

6.《中国人口统计年鉴》。它由中国统计出版社出版,是人口状况资料性年刊。书中收集了全国各省、自治区和直辖市大量的人口数据以及世界各国的人口数据。

7.《中国统计摘要》。它由中国统计出版社出版,收录了反映我国经济社会发展的主要统计数据,一般比统计年鉴早若干月出版。

(二)有关期刊

上述的各种年鉴所提供的资料较为详细、全面、系统,但时效性较差。而反映我国经济社会动态的数据,可由以下一些刊物取得。

1.《中国经济数据分析》:由中国信息中心经济预测部编辑出版。该期刊提供了当季(或月)我国的 GDP 增长率,工业生产指数,企业效益指标,固定资产投资、外贸出口和市场销售的规模和速度指标,居民消费水平等数据。

2.《经济预测分析》:由国家信息中心编写,它提供了有关国民经济运行状况的资料。

3.《中国经济景气月报》:由国家统计局中国经济景气监测中心编辑出版,内容包括各主要经济指标的月度数据和各类经济景气指标。

(三)有关网站

在计算机与网络技术飞速发展的今天,互联网成为获取统计数据的重要途径。目前可获取反映中国经济社会状况的统计数据的网站主要有:

1. 中华人民共和国国家统计局官网:网址为 www. stats. gov. cn,由国家统计局主办。其主要内容有:统计公报,统计数据,统计分析,统计法规,统计管理和数据直报等。在该网站也可搜寻有关统计年鉴的数据资料。

2. 国研网：网址为 www. drcnet. com. cn ，由国务院发展研究中心主管，国务院发展研究中心信息中心主办，北京国研网信息有限公司承办。其提供的主要信息有：宏观经济、区域经济、金融市场、行业经济及企业经济相关数据资料。

3. 中国经济信息网：网址为 www. cei. gov. cn ，由国家信息中心主办。从该网站可搜寻我国经济发展及各地区经济发展的数据资料。

4. 中国统计网：网址为 www. itongji. cn ，国内最大的数据分析门户网站，提供数据分析、行业资讯、商业智能（BI）、数据挖掘技术等。

（四）数据库

数据库建设是国家经济信息化建设的一项重要的基础性工作，由有关公司组织开发，向社会提供有偿服务。目前，主要的经济统计数据库有以下几个。

1. 国家统计数据库：网址为 www. Chinastatistics. com，由国家统计局开发，包括国民经济核算、人口、就业、固定资产投资、能源、价格指数、人民生活、环境保护、农业、工业、建筑业、运输邮电、国内贸易、科技、文化体育卫生等国民经济和社会发展方面有关的月度、季度和年度主要统计数据，每月底更新一次。

2. 中经网统计数据库：网址为 cei. gov. cn/scorpio_online，由中国经济信息网开发。其内容涵盖宏观经济、行业经济、区域经济以及世界经济等各个领域，是一个面向社会各界用户提供全面、权威、及时、准确的经济类统计数据信息的基础资料库。

3. 中宏数据库：网址为 www. macrochina. com. cn/macro_data/，由国家发改委所属的中国宏观经济学会、中宏基金、中国宏观经济信息网、中宏经济研究中心联合研发。中宏数据库是一个巨型的经济数据库，包括 19 类大库，74 类中库，具体可参见其网站介绍。其中，统计数据库由宏观、金融、地区、行业、国际五个大类，15 个子栏目组成，以时间序列和图表方式为用户提供最快、最新、最全的经济数据。

4. 中国统计数据应用支持系统与中国统计年鉴服务系统：网址为 edu. acmr. cn，由北京华通人商用信息有限公司研发。中国统计数据应用支持系统是专门针对金融机构的需求研制的数据查询和分析系统，涵盖宏观、区域、行业、企业、财经等领域的经济运行状态、结构变化、发展趋势、政策效应等数据信息。中国统计年鉴服务系统目前囊括了中国统计出版社自 1981 年起出版的 400 余本国家、省市及行业年鉴。

5. 中国统计数据库/中国统计年鉴数据库：网址为 www. tongjinianjian. com，该数据库囊括了国家及其省（市）历年统计年鉴。

6. Wind 中国金融数据库：网址为 www. wind. com，由万得信息技术股份有限公司研发，主要提供股票、基金、债券、商品与期货、外汇等的交易与财务数据，中国证券市场指数，宏观行业数据等。该数据库是目前国内比较完整、准确的，以金融证券数据为核心的大型金融工程和财经数据仓库。

7. CSMAR 经济、金融、证券研究数据库：网址为 www. gtarsc. com，由深圳国泰安公司开发，主要内容包括宏观经济、股票市场、基金市场、债券市场、期货市场、外汇与黄金市场等多方面数据。

8. CCER 经济金融研究数据库：网址为 www. ccerdata. edu. cn，由北京大学中国经济研究中心和北京色诺芬信息服务公司联合开发，全面涵盖了中国资本市场、货币市场、宏观经济及行业经济的所有研究领域资料。

第二节　数据整理

一、数据整理的意义和内容

（一）数据整理的意义

按照统计研究的要求，对调查所搜集到的原始资料进行分组、汇总，使其条理化、系统化的工作过程，就是统计数据整理。

统计资料整理就是人们对社会经济现象从感性认识上升到理性认识的过渡阶段，既是统计调查阶段的继续和深入，又是统计分析阶段的基础，起着承前启后的作用。

（二）数据整理的内容

1. 统计资料的审核。在整理之前，必须对数据认真审核，检查原始数据的完整性与准确性。

2. 资料的分组和汇总。对全部调查数据资料，按其性质和特点，进行分组归类，综合汇总成各项统计指标。统计分组和有关统计指标的计算是数据整理的核心工作。

3. 编制统计表或绘制统计图，描述整理的结果。

二、统计分组

（一）统计分组的概念

根据统计研究的目的和客观现象的内在特点，按某个标志（或几个标志），把被研究的总体划分为若干个不同性质的组，称为统计分组。统计分组的对象是总体。统计分组标志可以是品质标志，也可以是数量标志。

从分组的性质来看，分组兼有分和合双重含义。对于现象总体而言，是“分”，即把总体分为性质相异的若干部分；而对于单位而言，又是“合”，即把性质相同的许多单位结合为一组。对于分组标志而言，是“分”，即按分组标志将不同的标志表现分为若干组；而对于其他标志而言，是“合”，即在一个组内的各单位即使其他标志表现不相同也只能结合在一组。由此可见，选择一种分组方法，突出了一种差异，显示了一种矛盾，必然同时掩盖其他差异，忽略其他矛盾。不同的分组方法，可能得出不同的结论。因此，统计分组必须先对所研究现象的本质作全面、深刻的分析，确定所研究现象类型的属性及其内部差别，而后才能选择反映事物本质的正确的分组标志。

（二）统计分组的原则

统计分组必须遵循两个原则：穷尽原则和互斥原则。

所谓穷尽原则，就是使总体中的每一个单位都应有组可归，或者说各分组的空间足以容纳总体所有的单位。

所谓互斥原则，就是在特定的分组标志下，总体中的任何一个单位只能归属于某一组，而不能同时或可能归属于几个组。

（三）统计分组的种类

统计分组可以按照不同的标志进行分类。

1. 按分组标志的多少，可分为简单分组和复合分组。简单分组就是对研究现象按一个标志进行分组，它只能从某一方面说明和反映事物的分布状况和内部结构。许多简单分组从不同角度说明同一个总体，就构成一个平行的分组体系。

许多场合要用两个或两个以上的标志分组，即先按一个标志分组，在此基础上再按第二个标志分小组，又再层叠地按第三个标志分成更小的组，这称为复合分组。例如，对国内生产总值先按三次产业分组，然后对各产业按行业分组，再对各行业按经济类型分组，最终形成如下的复合分组体系：

国内生产总值
- 第一产业
- 第二产业
  - 工业
    - 国有工业
    - 非国有工业
  - 建筑业
- 第三产业

2. 按分组的标志的性质不同，分为品质分组（或称属性分组）和数量分组（或称变量分组）。品质分组就是按品质（或属性）标志进行分组。一般地，对于以定类尺度（列名尺度）或定序尺度（顺序尺度）计量的，采用品质分组。例如，职工按性别分组，企业按经济类型分组等。数量分组就是按数量标志分组，数量标志的变异性体现在它不断变动自身的数量，因此也称为变量分组。例如，企业按产值、工人数分组。品质分组所形成的数列称为品质数列，变量分组所形成的数列称为变量数列。

3. 按分组的作用和任务不同，分为类型分组、结构分组和分析分组。把复杂的现象总体划分为若干个不同性质的部分，就是类型分组。例如，我国全社会消费品零售额分为国有及国有控股商业零售额、集体商业零售额、私营及个体商业零售额和其他类型商业零售额。

在对总体分组的基础上计算出各组对总体的比重，借此研究总体各部分的结构，即结构分组。类型分组与结构分组往往紧密地联系在一起进行。

为研究现象之间的依存关系而进行的统计分组即分析分组。例如，为研究工人的劳动生产率与产值之间、商品流通费用率与商品销售额之间的依存关系，就要按分析分组法来研究它们之间的关系。

（四）统计分组的方法

要进行科学的分组，必须选择适当的分组标志。分组标志的选择正确与否，关系到能否正确地反映总体性质特征，能否完成统计研究的目的、任务。选择不科学的分组标志，不但无法显示现象的本质特征，而且会把不同性质的事物混淆在一起，从而歪曲了客观现象的实际情况。

分组标志确定之后，可以进行具体分组。如前所述，按分组标志的性质不同，分为品质分组和数量分组，这两种分组的具体处理方法存在不同的特点。

1. 品质分组。有些品质分组比较简单，分组标志一经确定，组的名称和组数也随之确定，例如，人口按性别分为男女两组。有些品质分组还取决于统计分析对分组层次的不同要求，例如，我国把社会经济各部门划分为第一产业、第二产业和第三产业，第一产业还可细分为农业、林业、畜牧业和渔业等。对于这种类别繁多的分组又称为分类。对于这一类问题，统计工作中采用统一的分类标准。这样具体规定分类（组）标准，为统计整理提供了统一的依据。

2. 数量分组。按数量标志分组，应注意两个问题：第一，分组时各组数量界限的确定必须能反映事物质的差别；第二，应根据被研究的现象总体的数量特征，采用适当的分组形式，确定相宜的组距、组限。

（1）单项式分组与组距式分组。单项式分组即按数量标志分组，数量标志的表现就是变量的取值，即标志值，又称变量值。单项式分组，就是用一个变量值作为一组，形成单项式变量数列。例如，育龄妇女按其生育子女的存活数分组，可分为 0 个、1 个、2 个、3 个、4 个、5 个及其以上 6 组。单项式分组一般适用于离散型变量且变量变动范围不大的场合。离散型变量是指所描述对象的标志值可以按一定次序一一列举（通常取整数值）的数量标志。

组距式分组就是将变量依次划分为几段区间，一段区间表现为“从…到…”距离，把一段区间内的所有变量值归为一组，形成组距式变量数列。区间的距离就是组距。例如，反映居民居住水平情况，按人均居住面积分组分为：20 平方米以下，20 ~ 50 平方米，50 ~ 80 平方米，80 平方米以上 4 组。对于连续型变量或者变动范围较大的离散型变量，适宜采用组距式分组。

（2）间断组距式分组和连续组距式分组。在组距式分组中，每组包含许多变量值，每一组变量值中，其最小值为下限，最大值为上限。组距是上下限之间的距离，相邻两组的界限，称为组限。凡是组限不相连的，称为间断组距式分组。例如，工人按看管机器台数分组，分为 1 台、2 台、3 台、4 台 4 组。凡是组限相连（或称相重叠），即以同一数值作为相邻两组的共同界限，称为连续组距式分组。例如，工人按工时定额完成程度分组分为 90% ~100%，100% ~110%，110% ~120%，120% 以上等组。

连续型变量只能采用连续组距式分组。在连续组距式分组中，需以同一个数值作为相邻两组共同的界限，因此，根据统计分组必须遵循的原则之一——“互斥原则”，统计上规定，凡是总体某一个单位的变量值是相邻两组的界限值，这一个单位归入作为下限值的那一组内，即所谓“上限不在内”原则。例如，学生按成绩分组，把 70 分的学生归入 70 ~ 80 分组内，把 80 分的学生归入 80 ~ 90 分组内。

（3）等距分组与异距分组。按数量标志进行组距式分组，还可分为等距分组和不等距（或称异距）分组。等距分组就是标志值在各组保持相等的组距，即各组的标志值变动都限于相同的范围。凡是在标志值变动比较均匀的情况下，都可采用等距分组。等距分组有很多好处，它便于计算，便于绘制统计图。

异距分组即各组的组距不相等。异距分组适用于如下几种场合：

第一，标志值分布很不均匀的场合。

第二，标志值相等的量具有不同意义的场合。例如，生命的每一个月对于新生婴儿与对成年人是大不一样的，此时，若按年龄分组进行人口疾病研究，应采用异距式分组。

第三，标志值按一定比例发展变化的场合。

（五）组距式分组中相关指标的计算

1. 组距。在组距式分组中，组距是上下限之间的距离。连续组距式分组的组距计算公式是：

$$\text{组距} = \text{本组上限} - \text{本组下限} \tag{2.1}$$

对于间断式分组组距大小的计算，采用如下公式：

$$\text{组距} = \text{本组上限} - \text{本组下限} + 1 \tag{2.2}$$

2. 组数。组距的大小直接关系到组数的多少，组距大，组数就少；组距小，组数就多。美国学者斯特杰斯（H. A. Sturges）创用了一种确定组数和组距的经验公式，称为斯特杰斯经验公式，即：

$$n = 1 + 3.3\lg N \tag{2.3}$$

$$d = \frac{R}{n} = \frac{x_{max} - x_{min}}{1 + 3.3\lg N} \tag{2.4}$$

式中，n 为组数；N 为总体单位数；d 为组距；R 为全距，即最大变量值 x_{max} 与最小变量值 x_{min} 之差。

根据这一公式，可以得出如表 2－1 所示的组数参考标准。

表 2－1　分组组数参考表

N	15～24	25～44	45～89	90～179	180～359
n	5	6	7	8	9

上述公式及表中数据仅供参考，不能生搬硬套。实际分组时采用组数的多少，应依据所研究资料的性质而定。

3. 组中值。上下限之间的中点数值称为组中值，组中值的计算公式为：

$$\text{组中值} = \frac{\text{上限} + \text{下限}}{2} \tag{2.5}$$

在计算平均指标或进行其他统计分析时，常以组中值来代表各组标志值的平均水平。当各组标志值均匀分布时，组中值代表各组标志值水平的代表性就高。因此，分组时，应尽可能使组内各单位标志值分布均匀。

有时候，连续型变量按离散型变量表示，组距数列的编制采取相邻组限不重叠的形式，组中值的确定应考虑到连续型变量自身的特点。如年龄就是比较典型的例子，它实质上是连续型变量，习惯上却用整数表示。例如，一群大学生分为 17～19 岁、20～22 岁两组，则组距为 3 岁，组中值分别为 18.5 岁和 21.5 岁。因为第一组应包括 19 岁又不到 20 岁的大学生，上限应视为 20 岁。同理，第二组上限应视为 23 岁。

4. 开口组的组距与组中值。在编制组距式变量数列时，使用“××以上”或“××以下”这样不确定组距的组，称为开口组，例如，反映××工业企业工人生产定额完成情况，按生产定额完成程度分组，分为 90%以下，90% ～100%，100% ～110%，110%以上。开口组的组距是以相邻组的组距为本组的组距，如前例，90%以下的组，因相邻组的组距为10%（=100% -90%），故第一组可视为 80% ～90%，其组中值为(80 +90) ÷2 =85，即85%；110%以上的组距以邻组的组距 10%为本组组距，视为 110% ～120%，组中值为(110 +120) ÷2 =115，即 115%。

第三节　频数分布

一、频数分布的基本概念

（一）频数分布

在统计分组的基础上，将总体所有的单位按某一标志进行归类排列，形成的总体中各单位在各组之间的分布称为频数分布，或次数分布。频数分布是统计整理的一种重要表现形式。根据分组标志特征的不同，频数分布数列可分为两类：按品质标志分组所形成的数列，即品质分布数列，又称品质数列。按数量标志分组所形成的数列称变量分布数列，又称变量数列。

（二）分布数列的要素

分布数列由两个要素构成：一个是总体按某标志所做的分组，另一个是各组所出现的单位数，即频数，又称次数。就变量数列而言，总体按数量标志分组，分组标志在各组有不同的数量表现，可称其为变量，一般用 x 表示；频数（次）用 f 表示。

二、变量数列的编制

（一）变量数列的编制方法

【例 2 -1】对产品生产过程进行质量控制，抽取 50 个电子元件调查其耐用时数（单位：小时），具体资料如下：

1 180	1 010	1 230	1 100	1 180	1 580	1 210	1 460	1 170	1 080
1 050	1 100	1 070	1 370	1 200	1 630	1 250	1 360	1 270	1 420
800	1 030	870	1 150	1 410	1 170	1 230	1 260	1 380	1 510
1 010	860	810	1 130	1 140	1 190	1 260	1 350	930	1 420
1 080	880	1 050	1 250	1 160	1 320	1 380	1 310	1 250	1 270

对上述资料采用等距分组，分为 8 组，组距为 100，以 800 为第一组下限。经过整理，得出的结果如表 2 -2 所示。

表 2 -2 中第 1 列是变量，第 2 列是各组出现的次数，即频数，各组频数之和等于总体单位数，第 3 列是频率。

表 2-2　50 个电子元件耐用时数资料表　　单位：小时

按耐用时数分组(x)	频数(f_i)	频率($\frac{f_i}{\sum f_i}$)
800 ~ 900	5	0.10
900 ~ 1 000	1	0.02
1 000 ~ 1 100	8	0.16
1 100 ~ 1 200	11	0.22
1 200 ~ 1 300	11	0.22
1 300 ~ 1 400	7	0.14
1 400 ~ 1 500	4	0.08
1 500 以上	3	0.06
合计	50	1.00

（二）相关指标的计算

1. 频率，即各组频数与总体单位总和之比。它反映了各组频数的大小对总体所起的作用的相对强度。其计算公式如下：

$$频率 = \frac{f_i}{\sum f_i} \tag{2.6}$$

式中，f_i 为第 i 组频数。

通过对总体各单位分组而形成变量数列，显示了各单位标志值在各组间的分布状况，从而使杂乱无章的原始数据显示出一定的规律性。从表2-2中可以看出，耐用时数在1 000 ~ 1 300的电子元件占总数的60%，而耐用时数低于1 000的和高于1 400的所占比重较小，呈现出一种近似“两头小，中间大”的钟形分布特征。

2. 频率的性质。

(1) 任何频率都是界于0和1之间的一个分数，即：$0 \leqslant \frac{f_i}{\sum f_i} \leqslant 1$；

(2) 各组频率之和等于1，即：$\sum \frac{f_i}{\sum f_i} = 1$。

3. 频数密度与频率密度。对于异距分组，由于各组次数的多少还受到组距不同的影响，各组的频数可能会随着组距的扩大而增加，随着组距的缩小而减少。为消除异距分组所造成的这种影响，需计算频数密度(或称次数密度)。频数密度的计算公式如下：

$$频数密度 = 频数/组距 \tag{2.7}$$

$$频率密度 = 频率/组距 \tag{2.8}$$

各组频数密度与各组组距乘积之和等于总体单位数，各组频率密度与各组组距乘积之和等于1。

三、累计频数与累计频率

累计频数(或频率)可以是向上累计频数(或频率)，也可以是向下累计频数(或频率)。向上累计频数(或频率)分布,其方法是先列出各组的上限,然后由标志值低的组向标志值高的组依次累计。向上累计频数表明某组上限以下的各组单位数之和是多少,向上累计频率表明某组上限以下的各组单位数之和占总体单位数的比重。向下累计频数(或频率)分布,其方法是先列出各组的下限,然后由标志值高的组向标志值低的组依次累计。向下累计频数表明某组下限以上的各组单位数之和是多少,向下累计频率表明某组下限以上的各组单位数之和占总体单位数的比重。

累计频数分布具有如下两个特点:①第一组的累计频数等于第一组本身的频数;②最后一组累计频数等于总体单位数。累计频率同样也具有两个特点:①第一组的累计频率等于第一组本身的频率;②最后一组的累计频率等于1。

【例2-2】利用例2-1的资料,对50个电子元件耐用时数进行向上和向下累计。

【解】依题意,分别进行向上和向下累计,具体结果如表2-3所示。

表2-3　50个电子元件耐用时数累计表

向上累计					向下累计				
电子元件耐用时数分组上限	频数	累计频数	频率(%)	累计频率(%)	电子元件耐用时数分组下限	频数	累计频数	频率(%)	累计频率(%)
900	5	5	10	10	800	5	50	10	100
1 000	1	6	2	12	900	1	45	2	90
1 100	8	14	16	28	1 000	8	44	16	88
1 200	11	25	22	50	1 100	11	36	22	72
1 300	11	36	22	72	1 200	11	25	22	50
1 400	7	43	14	86	1 300	7	14	14	28
1 500	4	47	8	94	1 400	4	7	8	14
1 600	2	49	4	98	1 500	2	3	4	6
1 700	1	50	2	100	1 600	1	1	2	2
合计	50	—	100	—	合计	50	—	100	—

由表2-3可知,电子元件耐用时数在1 000小时以下的有6个,占总数的12%;电子元件耐用时数在1 200小时以下的有25个,占总数的50%;电子元件耐用时数在1 000个以上的有44个,占总数的88%;电子元件耐用时数在1 200小时以上的有25个,占总数的50%等。

第四节　统计表与统计图

一、统计表

(一)统计表的结构

对统计调查所获得的原始资料进行整理,可以得到说明社会现象及其发展过程的数据。把这些数据按一定的顺序排列在表格上,就形成了统计表。统计表是开展统计分析的重要工具。统计表的结构可以从表式和内容两个方面来认识。

1. 从表式上看,统计表是由纵横交叉的线条组成的一种表格。统计表包括总标题、横行标题、纵栏标题和指标数值四个部分。总标题是统计表的名称,它扼要地说明了该表的基本内容,并指明时间和范围。它置于统计表格的正上方。横行标题是横行的名称,一般放在表格的左方。纵栏标题是纵栏的名称,一般放在表格的上方。横行标题和纵栏标题共同说明填入表格中的统计数字所指的内容。指标数值列在横行和纵栏的交叉处,用来说明总体及其组成部分的数量特征,它是统计表格的核心部分。其具体表式如表 2 -4 所示。

表 2 -4　××地区各项税收收入情况表　←总标题

单位:亿元

税收按税种分组	2016 年总额	2017 年总额	发展速度(%)
工商税	8 885. 44	10 366. 09	116. 7
关　税	562. 23	750. 48	133. 5
农业各税	423. 50	465. 31	109. 9
国有企业所得税	639. 00	827. 41	129. 5
非国有企业所得税	172. 41	172. 22	99. 9
合　计	110 682. 58	12 581. 51	117. 8

(表头右侧标注:纵栏标题;数值区右侧标注:指标数值;左侧标注:横行标题;第一列下方标注:主词栏;其余各列下方标注:宾词栏)

资料来源:××地区 2018 年统计年鉴。

2. 从内容上看,统计表由主词栏和宾词栏两个部分组成。主词栏是统计表所要说明的总体及其组成部分;宾词栏是统计表用来说明总体数量特征的各个统计指标。如表 2 -4所示。主词一般列在表的左方,宾词一般列在表的右方。必要时,主宾词可以变换位置或合并排列。此外,统计表还有补充资料、注解、资料来源、填表单位、填表人等。

(二)统计表的分类

1. 按主词的结构分类。根据主词是否分组和分组的程度,分为简单表、分组表和复合表。

(1)简单表。主词未经任何分组的统计表称为简单表,也称一览表。主词罗列各单位的名称。

(2)分组表。主词只按一个标志进行分组形成的统计表,也称简单分组表,如表2 -4 所示为税收按税种进行简单分组所形成的统计表。

(3)复合表:主词按两个或两个以上标志进行分组的统计表,也称复合分组表。表 2 -5所示为复合表,表中的居民消费价格指数在按消费类别分为食品、烟酒及用品、衣着、家庭设备用品及服务、医疗保健及个人用品、交通和通信、娱乐教育文化用品及服务和居住八大类,在此基础上,再按消费品种进行分组。例如,食品类再分为粮食、肉禽及其制品、蛋、水产品、鲜菜和鲜果六小类。

表 2－5　居民消费价格分类指数（2008 年 11 月）

项目名称	上年同月＝100			上年同期＝100		
	全国	城市	农村	全国	城市	农村
居民消费价格指数	102.4	102.2	102.9	106.3	106.0	106.9
一、食品	105.9	106.6	104.4	115.3	115.4	115.1
粮食	105.8	106.2	105.1	107.3	107.5	107.0
肉禽及其制品	102.0	103.2	99.6	124.2	125.0	122.4
蛋	102.9	103.4	102.0	104.5	104.5	104.6
水产品	111.2	111.3	111.2	114.5	114.1	115.5
鲜菜	97.9	97.9	98.3	111.2	111.0	111.8
鲜果	104.2	104.6	103.2	109.7	109.6	110.2
二、烟酒及用品	103.2	103.5	102.8	102.9	103.1	102.6
三、衣着	98.3	98.0	99.2	98.6	98.2	99.4
四、家庭设备用品及服务	103.1	103.4	102.5	102.8	103.0	102.4
五、医疗保健及个人用品	102.0	101.8	102.3	103.0	102.9	103.4
六、交通和通讯	99.3	98.8	100.7	99.1	98.4	100.7
七、娱乐教育文化用品及服务	99.7	99.3	100.9	99.3	99.1	99.8
八、居住	101.1	99.3	105.2	106.2	105.0	108.7

资料来源：国家统计局统计信息网。

在复合分组表中设计横行标题时，应在第一次分组的各组组别下退一字或二字填第二次分组的组别，此时第一次分组的组别就成为第二次分组的各组小计。若需再进行第三、第四次分组，均可按此类推，具体格式见表 2－5 所示。

2. 按宾词设计分类，可分为宾词简单排列、分组平行排列和分组层叠排列三种。

（1）宾词简单排列。宾词不进行任何分组，按一定顺序排列在统计表上。如表2－6 是宾词简单排列表。

（2）宾词分组平行排列。宾词栏中各分组标志彼此分开，平行排列。如表 2－5 所示是宾词分组平行排列表。

（3）宾词分组层叠排列。统计指标同时有层次地按两个或两个以上标志分组，各种分组层叠在一起，宾词的栏数等于各种分组的组数连乘积。例如表 2－7 中，房屋销售价格指数按销售的住宅是否为新建分为两组，再按指数的类别（同比指数与环比指数）分为两组，另列价格总指数栏。

表 2－6　2017 年 1—11 月份全国与各地区商品房销售情况

地区	商品房销售面积（万平方米）	商品房销售额（亿元）
东部地区	62 339	64 880
中部地区	39 459	23 801
西部地区	37 288	21 928
东北地区	7 482	4 871
全国总计	146 568	115 481

资料来源：中华人民共和国国家统计局官网。

表 2－7　四个直辖市房屋销售价格指数(2008 年 11 月)

地区	房屋销售价格指数		其中			
			新建住宅价格指数		二手住宅价格指数	
	同比	环比	同比	环比	同比	环比
全国	100.2	99.5	100.2	99.4	100.1	99.8
北京	102.9	99.2	104.2	99.5	100.3	98.5
天津	103.2	99.9	103.2	99.9	103.7	99.8
上海	99.2	99.6	98.6	99.6	99.4	99.5
重庆	95.8	99.3	95.4	99.2	96.4	100.0

资料来源:中华人民共和国国家统计局官网。

统计表的主词分组与宾词分组是有区别的:主词分组的结果使总体分成许多组成部分,它们需要用统计指标(宾词)来描述。宾词分组的结果并不增加统计总体的各组成部分,仅仅是比较详细地描述总体已有的各个组成部分。由此可见,主词分组具有独立的意义,而宾词分组从属于主词的要求,是为了更详细地描述主词的数量特征而设计的。

(三)统计表的设计

统计表设计的总要求是:简练、明确、实用、美观、便于比较。统计表的设计应注意如下事项:

1. 线条的绘制。表的上下端应以粗线绘制,表内纵横线以细线绘制。表格的左右两端一般不画线,采用“开口式”。

2. 合计栏的设置。统计表各纵列需合计时,一般应将合计列在最后一行,各横行若需要合计时,可将合计列在最前一栏或最后一栏。

3. 标题设计。统计表的总标题及横栏、纵栏标题应简明扼要,以简练而又准确的文字表述统计资料的内容、资料所属的空间和时间范围。

4. 指标数值。表中数字应该填写整齐,对准位数。当数字非常小,可略而不计时,可写上“0”;当缺某项数字资料时,可用符号“…”表示;不应有数字时用符号“—”表示。

5. 计量单位。统计表必须注明数字资料的计量单位。当全表只有一种计量单位时,可以把它写在表头的右上方。如果表中各单元格的指标数值的计量单位不同,可在横行标题后添一列计量单位。

6. 注解或资料来源。必要时,在统计表下应加注解或说明,以便查阅参考。

二、统计图

运用统计图形可以直观地描述次数分布的类型特征,常用的图形有如下几种。

(一)直方图

直方图是用直方形的宽度和高度来表示次数分布的图形。绘制直方图时,横轴表示各组组限,纵轴表示次数(一般标在左方)和比率(或频率,一般标在右方)。若没有比率则直方图只保留左侧的次数,依据各组的组距的宽度与次数的高度绘成直方形。

(二)折线图

折线图是以线段的起伏表示其数量分布的特征,绘图时,可以在直方图的基础上,用折线将各组次数高度的坐标连接而成，也可以用组中值与次数构成的坐标点连接而成。

（三）曲线图

当变量数列的组数无限多时，折线便表现为一条平滑曲线。曲线图的绘制方法与折线图基本相同，只是在连接各组次数坐标点时应当用平滑曲线。

【例2－3】某企业加工车间40名工人日产量（件）资料如表2－8所示，用图示法描述工人日产量的分布状况。

表2－8　40名工人日产量次数分布表

按日产量分组（件）	次数 f_i	频率 $\frac{f_i}{\sum f_i}$
50～60	2	5.0
60～70	7	17.5
70～80	11	27.5
80～90	12	30.0
90～100	8	20.0
合计	40	100.0

【解】根据表2－8的资料绘制如图2－1所示的直方图。对于不等组距式变量数列，则通常按次数密度（频数密度）绘制直方图来表示其分布。

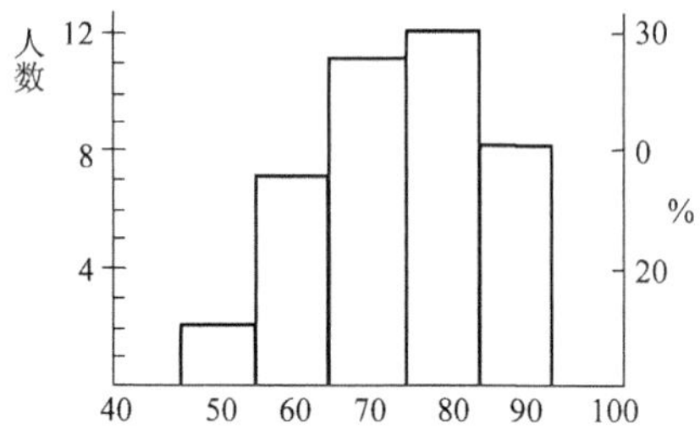

图2－1　工人日产量次数分布直方图

根据表2－8的资料绘制的折线图，如图2－2所示。

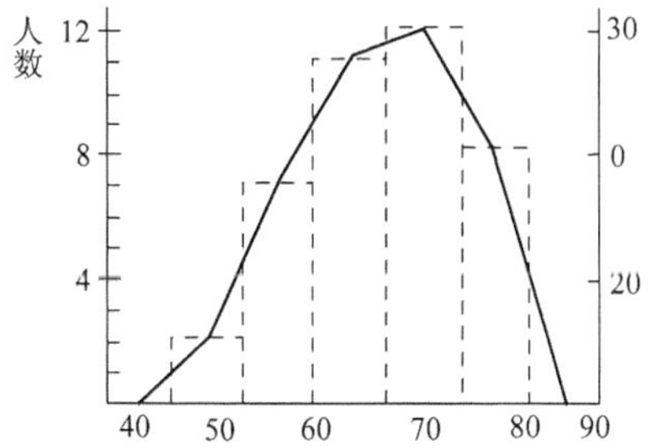

图2－2　工人日产量次数分布折线图

根据表 2－8 的资料直接绘制或对折线图(2－2)的折线平滑化,所得的曲线如图 2－3所示。

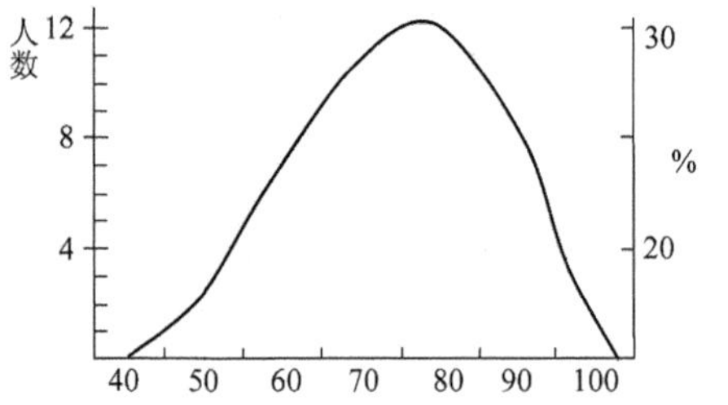

图 2－3 工人日产量次数分布曲线图

(四)累计曲线图

1. 累计曲线图的绘制。累计频数(频率)分布图分为向上累计频数(频率)分布图和向下累计频数(频率)分布图。不论是向上累计或是向下累计,均以分组变量为横轴,以累计频数(频率)为纵轴。

在直角坐标系上将各组组距的上限与其相应的累计频数(频率)构成坐标点,依次用折线(或光滑曲线)相连,即是向上累计曲线。

对于向下累计频数分布图,在直角坐标系上将各组组距下限与其相应累计频数(频率)构成坐标点,依次用折线(或光滑曲线)相连,即是向下累计分布曲线图。

根据表 2－3 的资料绘制累计曲线图,如图 2－4 所示。

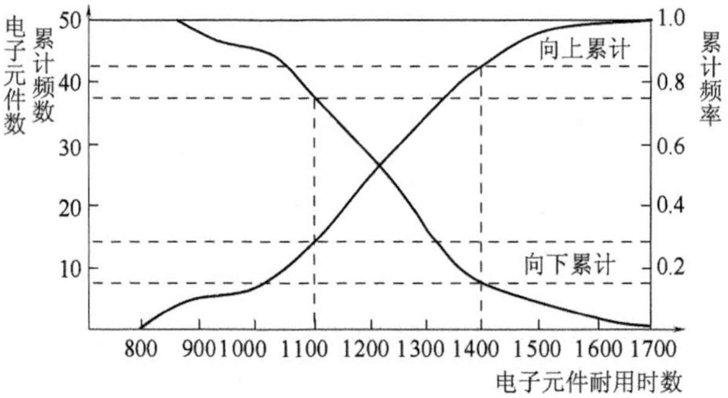

图 2－4 累计频数(频率)分布示意图

从图 2－4 可以看出,电子元件耐用时数在 1 100 小时以下的有 14 个,占 28%;在 1 100小时以上的有 36 个,占 72%;耐用时数在 1 400 小时以下的有 43 个,占 86%;在 1 400小时以上的有 7 个,占 14%;等等。由此可见,累计频数和累计频率可以简要地反映总体各单位的分布特征。

向上累计分布曲线呈上升状,向下累计分布曲线呈下降状。组的次数(或频率)越少,曲线显得越平缓;组的次数(或频率)越多,曲线显得越陡峭。

2. 洛伦茨曲线。美国洛伦茨博士(Dr. M. O. lorenz)把累计频数(或频率)分布曲线运用于研究社会财富、土地和工资收入的分配是否公平。这种累计曲线又称洛伦茨曲线图。其绘制方法如下：

(1)将分配对象和接受分配者的数量转化成结构相对数并进行向上累计。

(2)纵轴和横轴均为百分比尺度，纵轴自下而上，用以测定分配的对象（例如，一个地区的财富、土地或收入等的分配状况），横轴由左向右，用以测定接受分配者（如一个地区人口）。

(3)根据计算所得的分配对象和接受分配者的累计百分数，在图中标出相应的绘示点，连接各点并使之平滑化，所得曲线即所要求的洛伦茨曲线。

【例2－4】某地区某年家庭收入资料如表2－9所示，据此绘制洛伦茨曲线。

表2－9　某地区收入的分配情况

按收入所得水平分组	人口			收入			累计收入的(%)	
	人口数（万人）	结构（%）	累计的（%）	月收入额（亿元）	结构（%）	实际情况	绝对平等	绝对不平等
	(1)	(2)	(3)	(4)	(5)	(6)	(7)	(8)
最低	128.5	12.85	12.85	1.57	5	5	12.85	0
中下等	348.0	34.80	47.65	4.08	13	18	47.65	0
中等	466.9	46.69	94.34	16.33	52	70	94.34	0
较高	45.6	4.56	98.90	7.54	24	94	98.90	0
最高	11.0	1.10	100.00	1.88	6	100	100.00	100
合计	1 000.0	100.00	—	31.40	100	—	—	—

【解】先将人口数及其收入额（即(1)(4)列）转化为结构相对数（即(2)(5)列），再求出其累计的百分比（即第(3)(6)列），然后在制好的比率图上依累计百分比标出绘示点，平滑地连接各绘示点即可（见图2－5）。

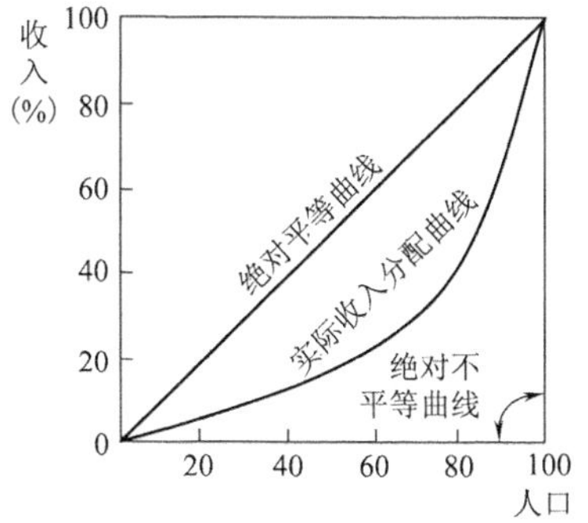

图2－5　洛伦茨曲线示意图

三、频(次)数分布图的类型

利用统计图的形式对社会现象的数量分布特征进行描述，通过这些图形，可以直观地显示不同类型现象的分布特征。各种不同性质的社会经济现象的次数分布的类型概括起来,大致有三种:钟形分布、U形分布和J形分布。

(一)钟形分布

钟形分布的特征是"两头小,中间大",即中间的变量值分布的次数多,靠近两边的变量值分布的次数少,其曲线图宛如一口古钟,如图2-6所示。

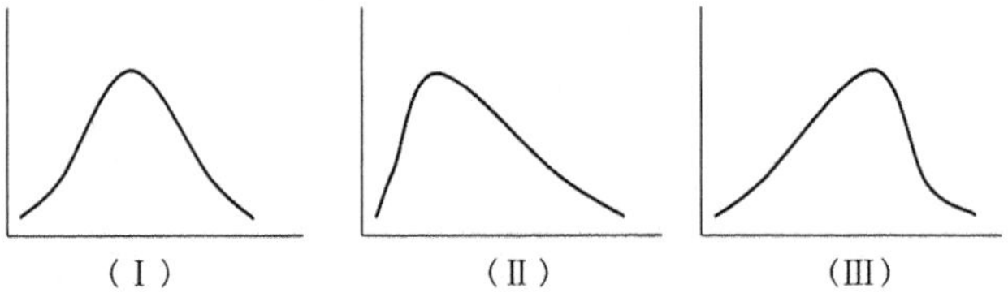

图2-6 钟形分布示意图

如图2-6(Ⅰ)所示,其分布特征是以变量的平均数为对称轴,左右两侧对称,两侧变量值分布的次数随着与其平均值距离的增大而渐次减少。在统计学中,称这种分布为正态分布。图2-6中的(Ⅱ)(Ⅲ)为非对称分布,它们各有不同方向的偏态。图2-6(Ⅱ)曲线是正偏(右偏)分布,图2-6(Ⅲ)曲线是负偏(左偏)分布。在客观实际中,许多社会现象总体的分布都趋于正态分布,如农作物单位面积产量的分布、零件公差的分布、商品市场价格的分布等。

(二)U形分布

U形分布的形状与钟形分布相反,靠近中间的变量值分布次数少,靠近两端的变量值分布次数多,形成"两头大,中间小"的U形分布。例如,人口按年龄分组死亡率的分布曲线,人口总体中,幼儿和老年人死亡率高,而中青年死亡率低,如图2-7所示是U形分布图。

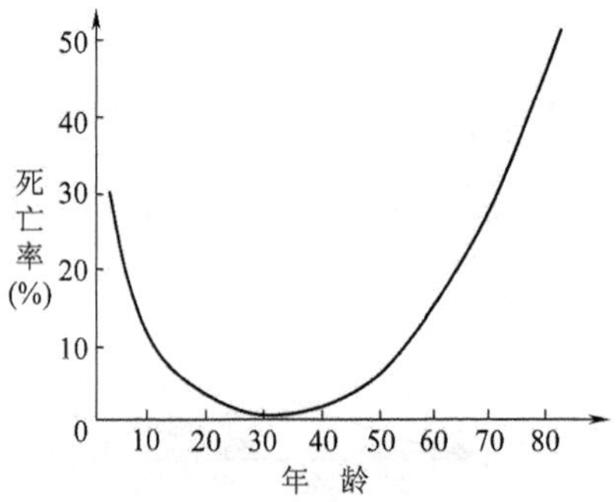

图2-7 U形分布示意图

(三)J形分布

J形分布有两种类型,一种是次数随着变量的增大而增多,另一种呈反J形分布,即次数随着变量的增大而减少,如图2-8所示。

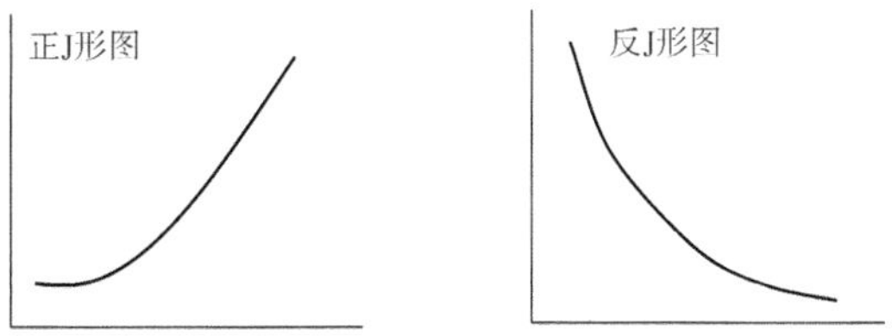

图 2－8　J 形分布示意图

本章小结

1. 统计数据收集是根据统计研究预定的目的和任务，运用科学的调查方法与手段，收集反映客观现象的统计资料的过程。

2. 调查对象是指需要调查的现象总体，该总体是由性质相同的调查单位组成的。调查单位是进行调查登记的标志的承担者。报告单位是负责向上报告调查内容、提交统计资料的单位。

3. 调查的标准时间是指规定的调查资料所属的一个时间点（时点）或时间段（时期）。调查期限是进行调查工作的时限，包括收集资料和报送资料工作所需的时间。

4. 统计调查按调查的范围划分，可分为全面调查和非全面调查两大类。

5. 普查是一种非经常性的全面调查，通过普查可以掌握大量详细、全面的资料。

6. 定期报表制度是依照国家有关法规，按照统一的表式、统一的项目、统一的报送时间和程序，自下而上地定期提供统计资料的一种调查方式。

7. 概率抽样调查是按随机原则，从调查对象中抽取一部分单位作为样本进行观察，然后根据样本数据，对调查对象的总体特征进行估计或检验。其具有以下特点：第一，按随机原则抽取样本；第二，根据部分调查的实际资料，对调查对象总体的数量特征做出估计；第三，抽样误差可以事先计算，并加以控制。抽样调查的适用场合主要有：第一，对一些不可能或不必要进行全面调查的社会现象进行调查；第二，对普查资料进行检查和必要的修正。抽样调查必须遵循随机原则与最大抽样效果原则。

8. 重点调查是在调查对象中只选择部分重点单位进行调查。

9. 我国新的统计调查体系目标模式是建立以必要的周期性普查为基础，经常性的抽样调查为主体，同时辅之以重点调查、科学推算和部分全面报表综合运用的统计调查方法体系。

10. 统计分组是统计整理的中心。统计分组应遵循穷尽与互斥两个原则。数量分组有单项式分组和组距式分组，组距式分组又分为间断组距与连续组距、等距与异距分组。对于组距式分组，须计算组距、组数、组中值。开口组的组距是以相邻组的组距为本组的组距。

11. 分布数列由两个要素构成，一个是总体按某标志所分的组，另一个是各组所出现的单位数，即频数。对于变量数列，总体按数量标志分组，分组标志在各组有不同的数量表现，形成标志值数列。

12. 频数密度与频率密度。为消除异距分组所造成的影响，须计算频数密度。频数密度＝频数/组距，频率密度＝频率/组距。

13. 向上累计频数(或频率)分布,其方法是先列出各组的上限,然后由标志值低的组向标志值高的组依次累计。向下累计频数(或频率)分布,其方法是先列出各组的下限,然后由标志值高的组向标志值低的组依次累计。

14. 统计表是反映统计结果的重要工具。其结构从表式上看,可分为总标题、横栏标题、纵栏标题和指标数值四个部分;从内容上看,可分为主词栏和宾词栏两部分。

15. 洛伦茨曲线是一种累计曲线图,利用洛伦茨曲线可计算基尼系数,用以衡量收入分配是否公平。

思考与练习题

一、选择题

1. 统计调查对象是:(　　)

A. 总体各单位标志值　　B. 总体单位

C. 现象总体　　D. 统计指标

2. 统计调查方法体系中,作为“主体”的是:(　　)

A. 经常性抽样调查　　B. 必要的统计报表

C. 重点调查及估计推算　　D. 周期性普查

3. 要对某企业的生产设备的实际生产能力进行调查,则该企业的“生产设备”是:(　　)

A. 调查对象　　B. 调查单位　　C. 调查项目　　D. 报告单位

4. 下面哪些现象适宜采用非全面调查?(　　)

A. 企业经营管理中出现的新问题　　B. 某型号日光灯耐用时数检查

C. 一个地区新增加的人口数　　D. 某地区森林的木材积蓄量

二、问答题

1. 有人说抽样调查“以样本资料推断总体数量特征”不可能得到准确的结果,你认为呢?

2. 对足球赛观众按男、女、老、少分为四组,以分析不同观众对足球的爱好程度,这种分组方法合适吗?

3. 用一实例说明统计分组应遵循的原则。

4. 试就你所关心的社会热点问题设计一个调查方案。

5. 指出以下统计表中的主词与宾词、横行标题与纵栏标题,并指出该统计表的类型。

××市饮食业机构、人员基本情况　　　　**2017 年**

按经济类型分组	合　计		市		县		县以下	
	机构	人员	机构	人员	机构	人员	机构	人员
国有饮食业	35	324	26	245	9	79	—	—
集体饮食业	195	1129	164	10 236	4	20	27	86
合营饮食业	17	1 144	17	1 144	—	—	—	—
个体有证饮食业	2 436	4 837	1 746	3 549	294	597	396	727

三、计算题

1. 通过抽样调查,取得资料如下:

教师月工资收入　　　　单位:百元

88	77	66	85	74	92	67	84	77	94
58	60	74	64	75	66	78	55	70	66
78	64	65	87	49	97	77	69	68	71
65	78	77	86	78	82	98	95	86	100
66	74	70	62	68	56	83	52	71	108

要求:

(1)试根据上述资料编制次(频)数分布数列。

(2)编制向上和向下累计频数、频率数列。

(3)根据所编制的次数分布数列绘制直方图、折线图与曲线图,并说明其属于何种分布类型。

(4)根据所编制的向上(向下)累计频数(频率)数列绘制累计曲线图。

(5)根据频数分布曲线图说明教师月工资收入的分布类型。

第三章

统计数据分布特征的统计描述

引例

如何正确地反映居民的收入水平

前一段时间网上有着这么一段顺口溜批评用平均收入来反映居民的收入水平:“张庄有个张千万,两个邻居穷光蛋,加在一起求平均,个个收入超百万”。

这个批评既有正确之处,也存在一定的误解。正确之处是:平均数受极端值的影响很大,简单地用平均收入反映居民的收入水平,有可能掩盖两极分化的现象。可能存在的误解则是:用很少出现的小样本计算的结果作为反对用平均收入反映居民收入水平的理由是不够充分的。事实上,统计中的居民平均收入并不是根据小样本计算的,而是根据大量观察的结果计算的,平均收入确实可以代表一定时期居民的收入水平。当然,为了更好地反映其代表性,还可以计算居民收入水平的方差和变异系数等指标。

本章将介绍如何利用描述统计的方法,反映数据分布的集中趋势和离散程度。通过本章的学习,你将对上述问题有更全面和深刻的认识。

第一节　分布平均水平和集中趋势的描述

一、描述分布平均水平和集中趋势的主要指标和作用

描述统计分布平均水平和集中趋势的指标主要包括:平均数、众数和中位数。这些指标的作用主要有:

其一,反映总体各单位变量分布的集中趋势和一般水平。大部分的社会现象总体呈

钟形分布,标志值很小或很大的单位比较少,而靠近上述指标的单位数比较多,这就显示了总体各单位向平均数集中的趋势,也表明了总体的一般水平。

其二,便于比较同类现象在不同单位间的发展水平。在说明不同企业的生产水平、经济效益或工作质量以及对不同投资项目进行评估等许多场合,都广泛地应用平均指标。

其三,能够比较同类现象在不同时期的发展变化趋势或规律。社会经济现象的变化易受偶然因素和现象规模的影响。用反映集中趋势的指标来分析,既可以消除偶然因素的作用,又能够避免受现象规模的影响,从而可以比较确切地反映总体现象变化的基本趋势。

其四,用于分析现象之间的依存关系。实践中,分析现象之间的依存关系常借助于平均指标。例如,将工业企业按照规模的大小进行分组,并计算各不同规模工业企业的平均劳动生产率、利润率等指标,可以较深入地分析企业规模的大小与劳动生产率或利润率之间的关系。

二、平均数

平均数是根据统计数列中的全部数据计算得到的代表值。平均数的特点是:统计数列中任何一项数据的变动,都会在一定程度上影响到平均数的计算结果。平均数可分为算术平均数、调和平均数、几何平均数和幂平均数等。

(一)算术平均数

算术平均数的基本计算公式如下:

$$\text{算术平均数} = \frac{\text{总体标志总量}}{\text{总体单位数}} \tag{3.1}$$

使用公式(3.1)时应注意:算术平均数是对同质总体中各单位的标志值进行平均,它要求总体标志总量和总体单位数严格相对应,即总体标志总量必须是总体各单位标志值的总和,标志值和单位之间存在一一对应关系。例如,全国人均能源消费量指标是全国能源消费总量与全国人口数的比率,因为每个人都有能源消费这个标志,所以人均能源消费量是个平均指标。算术平均数有两种具体形式:简单算术平均数和加权算术平均数。

1. 简单算术平均数。简单算术平均数适用于未分组的资料,用总体各单位标志值简单相加得到的标志总量除以总体单位总量而得。公式如下:

$$\bar{x} = \frac{x_1 + x_2 + \cdots + x_n}{N} = \frac{\sum_{i=1}^{N} x_i}{N} \tag{3.2}$$

式中, $\bar{x}$ 代表算术平均数,x_i 代表各单位标志值,N 代表总体单位数。

2. 加权算术平均数。加权算术平均数适用于原始资料已经分组,并得出次数分布的场合。计算各组的标志总量时,必须先将各组标志值乘以相应的次数,求得各组的标志总量。加权算术平均数的计算公式为:

$$\bar{x} = \frac{x_1 f_1 + x_2 f_2 + \cdots + x_n f_n}{f_1 + f_2 + \cdots + f_n} = \frac{\sum_{i=1}^{N} x_i \cdot f_i}{\sum_{i=1}^{N} f_i} \tag{3.3}$$

或
$$\bar{x}=\sum_{i=i}^{N}x_i\frac{f_i}{\sum_{i=1}^{N}f_i} \tag{3.4}$$

式中,f_i 为各组标志值出现的频数(次数),$\frac{f_i}{\sum_{i=1}^{N}f_i}$ 为频率。

在进行加权算术平均时,我们利用了权数进行计算。权数有两种表现形式:绝对数形式和相对数形式。用各组的次数作为权数,即绝对数形式;用各组的频率作为权数,即相对数形式。权数在平均数中具有权衡轻重的作用,是直接通过各组单位数占总体单位数的比重,也就是各组的频率——相对权数的大小体现出来的。频率越大,该标志值记入平均数的份额也越大,对平均数的影响就越大;反之,频率就越小,该标志值记入平均数的份额也越小,对平均数的影响就越小。这就是权数的权衡轻重作用的实质。

当各组的次数都相同,各标志值对平均数的影响都相同,那就无所谓权数的"权衡轻重"了。在这种情况下,加权算术平均数就等于简单算术平均数。

即当 $f_1=f_2=f_3=\cdots=f_n$ 时,有:

$$\bar{x}=\frac{\sum_{i=1}^{N}x_i\cdot f_i}{\sum_{i=1}^{N}f_i}=\frac{f\sum_{i=1}^{N}x_i}{Nf}=\frac{\sum_{i=1}^{N}x_i}{N}$$

因此可以说,简单算术平均数实际上是加权算术平均数的特例。

在分布数列的条件下,一般说来,次数就是权数,但在计算相对指标的平均数时,有时会遇到次数并不适合作为权数的情况。这时,应根据相对指标的含义,选择适当的权数。

【例 3-1】随机抽取 15 个企业进行调查,其资本金利润率分组资料如表 2-4 所示,要求计算出该公司 15 个企业的平均利润率。

表 3-1　某公司所属 15 个企业资本金利润率资料

资本金利润率(%)X_i	企业数	资本金总额(万元)f_i	利润总额(万元)X_if_i
5	8	40	2
10	6	100	10
15	6	160	24
合计	20	300	36

【解】利用表 3-1 的数据,根据关系式"利润总额=资本金总额×资本金利润率",求得"资本金利润率=利润总额/资本金总额"。则

$$平均利润率=\frac{\sum_{i=1}^{n}X_if_i}{\sum_{i=1}^{n}f_i}=\frac{40\times5\%+100\times10\%+160\times15\%}{40+100+160}=\frac{36}{300}=12\%$$

该例的平均对象是各企业的资本金利润率,表中的企业数虽然是次数,但却不是合适的权数。要正确计算 15 个企业的平均资本金利润率,需要以资本金额为权数,才能符

合该指标的性质。

【例 3－2】现以本书第二章例 2－1 产品生产过程质量控制的资料为例，进一步说明算术平均数的计算。

【解】对未分组的原始资料，采用简单算术平均法计算所抽取的 50 个电子元件的平均耐用时数。具体计算过程如下（n 为样本量）：

$$\bar{x}=\frac{\sum_{i=1}^{n}x_i}{n}=\frac{1\,180+1\,010+1\,230+1\,100+\cdots+1\,270+1\,250}{50}=1\,196.2$$

对例 2－1 的资料进行等距分组并计算各组的组中值，用加权平均法求出 50 个电子元件的平均耐用时数。具体计算过程如表 3－2 所示。

表 3－2　50 个电子元件耐用时数资料表　　单位：小时

耐用时数分组组中值（x_i）	频数（f_i）	$x_i f_i$	频率（$\frac{f_i}{\sum f_i}$）	$x_i\cdot\frac{f_i}{\sum_{i=1}^{n}f_i}$
850	5	4 250	0.10	85
950	1	950	0.02	19
1 050	8	8 400	0.16	168
1 150	11	12 650	0.22	253
1 250	11	13 750	0.22	275
1 350	7	9 450	0.14	189
1 450	4	5 800	0.08	116
1 550	3	4 650	0.06	93
合计	50	59 900	1.00	1 198

$$\bar{x}=\frac{\sum_{i=1}^{n}x_i f_i}{\sum_{i=1}^{n}f_i}=\frac{59\,900}{50}=1\,198$$

如果用频率加权计算，也可以得到相同的结果：

$$\bar{x}=\sum_{i=1}^{n}\bar{x}_i\cdot\frac{f_i}{\sum_{i=1}^{n}f_i}=1\,198$$

从上面的计算结果可以看到，用简单算术平均法计算的结果和加权算术平均法计算的结果是不同的。这是因为在计算加权算术平均数时应用的是组距式分组的资料，是以组中值来代替各组标志值的平均水平计算的，其前提条件是假定各标志值在组内均匀分布。由此可见，分组时应尽量使各组标志值在组内分布均匀，以避免出现误差。当以简单算术平均数公式和以加权算术平均数公式计算的结果不一致时，一般以简单算术平均数公式计算的结果为准。

3. 是非标志的平均数。在第一章中，我们曾提到数据根据其计量尺度的高低可分为四个层次，对于以定类尺度和定序尺度计量的数据资料，统计处理往往是把它们的类别差异过渡到数量上的变异，然后再计算平均数。

例如，从业人员按性别分为男、女两组；高中生的升学考试将考生分为文科和理科两组；企业生产的产品分为合格和不合格两组；等等。它们都是以品质标志把总体单位划分成两类，且可以用“是”与“非”区分，故称其为“是非标志”，或“交替标志”。

在一批产品中，若将合格品看作具有“是”的属性，那么不合格品就具有“非”的属性。设合格率为 p，不合格率为 q，以 1 作为“是”（合格品）的单位的标志值，以 0 作为“非”（不合格品）的单位的标志值，这样就把以文字表示的品质标志转化为数量标志。按加权算术平均数公式计算得到：

$$\bar{x} = \frac{\sum_{i=1}^{N} x_i f_i}{\sum_{i=1}^{N} f_i} = \frac{1 \times p + 0 \times q}{p + q} = p \tag{3.5}$$

p 也称为总体中具有某种属性的单位成数，所以成数是一种特殊的平均数，为是非标志的平均数。

【例 3－3】对某批产品进行质量抽检，抽取 400 件，其中不合格品 8 件，求合格品率。

【解】设 400 件产品合格率为 P，可知

$$P = \frac{400 - 8}{400} = 98\%$$

则 400 件产品的合格品率为 98%。

4. 算术平均数的数学性质。算术平均数有如下四个主要的数学性质：

(1) 算术平均数与标志值个数的乘积等于各标志值的总和。

为简单算术平均数时：
$$N\bar{x} = \sum_{i=1}^{N} x_i \tag{3.6}$$

为加权算术平均数时：
$$\sum_{i=1}^{N} f_i \bar{x} = \sum_{i=1}^{N} x_i f_i \tag{3.7}$$

(2) 各个标志值与算术平均数离差之和等于零。

为简单算术平均数时：

$$\sum_{i=1}^{N} (x_i - \bar{x}) = 0$$

因为
$$N\bar{x} = \sum_{i=1}^{N} x_i$$

所以
$$\sum_{i=1}^{N} (x_i - \bar{x}) = \sum_{i=1}^{N} x_i - N\bar{x} = 0$$

为加权算术平均数时：

因为
$$\sum_{i=1}^{N} f_i \bar{x} = \sum_{i=1}^{N} x_i f_i$$

所以
$$\sum_{i=1}^{N} (x_i - \bar{x}) f_i = \sum_{i=1}^{N} x_i f_i - \sum_{i=1}^{N} f_i \bar{x} = 0$$

(3) 各标志值与算术平均数离差的平方和为最小值。

设 x_0 为任意常数，当 $x_0 \neq \bar{x}$ 时，有

$$\begin{aligned}\sum_{i=1}^{N}(x_i-x_0)^2 &= \sum_{i=1}^{N}(x_i-\bar{x}+\bar{x}-x_0)^2\\ &= \sum_{i=1}^{N}[(x_i-\bar{x})+(\bar{x}-x_0)]^2\\ &= \sum_{i=1}^{N}[(x_i-\bar{x})^2+2(x_i-\bar{x})(\bar{x}-x_0)+(\bar{x}-x_0)^2]\\ &= \sum_{i=1}^{N}(x_i-\bar{x})^2+N(\bar{x}-x_0)^2\end{aligned}$$

$$\because N(\bar{x}-x_0)^2>0 \qquad \therefore \sum_{i=1}^{N}(x_i-x_0)^2>\sum_{i=1}^{N}(x_i-\bar{x})^2$$

$$\therefore \sum_{i=1}^{N}(x_i-\bar{x})^2=\min$$

（4）对被平均的变量实施某些线性变换后，新变量的算术平均数等于对原变量的算术平均数施以同样的线性变换的结果。用数学式表示为：

$$\overline{a+bx}=a+b\bar{x}$$

（二）调和平均数

调和平均数也称倒数平均数，同样有简单调和平均数和加权调和平均数两种。

1. 简单调和平均数。简单调和平均数是各个标志值 x_i 的倒数的算术平均数的倒数。其计算公式如下：

$$H=\frac{1}{\dfrac{\dfrac{1}{x_1}+\dfrac{1}{x_2}+\cdots+\dfrac{1}{x_n}}{N}}=\frac{N}{\dfrac{1}{x_1}+\dfrac{1}{x_2}+\cdots+\dfrac{1}{x_n}}=\frac{N}{\sum_{i=1}^{n}\dfrac{1}{x_i}} \tag{3.8}$$

式中，H 代表调和平均数，N 为总体单位数。

简单调和平均数的应用场合是，各标志值对应的标志总量为 1 个单位（或相等）。当各标志值对应的标志总量不是 1 个单位（或不相等）时，则要用加权调和平均数。

2. 加权调和平均数。其计算公式如下：

$$H=\frac{m_1+m_2+\cdots+m_N}{\dfrac{m_1}{x_1}+\dfrac{m_2}{x_2}+\cdots+\dfrac{m_N}{x_N}}=\frac{\sum_{i=1}^{N}m_i}{\sum_{i=1}^{N}\dfrac{m_i}{x_i}} \tag{3.9}$$

式中，m 表示各单位或各组的标志值对应的标志总量。

【例 3－4】某公司工人的周工资资料见表 3－3，试计算其平均工资。

表 3－3　某公司职工周工资资料

工资等级	周工资（元）x_i	工资总额（元）m_i	工人数 $f_i=m_i/x_i$
1	600	30 000	50
2	800	40 000	50
3	1 000	50 000	50
4	1 200	48 000	40
5	1 600	16 000	10
合计		184 000	200

分析：在本例中，已知各组工人的周工资和工资总额，即被平均的各组的标志值和对应标志总量，但不知道各组的工人数，因此要应用调和平均数的计算公式来计算。

【解】

$$H=\frac{\sum_{i=1}^{N}m_i}{\sum_{i=1}^{N}\frac{m_i}{x_i}}=\frac{30\ 000+40\ 000+50\ 000+48\ 000+16\ 000}{\frac{30\ 000}{600}+\frac{40\ 000}{800}+\frac{50\ 000}{1\ 000}+\frac{48\ 000}{1\ 200}+\frac{16\ 000}{1\ 600}}=\frac{184\ 000}{200}=920(\text{元})$$

在这里，加权调和平均数实际上是加权算术平均数的变形：

$$\frac{\sum_{i=1}^{N}m_i}{\sum_{i=1}^{N}\frac{m_i}{x_i}}=\frac{\sum_{i=1}^{N}x_if_i}{\sum_{i=1}^{N}\frac{x_if_i}{x_i}}=\frac{\sum_{i=1}^{N}x_if_i}{\sum_{i=1}^{N}f_i}$$

当各组标志总量相等，即 $m_1=m_2=m_3=\cdots=m_n$ 时，加权调和平均数可化简成为简单调和平均数形式：

$$\frac{\sum_{i=1}^{N}m_i}{\sum_{i=1}^{N}\frac{m_i}{x_i}}=\frac{Nm}{m\sum_{i=1}^{N}\frac{1}{x_i}}=\frac{N}{\sum_{i=1}^{N}\frac{1}{x_i}}$$

所以，简单调和平均数是加权调和平均数的特例。

（三）几何平均数

几何平均数是 N 项标志值连乘积的 N 次方根。几何平均数也分简单几何平均数和加权几何平均数两种。

1. 简单几何平均数。简单几何平均数就是 N 个标志值 x_i 连乘积的 N 次方根。其计算公式为：

$$G=\sqrt[N]{x_1\cdot x_2\cdots x_N}=(\prod x_i)^{\frac{1}{N}} \tag{3.10}$$

式中，G 为几何平均数，x_i 为各项标志值，N 为总体单位数。

【例3－5】某产品需经三个车间加工，已知第一个车间加工合格率为95%，第二个车间加工合格率为90%，第三个车间加工合格率为98%，求三个车间的平均加工合格率。

【解】由于产品是由三个车间连续加工完成的，第二个车间加工的是第一个车间完工的合格品，第三个车间加工的又是第二个车间完工的合格品，因此，三个车间总合格品率是三个车间相应合格品率的连乘积，求平均加工合格品率就不能采用算术平均法：(95% + 90% + 98%)/3 = 94.333%，而应当用几何平均法求三个车间的平均加工合格率。计算如下：

$$G=\sqrt[3]{x_1\cdot x_2\cdot x_3}=\sqrt[3]{95\%\times90\%\times98\%}=94.275\%$$

2. 加权几何平均数。当计算几何平均数的各个标志值的次数不相同时，应采用加权几何平均数。加权几何平均数是各标志值 f_i 次方的连乘积的 $\sum_{i=1}^{N}f_i$ 次方根，其计算公式为：

$$G = \sqrt[\sum_{i=1}^{N} f_i]{x_1^{f_1} \cdot x_2^{f_2} \cdots x_N^{f_N}} = \sqrt[\sum_{i=1}^{N} f_i]{\prod x_i^{f_i}} \tag{3.11}$$

【例 3-6】设某笔为期 10 年的投资按复利计算收益,前 3 年的收益率为 10%,中间 4 年的收益率为 8%,最后 3 年的收益率为 6%,求整个投资期内的平均收益率。

【解】由于这笔投资在 10 年后总的收益率(1+投资收益率)为:

$$1.10^3 \times 1.08^4 \times 1.06^3 = 2.1567 = 215.67\%$$

则整个投资期内收益的平均收益率为:

$$\sqrt[10]{1.10^3 \times 1.08^4 \times 1.06^3} = \sqrt[10]{2.1567} = 107.99\%$$

所以,平均收益率 = 107.99% - 100% = 7.99%。

(四)幂平均数

设有一组变量 $x_1, x_2, x_3, \cdots, x_n$,$n$ 为变量的个数,求各变量 k 次方的和。其计算方法为:

$$x_1^k + x_2^k + x_3^k + \cdots + x_n^k = \sum_{i=1}^{n} x_i^k$$

因为平均数是各变量一般水平的代表值,以幂平均 $\bar{x}_k$ 代替各具体变量 x_i,其数值总和不变,因而有:

$$\sum_{i=1}^{n} x_i^k = \sum_{i=1}^{n} (\bar{x}_k)^k = n(\bar{x}_k)^k$$

得

$$\bar{x}_k = \left(\frac{\sum_{i=1}^{n} x_i^k}{n} \right)^{\frac{1}{k}} \tag{3.12}$$

式(3.12)就是幂平均数的计算公式。$\bar{x}_k$ 称为 k 阶幂平均数,它是以变量 x 的 k 次方的算术平均数的 k 次方根来计算的。当 k 取不同的整数值时,幂平均数就给出不同的数值平均数计算公式。

当 $k=1$ 时,幂平均数 $\bar{x}_k = \bar{x}_1 = \left(\frac{\sum x^1}{n} \right)^{\frac{1}{1}} = \frac{\sum x}{n}$,为算术平均数计算公式。

当 $k=-1$ 时,幂平均数 $\bar{x}_k = \bar{x}_{-1} = \left(\frac{\sum x^{-1}}{n} \right)^{\frac{1}{-1}} = \left(\frac{\sum \frac{1}{x}}{n} \right)^{-1}$,为调和平均数计算公式。

当 $k \to 0$ 时,$\lim\limits_{k \to 0} \bar{x}_k = \lim\limits_{k \to 0} \left(\frac{\sum x^k}{n} \right)^{\frac{1}{k}} \doteq \sqrt[n]{x_1 \cdot x_2 \cdot x_3 \cdots x_n}$,为几何平均数计算公式。

由于幂平均数的 $\bar{x}_k = \left(\frac{\sum x^k}{n} \right)^{\frac{1}{k}}$ 是关于 k 阶的递增函数,即幂平均数是随着 k 的增大而增大,随着 k 的减少而减少。所以当 $k_1 < k_2$ 时,就有:

$$\left(\frac{\sum x^{k_1}}{n} \right)^{\frac{1}{k_1}} \leqslant \left(\frac{\sum x^{k_2}}{n} \right)^{\frac{1}{k_2}} \tag{3.13}$$

因为算术平均数($\bar{x}$)、几何平均数(G)、调和平均数(H)都是幂平均数的 k 阶数由 1

递减为 0 又减为 -1 的特例，由此可知它们的一般数量关系为：$H \leqslant G \leqslant \bar{x}$；当各变量相等 $x_1 = x_2 = x_3 = \cdots = x_n$ 时，$H = G = \bar{x}$。

三、众数与中位数

（一）众数

1. 众数的含义。众数是指统计总体或分布数列中出现的频数最多、频率最高的标志值，用符号 M_o 表示。如果一个分布数列没有明显的集中趋势，各标志值出现的频率相同，则不存在众数。

在分布曲线图上，众数就是曲线的最高峰所对应的标志值。如图 3 -1 所示。

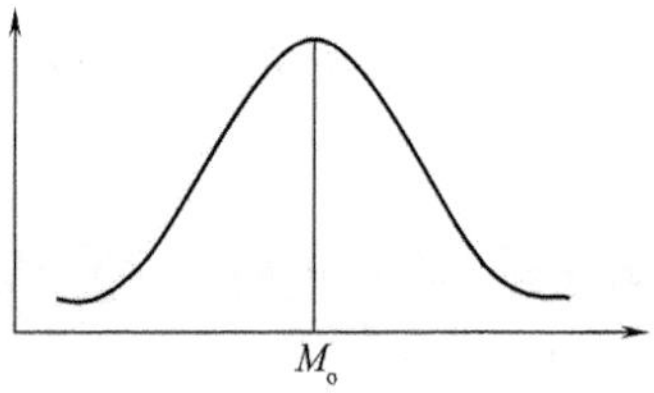

图 3 -1

众数具有非常直观的代表性。可用众数来表明社会现象的一般水平，也可以用它作为某些生产决策的参考依据。例如，为了掌握农贸市场上某一农产品的价格水平，不一定要全面登记该农产品每一次成交的价格，只要调查其最普遍的成交价格即可。再如制鞋厂在制定各种尺码鞋子的生产计划时，计划产量最多的尺码就应是在市场上销售量最大（众数）的尺码。

2. 确定众数的方法。确定众数，必须先对资料进行整理，编制分布数列。由于分组有单项式分组和组距式分组，而组距式分组又分为等距分组和不等距分组，因而各种不同的资料条件确定众数的方法又有所不同。

（1）由单项式分布数列确定众数。由单项式分布数列确定众数的方法比较简单，即出现次数最多的标志值就是众数。

【例 3 -7】某企业职工月工资资料如表 3 -4 所示，求其众数。

表 3 -4　某企业职工月工资资料　　单位：元

工资 x	5 000	6 000	9 000	11 000	12 000	合计
工人数 f	20	30	80	15	5	150

【解】在表 3 -4 中，职工工资水平为 9 000 元的次数最多，在 150 个工人中，有 80 个工人集中在这一组，所以 9 000 就是众数。

（2）由组距式分布数列确定众数。由组距数列确定众数，应首先确定众数组，然后再通过一定的公式计算众数的近似值。在等距分组条件下，众数组就是次数最多的那一组；在不等距分组的条件下，众数组则是频数密度或频率密度最高的那一组。众数值是依据众数组的次数与众数组相邻的两组次数的关系来近似计算的。如图 3 -2 所示。

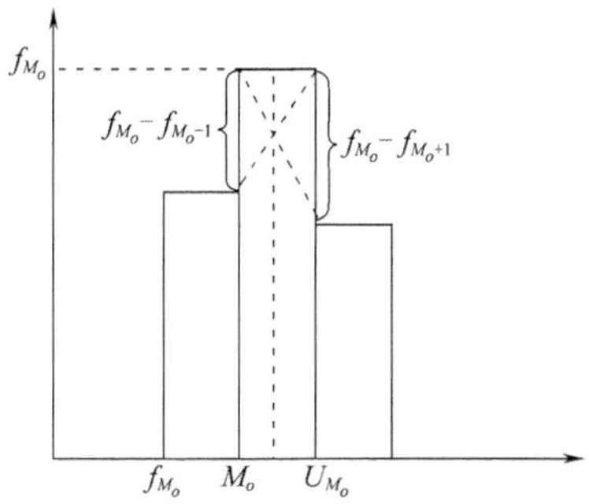

图 3－2　确定众数示意图

根据图 3－2 可以得到以下两个公式：

下限公式：

$$M_o = L_{M_o} + \frac{f_{M_o} - f_{M_o-1}}{(f_{M_o} - f_{M_o-1}) + (f_{M_o} - f_{M_o+1})} \times d_{M_o} \tag{3.14}$$

上限公式：

$$M_o = U_{M_o} - \frac{f_{M_o} - f_{M_o+1}}{(f_{M_o} - f_{M_o-1}) + (f_{M_o} - f_{M_o+1})} \times d_{M_o} \tag{3.15}$$

式中：M_o——众数；

L_{M_o}——众数组的下限；

U_{M_o}——众数组的上限；

f_{M_o}——众数组的次数；

f_{M_o-1}——众数组前一组的次数；

f_{M_o+1}——众数组后一组的次数；

d_{M_o}——众数组的组距。

【例 3－8】某城市 A 社区 300 户居民月人均食品支出的资料如表 3－5 所示，要求确定居民月人均可支配收入的众数。

表 3－5　居民月人均食品支出资料表

月人均可支配收入（元）	居民户数
500 以下	16
500 ~ 700	32
700 ~ 900	60
900 ~ 1 100	96
1 100 ~ 1 300	42
1 300 ~ 1 500	34
1 500 以上	20
合计	300

【解】众数组在 900 ~ 1 100 这一组，

$$M_o = L_{M_o} + \frac{f_{M_o} - f_{M_o-1}}{(f_{M_o} - f_{M_o-1}) + (f_{M_o} - f_{M_o+1})} \times d_{M_o}$$

$$= 900 + \frac{96-60}{(96-60)+(96-42)} \times 200 = 980(\text{元})$$

或：

$$M_o = U_{M_o} - \frac{f_{M_o} - f_{M_o+1}}{(f_{M_o} - f_{M_o-1}) + (f_{M_o} - f_{M_o+1})} \times d_{M_o}$$

$$= 1\ 100 - \frac{96-42}{(96-60)+(96-42)} \times 200 = 980(\text{元})$$

（二）中位数

1. 中位数的含义。将总体各个单位按其标志值的大小顺序排列，处于数列位次中点的单位的标志值即中位数，用符号 M_e 表示。由中位数的概念可以看出，在数列中，标志值小于中位数的单位占一半，标志值大于中位数的单位也占一半。如果数列出现极端值，常用中位数来代表总体标志值的一般水平，以避免数列的平均水平受极端值的影响。例如，人口的平均年龄会受到一些特别长寿人年龄的影响，使计算结果偏大，而年龄中位数往往能够较好地体现人口年龄的平均水平。

2. 确定中位数的方法。

（1）未分组资料确定中位数：

$$M_e = \begin{cases} x_{\frac{N+1}{2}} & ;\text{当} N \text{为奇数} \\ \dfrac{x_{\frac{N}{2}} + x_{\frac{N}{2}+1}}{2} & ;\text{当} N \text{为偶数} \end{cases} \tag{3.16}$$

（2）单项式分组资料确定中位数。单项式分组已经将资料的标志值序列化，这时总体单位数 $N = \sum f$，确定中位数位置的方法要通过累计次数计算。具体确定中位数的方法是：

$$M_e = \begin{cases} x_{\frac{\sum f+1}{2}} & ;\text{当} \sum f \text{为奇数} \\ \dfrac{x_{\frac{\sum f}{2}} + x_{\frac{\sum f}{2}+1}}{2} & ;\text{当} \sum f \text{为偶数} \end{cases} \tag{3.17}$$

【例3－9】某社区居民户按子女数分组资料如表3－6所示，求家庭子女数的中位数。

表3－6　某社区居民户按子女数分组资料

子女数 x_i	0	1	2	3	4	合计
家庭户 f_i	50	122	155	306	18	651
累计家庭户	50	172	327	633	651	

【解】中位数位置 $= \dfrac{\sum f + 1}{2} = \dfrac{651+1}{2} = 326$，所以中位数为2个子女。

（3）组距式分组资料确定中位数。先根据组距式数列的累计资料，确定中位数所在的组，再按公式(3.18)和公式(3.19)计算中位数的近似值。计算公式如下：

下限公式：

$$M_e = L_{M_e} + \frac{\frac{\sum f}{2} - S_{M_e-1}}{f_{M_e}} \times d_{M_e} \tag{3.18}$$

上限公式：

$$M_e = U_{M_e} - \frac{\frac{\sum f}{2} - S_{M_e+1}}{f_{M_e}} \times d_{M_e} \tag{3.19}$$

式中：M_e——中位数；

L_{M_e}——中位数所在组的下限；

U_{M_e}——中位数所在组的上限；

S_{M_e-1}——向上累计至中位数所在组前一组的次数；

S_{M_e+1}——向下累计至中位数所在组后一组的次数；

f_{M_e}——中位数所在组的次数；

d_{M_e}——中位数所在组的组距。

【例3－10】根据表3－7资料计算农户人均年收入中位数。

表3－7　农户年均收入中位数计算表

农户人均年纯收入(元)	户数(f)	向上累计	向下累计
4 000 以下	18	18	100
4 000～5 000	22	40	82
5 000～7 000	40	80	60
7 000～10 000	16	96	20
10 000 以上	4	100	4
	100		

【解】确定中位数所在组。因为 $\frac{\sum f}{2} = \frac{100}{2} = 50$，所以中位数在5000～7000这一组。根据公式计算中位数近似值：

$$M_e = L_{M_e} + \frac{\frac{\sum f}{2} - S_{M_e-1}}{f_{M_e}} \times d_{M_e} = 5\,000 + \frac{50-40}{40} \times 2\,000 = 5\,500(\text{元})$$

或：

$$M_e = U_{M_e} - \frac{\frac{\sum f}{2} - S_{M_e+1}}{f_{M_e}} \times d_{M_e} = 7\,000 - \frac{50-20}{40} \times 2\,000 = 5\,500(\text{元})$$

（三）众数、中位数和算术平均数的关系

众数、中位数和算术平均数都是用于反映总体的一般水平或分布的集中趋势的代表值，但因为它们的计算方法不同，具体的含义有异，故它们有各自的特点。第一，众数和中位数是由所处的特殊位置确定的，而算术平均数是由数列所有变量值计算而来，所以算术平均数对数据的概括能力比众数、中位数强。第二，算术平均数易受数列中极端值的影响，中位数次之，众数几乎不受极端值的影响。第三，它们对数据的量化尺度要求不同,算术平均数要求最高,它只适用于定距尺度和定比尺度的数据;中位数次之,它还适用于定序尺度的数据;众数对数据的计量尺度没有严格的限制。

众数、中位数和算术平均数彼此间存在着一定的数量关系。在对称的正态分布条件下:$\bar{x}=M_o=M_e$;在非对称分布的情况下,众数、中位数和算术平均数三者的差别取决于分布偏斜的程度,分布偏斜的程度越大,它们之间的差别就越大。当次数分布呈右偏(正偏)时,算术平均数受极大值的影响,就有 $\bar{x}>M_e>M_o$;当次数分布呈左偏(负偏)时,算术平均数受极小值的影响,有 $M_o>M_e>\bar{x}$,中位数总是介于众数和平均数之间。详见图3-3。

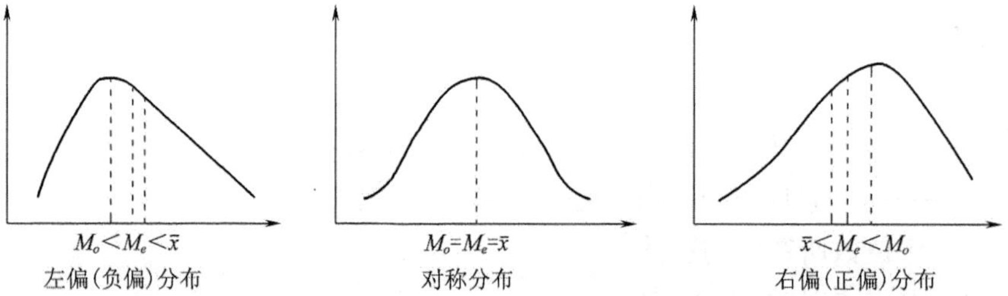

图3-3

英国统计学家皮尔生研究提出,存在轻微偏斜的情况下,众数、中位数和算术平均数数量关系的经验公式为:算术平均数和众数的距离约等于算术平均数与中位数距离的三倍。即:

$$\bar{x}-M_o\approx 3(\bar{x}-M_e) \tag{3.20}$$

利用这个关系式,可以从已知的两个指标来推算另一个指标。

【例3-11】某车间生产的一批零件中,直径大于402厘米的占一半,众数为400厘米,试估计其平均数,并判定其偏斜方向。

【解】已知 $M_e=402$,$M_o=400$,则

$$\bar{x}-400\approx 3(\bar{x}-402)$$

得

$$\bar{x}=403$$

因为 $M_o<M_e<\bar{x}$,所以该零件的直径分布为右偏。

第二节　分布离散程度的度量

一、变异指标的含义与作用

(一)变异指标

反映统计集中趋势的指标是把同质总体中各个单位的数量差异抽象化,以一数值综合地反映总体各单位的平均水平或集中趋势。变异指标则是从另一个侧面,概括地反映总体中各单位的变异状况或离散程度。

常见的变异指标有:极差、分位差、标准差、方差和变异系数。

（二）变异指标的作用

变异指标的作用主要有：

1. 衡量平均指标的代表性。平均指标作为总体数量标志的代表值，其代表性取决于总体各单位标志值的差异程度。当总体各单位标志值的变异程度越大，平均指标的代表性就越小；总体各单位标志值变异程度越小，平均指标的代表性就越大。

【例 3－12】某公司下属的三个企业三年来的年销售额资料如表 3－8 所示。

表 3－8　某公司三个企业销售额资料　　单位：万元

年份	企业 A 年销售额	企业 B 年销售额	企业 C 年销售额
1	1 100	700	1 600
2	1 200	2 000	1 200
3	1 300	900	800

该公司 A，B，C 三个企业的年平均销售额都是 1 200 万元。但对这三个企业各年销售额的变动情况进行分析可以发现，显然，年平均销售额 1 200 万元对各个企业的代表性是不同的，对 A 企业而言，其代表性最大，C 企业次之，对于 B 企业，其代表性最小。

2. 反映社会经济活动的均衡性。变异指标可以反映生产过程的节奏性和经济活动的均衡性，因此可以作为企业产品质量控制和评价经济管理工作的依据。

【例 3－13】某公司下属两个企业的销售额计划完成情况如表 3－9 所示。

表 3－9　某公司下属两个企业销售额计划完成情况　　单位：万元

企业	计划数	实际数	第一季度		第二季度		第三季度		第四季度	
			绝对数	比重（%）	绝对数	比重（%）	绝对数	比重（%）	绝对数	比重（%）
甲	1 000	1 000	140	14.0	100	10.0	460	46.0	300	30.0
乙	1 200	1 200	300	25.0	280	23.3	310	25.8	310	25.8

从表 3－9 所示资料可以看出，两个企业的销售计划虽然都已完成，但两者计划执行过程的情况却不相同：乙企业各季度的销售情况较为均衡，而甲企业则存在前松后紧的情况，各季度销售变动幅度较大。如果不存在季节变动等其他因素的影响，乙企业销售情况比甲企业好。

3. 研究总体标志值分布偏离正态的情况。一般来说，标志值分布越集中，从分布图看，其分布曲线越尖峭；标志值分布越分散，其分布曲线越平坦。

4. 衡量统计推断效果。有关这部分内容，本书将在后面几章中加以介绍。

二、极差与四分位差

（一）极差

极差也称全距，用 R 表示，它是最简单的变异指标，以变量数列中的两个极端的标志值之差表示，反映数列中标志值变动的范围。其计算公式是：

$$R = x_{\max} - x_{\min} \tag{3.21}$$

【例 3－14】根据例 3－12 的数据计算极差。

【解】$R_A = x_{max} - x_{min} = 1\ 300 - 1\ 100 = 200$

$R_B = x_{max} - x_{min} = 2\ 000 - 700 = 1\ 300$

$R_C = x_{max} - x_{min} = 1\ 600 - 800 = 800$

计算结果表明,A 企业销售额的变异程度最小,B 企业的变异程度最大。

如果资料先经过统计整理,并形成组距分布数列,则全距的近似值为最高组的上限与最低组的下限之差。用公式表示即:

$$R = U_{max} - L_{min} \tag{3.22}$$

式中:U_{max}为最高组的上限;L_{min}为最低组的下限。

极差的优点是计算简便、直观、容易理解。不足之处是它只以两个极端的标志值计算,而不考虑总体内部的分布状况,不能充分利用数列的全部信息,因此,它无法反映标志值变动的一般程度。

(二)四分位差

四分位差是从变量数列中剔除最大和最小各 1/4 的单位,用 3/4 位次与 1/4 位次的标志值之差除以 2 来表示。计算公式如下:

$$Q.D = \frac{Q_3 - Q_1}{2} \tag{3.23}$$

公式(3.23)中,Q_1表示分布数列中最小的四分之一的单位,Q_3表示分布数列中最大的四分之一的单位。四分位差的实质是对变量数列剔除了最小和最大的四分之一后求全距。

四分位差的特点是避免了极差受数列中极端值的影响的弱点,可以说,是对极差指标的一种改进。同样地,它和极差的计算方法一样,也是只由两个标志值确定的,不能充分利用数列的全部信息,因此,也无法反映标志值变动的一般程度。

三、方差与标准差

方差(σ^2)与标准差(σ)是测定标志变异程度最常用的指标。方差是各标志值与其平均数离差平方的平均,标准差则是方差的平方根,也称均方差。它们是测定标志变异程度最灵敏的指标。

(一)数量标志的方差与标准差

1. 计算公式:

$$\sigma^2 = \frac{\sum_{i=1}^{N}(x_i - \bar{x})^2}{N}, \sigma = \sqrt{\frac{\sum_{i=1}^{N}(x_i - \bar{x})^2}{N}} \tag{3.24}$$

或

$$\sigma^2 = \frac{\sum_{i=1}^{N}(x_i - \bar{x})^2 f_i}{\sum_{i=1}^{N} f_i}, \sigma = \sqrt{\frac{\sum_{i=1}^{N}(x_i - \bar{x})^2 f_i}{\sum_{i=1}^{N} f_i}} \tag{3.25}$$

上面公式中 σ^2为方差,σ 为标准差,N 为总体单位数。标准差的计量单位同平均数。

【例 3-15】管理学院某班学生统计学考试成绩分组资料如表 3-10 所示,试计算其方差和标准差。

【解】

$$\bar{x}=\frac{\sum xf}{\sum f}=\frac{6\ 000}{80}=75$$

$$\sigma^2=\frac{\sum_{i=1}^{5}(x_i-\bar{x})^2f_i}{\sum f_i}=\frac{10\ 000}{80}=125$$

$$\sigma=\sqrt{\frac{\sum_{i=1}^{5}(x_i-\bar{x})^2f_i}{\sum f_i}}=\sqrt{\frac{10\ 000}{80}}=\sqrt{125}=11.18$$

表 3－10　学生成绩的方差和标准差计算表

按成绩分组	学生数 f_i	组中值 x_i	x_if_i	$(x_i-\bar{x})^2$	$(x_i-\bar{x})^2f_i$
60 以下	7	55	385	400	2 800
60 ～ 70	21	65	1365	100	2 100
70 ～ 80	25	75	1875	0	0
80 ～ 90	19	85	1615	100	1 900
90 ～ 100	8	95	760	400	3 200
合　计	80	—	6 000	1 000	10 000

2. 总方差、组间方差和组内方差。在资料分组的条件下，总体各标志值对平均数的方差可以分解为组内方差和组间方差。组内方差反映组内标志值对组平均数的方差，组间方差反映组平均数对总平均数的方差。它们之间的关系是总方差等于组间方差与组内方差平均数之和。即：

$$\sigma^2=\delta^2+\overline{\sigma_i^2}\tag{3.26}$$

式中：σ^2 —— 总体方差；

$\overline{\sigma_i^2}$—— 组内方差的平均数；

δ^2—— 组间方差。

3. 方差与标准差的数学性质。

（1）变量的方差等于变量平方的平均数减去变量平均数的平方。即：

$$\sigma^2=\overline{x^2}-(\bar{x})^2\tag{3.27}$$

证明：

$$\begin{aligned}\sigma^2&=\frac{\sum_{i=1}^{N}(x_i-\bar{x})^2}{N}\\&=\frac{\sum_{i=1}^{N}[x_i^2-2x_i\bar{x}+(\bar{x})^2]}{N}\\&=\frac{\sum_{i=1}^{N}x_i^2-2\bar{x}\sum_{i=1}^{N}x_i+N(\bar{x})^2}{N}\\&=\overline{x^2}-2(\bar{x})^2+(\bar{x})^2\\&=\overline{x^2}-(\bar{x})^2\end{aligned}$$

根据这个关系，可以进行方差或标准差的简化计算。

(2) 变量对算术平均数的方差小于对任意常数的方差。

证明：$\sum_{i=1}^{N}(x_i-\bar{x})^2=\min$，所以，当 $\bar{x}\neq x_0$（x_0 为任意常数）时，

$$\frac{\sum_{i=1}^{N}(x_i-\bar{x})^2}{N}\leqslant\frac{\sum_{i=1}^{N}(x_i-x_0)^2}{N}$$

(3) n 个同性质独立变量和的方差等于各个变量方差的和。

证明：设：$x=x_1+x_2+\cdots+x_n$，则：

$$\sigma_x^2=\sigma_{x_1}^2+\sigma_{x_2}^2+\sigma_{x_3}^2+\cdots+\sigma_{x_n}^2 \tag{3.28}$$

(4) n 个同性质独立变量平均数的方差等于各变量方差平均数的 $\frac{1}{n}$。

证明：设：$\bar{x}=\frac{x_1+x_2+x_3+\cdots+x_n}{n}$，则

$$\sigma_{\bar{x}}^2=\frac{\sigma_1^2+\sigma_2^2+\sigma_3^2+\cdots+\sigma_n^2}{n^2}=\frac{1}{n}\overline{\sigma_i^2} \tag{3.29}$$

(5) 变量线性变换的方差等于变量的方差乘以变量系数的平方。

证明：设 $y=a+bx$，则有：

$$\sigma_y^2=b^2\sigma_x^2 \tag{3.30}$$

（二）是非标志的方差与标准差

是非标志的平均数为 p，我们可以按照定义求它的方差与标准差。

首先计算各中间量。如表 3-11 所示。

表 3-11 是非标志的方差与标准差计算表

品质标志	标志值(x_i)	次数 f_i	$(x_i-\bar{x})^2f_i$
是	1	N_1	$(1-p)^2N_1$
非	0	N_0	$(0-p)^2N_0$
合计	—	N	$q^2N_1+p^2N_0$

由表 3-11，又由 $N_1/N=p, N_0/N_1=q$，得：

$$\begin{aligned}\sigma^2&=\frac{\sum_{i=1}^{N}(x_i-\bar{x})f_i}{\sum_{i=1}^{N}f_i}\\&=\frac{q^2N_1+p^2N_0}{N}\\&=q^2p+p^2q\\&=pq(p+q)\\&=pq\\&=p(1-p)\end{aligned} \tag{3.31}$$

$$\sigma=\sqrt{p(1-p)} \tag{3.32}$$

【例 3－16】已知某产品的合格率为 98%，求其合格率的方差和标准差。

【解】
$$\sigma^2 = p(1-p) = 98\% \times 2\% = 1.96\%$$
$$\sigma = \sqrt{p(1-p)} = \sqrt{1.96\%} = 14\%$$

确定是非标志的平均数与方差，就是计算 0－1 分布的数值特征。当 $p=q=0.5$ 时，0－1 分布的方差达到最大可能值，即 0.25。这是 0－1 分布特有的一个重要性质。

四、变异系数

极差、四分位差、标准差等各种变异指标，都与它们相应的平均指标有着相同的计量单位。这些变异指标的大小不仅取决于总体的变异程度，而且还与标志值绝对水平的高低、计量单位的不同有关。所以，在对不同水平、不同计量单位的现象进行比较时，应当先做无量纲化处理，之后再进行比较。

变异系数也称离散系数，是各变异指标与相应的平均指标的比值。例如，将极差与相应的平均数对比，得到极差系数；将标准差与相应的平均数对比，得到标准差系数。实践中，最常用的变异系数是标准差系数：

$$V = \frac{\sigma}{\bar{x}} \times 100\% \tag{3.33}$$

【例 3－17】某学校男子体操队 5 名队员的体重分别为 55，54，52，52，51 公斤；女子体操队 6 名队员的体重分别为 46，45，44，44，43，42 公斤。试比较哪个队的队员体重更均匀。

【解】
$$\sigma_{男} = \sqrt{\overline{x^2} - (\bar{x})^2} = \sqrt{2\,790 - 2\,788} = 1.47\ (公斤)$$
$$\sigma_{女} = \sqrt{\overline{x^2} - (\bar{x})^2} = \sqrt{1\,938 - 1\,936} = 1.29\ (公斤)$$
$$V_{男} = \frac{\sigma}{\bar{x}} \times 100\% = \frac{1.47}{52.8} = 2.78\%$$
$$V_{女} = \frac{\sigma}{\bar{x}} \times 100\% = \frac{1.29}{44} = 2.93\%$$

从标准差看，男队体重的标准差比女队的大，但男队的体重水平比女队高，所以不能直接根据标准差来判断哪个队队员的体重更均匀，必须以标准差系数来判断。根据标准差系数的计算结果表明，男队的标准差系数比女队的标准差系数更小，正确的结论应当是男队队员的体重比较均匀。

第三节　分布的偏度和峰度

一、统计动差

描述统计总体分布的变异状况，除了用本章第二节所介绍的各种变异指标外，在许多场合还利用统计 k 阶动差（动差也称矩，是物理学的概念在统计分析中的运用），以更进一步地刻画分布的形态特征。

k 阶动差的一般形式为 $\frac{\sum_{i=1}^{N} x^k f_i}{\sum_{i=1}^{N} f_i}$ ，也称为原点矩，通常用 μ_k 表示：

显然，当 k 等于 1 时，即 1 阶的原点动差就是算术平均数；当 k 等于 2 时，2 阶的原点动差就是平方平均数。

如果把原点移到算术平均数的位置，就可以得到一个以频数分布各组标志值 x_i 对平均数 $\bar{x}$ 的 K 阶中心动差，或称中心矩，通常用 v_k 表示。

$$\nu_k = \frac{\sum_{i=1}^{N} (x_i - \bar{x})^k f_i}{\sum_{i=1}^{N} f_i} \tag{3.34}$$

当 $k = 0$ 时，零阶中心动差 $v_0 = 1$；

当 $k = 1$ 时，一阶中心动差 $v_1 = 0$；

当 $k = 2$ 时，二阶中心动差 $v_2 = \sigma^2$。

二、偏度

偏度是用于衡量分布的不对称程度或偏斜程度的指标。如果用矩法方式测定，偏度指标 α 是变量的三阶中心动差除以标准差三次方，用公式表示为：

$$\alpha = \frac{\nu_3}{\sigma^3} = \frac{\nu_3}{(\nu_2)^{\frac{3}{2}}} \tag{3.35}$$

当分布对称时，它的所有奇数阶中心矩均为 0，要判断分布是否对称，可考虑用奇数阶中心矩测定。一阶中心矩恒为 0，五阶以上的中心矩计算较为繁琐，偏度指标 α 就是以三阶中心动差来测定的。由于三阶中心矩含有计量单位，为消除计量单位的影响，以 σ^3 除之。

正态分布曲线左右完全对称，三阶中心动差 ν_3 等于 0，即 $\alpha = 0$。当分布不对称时，则三阶中心动差不为 0，其分布的偏斜程度使 α 大于 0 或小于 0。如图 3－4 所示，当 $\alpha = 0$ 时为正态分布；当 $\alpha > 0$ 时为正偏斜；当 $\alpha < 0$ 时为负偏斜。

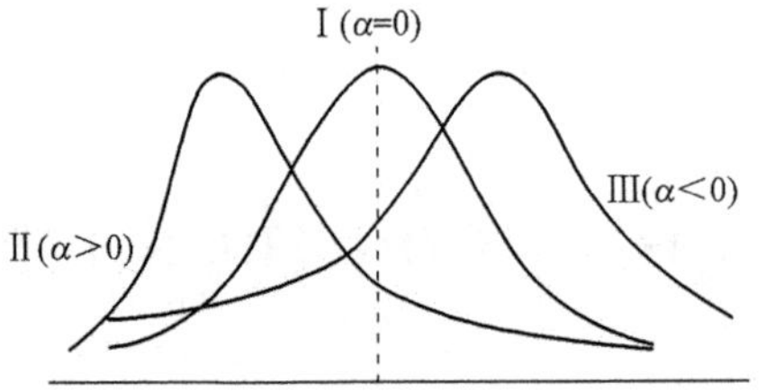

图 3－4

三、峰度

峰度是用于衡量分布的集中程度或分布曲线的尖峭程度的指标。峰度指标 β 的计算公式如下：

$$\beta = \frac{\nu_4}{\sigma^4} - 3 = \frac{\sum (x - \bar{x})^4 f}{\sigma^4 \sum f} - 3 \tag{3.36}$$

分布曲线的尖峭程度与偶数阶中心矩的数值大小有直接的关系。ν_2是方差，故以四阶中心动差 ν_4度量分布曲线的尖峭程度。ν_4含有计量单位，其计量单位同 σ^4。为消除计量单位的影响，将 ν_4除以 σ^4，就得到到无量纲的相对数。因为衡量分布的集中程度或分布曲线的尖峭程度是以正态分布的峰度作为比较标准的，在正态分布条件下，$\frac{\nu_4}{\sigma^4} \equiv 3$，故将各种不同分布的尖峭程度与正态分布比较，即 $\frac{\nu_4}{\sigma^4}$ 减 3，就得到峰度指标 β 的测定公式。

当峰度指标 $\beta > 0$ 时，表示分布比正态分布更集中在平均数周围，分布呈尖峰状态；$\beta = 0$ 时，分布为正态分布；$\beta < 0$ 时，表示分布比正态分布更分散，分布呈低峰态，如图 3－5 所示。

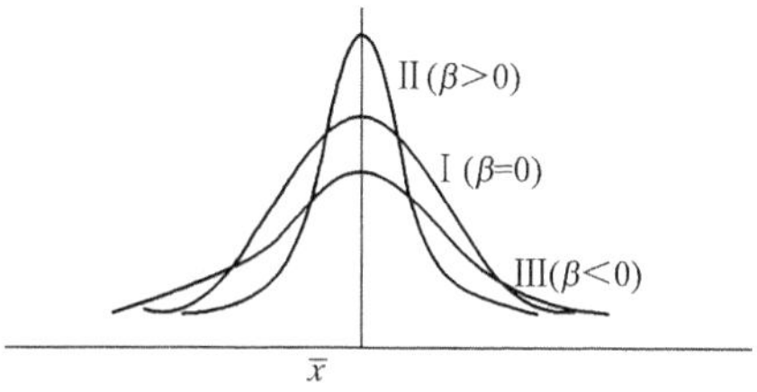

图 3－5

【例 3－18】对某品牌 100 只节能灯泡的使用寿命的测试数据如表 3－12 所示。试计算这些灯泡使用寿命分布的偏度系数和峰度系数。

表 3－12　节能灯泡使用寿命的分组数据　　计算单位：小时

使用寿命分组	1 000 以下	1 000 ~ 1 200	1 000 ~ 1 200	1 200 ~ 1 400	1 400 ~ 1 600	1 600 ~ 1 800	1 800 ~ 2 000	合计
数量（只）	2	8	16	35	23	12	4	100

解：
$$\bar{x} = \frac{\sum xf}{\sum f} = \frac{1\,542}{100} \times 100 = 15.42 \times 100 = 1\,542（小时）$$

$$\sigma = \sqrt{\frac{\sum (x_i - \bar{x})^2}{\sum f}} = \sqrt{\frac{674.36}{100}} \approx 2.597,\ v_3 = \frac{\sum_{i-1}^{100} (x_i - \bar{x})^3 f_i}{\sum_{i=1}^{100} f_i} = \frac{-113.102}{100} = 1.131\,02,$$

$$v_4 = \frac{\sum_{i=1}^{100} (x_i - \bar{x})^4 f_i}{\sum_{i=1}^{100} f_i} = \frac{12\,993.157}{100} \approx 129.932$$

表 3-13　偏度系数和峰度系数计算表　　　计算单位:100 小时

使用寿命分组(x)	数量(f_i)	组中值(x_i)	x_if_i	$(x_i-\bar{x})$	$(x_i-\bar{x})f$	$(x_i-\bar{x})^2f$	$(x_i-\bar{x})^3f$	$(x_i-\bar{x})^4f$
10 以下	2	9	18	-6.42	-12.84	82.433	-529.219	3 397.583
10~12	8	11	88	-4.42	-35.36	156.291	-690.807	3 053.367
12~14	16	13	208	-2.42	-38.72	93.702	-226.759	548.759
14~16	35	15	525	-0.42	-14.7	6.174	-2.593	1.089
16~18	23	17	391	1.58	36.34	57.417	90.719	143.336
18~20	12	19	228	3.58	42.96	153.797	550.593	1 971.121
20 以上	4	21	84	5.58	22.32	124.546	694.964	3 877.902
合　计	100	—	1 542	—	0	674.36	-113.102	12 993.157

所以,偏度系数

$$\alpha=\frac{v_3}{\sigma^3}=\frac{-1.13102}{2.597^3}\approx-0.065$$

峰度系数

$$\beta=\frac{v_4}{\sigma^4}-3=\frac{129.932}{2.597^4}-3\approx-0.144$$

计算结果表明,偏度系数接近 0,说明该产品使用寿命的分布十分接近对称分布;峰度系数小于 0,说明该产品使用寿命的分布要比正态分布略为平坦一些。总而言之,该产品的使用寿命的分布非常接近正态分布。

第四节　Excel 在统计描述中的运用

一、编制分布数列

【例 3-19】某地区进行农作物产量抽样调查,抽取 50 个单位构成样本。样本资料如表 3-14 所示。

表 3-14　农作物亩产量数据　　　单位:公斤

240	440	400	375	500	528	412	425	320	400	520	600	485
600	588	412	444	430	342	364	450	455	465	500	580	345
340	320	300	403	445	360	517	390	410	360	422	428	520
400	425	385	440	380	548	304	448	605	325	500		

要求:

(1)编制次数分布数列(进行组距为 100 的等距分组),并绘制次数分布图;

(2)分别向上累计和向下累计并绘制累计分布图。

【解】本例可用[直方图]分析工具或 FREQUENCY 等函数来完成。但[直方图]工具不能直接进行向下累计,需要借助 Excel 公式才可进行。

（一）用［直方图］工具进行分析

直方图工具，用于在给定工作表中数据单元格区域和接收区间的情况下，计算数据的个别和累积频率，可以统计有限集中某个数值元素的出现次数。

就例 3－19 而言，主要步骤如下：

1. 输入数据。如图 3－7 所示，A 列输入亩产量，A1 为列标志"亩产量"，C 列为分组标志，B2：B7 为分组组限，B1 为列标志"组限"。在确定组限时，需要注意：①组限指的是某一组的上限，如 299.9 是 300 以下（也即 200－300）这一组的上限，399.9 是300－400 这一组的上限。②对未排序的亩产量数据，可先用 MAX 与 MIN 函数确定亩产量的最大与最小值，以方便确定组限。③［直方图］工具分组时采用的是"上限在内"原则，为符合统计分组的"上限不在内"的原则，每个组限均不应与亩产量相同。如本例中组限 399.9 表示将统计出亩产量大于 299.9 而小于等于 399.9 的数据点的个数，如果亩产量中有 399.9 这个数，则可将 300－400 这一组的上限上为 399.99。

2. 调出［直方图］对话框。其主要选项的含义如下。

输入区域：在此输入待分析数据区域的单元格范围。本例输入区域为" $A $1：$A $51"。

接收区域（可选）：在此输入接收区域的单元格范围，该区域应包含一组可选的用来计算频数的边界值。这些值应当按升序排列。只要存在的话，Excel 将统计在当前边界点和相邻的高值边界点之间的数据点个数。如果某个数值等于或小于某个边界值，则该值将被归到以该边界值为上限的区间中（注意：与统计分组"上限不在内"原则有所区别）。如果省略此处的接收区域，Excel 将在数据组的最小值和最大值之间创建一组平滑分布的接收区间。本例接收区域为" $B$1：$B $6"。

标志：如果输入区域的第一行或第一列中包含标志项，则选中此复选框；如果输入区域没有标志项，则清除此复选框，Excel 将在输出表中生成适宜的数据标志。

柏拉图：选中此复选框，可以在输出表中同时显示按降序排列频率数据。如果此复选框被清除，Excel 将只按升序来排列数据。

累积百分比：选中此复选框，可以在输出结果中添加一列累积百分比数值，并同时在直方图表中添加累积百分比折线。如果清除此选项，则会省略以上结果。

图表输出：选中此复选框，可以在输出表中同时生成一个嵌入式直方图表。

本例［直方图］对话框的填写如图 3－6 所示。

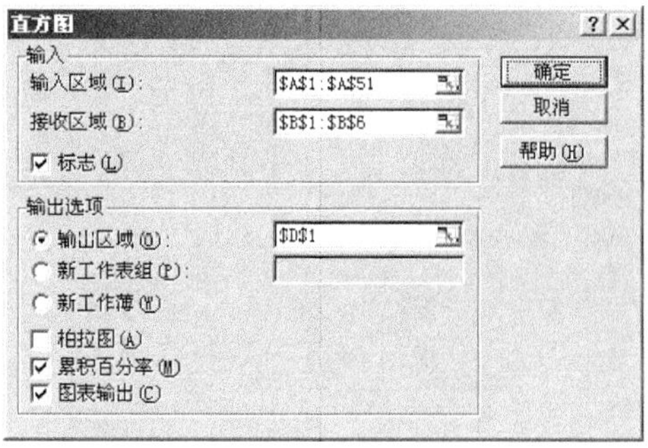

图 3－6

3. 单击[确定]按钮。完整的结果通常包括三列和一个频率分布图,第一列是数值的区间范围(仅给出分组的上限),第二列是数值分布的频数,第三列是频数分布的累积百分比。在输出的结果中,“频率”指的是统计中所指的“频数”,“累积%”指的是“向上累计频率”。结果如图 3 -7 所示。原本还有一个“其它”行,表示的是亩产量大于 699.9 的频数与累计频率,因本例中没有大于 699.9 的数据,所以将该行删除。

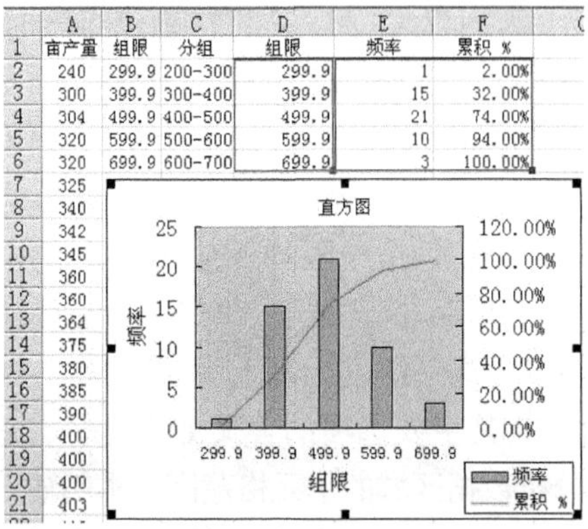

图 3 -7

4. 计算向下累计频率。在 G1 单元格输入列标志“向下累计”。在 G6 单元格输入“ = E6/SUM($E$2: $E$6)”,计算出最后一组的频率,在 G5 单元格中输入“ = E5/SUM($E$2: $E$6) + G6”得到最后一组和倒数第二组的累计频率,将 G5 单元格的公式复制到 G2:G4,计算出向下累计这一列。

5. 在图表中加入向下累计曲线。为了美观,先删除分布数列中的“其它”那一行。然后选定图表,此时菜单上出现[图表工具]栏,在[设计]选项卡的[数据]命令组中,点击[选择数据]按钮,弹出“选择数据源”对话框。在对话框的“图例项(系列)”框中,单击[添加]按钮,弹出“编辑数据系列”对话框,单击“系列名称”下的文本框,再用鼠标单击工作表中的 G1 单元格,此时系列名称文本框显示“ = 分布数列! $G $1”(“分布数列”为工作表标签名);单击“系列值”下的文本框,删除原先的内容“ = {1}”,再用鼠标在工作表上选定 G2:G6 单元格,此时系列值文本框中显示“ = 分布数列! $G $2: $G $6”。单击[确定]按钮,退回到“选择数据源”对话框,再单击[确定]按钮,结果见图 3 -8。

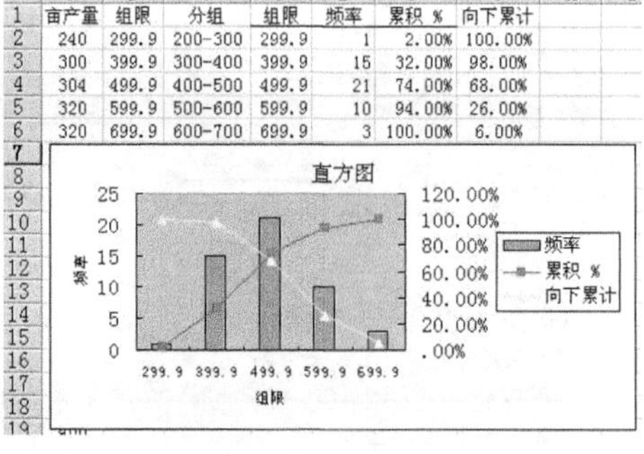

图 3 -8

(二)用 FREQUENCY 函数编制分布数列

1. 输入数据。如图 3－9 所示，A，B，C 列输入的数据同第一种方法，在 D1：F1 中依次输入列标“频数”、“向上累计频数”和“向下累计频数”。其中“组限”的含义同第一种方法。

2. 选定 D2：D6，输入公式“＝FREQUENCY(A2：A51，B2：B6)”，然后按 CRTL＋SHIFT＋ENTER 组合键，即可计算出各组的频数。

3. 计算向上累计频数。在 E2 单元格中输入“＝D2”，在 E3 单元格中输入公式“＝D3＋E2”，再将公式复制到 E4：E6。

4. 计算向下累计频数。在 F6 单元格中输入“＝D6”，在 F5 单元格中输入公式“＝D5＋F6”，再将公式复制到 F2：F4。计算结果如图 3－9 所示。

	A	B	C	D	E	F
1	亩产量	组限	分组	频数	向上累计频数	向下累计频数
2	240	299.9	200-300	1	1	50
3	300	399.9	300-400	15	16	49
4	304	499.9	400-500	21	37	34
5	320	599.9	500-600	10	47	13
6	320	699.9	600-700	3	50	3
7	325					

图 3－9

5. 根据得到的计算结果，可用 Excel 的图表功能绘制出亩产量分布的直方图、折线图等。

二、计算有关的描述统计指标

(一)利用[描述统计]分析工具

【例 3－20】下面是 50 名工人完成某一装配工序所需时间：

单位：分钟

35	38	44	33	44	43	48	40	45	30
45	32	42	39	49	37	45	37	36	42
35	41	32	46	34	30	43	37	44	49
36	46	45	36	37	37	45	36	46	42
38	43	34	38	47	35	29	41	40	41

要求对装配工时进行描述统计分析。

【解】主要操作步骤如下：

1. 输入数据。如图 3－9 所示，在 A2：A51 输入时间数据，在 A1 输入列标志“工时”。

2. 调出[描述统计]对话框，其主要选项的含义如下。

“输入区域”：在此输入待分析数据区域的单元格范围。本例输入区域为“$A$1：$A$51”。

“分组方式”:如果需要指出输入区域中的数据是按行还是按列排列,则单击[逐行]或[逐列]。本例分组方式为“逐列”。

标志位于第一行/列:如果输入区域的第一行中包含标志项(变量名),则选中[标志位于第一行]复选框;如果输入区域的第一列中包含标志项,则选中[标志位于第一列]复选框,本例要选中该复选框;如果输入区域没有标志项,则不选任何复选框,Excel 将在输出表中生成适宜的数据标志。

“输出区域”:在此框中可填写输出结果,表左上角单元格地址用于控制输出结果的存放位置。本例输出区域填“ \$C\$1”,整个输出结果分为两列,左边一列包含统计标志项,右边一列包含统计值。根据所选择的[分组方式]选项的不同,Excel 将为输入表中的每一行或每一列生成一个两列的统计表。

“新工作表”:单击此选项,可在当前工作簿中插入新工作表,并由新工作表的 A1 单元格开始存放计算结果。如果需要给新工作表命名,则在右侧编辑框中键入名称。

“新工作簿”:单击此选项,可创建一个新工作簿,并在新工作簿的新工作表中存放计算结果。

“汇总统计”:指定输出表生成下列统计结果,则选中此复选框。这些统计结果有:样本的平均值($\bar{X}$),抽样平均误差($S/\sqrt{n}$),组中值(Media),众数(Mode),样本标准差(S),样本方差(S^2),峰度值,偏度值,极差(Max - Min),最小值(Min),最大值(Max),样本总和,样本容量(n)和一定显著水平下总体均值的置信区间。本例选中该复选框。

“平均数置信度”:若需要输出由样本均值推断总体均值的置信区间,则选中此复选框,然后在右侧的编辑框中,输入所要使用的置信度。例如,置信度 95% 可计算出的总体样本均值置信区间为 10,则表示:在 5% 的显著水平下总体均值的置信区间为($\bar{X}-10$, $\bar{X}+10$)。本例平均数置信度为 95% 。

第 k 个大/小值:如果需要在输出表的某一行中包含每个区域的数据的第 k 个最大/小值,则选中此复选框。然后在右侧的编辑框中,输入 k 的数值。

本例[描述统计]对话框的填写如图 3 - 10 所示。

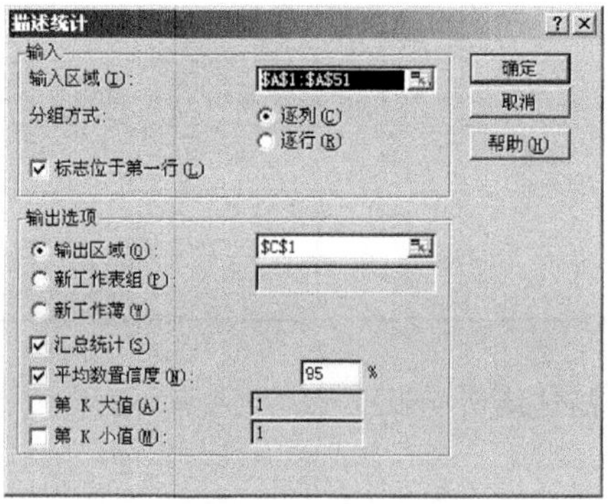

图 3 - 10

3. [描述统计]对话框填完后,单击[确定]按钮,结果如图 3 - 11 所示。

	A	C	D	E
1	工时	工时		
2	35			
3	38	平均	39.74	=AVERAGE(A2:A51)
4	44	标准误差	0.745495315415275	=STDEV(A2:A51)/SQRT(COUNT(A2:A51))
5	33	中值	40	=MEDIAN(A2:A51)
6	44	模式	45	=MODE(A2:A51)
7	43	标准偏差	5.27144792872945	=STDEV(A2:A51)
8	48	样本方差	27.788163265306	=VAR(A2:A51)
9	40	峰值	-0.883316234068329	=KURT(A2:A51)
10	45	偏斜度	-0.141070083790798	=SKEW(A2:A51)
11	30	区域	20	=MAX(A2:A51)-MIN(A2:A51)
12	45	最小值	29	=MAX(A2:A51)
13	32	最大值	49	=MIN(A2:A51)
14	42	求和	1987	=SUM(A2:A51)
15	39	计数	50	=COUNT(A2:A51)
16	49	置信度(95.0%)	1.49812801662467	=TINV(0.05,COUNT(A2:A51)-1)*STDEV(A2:A51)/SQRT(COUNT(A2:A51))

图 3－11

有两点需要注意：

（1）各种分析工具对话框输出选项中“输出区域”、“新工作表组”和“新工作簿”的含义基本相同，以下不再赘述。

（2）图 3－11 中指标的名称与统计中的习惯叫法不太一致，确切的指标名称如本例操作步骤第 2 步中所述。

（二）利用统计函数

对于分组数据，不能直接用［描述统计］分析工具来计算描述统计有关指标，应综合应用 Excel 的公式与函数来实现。下面结合例 3－21 来说明。

【例 3－21】某粮食作物的产量和播种面积资料如表 3－15 所示。

表 3－15

亩产量 x	400～500	500～600	600～700	700～800	800～900	900～1 000	合计
播种面积 f	6	30	50	60	40	14	200

根据表 3－15 资料计算加权平均亩产量、标准差以及偏度和峰度等。

【解】主要操作步骤如下。

1. 输入数据。如图 3－12 所示，A2:A7 输入亩产量的分组，这些数据在 Excel 中被认为是文本，不能直接参与数值运算，A1 输入本列标志“亩产量”。B2:B7 输入各组的组中值，B1 输入本列标志“组中值”。C2:C7 输入播种面积数据，C1 为本列标志“播种面积”。B9:B15 存放的是最终结果与一些中间变量值，对应的 A9:A15 则是它们的名称。

	A	B	C
1	亩产量	组中值	播种面积
2	400～500	450	6
3	500～600	550	30
4	600～700	650	50
5	700～800	750	60
6	800～900	850	40
7	900～1 000	950	14
8			
9	加权平均亩产量	720	
10	标准差	122.882057	
11	三阶动差	-114000	
12	四阶动差	543970000	
13	偏度	-0.0614383	
14	峰度	-0.6142713	
15	众数	733.333333	

图 3－12

2. 定义变量名。先定义样本数据组中值以及播种面积的变量名。选定 B1:C7，在[公式]选项卡的[定义的名称]命令组中，点击[根据所选内容创建]按钮，在弹出的对话框中选中“首行”(默认即是)，最后单击[确定]按钮。再定义最终结果与中间变量的名称，选定 A9:B15，在[公式]选项卡的[定义的名称]命令组中，点击[根据所选内容创建]按钮，在弹出的对话框中选中“最左列”(默认即是)，最后单击[确定]按钮。

3. 计算加权平均亩产量。在 B9 单元格输入如下公式：

=SUMPRODUCT(组中值*播种面积)/SUM(播种面积)

当然，如果没有定义变量名，则要使用单元格引用，公式如下：

=SUMPRODUCT(B2:B7*C2:C7)/SUM(C2:C7)

4. 计算其他指标。在 B10:B14 中，依次输入以下公式：

=SQRT(SUMPRODUCT((组中值-加权平均亩产量)^2*播种面积)/SUM(播种面积))

=SUMPRODUCT((组中值-加权平均亩产量)^3*播种面积)/SUM(播种面积))

=SUMPRODUCT((组中值-加权平均亩产量)^4*播种面积)/SUM(播种面积))

=三阶动差/标准差^3

=四阶动差/标准差^4-3

5. 计算结果如图 3-10 所示。这里有几点需要说明：

(1)可参照本例的方法计算分组情况下的其他有关描述统计的指标，如方差、标准差等。

(2)对于众数及中位数的计算，不需要特别的技巧，只要将统计中的计算公式在 Excel 中实现即可。这时 Excel 更像一个普通的计算器，但 Excel 可记下公式，便于检查与修改，同时在数据量大、分组多时，借助 Excel 的相关函数可很快地找出众数组和中位数所在的组。如本例众数的计算，首先确定众数组，为“700~800”这一组。然后根据等距分组的上限公式，在 B15 单元格输入公式“=700+(C5-C4)*100/((C5-C4)+(C5-C6))”即可，其中 700 为众数组下限，100 为组距，结果如图 3-10 所示。

本章小结

1. 算术平均数有简单算术平均数和加权算术平均数两种。权数起权衡轻重的作用。当各组频数都相等时，权数不起作用。求相对指标的平均数应选择合适的权数。

2. 调和平均数是各标志值倒数平均数的倒数，有简单调和平均数和加权调和平均数两种。

3. 几何平均数适用于各个变量值之间存在连乘积关系的场合。它是 n 个变量值连乘积的 n 次方根。

4. 算术平均数、几何平均数和调和平均数都是幂平均数的特殊形式。当 $k=1$，$k\to0$，$k=-1$ 时，幂平均数分别等价于上述几种平均数。

5. 众数是总体中最普遍出现的标志值。中位数是总体各单位按大小顺序序列化后，处在数列中点位置上那个单位的标志值。对未分组的资料和组距式变量数列，众数和中位数各有不同的确定方法。

6. 众数、中位数和算术平均数各自的含义、计算方法不同,但三者之间存在一定的数量关系。对称分布时,三者相等;适度正偏斜时,$M_o < M_e < \bar{x}$;适度负偏斜时则相反。适度偏斜情形下,$|M_e - M_o| \approx 2 \cdot |\bar{x} - M_e|$。

7. 极差与四分位差。极差是总体中两个极端标志值的差。四分位差则是剔除了最大和最小各1/4单位后的极差。

8. 方差与标准差。方差是各标志值与其平均数离差平方的平均,标准差则是方差的平方根,它们都是测定总体标志变异程度最常用的指标。

9. 极差、分位差和标准差都是绝对量指标,它们的计量单位与标志值相同。它们的大小不仅取决于总体的变异情况,也和标志值水平的高低、计量水平的不同有关。

10. 比较标志值水平不同、计量单位不同的总体之间的变异情况,应采用相对变异指标。最常用的相对变异指标是标准差系数:$V = \frac{\sigma}{\bar{x}}$。

11. 偏度是度量分布的不对称程度或偏斜程度的指标。偏度指标是三阶中心动差除以标准差三次方。峰度是测定分布的集中程度,即分布曲线的尖峭程度的指标。峰度指标是四阶中心动差除以标准差四次方再减去3。

12. 在描述统计中,Excel主要有以下几方面的应用:①[描述统计]分析工具可以计算分布的集中、离散趋势和偏度、峰度等有关指标,但该工具仅适用于没有分组的分布数列,对于分组的分布数列,要用相关统计和数学函数来计算;②[直方图]分析工具可以计算分布数列的个别和累积频率(频数),并绘制出直方图;③利用FREQUENCY等函数也可以方便地编制分布数列,如频数分布数列、累计频数数列等,并可根据编制的数列绘制直方图、折线图等统计图。

思考与练习题

一、选择题

1. 今有N辆汽车在同一距离的公路上行驶的速度资料,确定汽车平均每小时行驶速度的平均数公式是:(　　)

A. $\frac{\sum x}{N}$　　B. $\frac{\sum xf}{\sum f}$　　C. $\frac{N}{\sum \frac{1}{x}}$　　D. $\frac{\sum m}{\sum \frac{m}{x}}$

2. 权数对加权算术平均数的影响,取决于(　　)

A. 权数所在组标志值的大小　　B. 权数的大小

C. 各组单位数的多少　　D. 总体单位数的多少

3. 是非标志不存在变异时,意味着:(　　)

A. 各标志值遇到同样的成数　　B. 所有单位都只具有某属性

C. 所计算的方差为0　　D. 所计算的方差为0.25

4. 能够综合反映总体各个单位标志值的差异,对总体标志变异程度作全面客观评定

的指标有(　　)

A. 方差　　B. 算术平均数　　C. 标准差　　D. 全距

二、判断题

1. 甲乙两地,汽车去程时速20公里,回程时速30公里,其平均速度为25公里。(　　)

2. 权数起作用的前提是各组的变量必须互有差异。(　　)

3. 变量同减某个数再同除以另一数然后求其方差,其方差等于原方差乘以除数的平方。(　　)

4. 与平均数相比,中位数比较不受极端值的影响。(　　)

三、计算题

1. 甲乙两企业生产三种产品的单位成本和总成本资料如下表,试比较哪个企业的平均成本高,并分析其原因。

产品	单位成本(元)	总成本(元)	
		甲企业	乙企业
A	15	2 100	3 255
B	20	3 000	1 500
C	30	1 500	1 500

2. 甲、乙两市场农产品价格及成交量资料如下表,试比较哪个市场的平均价格高,并分析其原因。

品种	价格(元/公斤)	甲市场成交额(万元)	乙市场成交量(万公斤)
甲	1.2	1.2	2
乙	1.4	2.8	1
丙	1.5	1.5	1
合计	—	5.5	4

3. 某企业工人平均周工资为1 440元,其中周工资少于1 280元的占一半,试估计众数,并对该企业工人工资的分布情况做一简要说明。

4. 某城市对3 000户居民户均月食品消费支出进行调查,得到下表资料。

居民户月均食品支出(元)	户　数	比重(%)
200以下	30	1
200 ~ 300	180	6
300 ~ 400	450	15
400 ~ 500	600	20
500 ~ 600	1 050	35

续表

居民户月均食品支出(元)	户　数	比重(%)
600 ~ 700	300	10
700 ~ 800	180	6
800 ~ 900	120	4
900 ~ 1 000	60	2
1 000 以上	30	1
	3 000	100.00

要求:

(1)计算居民户总平均月支出;

(2)计算居民户月均支出标准差和变异系数;

(3)计算居民月均支出中位数和众数;

(4)分析平均数、中位数和众数之间的数量联系,并阐明分布的特征。

5. 某生产班组 11 个工人日生产零件数为:15,17,19,20,22,22,23,23,25,26,30。要求:(1)计算平均数和方差;(2)按照 15 ~ 19,20 ~ 24,24 以上分成三组,计算组内方差和组间方差;(3)验证总方差等于组间方差与组内方差平均数之和。

6. 某管理局下属 8 家企业的产品销售数据如下表所示:试比较其产品销售额和销售利润的离散程度。

企业	产品销售额(X_1)(万元)	销售利润(X_2)(万元)
1	170	8.1
2	220	12.5
3	390	18.0
4	430	22.0
5	480	26.5
6	650	40.0
7	950	64.0
8	1 000	69.0

7. 某高校学生参加英语四级考试的优秀率和合格率分别为 15% 和 90%,试计算优秀率和合格率分布的方差和标准差。

8. 某粮食作物的产量和播种面积资料如下,试测定其偏度和峰度。

亩产量 x(斤)	400 ~ 500	500 ~ 600	600 ~ 700	700 ~ 800	800 ~ 900	900 ~ 1 000	合计
播种面积 f(亩)	6	30	50	60	40	14	200

第四章

抽样分布与参数估计

引例

人口抽样调查

国务院2010年颁布的《全国人口普查条例》规定,人口普查每10年进行一次,位数逢0的年份为普查年度,在两次人口普查之间则开展一次较大规模的1%人口抽样调查,又称为“小普查”。人口抽样调查不仅节省人力、财力和缩短调查时间,而且由于抽样单位少,参与调查的人员具有更高的专业素养,因而还可以减少调查误差,甚至获得比全面调查更为准确的资料。通过本章的学习,可以使读者了解抽样调查的理论基础、点估计与区间估计的推断方法以及抽样误差控制等知识,从而正确地利用样本资料去估计总体的状况。

第一节　概率基础

一、随机事件与概率

(一)随机试验与事件

随机现象在自然界和社会经济生活中都普遍存在,如产品抽样检验,抽到的产品可能是成品也可能是次品;投一枚硬币,可能出现正面也可能出现反面;手机通话,可能一次拨通,也可能要二次、三次……才能拨通。随机现象的特点是:在基本条件不变的情况下,一系列的试验或观测会得到不同的结果,并且在试验或观测前不能预见何种结果将出现。虽然随机现象的结果不能预见,但这并不意味着我们在随机现象面前无能为力。我们仍然可以通过随机试验,以及其他相关知识来认识随机现象的规律。随机试验,简称试验,它必须满足以下性质:

(1)每次试验的可能结果不是唯一的;

(2)每次试验之前不能确定何种结果会出现;

(3)试验可在相同条件下重复进行。

在随机试验中,可能出现也可能不出现的结果,称之为随机事件,简称事件。试验的结果可能是一个简单事件,也可能是一个复杂事件。简单事件就是不可以再分解的事件,又称为基本事件。复杂事件是由简单事件组合而成的事件。基本事件还可称为样本点,设试验有 n 个基本事件,分别记为 $\omega_i(i=1,2,\cdots,n)$,则集合 $\Omega=\{\omega_1,\omega_2,\cdots,\omega_n\}$,称为样本空间,$\Omega$ 中的元素就是样本点。

【例4-1】投掷一粒均匀的六面体骰子,出现的点数有可能是1,2,3,4,5,6共六种。这六种结果是基本结果,不可能再分解成更简单的结果,所以 $\Omega=\{1,2,3,4,5,6\}$ 为该试验的样本空间。"出现点数是奇数"的结果就不是简单事件,它是由基本事件$\{1\}$,$\{3\}$和$\{5\}$组合而成的。我们通常用大写字母 $A,B,C,\cdots$ 来表示随机事件。设 A 表示"出现点数是奇数",则 $A=\{1,3,5\}$;设 B 表示"出现点数是偶数",则 $B=\{2,4,6\}$。

与随机现象相对应的是确定性现象。所谓确定性现象,是指在一定的条件下,其结果能够明确预见的现象。例如,在通常气压条件下,水在摄氏零度时一定会结冰,这是一个必然的结果。为了方便与统一,我们把确定性现象的结果也看作是一种特殊的随机事件,即必然事件,用样本空间 Ω 表示,不可能出现的试验结果称为不可能事件,用空集 Φ 表示。

我们把"A 发生或 B 发生"事件记为 $A\cup B$;把"A 与 B 同时发生"事件记为 $A\cap B$,或 AB。如例4-1中:$A\cup B=\Omega$,是必然事件;$AB=\Phi$,是不可能事件。如果 $AB=\Phi$,称 A 与 B 不相容。

(二)概率

1. 概率的定义。概率又称几率,是对随机事件发生可能性的度量。如何理解概率?最直观的方式就是进行重复试验,通过试验的频率来发现概率。

例如,不断重复地投掷一枚均匀硬币,出现正面的频率会稳定在1/2附近。历史上,曾有人为此作过试验,结果如表4-1所示。

表4-1　频率试验结果

实验者	投掷硬币的次数(n)	正面朝上的次数(m)	频率 $=m/n$
Demorgan	2 048	1 061	0.518 0
Buffon	4 040	2 048	0.506 9
Pearson(1)	12 000	6 019	0.501 6
Pearson(2)	24 000	12 012	0.500 5

上述试验表明,试验次数越多,出现正面朝上的频率越接近0.5。这是因为均匀的硬币掷出正面、反面的可能性都是一样大的。

下面给出概率的频率定义,也称概率的统计定义:

进行 n 次重复试验,随机事件 A 发生的次数是 m 次,发生的频率是 m/n,当试验的次数 n 很大时,如果频率在某一数值 p 附近摆动,而且随着试验次数 n 的不断增加,频率的摆动幅度越来越小，则称 p 为事件 A 发生的概率，记为：

$$P(A)=p \tag{4.1}$$

由于频率取值在 0～1 之间，因此：$0\leqslant p\leqslant 1$。

如果随机试验的样本空间是有限集合，所有样本点出现的可能性相同，则事件 A 的概率可根据以下公式计算：

$$P(A)=\frac{m}{n}=\frac{A\text{包含的样本点个数}}{\text{样本点总数}} \tag{4.2}$$

这样的概率计算模型称为古典概型。

【例 4－2】设一个袋子中装有白球 2 个，黑球 3 个，从中随机摸出 1 只球，问刚好是白球的概率有多大？

【解】由于摸出的任何 1 只球都形成一个基本事件，所以样本点总数为 $n=5$。用 A 表示摸出的是白球事件，则 A 由两个基本点组成，即 $A=\{$白球，白球$\}$，$m=2$。因此，刚好摸出白球的概率为：

$$P(A)=m/n=2/5=0.4$$

2. 概率的基本性质。概率最基本的两个性质是：性质 1：$P(A)\geqslant 0$；性质 2：$P(\Omega)=1$。性质 1 称为概率的非负性，性质 2 称为概率的规范性。除此之外，概率的性质还有可加性，即性质 3：若事件 A 与事件 B 互不相容，则：

$$P(A\cup B)=P(A)+P(B) \tag{4.3}$$

推论 1　不可能事件的概率为 0，即：$P(\Phi)=0$。

$\bar{A}$ 表示 A 的对立事件，即它们二者必有一事件发生，但又不能同时发生，则有如下推论：

推论 2

$$P(\bar{A})=1-P(A) \tag{4.4}$$

这个推论非常有意义，其提供的思想是：当直接对事件 A 求概率有困难时，可以考虑去求其对立事件的概率。

【例 4－3】袋中装有 4 只黑球和 1 只白球，每次从袋中随机地摸出 1 只球，并换入 1 只黑球，连续进行，问第三次摸到黑球的概率是多少？

【解】记 A 为“第三次摸到黑球”，则 $\bar{A}$ 为“第三次摸到白球”。

先计算 $P(\bar{A})$。由于袋中只有 1 只白球，如果某一次摸到了白球，换入了黑球，则袋中只有黑球了。所以 $\bar{A}$ 相当于第一、第二次都是摸到黑球，第三次摸到白球。注意这是一种有放回的摸球，样本点总数为 5^3，$\bar{A}$ 包含的样本点个数是 $4^2\cdot 1$。故：

$$P(\bar{A})=\frac{4^2\cdot 1}{5^3}=\frac{16}{125}$$

所以 $P(A)=1-P(\bar{A})=1-\frac{4^2\cdot 1}{5^3}=\frac{109}{125}$。

而如果直接计算 $P(A)$ 则要困难多了。

3. 事件的独立性。如果事件 B 发生与否对事件 A 发生的概率没有影响，则可以说，事件 A 与事件 B 两者的出现存在某种“独立性”。数学上的严格定义是：

定义　对事件 A 与 B，若 $P(AB)=P(B)P(A)$，则称它们是统计独立的，简称相互独立。

独立性在统计学中是非常重要的概念，我们在许多地方要用到它。

二、随机变量及其分布

为了便于应用数学方法来分析随机现象,有必要对随机试验的结果进行量化处理,因此要引进随机变量的概念。所谓随机变量就是其取值带有随机性的变量。在给定的条件下,这种变量取何值事先不能确定,只能由随机试验的结果来定,并且随试验的结果而变。例如,投一枚骰子,可能出现的点数是:{1,2,3,4,5,6}。其试验结果可用点数这个随机变量 X 进行描述。

如果随机变量所有可能的取值是有限的,或可排成一列的,这种随机变量称为离散型随机变量,如投骰子试验中出现的点数就是一个离散型随机变量;另一种情况是随机变量的取值范围是一个区间或整个数轴,这种随机变量称为连续型随机变量。

(一)离散型随机变量的概率分布

设离散型随机变量 X 的所有可能取值为 $x_1,x_2,\cdots,x_n,\cdots$,相应的概率为 $p(x_1)$,$p(x_2),\cdots,p(x_n),\cdots$。用表格统一表示如表 4-2 所示。

表 4-2

X	x_1	x_2	$\cdots$	x_n	$\cdots$
P	$p(x_1)$	$p(x_2)$	$\cdots$	$p(x_n)$	$\cdots$

这称为离散型随机变量 X 的概率分布。也可简单记为:

$$P(X=x_i)=p(x_i)\ (i=1,2,\cdots)$$

概率分布有以下性质:

(1)$0\leqslant p(x_i)\leqslant 1\ (i=1,2,\cdots)$;

(2) $\sum\limits_i p(x_i)=1$ 。

离散型随机变量 X 的期望值为:

$$\mu=E(X)=\sum_i x_i p(x_i) \tag{4.5}$$

随机变量的期望值也称为平均值,是随机变量分布的集中趋势,即分布的中心位置。容易验证期望值满足性质:$E(\alpha X_1+\beta X_2)=\alpha E(X_1)+\beta E(X_2)$,其中 X_1,X_2 都是随机变量,α,β 是任意常数。并且这个性质可推广到多个随机变量情形。

离散型随机变量 X 的方差为:

$$\sigma^2=Var(X)=E(X-\mu)^2=\sum_i (x_i-\mu)^2 p(x_i) \tag{4.6}$$

方差的平方根,称为标准差。方差 σ^2 或标准差 σ 反映随机变量 X 对其期望值的离散程度,σ^2 或 σ 越小,说明期望值的代表性越好;σ^2 或 σ 越大,说明期望值的代表性越差。也容易验证:对于任意的 α,$\sigma^2(\alpha X)=\alpha^2\sigma^2(X)$成立。

在一些问题中,我们只对试验中某事件 A 是否出现感兴趣,如果 A 发生,我们称“成功”,否则称“失败”。像这样只有两种结果的试验称为贝努里试验。设 A 出现的概率为 p,我们重复进行 n 次贝努里试验,称为 n 重贝努里试验,有时也简称贝努里试验。

以 B_k 表示 n 重贝努里试验中事件 A 正好出现 k 次这一事件,则

$$P(B_k)=C_n^k p^k q^{n-k} \qquad (k=0,1,2,\cdots,n) \tag{4.7}$$

显然,n 重贝努里试验中事件 A 出现的次数 k 是个随机变量,其取值范围是从 0 到 n。

它的分布如表4－3所示。

表4－3 二项分布表

k	0	1	2	…	n
$P(B_k)$	$C_n^0p^0q^n$	$C_n^1p^1q^{n-1}$	$C_n^2p^2q^{n-2}$	…	$C_n^np^nq^0$

由于式(4.7)是二项展开式的通项，故该分布称为二项分布。

（二）连续型随机变量的概率分布

对于连续型随机变量 X，它的取值不能一一列出，因此其概率分布形式不能同离散型随机变量一样，通过表格方式全部表现出来。但是，对任意的实数 x，由随机变量的定义知，$X<x$ 是一随机事件，可以对它求概率，记 $G(x)=P(X<x)$，该函数就是随机变量的分布函数。分布函数的导数称为密度函数，记作 $p(x)$。反过来通过对密度函数积分，可得到随机变量 X 在数值 x 附近或在一个区间上取值的概率。注意，连续型随机变量取一个固定的值的概率为0。

连续型随机变量的密度函数有以下 性质：

(1)$p(x)\geqslant 0$；

(2)$\int_{-\infty}^{\infty}p(x)\mathrm{d}x=1$；

(3)$p(a<X<b)=\int_a^b p(x)\mathrm{d}x$

其中，$P(a<X<b)$ 表示随机变量 X 的取值落在区间 (a,b) 内的概率。连续型随机变量在 (a,b) 区间上定积分的几何意义就是由 x 轴、被积函数 $p(x)$、直线 $x=a$ 和 $x=b$ 所围成的面积。如图4－1所示。

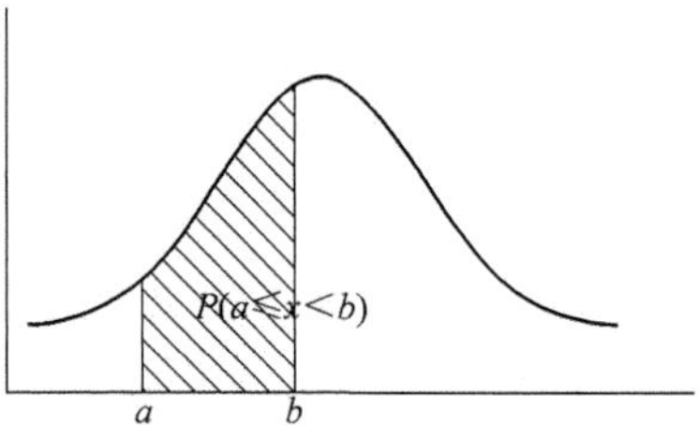

图4－1 概率的几何意义

连续型随机变量 X 的期望值为：

$$\mu=E(X)=\int_{-\infty}^{\infty}xp(x)\mathrm{d}x \tag{4.8}$$

连续型随机变量 X 的方差为：

$$\sigma^2=E(X-\mu)^2=\int_{-\infty}^{\infty}(x-\mu)^2p(x)\mathrm{d}x \tag{4.9}$$

可以验证，对连续型随机变量，$E(\alpha X_1+\beta X_2)=\alpha E(X_1)+\beta E(X_2)$ 和 $\sigma^2(\alpha X)=\alpha^2\sigma^2(X)$ 也都成立。

正态分布是最重要的一种连续型随机变量分布，原因有三：第一，它是最常见的一种分布，许多随机变量服从或近似服从正态分布。如同龄人的身高、体重，农作物的产量，学生考试的成绩等等。第二，许多有用的分布可以由正态分布推导出来，如卡方分布、t 分布和 F 分布都可由正态分布导出。第三，正态分布在一定条件下，还是一些其他分布的近似分布，如大样本下的 t 分布与正态分布近似。

如果连续型随机变量 X 的密度函数为

$$p(x)=\frac{1}{\sqrt{2\pi}\sigma}e^{-\frac{(x-\mu)^2}{2\sigma^2}} \quad (-\infty<x<\infty) \tag{4.10}$$

则称随机变量 X 服从均值为 μ、方差为 σ^2 的正态分布，记为 $X\sim N(\mu,\sigma^2)$。

正态分布的密度函数图形一般称为正态曲线，它是一条以均值为中心的对称钟形曲线，如图 4 - 2 所示。

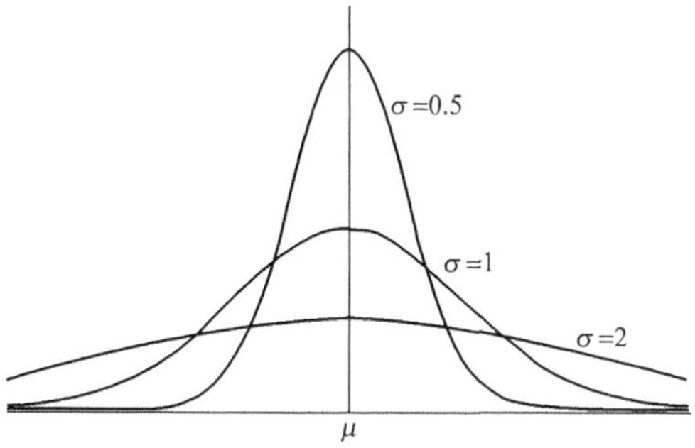

图 4 - 2　正态曲线

从图 4 - 2 可看到：μ 是该分布的中心，σ 是标准差，反映分布的离散程度，σ 越大，分布曲线越平缓，离散程度越大；σ 越小，分布曲线越陡峭，说明分布越集中。

如果一个正态分布的 $\mu=0$，$\sigma=1$，则称该正态分布为标准正态分布，相应的随机变量称为标准正态随机变量，用 Z 表示，即 $Z\sim N(0,1)$，相应的分布密度函数为：

$$p(z)=\frac{1}{\sqrt{2\pi}}e^{-\frac{z^2}{2}} \quad (-\infty<z<\infty) \tag{4.11}$$

标准正态随机变量在区间 $[-z,z]$ 取值的概率为 $F(z)$，可通过查标准正态分布概率表获得。

【例 4 - 4】设随机变量 Z 服从标准正态分布，求以下概率大小：

(1) $P(-1<Z<1)$；(2) $P(0<Z<1.25)$；(3) $P(1<Z<1.25)$；(4) $P(Z>1)$。

【解】(1) 概率 $P(-1<Z<1)$ 是标准正态分布的密度函数在区间 $(-1,1)$ 上的曲边梯形的面积（见图 4 - 1），该概率（或该面积）可直接按临界值 $Z=1$ 查表得到：

$$P(-1<Z<1)=F(1)=0.6827$$

(2) 由标准正态分布关于 $Z=0$ 的对称性可知：

$$P(0<Z<1.25)=\frac{1}{2}\times P(-1.25<Z<1.25)=\frac{1}{2}\times F(1.25)=\frac{1}{2}\times 0.7887=0.3944$$

(3) 由对称性与面积的分割关系可知：

$$\begin{aligned}P(1<Z<1.25)&=\frac{1}{2}\times[P(-1.25<Z<1.25)-P(-1<Z<1)]\\&=\frac{1}{2}\times(0.7887-0.6827)=0.053\end{aligned}$$

(4)由于标准正态分布密度函数曲线下的面积为1,所以:

$$P(Z>1)=\frac{1}{2}\times[1-P(-1<Z<1)]=\frac{1}{2}\times[1-0.6827]=0.15865$$

可以验证,若随机变量 X 服从正态分布 $N(\mu,\sigma^2)$,则随机变量 $Z=\frac{X-\mu}{\sigma}$ 服从标准正态分布,即 $Z\sim N(0,1)$。

$Z=\frac{X-\mu}{\sigma}$ 是一个非常重要的变换,称为标准化变换。我们可以利用这个变换来计算非标准正态分布的概率,计算出随机变量取值落于任何区间的概率。

【例4-5】假定某门学科的学生考试成绩服从均值为75分、标准差为12分的正态分布。那么某一学生的成绩在75~90分之间的概率应为多少?

【解】设 X 表示学生的成绩,要计算的概率是 $P(75<X<90)$。首先对 X 进行标准化:

$$Z=\frac{X-75}{12}$$

将计算 X 的概率转化为计算 Z 的概率:

$$P(75<X<90)=P\left(\frac{75-75}{12}<\frac{X-75}{12}<\frac{90-75}{12}\right)$$
$$=P(0<Z<1.25)=0.3944$$

【例4-6】设随机变量 X 服从正态分布 $N(\mu,\sigma^2)$,试分别求 X 落在以 μ 为中心,以 σ,1.96σ,2σ 和 3σ 为半径的区间内的概率。

【解】作变换 $Z=\frac{X-\mu}{\sigma}$,则 Z 服从标准正态分布。所求概率分别为:

$$P(\mu-\sigma<X<\mu+\sigma)=P\left(\frac{\mu-\sigma-\mu}{\sigma}<\frac{X-\mu}{\sigma}<\frac{\mu+\sigma-\mu}{\sigma}\right)$$
$$=P(-1<Z<1)=68.27\%$$

$$P(\mu-1.96\sigma<X<\mu+1.96\sigma)=P\left(\frac{\mu-1.96\sigma-\mu}{\sigma}<\frac{X-\mu}{\sigma}<\frac{\mu+1.96\sigma-\mu}{\sigma}\right)$$
$$=P(-1.96<Z<1.96)=95\%$$

$$P(\mu-2\sigma<X<\mu+2\sigma)=P\left(\frac{\mu-2\sigma-\mu}{\sigma}<\frac{X-\mu}{\sigma}<\frac{\mu+2\sigma-\mu}{\sigma}\right)$$
$$=P(-2<Z<2)=95.45\%$$

$$P(\mu-3\sigma<X<\mu+3\sigma)=P\left(\frac{\mu-3\sigma-\mu}{\sigma}<\frac{X-\mu}{\sigma}<\frac{\mu+3\sigma-\mu}{\sigma}\right)$$
$$=P(-3<Z<3)=99.73\%$$

从计算结果可知:随机变量 X 落在以 μ 为中心、以 3σ 为半径的区间外的概率只有 $1-99.73\%=0.27\%$,这是一个非常小的概率。一般可以认为,X 不大可能落到以 μ 为中心、以 3σ 为半径的区间之外,这就是所谓的"3σ 原则"。

除正态分布外,常用的连续型随机变量的分布还有卡方分布(或称 χ^2-分布)、t-分布、F-分布。

(1) χ^2-分布。设 $X_1,X_2,\cdots,X_n$ 是相互独立且服从标准正态分布的随机变量,则称随机变量 $\chi^2=\sum_{i=1}^{n}X_i^2$ 所服从的分布为自由度为 n 的 χ^2-分布。

(2)t－分布。t－分布也称学生氏分布。设 X 服从标准正态分布,Y 服从自由度为 n 的卡方分布,且它们相互独立,则随机变量 $T=\frac{X}{\sqrt{Y/n}}$ 服从自由度为 n 的 t－分布。t－分布的分布曲线与正态分布曲线相似,数学上可以证明,当自由度 n 充分大时,t－分布与标准正态分布很近似。一般当 n 大于或等于 30 时,t－分布与标准正态分布的差别已非常小,可用标准正态分布代替它。

(3)F－分布。设 X 和 Y 是相互独立的 χ^2－分布,自由度分别是 m 和 n,则称随机变量 $F=\frac{X}{Y}\cdot\frac{n}{m}$ 所服从的分布为 F－分布,(m,n) 称为它的自由度。

三、大数定理与中心极限定理

(一)大数定理

大数定理,又称大数法则。人们在观察个别事物时,是连同一切个别的特性来观察的。个别现象受偶然因素影响,有各自不同的表现。但是,对总体的大量观察后进行平均,就能使偶然因素的影响相互抵消,消除由个别偶然因素引起的极端性影响,从而使总体平均数稳定下来,反映出事物变化的一般规律,这就是大数定理的意义。

大数定理:独立同分布的随机变量 $X_1,X_2,\cdots,X_n,\cdots$,设它们的平均数为 μ ,方差为 σ^2,则对任意的正数 ε,有:

$$\lim_{n\to\infty}P\left\{\left|\frac{1}{n}\sum_{i=1}^{n}X_i-\mu\right|<\varepsilon\right\}=1 \tag{4.12}$$

该定理说明,当 n 充分大时,独立同分布的一系列随机变量,其平均数与它们共同的期望值之间的偏差,可以有很大的把握被控制在任意给定的范围之内。由于从总体中抽出的样本是独立且与总体同分布的,因此,当样本容量 n 充分大时,样本平均与总体平均之间的误差可以有很大的把握被控制在任意给定的要求之内,这就是人们用样本平均估计总体平均的理论依据。

由于成数指标是一个特殊的平均数,大数定理对成数指标自然也成立:设 m 是 n 次试验中事件 A 发生的次数,p 是事件 A 发生的概率,则对于任意小的正数 ε,有:

$$\lim_{n\to\infty}P\left\{\left|\frac{m}{n}-p\right|<\varepsilon\right\}=1 \tag{4.13}$$

即当 n 充分大时,事件 A 发生的频率接近于(依概率收敛于)事件 A 发生的概率,反映了频率在大量重复试验过程中的稳定性。该定理被称为贝努里大数定理,它提供了用大量重复试验的频率推算概率的理论依据。

(二)中心极限定理

1. 正态分布的再生定理。相互独立的两个正态随机变量相加之和仍服从正态分布,这就是正态分布的再生性。因此,从服从正态分布的总体中抽出一个容量是 n 的样本,则样本平均数 $\bar{X}$ 也服从正态分布。如果总体的平均是 μ ,方差是 σ^2,则样本平均数所服从的正态分布的中心仍是 μ ,方差是 σ^2/n。

2. 中心极限定理。正态分布的再生定理的前提条件是总体服从正态分布。在客观实际中,总体服从正态分布的条件不会总是成立的。在非正态总体的场合,样本平均数服从什么分布，我们只有了解了中心极限定理后，这个问题才能明确。

中心极限定理：随机变量 $X_1, X_2, \cdots, X_n, \cdots$ 相互独立，且服从同一分布，该分布存在有限的期望和方差：$E(X_i)=\mu$，$\sigma^2(X_i)=\sigma^2$，$(i=1,2,\cdots)$。则当 n 趋于无穷大时，算术平均数 $\bar{X}=\sum_{i=1}^{n} X_i/n$ 近似服从正态分布，即：$\bar{X} \sim N(\mu, \sigma^2/n)$。

从上述定理可以得出结论：无论总体服从何种分布，只要它的期望值与方差存在，我们就可以通过增大样本容量 n 的方式，保证样本平均数 $\bar{X}$ 近似服从正态分布。也就是说，大样本的平均数近似服从正态分布。

对于成数来讲，我们设总体成数是 ρ，样本成数是 P，则当样本容量充分大时，P 近似服从 $N(\rho, \frac{\rho(1-\rho)}{n})$。

第二节 抽样分布

一、抽样的基本概念

抽样涉及的基本概念有：总体与样本、样本容量与样本个数、总体参数与样本统计量、重复抽样与不重复抽样。关于总体与样本的概念，我们已在第一章做了介绍，这里不再重复，只介绍样本容量与样本个数、总体参数与样本统计量、重复抽样与不重复抽样三对概念。

（一）样本容量与样本个数

1. 样本容量。样本是从总体中抽出的部分单位的集合，这个集合的大小称为样本容量，一般用 n 表示，它表明一个样本中所包含的单位数。样本容量越大，样本误差越小，但调查费用必增加；反之，样本容量过小，又将导致抽样误差增大，甚至会失去抽样推断的价值。因此，在抽样设计中应根据调查目的认真考虑合适的样本容量。一般来讲，样本单位数大于 30 个的样本称为大样本，不超过 30 个的样本称为小样本。

2. 样本个数。样本个数又称样本可能数目，它是指从一个总体中可能抽取多少个样本。样本个数的多少与抽样方法有关。关于样本个数的计算我们将在“重复抽样与不重复抽样”中介绍。

（二）总体参数与样本统计量

1. 总体参数。总体的数量特征就是总体的参数，它是抽样统计推断的对象。常见的总体参数有：总体的均值、成数（比率）、方差、标准差等。它们都是反映总体分布特征的重要指标。均值反映总体的集中趋势，方差或标准差反映总体的离中趋势。总体成数是指总体中具有某性质的单位数目在总体中所占的比重，它反映了总体的结构特征。这些指标的计算在本书第三章已有介绍，这里不再重复。

2. 样本统计量。抽样的目的是为了估计或推断总体的各种性质，那么估计量就应该是样本的函数而且这个函数本身不能含有总体的未知参数。设从总体中抽出的样本为 $X_1, X_2, \cdots, X_n$，那么不含总体未知参数的函数 $h(X_1, X_2, \cdots, X_n)$ 称为(样本)统计量。

由于样本是从总体中随机地抽出来的，而统计量是样本的一个函数，因此，统计量是随机变量。我们利用统计量来估计和推断总体的有关参数。与总体参数相对应，常见的统计量有：

$$\bar{X} = \frac{\sum_{i=1}^{n} X_i}{n} \left(= \frac{\sum Xf}{\sum f} \right) \tag{4.14}$$

$$P = \frac{n_1}{n} \tag{4.15}$$

$$S^2 = \frac{1}{n-1} \sum_{i=1}^{n} (X_i - \bar{X})^2 \left(= \frac{\sum (X - \bar{X})^2 f}{\sum f - 1} \right) \tag{4.16}$$

以上式子中，$\bar{X}$ 是样本平均数，P 是样本成数，S^2 是样本方差，S 则是样本标准差。n 是样本容量，n_1 是样本中具有某种特征的单位数目，f 是在分组样本资料下的权数。

应当指出，尽管样本统计量的计算公式与总体参数的计算公式形式上十分类似，但两者有重要区别：总体参数是常数，通常用希腊字母表示。计算总体参数公式中所用到的总体各单位的标志值是确定的具体数值，用小写字母 x 表示。样本统计量是随机变量，计算样本统计量公式中所用的样本单位标志值在未具体观察前是不确定的随机变量，用大写字母 X 表示；计算总体参数公式中所使用的单位数包括总体的所有单位，通常用大写字母 N 表示，计算样本统计量所使用的单位数只是样本所包含的单位数，即样本容量，用小写字母 n 表示；计算总体参数公式中所使用的权数是整个总体分组资料下的权数，计算样本统计量所使用的权数是样本分组资料下的权数。

（三）重复抽样与不重复抽样

简单抽样的抽样方法有重复抽样与不重复抽样。

1. 重复抽样。重复抽样(或重置抽样)是指从总体中抽出一个样本单位，记录其标志值后，又将其放回总体中继续参加下一轮单位的抽取。重复抽样的特点是：第一，n 个单位的样本是由 n 次试验的结果构成的；第二，每次试验是独立的，即其试验的结果与前次、后次的结果无关；第三，每次试验是在相同条件下进行的，每个单位在多次试验中选中的机会(概率)是相同的。在重复试验中，样本可能的个数是 N^n，N 为总体单位数，n 为样本容量。

2. 不重复抽样。不重复抽样也称为不重置抽样，即每次从总体抽取一个单位，登记后不放回原总体，不参加下一轮抽样，下一次继续从总体中余下的单位抽取样本。其特点是：第一，n 个单位的样本由 n 次试验结果构成，但由于每次抽出不重复，所以实质上相当于从总体中同时抽取 n 个样本单位；第二，每次试验结果不是独立的，上次中选情况影响下次抽选结果；第三，每个单位在多次(轮)试验中中选的机会是不等的。不重复抽样，如果是考虑顺序，其样本可能个数为 $\frac{N!}{(N-n)!}$；如果不考虑顺序，其样本可能个数为 $\frac{N!}{(N-n)!\,n!}$。

二、抽样分布

我们知道,统计量是样本的函数,并且从总体中可以随机地抽取许多样本,所以对每一个样本,我们都可以计算出一个样本统计量的观测值。所有可能的样本观测值及其所对应的概率便是所谓的抽样分布,换句话说,抽样分布就是样本统计量的概率分布。比如样本平均数的分布、样本成数的分布等都称为抽样分布。抽样分布可能是精确地服从某种已知分布(所谓已知分布,例如我们在第一节介绍过的常见分布),也可能是以某种已知分布为极限分布。在实际应用中,后者更为多见。抽样分布是统计推断的理论依据,具有重要的作用。只有了解和掌握了统计量的分布,才有可能进行参数估计和假设检验。

(一)样本平均数的抽样分布

1. 样本平均数抽样分布的数值特征。从抽样推断的角度看,我们主要关心分布的数学期望和方差。这两个特征一方面与总体分布的均值和方差有关,另一方面也与抽样的方法是重复抽样还是不重复抽样有关。

设总体单位数为 N,其均值为 μ ,方差为 σ^2,从总体中抽出的样本为 $X_1, X_2, \cdots, X_n$,样本平均数的数学期望记为 $E(\bar{X})$,样本平均数的方差记为 $\sigma^2(\bar{X})$ (或记为 $\sigma_{\bar{X}}^2$)。

(1)重复抽样时的分布特征。由于样本中的每个 $X_i(i=1,2,\cdots,n)$ 都是从总体中随机抽出的,都是与总体同分布的随机变量,并且是相互独立的,则样本平均数的期望值与方差分别是:

$$E(\bar{X}) = E\left(\frac{X_1 + X_2 + \cdots + X_n}{n}\right) = \frac{1}{n}[E(X_1) + E(X_2) + \cdots + E(X_n)] = \mu$$

$$\sigma^2(\bar{X}) = \sigma^2\left(\frac{X_1 + X_2 + \cdots + X_n}{n}\right) = \frac{1}{n^2}[\sigma^2(X_1) + \sigma^2(X_2) + \cdots + \sigma^2(X_n)] = \frac{\sigma^2}{n} \quad (4.17)$$

从以上的式子我们知道,样本平均数分布的中心与总体的分布中心完全相同,方差是总体分布方差的 $1/n$。因此,样本平均数分布的集中趋势优于总体分布自身的集中趋势。由于样本平均数能"集中"分布于总体平均数附近,所以我们可以考虑用样本平均数来估计总体的平均数。当然,用样本统计量去估计总体参数难免有误差,样本变量的离散程度越大,产生误差的可能性也越大。我们用抽样平均数的标准差来反映抽样平均数与总体平均数的平均误差程度,称其为抽样平均误差,通常记为 $\sigma_{\bar{X}}$,即:

$$\sigma_{\bar{X}} = \sigma/\sqrt{n} \quad (4.18)$$

由式(4.18)可以看出:抽样平均误差是总体标准差的 $1/\sqrt{n}$,通常比总体标准差小得多。

【例 4-7】某班组有 5 个工人,他们的单位工时工资分别是 4,6,8,10,12 元,现用重复抽样方式从 5 个工人中抽出 2 人,计算样本的平均工时工资的抽样平均误差。

【解】总体分布的平均数与方差分别是:

$$\mu = \frac{\sum x}{N} = \frac{4+6+8+10+12}{5} = 8$$

$$\sigma^2 = \frac{\sum(x-\mu)^2}{N} = \frac{(4-8)^2 + (6-8)^2 + \cdots + (12-8)^2}{5} = 8$$

抽样平均误差 $\sigma_{\bar{X}} = \frac{\sigma}{\sqrt{n}} = \frac{\sqrt{8}}{\sqrt{2}} = 2$

(2)不重复抽样时的分布特征。数学上可以证明,在不重复抽样条件下,样本平均数的期望同样等于总体的均值;而样本平均数的方差则需要用 $\frac{N-n}{N-1}$ 去修正重复抽样时的样本平均数的方差,即:

$$E(\bar{X})=\mu$$

$$\sigma^2(\bar{X})=\frac{\sigma^2}{n}\cdot\frac{N-n}{N-1} \tag{4.19}$$

现在以例4-7资料为例,验证上述结果。在不重复抽样条件下,所有样本平均数如表4-4所示。从表4-4中可整理出样本平均数的分布如表4-5所示。

表4-4　样本工时平均工资　　(单位:元)

样本变量	4	6	8	10	12
4	—	5	6	7	8
6	5	—	7	8	9
8	6	7	—	9	10
10	7	8	9	—	11
12	8	9	10	11	—

表4-5　样本工时平均工资分布

样本工时平均工资 $\bar{x}$(元)	频　数	频　率
5	2	2/20
6	2	2/20
7	4	4/20
8	4	4/20
9	4	4/20
10	2	2/20
11	2	2/20
合计	20	1

根据表4-5的分布数据,可计算样本平均工资与其标准差:

$$E(\bar{X})=\frac{\sum \bar{x}f}{\sum f}=\frac{5\times2+6\times2+\cdots+11\times2}{20}=8=\mu$$

$$\sigma^2(\bar{X})=\frac{\sum[\bar{x}-E(\bar{x})]^2f}{\sum f}=\frac{(5-8)^2\times2+\cdots+(11-8)^2\times2}{20}=3=\frac{\sigma^2}{n}\cdot\frac{N-n}{N-1}$$

与重复抽样比,不重复抽样的抽样平均误差多了一个系数 $\sqrt{\frac{N-n}{N-1}}$(实际计算时也可以用 $\sqrt{1-\frac{n}{N}}$ 近似),这个系数称为不重复抽样的修正系数。由于该系数在0~1之间,因此,不重复抽样平均误差比重复抽样小,当然我们也可以很直观地看出这一点,因为不重复抽样排除了“每次抽出的都是极端值”的可能,这显然对降低抽样误差有利。对于无限总体进行不重复抽样时,可以按重复抽样来处理;对于有限总体,当 N 很大,而 n/N 很小时,修正系数近似为 1,修正与否对平均误差几乎没有影响,这时可以不考虑抽样方式的差异,都按重复抽样处理。

2. 样本平均数抽样分布的形式。当总体服从正态分布时,根据正态分布再生定理,样本平均数服从正态分布。当总体不服从正态分布时,根据中心极限定理,当 n 充分大时(通常要求 $n \geqslant 30$),样本平均数近似服从正态分布。即:

$$\bar{X} \sim N(\mu, \sigma_{\bar{X}}^2)$$

其中,$\sigma_{\bar{X}}^2$ 也即 $\sigma^2(\bar{X})$,根据抽样方式的不同,分别由公式(4.17)或公式(4.19)给出。

(二)样本成数的抽样分布

1. 样本成数抽样分布的数值特征。总体成数 ρ 是指具有某种特征的单位在总体中的比重。在前面我们已经知道,成数是一个特殊平均数,设总体单位总数是 N,总体中有该特征的单位数是 N_1。设 X 是 0,1 变量,即:总体单位有该特征,则 X 取 1,否则取 0,且设 X 的均值记为 μ ,方差记为 σ^2,于是有:

$$\mu = \frac{N_1}{N} = \rho \ , \ \sigma^2 = \rho(1-\rho)$$

现从总体中抽出 n 个单位,如果其中有相应特征的单位数是 n_1,则样本成数是:

$$P = \frac{n_1}{n} \tag{4.20}$$

P 也是一个随机变量,利用样本平均数分布性质的结论,在重复抽样时,有:

$$E(P) = \mu = \rho$$
$$\sigma^2(P) = \frac{\sigma^2}{n} = \frac{\rho(1-\rho)}{n} \tag{4.21}$$

样本成数的抽样平均误差为:

$$\sigma_P = \sqrt{\frac{\rho(1-\rho)}{n}}$$

在实际工作中,总体成数 ρ 常常是未知的,只要样本充分大,计算样本成数的期望值与方差时,可以用样本成数的观测值来代替。

在不重复抽样时,有:

$$E(P) = \rho$$
$$\sigma^2(P) = \frac{\rho(1-\rho)}{n} \cdot \frac{N-n}{N-1} \tag{4.22}$$

与样本平均数的分布一样,对于无限总体进行不重复抽样时,可以按重复抽样来处理;对于有限总体,当 N 很大,而 n/N 很小时,修正系数近似于 1,修正与否对平均误差几乎没有影响,这时可以不考虑抽样方式差异,都按重复抽样处理。

2. 样本成数抽样分布的形式。我们知道,当从总体中抽出一个容量为 n 的样本时,样本中具有某种特征的单位数服从二项分布,因而样本成数 P 也服从二项分布,所以我们也可以用二项分布的相关结果得到样本成数的期望和方差。根据中心极限定理,当样本容量充分大时,二项分布趋于正态分布。所以在大样本下,样本成数近似服从正态分布。即:

$$P \sim N(\rho, \sigma_P^2)$$

其中，σ_P^2也即 $\sigma^2(P)$ ，根据抽样方式的不同，分别由公式(4.21)或公式(4.22)给出。这里大样本的条件是：$n\rho$ 和 $n(1-\rho)$ 都要大于等于5，由于总体参数通常并不知道，所以可以用样本成数来近似判断。

【例4－8】已知一批产品的合格率为90%，现采用重复抽样方式从中抽取出400件，求样本合格率的抽样平均误差。

【解】

$$E(P) = \rho$$

$$\sigma_P = \sqrt{\frac{\rho(1-\rho)}{n}} = \sqrt{\frac{0.9 \times 0.1}{400}} = 1.5\%$$

由于样本容量大，样本成数的平均误差就大大减小。

第三节　总体参数估计

一、总体参数估计概述

总体参数估计就是以样本统计量来推算总体参数。参数估计应满足以下两个要求：一是估计的精度要求，二是可靠性要求。所谓精度就是估计误差的最大范围，即误差的最大值，可通过极限误差来反映；所谓可靠性，是指估计结果正确的概率大小。

设待估计的总体参数是 θ ，用以估计该参数的统计量是 $\hat{\theta}$，抽样估计的极限误差是 Δ，即 $|\theta - \hat{\theta}| \leqslant \Delta$ 。极限误差是根据研究对象的变异程度和分析任务的性质来确定的允许误差范围。显然，Δ 越小，估计的精度要求越高；Δ 越大，估计的精度要求越低。极限误差的确定要以实际需要为基本标准。比如，对航天元器件的估计误差，就要求控制在极小的范围内；而对一些小商品如纽扣的合格率估计，其估计误差就可以控制在较大的范围里，因为这种误差对消费者、对厂商的负面影响都有限。

可靠性是抽样估计本身正确性的一个置信度，通常称为估计的置信度。我们知道，对于连续型随机变量，它在一个点上取值的概率为零，因此，对服从连续型分布的抽样统计量，直接用它去估计总体参数值很难说是可靠的。用统计量估计总体参数值，称为点估计。点估计完全正确的概率通常为0。因此，我们更多的是考虑用样本统计量去估计总体参数的范围，这就是区间估计。例如，通过抽样估计某班学生某课程平均成绩的范围，这时我们要考虑这个估计正确的概率大小问题。一种极端估计是：平均成绩在0与100分之间。显然这个范围的估计正确的概率很大，100%正确，但这个估计无精度可言。若提高精度，估计平均成绩在70分到80分之间，这时估计正确的把握性肯定低于1。可见，估计中精度要求与可靠性要求是一对矛盾的双方。

二、点估计

（一）点估计的定义

点估计就是根据总体参数与样本统计量之间的内在联系，直接以样本统计量作为相应总体参数的估计量。点估计又称为定值估计。在统计中经常使用的点估计量有：

$$\begin{cases}\hat{\mu}=\bar{X}\\ \hat{p}=P\\ \hat{\sigma}^2=S^2=\dfrac{\sum(X-\bar{X})^2}{n-1}\end{cases}\tag{4.23}$$

式中：$\hat{\mu}$，$\hat{p}$，$\hat{\sigma}^2$分别表示总体平均数、总体成数与总体方差的估计量。

【例4－9】对某企业的产品进行抽样检验，设抽出100件产品，其中不合格产品5件，试估计该企业产品的合格率是多少？

【解】我们可以通过样本的合格率来估计企业产品的合格率：

$$\text{样本合格率 } P=95\div100=95\%$$

所以，我们估计该企业产品的合格率是95%。

（二）估计的评价标准

点估计的优点是，直接给出了总体参数的估计值。不足之处是不能提供估计误差的信息。样本统计量是一个随机变量，从一次抽样的结果来判断一个统计量的优劣是不确切的，必须通过多次试验或从抽样分布的特点出发，才能判断这个估计量是否理想的估计量。

点估计的优良性包括三条标准：无偏性、有效性和一致性。

1. 无偏性。用 θ 表示总体的待估计参数，$\hat{\theta}$ 是估计 θ 的样本统计量。我们说 $\hat{\theta}$ 是 θ 的无偏估计，指的是 θ 满足：

$$E(\hat{\theta})=\theta\tag{4.24}$$

无偏性要求用来估计总体参数的样本统计量，其分布是以总体参数真值为中心的，在一次具体的抽样估计中，估计量或者大于总体参数，或者小于总体参数；但是，在进行重复抽样估计的过程中，所有估计量的平均数应该等于待估的总体参数。这说明，无偏估计要求估计量没有系统偏差。

由于 $E(\bar{X})=\mu$，所以样本平均是总体平均的一个无偏估计。有了无偏性标准，我们可以解释为什么对总体方差进行估计时，样本方差公式所除的不是样本容量 n，而是 $n-1$。证明如下：

$$\begin{aligned}E(S^2)&=E\left[\frac{1}{n-1}\sum(X_i-\bar{X})^2\right]\\&=\frac{1}{n-1}E\sum[(X_i-\mu)-(\bar{X}-\mu)]^2\\&=\frac{1}{n-1}E\left[\sum(X_i-\mu)^2-n(\bar{X}-\mu)^2\right]\\&=\frac{1}{n-1}\left[\sum E(X_i-\mu)^2-nE(\bar{X}-\mu)^2\right]\\&=\frac{1}{n-1}\left[n\sigma^2-n\frac{\sigma^2}{n}\right]\\&=\sigma^2\end{aligned}$$

这说明 $S^2=\dfrac{1}{n-1}\sum(X_i-\bar{X})^2$ 是总体方差的无偏估计。当样本容量很大时，$1/n$ 与 $1/(n-1)$ 相差不大，样本方差的公式，可以直接除以 n，与总体方差计算公式保持一致。

2. 有效性。$\hat{\theta}_1$和 $\hat{\theta}_2$都是总体参数 θ 的无偏估计量，如果 $\sigma^2(\hat{\theta}_1)<\sigma^2(\hat{\theta}_2)$，则说明估计量 $\hat{\theta}_1$比 $\hat{\theta}_2$更有效。设总体的方差是 σ^2，我们有：$\sigma^2(X_i)=\sigma^2$，$\sigma^2(\bar{X})=\sigma^2/n$。显然，样本平均数的方差比样本中某个单位的标志值的方差要小，只是其方差的 $1/n$，所以作为估计量，样本平均数更加有效。

3. 一致性。一致性是指随着样本容量不断增大，样本统计量接近总体参数的可能性就越来越大，或者，对于任意给定的偏差控制水平，两者间偏差高于此控制水平的可能性越来越小，接近于0。用公式表示就是：

$$\lim_{n\to\infty}P\{|\hat{\theta}-\theta|<\varepsilon\}=1 \tag{4.25}$$

式中，ε 为一任意小的数。

式(4.25)说明，当 n 充分大时，$\hat{\theta}$ 与 θ 之间的偏差，可以有很大的把握被控制在任意给定的范围之内。当 n 趋于无穷大时，估计量 $\hat{\theta}$ 依概率收敛于 θ。

由大数定理我们知道，抽样平均数是总体平均数的一致估计。因此，样本平均是总体平均的一个无偏、有效且满足一致性要求的估计量；因为成数是一个特殊的平均数，该结论对成数估计也成立。

三、区间估计

（一）区间估计的含义

点估计给出了总体参数的具体估计值，但这个估计值误差有多大？可靠性如何？这些问题点估计都不能回答。区间估计则弥补了点估计这方面的不足。

所谓区间估计，就是估计总体参数的区间范围，并要求给出区间估计成立的概率值。设 $\hat{\theta}_1$和 $\hat{\theta}_2$ 两个统计量（$\hat{\theta}_1<\hat{\theta}_2$）分别作为总体参数 θ 区间估计的下限与上限，则要求：

$$P(\hat{\theta}_1\leqslant\theta\leqslant\hat{\theta}_2)=1-\alpha \tag{4.26}$$

式中 $\alpha(0<\alpha<1)$ 是区间估计的显著性水平，其取值大小由实际问题确定，经常取1%，5%和10%；$1-\alpha$ 称为置信度或置信水平。总体参数的估计区间也称为置信区间，其中区间的最小值称为置信下限，最大值称为置信上限。区间估计的特点是：给出总体参数的一个置信区间，总体参数恰好在这个区间内的概率不要求达到1，可放低要求，减去一个小概率的显著性水平，达到 $1-\alpha$ 即可。

由于 θ 作为总体参数，是固定不变的常数，它或者在给出的区间内或者在给出的区间外，式(4.26)的概率是0或1，不可能是 $1-\alpha$。那么怎么来理解这个概率呢？我们给出置信水平 $1-\alpha$ 的一个频率解释。在大量重复使用 θ 的置信区间（$\hat{\theta}_1$，$\hat{\theta}_2$）时，每次得到的样本观测值是不同的，从而每次得到的区间估计值也是不一样的。对一次具体的观测值而言，θ 可能在（$\hat{\theta}_1$，$\hat{\theta}_2$）内，也可能不在。但平均而言，在这大量的区间估计观测值中，至少有 $100(1-\alpha)\%$ 的区间包含 θ。

（二）平均数的区间估计

对平均数的区间估计，分以下三种情况。

1. 正态总体、总体方差 σ^2已知。根据本章第二节的论述我们知道，如果总体服从正态分布，则样本平均数 $\bar{X}\sim N(\mu,\sigma_{\bar{X}}^2)$；如果总体正态性不成立，但是样本容量 n 充分大时，近似地有 $\bar{X}\sim N(\mu,\sigma_{\bar{X}}^2)$。

为了进行区间估计，首先把 $\bar{X}$ 标准化，得到服从标准正态分布的 Z 统计量，即

$$Z=\frac{\bar{X}-\mu}{\sigma_{\bar{X}}}\sim N(0,1) \tag{4.27}$$

Z 统计量的分布密度函数见图 4－3。

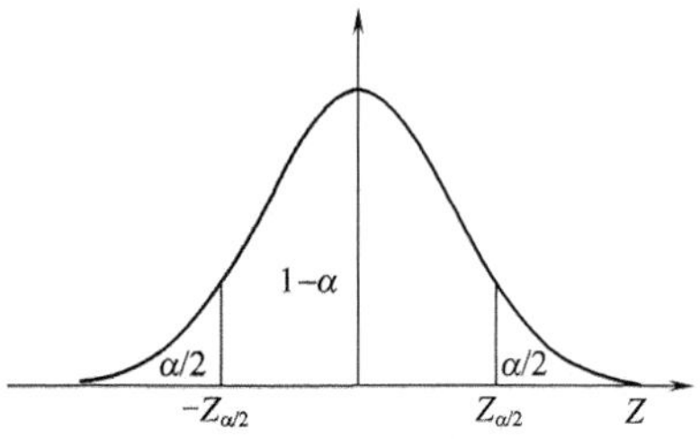

图 4－3　标准正态分布的双侧临界值

接着我们在图 4－3 的两个尾部各取面积 $\alpha/2$，临界值分别为 $-z_{\alpha/2}$ 和 $z_{\alpha/2}$，那么显然有：

$$P(-z_{\alpha/2}\leqslant Z\leqslant z_{\alpha/2})=1-\alpha \tag{4.28}$$

将式(4.27)代入式(4.28)得：

$$P\left(-z_{\alpha/2}\leqslant\frac{\bar{X}-\mu}{\sigma_{\bar{X}}}\leqslant z_{\alpha/2}\right)=1-\alpha \tag{4.29}$$

对式(4.29)括号内做不等式的等价变换后得到：

$$P(\bar{X}-z_{\alpha/2}\sigma_{\bar{X}}\leqslant\mu\leqslant\bar{X}+z_{\alpha/2}\sigma_{\bar{X}})=1-\alpha \tag{4.30}$$

于是置信区间的上下限是：

$$\bar{X}\pm z_{\alpha/2}\sigma_{\bar{X}} \tag{4.31}$$

从式(4.30)可以看出，极限误差是：

$$\Delta=z_{\alpha/2}\sigma_{\bar{X}} \tag{4.32}$$

将抽样平均误差的计算公式代入式(4.31)，可以得到总体均值的置信度为 $1-\alpha$ 的置信区间上下限公式：

重复抽样时：

$$\bar{X}\pm z_{\alpha/2}\frac{\sigma}{\sqrt{n}} \tag{4.33}$$

不重复抽样时：

$$\bar{X}\pm z_{\alpha/2}\frac{\sigma}{\sqrt{n}}\sqrt{\frac{N-n}{N-1}} \tag{4.34}$$

通常，我们先给出置信度 $1-\alpha$ 的具体数值，根据这个数值查标准正态分布表求得 $z_{\alpha/2}$ 值，然后计算出置信区间；反过来，如果先给出极限误差 Δ，即等价于给出置信区间 $\bar{X}-\Delta<\mu<\bar{X}+\Delta$，那么这个区间估计的置信度是多少呢？

$$\begin{aligned}P(\bar{X}-\Delta\leqslant\mu\leqslant\bar{X}+\Delta)&=P(|\bar{X}-\mu|\leqslant\Delta)\\&=P\left(\left|\frac{\bar{X}-\mu}{\sigma_{\bar{X}}}\right|\leqslant\frac{\Delta}{\sigma_{\bar{X}}}\right)\\&=P\left(|Z|\leqslant\frac{\Delta}{\sigma_{\bar{X}}}\right)\end{aligned}$$

从上式可以看出，Z 服从标准正态分布，通过临界值 $z_{\alpha/2}=\dfrac{\Delta}{\sigma_{\bar{X}}}$，去查标准正态分布表，可得出上式的概率大小，即为置信度 $1-\alpha$。

临界值 $z_{\alpha/2}$ 与置信度 $1-\alpha$ 两者之间是密切相关的，通过查标准正态表，可互相确定。如果置信度提高，区间估计的概率增大，α 就要相应地减小，临界值 $z_{\alpha/2}$ 增大；反之，区间估计的概率减小，临界值也减小。因此，也称临界值 $z_{\alpha/2}$ 为概率度，简记为 z，用来间接衡量区间估计的概率大小。关于极限误差、抽样平均误差、概率度三者之间的关系，有如下结果：

$$z=\frac{\Delta}{\sigma_{\bar{X}}}\text{ 或 }\Delta=\sigma_{\bar{X}}\cdot z \tag{4.35}$$

以上关系式不仅在对平均数进行区间估计时有效，在对成数指标估计时也适用。

【例 4－10】在某天生产的 500 袋食品中，按不重复抽样方法随机抽取 25 袋进行检查，测得平均每袋的重量为 996 克，已知该种袋装食品的重量服从正态分布，且标准差为 20 克，试以 95% 的置信度估计该种食品平均重量的置信区间。如果要求估计的误差不超过 10 克，这时置信度是多少？

【解】(1) 已知 $\bar{X}=996$ 克，$n=25$，$\sigma=20$ 克，$1-\alpha=95\%$，$\alpha=5\%$。这时查标准正态分布表，可得临界值：

$$z_{\alpha/2}=z_{0.025}=1.96$$

由于总体服从正态分布，不重复抽样，则置信区间上下限是：

$$\bar{X}\pm z_{\alpha/2}\frac{\sigma}{\sqrt{n}}\sqrt{\frac{N-n}{N-1}}=996\pm1.96\times\frac{20}{\sqrt{25}}\sqrt{\frac{500-25}{500-1}}=996\pm7.65$$

因此，该种食品平均重量置信度为 95% 的置信区间为 988.35 克～1003.65 克。

(2) 要求极限误差等于 10 克，即 $\Delta=10$ 克。这时概率度：

$$z=\frac{\Delta}{\dfrac{\sigma}{\sqrt{n}}\sqrt{\dfrac{N-n}{N-1}}}=\frac{10}{3.9}=2.564$$

查概率表知这时的置信度几乎达到 99%。

2. 正态总体、总体方差 σ^2 未知。当总体服从正态分布但方差未知时，可用样本方差 S^2 代替总体方差。可以证明样本均值经过标准化以后得到的随机变量服从自由度为 $n-1$ 的 t－分布，即：

$$t=\frac{\bar{X}-\mu}{S/\sqrt{n}}\sim t(n-1) \tag{4.36}$$

t－分布是类似于正态分布的对称分布，这时采用 t－分布建立的总体均值置信区间为：

重复抽样时：
$$\bar{X}\pm t_{\alpha/2,n-1}\frac{S}{\sqrt{n}} \tag{4.37}$$

不重复抽样时：
$$\bar{X}\pm t_{\alpha/2,n-1}\frac{S}{\sqrt{n}}\sqrt{\frac{N-n}{N-1}} \tag{4.38}$$

以上区间估计公式中，临界值 $t_{\alpha/2,n-1}$ 要查 t－分布表（自由度为 $n-1$）得到。需要注意的是，在大样本场合，t－分布与标准正态分布非常接近，可直接从标准正态分布表中查

临界值 $z_{\alpha/2}$ 来代替 $t_{\alpha/2,n-1}$。

【例 4－11】麦当劳餐馆在 7 星期内抽查 49 位顾客的消费额(元)如下：

15	24	38	26	30	42	18
30	25	26	34	44	20	35
24	26	34	48	18	28	46
19	30	36	42	24	32	45
36	21	47	26	28	31	42
45	36	24	28	27	32	36
47	53	22	24	32	46	26

求置信度为 90% 的顾客平均消费额的估计区间。

【解】第一步：通过 Excel 进行统计计算(具体计算过程参见本章第四节)可得到：

$$\bar{X}=32,\quad S=9.45,\ \sigma_{\bar{X}}=S/\sqrt{n}=1.35$$

点估计：麦当劳餐馆顾客平均消费额为 32 元。

第二步：根据给定的置信度 $F(z)=90\%$，查概率表得 $z=1.64$。

第三步：计算 $\Delta=z\cdot\sigma_{\bar{X}}=1.64\times1.35=2.2$ 元。据此估计，得

$$平均消费额下限=\bar{X}-\Delta=32-2.2=29.8(元)$$

$$平均消费额上限=\bar{X}+\Delta=32+2.2=34.2(元)$$

因此，置信度为 90% 的麦当劳餐馆顾客平均消费额的置信区间为 29.8～34.2 元。

3. 非正态总体。根据中心极限定理，此时只能考虑大样本情况。当总体方差已知时，用式(4.33)或式(4.34)来得到置信区间；当总体方差未知时，用样本方差代替总体方差，再用式(4.37)或式(4.38)来得到置信区间。

下面我们将总体均值的区间估计做一个总结，如表 4－6 所示。

表 4－6　不同情况总体均值的区间估计

总体分布	样本容量	σ 已知	σ 未知
正态分布	大样本($n\geq30$)	$\bar{X}\pm z_{\alpha/2}\frac{\sigma}{\sqrt{n}}$	$\bar{X}\pm t_{\alpha/2,n-1}\frac{S}{\sqrt{n}}$ 或 $\bar{X}\pm z_{\alpha/2}\frac{S}{\sqrt{n}}$
	小样本($n<30$)	$\bar{X}\pm z_{\alpha/2}\frac{\sigma}{\sqrt{n}}$	$\bar{X}\pm t_{\alpha/2,n-1}\frac{S}{\sqrt{n}}$
非正态分布	大样本($n\geq30$)	$\bar{X}\pm z_{\alpha/2}\frac{\sigma}{\sqrt{n}}$	$\bar{X}\pm z_{\alpha/2,n-1}\frac{S}{\sqrt{n}}$

表 4－6 中只考虑了重复抽样的情况，不重复抽样时加上修正系数即可。

(三)总体成数的区间估计

这里只讨论大样本情况下的估计问题。成数指标是一个特殊的平均数，类似于总体平均数的区间估计，总体成数的区间估计是：

重复抽样时：
$$P\pm z_{\alpha/2}\sqrt{\frac{p(1-p)}{n}} \tag{4.39}$$

不重复抽样时：
$$P \pm z_{\alpha/2}\sqrt{\frac{\rho(1-\rho)}{n}}\sqrt{\frac{N-n}{N-1}} \tag{4.40}$$

在实践中，由于总体成数 ρ 常常未知，这时可以用样本成数 P 来代替。

【例 4－12】某工厂要估计一批总数 5 000 件的产品的废品率，于是随机抽出 400 件产品进行检测，发现有 32 件废品。试给出该批产品的废品率的区间估计（置信度是 90%）。

【解】已知 $n=400, N=5\ 000$，样本废品率 $P=32/400=8\%$。置信度 $1-\alpha=90\%$，$\alpha=10\%, \alpha/2=5\%$。查标准正态分布表得：

$$z_{\alpha/2}=z_{0.05}=1.645$$

因此，这批产品废品率的区间估计是：

$$\begin{aligned} & P \pm z_{\alpha/2}\sqrt{\frac{P(1-P)}{n}}\sqrt{\frac{N-n}{N-1}} \\ &= 0.08 \pm 1.645 \times \sqrt{\frac{0.08\times(1-0.08)}{400}} \times \sqrt{\frac{5\ 000-400}{5\ 000-1}} \\ &= 0.08 \pm 0.021 \end{aligned}$$

即这批产品的废品率置信区间为［5.9%，10.1%］。

四、样本容量的确定

在前面我们已经知道，极限误差、概率度与抽样平均误差三者间的数量关系是：$\Delta = z\sigma_{\bar{X}}$。当抽样平均误差保持不变时，极限误差与概率度两者间关系是：Δ 增大，z 也增大；Δ 减小，z 也减小。因此，抽样估计的精度与可靠性之间存在矛盾，要提高精度（Δ 减小），需以牺牲概率度（z 减小）为代价；要提高概率度（z 增大），又要以牺牲估计精度（Δ 增大）为代价。在 $\sigma_{\bar{X}}$ 不变的情况下，这对矛盾是不可调和的；但是，降低抽样平均误差后，就可以同时提高估计的精度与概率度。比如，通过增加样本容量 n 来达到降低抽样平均误差的目标。这时应该考虑，样本容量 n 究竟取多大合适？这就是样本容量的确定问题。

（一）估计总体均值时样本容量的确定

1. 总体方差已知，重复抽样。这时有：

$$\Delta = z_{\alpha/2}\frac{\sigma}{\sqrt{n}}$$

上式两边平方整理后可得：

$$n=\frac{z_{\alpha/2}^2\sigma^2}{\Delta^2} \tag{4.41}$$

这就是在给定极限误差、概率度要求下，至少应抽取的样本容量。

2. 总体方差已知，不重复抽样。这时有：

$$\Delta = z_{\alpha/2}\frac{\sigma}{\sqrt{n}}\sqrt{1-\frac{n}{N}}$$

上式两边平方并进行整理得：

$$n=\frac{Nz_{\alpha/2}^2\sigma^2}{N\Delta^2+z_{\alpha/2}^2\sigma^2} \tag{4.42}$$

（二）估计成数时样本容量的确定

1. 重复抽样：

$$n=\frac{z_{\alpha/2}^2P\ (1-P)}{\Delta_P^2} \tag{4.43}$$

2. 不重复抽样：

$$n=\frac{Nz_{\alpha/2}^2P\ (1-P)}{N\Delta_P^2+z_{\alpha/2}^2P\ (1-P)} \tag{4.44}$$

（三）使用上述公式应注意的问题

1. 计算样本容量时，一般总体的方差与成数都是未知的。这时，可用有关资料替代：一是用历史资料已有的方差与成数代替；二是在进行正式抽样调查前进行几次试验性调查，用试验中方差的最大值代替总体方差；三是成数方差在完全缺乏资料的情况下，就用成数方差的最大值 0.25 代替。

2. 如果进行一次抽样调查，同时估计总体均值与成数，用上面的公式同时计算出两个样本容量，可取一个最大的结果，同时满足两方面的需要。

3. 上面的公式计算结果如果带小数，这时样本容量不按四舍五入法，而是取整数，取比这个数大的最小整数代替。例如计算得到：$n=56.03$，那么，样本容量取 57，而不是 56。

【例 4－13】对企业产品合格率进行抽样调查，根据历史上进行的二次调查资料，合格率分别是 15% 和 13%，这次调查要求误差不超过 5%，置信度为 95%，问至少要抽出多少产品作为样本？

【解】已知 $\alpha=5\%$，$\Delta_P=0.05$，$z_{\alpha/2}=1.96$。按历史上的两次调查资料，分别计算成数方差为：$0.15\times(1-0.15)=0.1275$，和 $0.13\times(1-0.13)=0.1131$。取方差最大者，因此选 $P=15\%$。由于企业产品数量一般都较大，抽出样本在总体中所占的比重很小，无论是重复抽样还是不重复抽样，结果相差不大，可按重复抽样方式计算，所以至少应抽取的样本容量是：

$$n=\frac{z_{\alpha/2}^2P\ (1-P)}{\Delta_P^2}=\frac{1.96^2\times0.15\times(1-0.15)}{0.05^2}=195.922$$

故应抽取 196 件产品进行检验。

【例 4－14】对某型号电池进行电流强度检验，根据以往正常生产的经验数据，已知电流强度的标准差 $\sigma=0.4$ 安培，合格率 $P=90\%$。采用随机重复抽样方式，需要在 99.73% 的置信度下，抽样平均电流的误差范围不超过 0.08 安培，抽样合格率误差范围不超过 5%，试求必要的抽样单位数。

【解】已知 $1-\alpha=99.73\%$，$z_{\alpha/2}=3$，按抽样平均数与成数计算的样本容量分别是：

$$n_1=\frac{z_{\alpha/2}^2\sigma^2}{\Delta}=\frac{3^2\times0.4^2}{0.08^2}=225(\text{个})$$

$$n_2=\frac{z_{\alpha/2}^2P\ (1-P)}{\Delta_P^2}=\frac{3^2\times0.9\times0.1}{0.05^2}=324(\text{个})$$

取以上计算结果中较大者，即 $n=324$，即应抽取 324 个电池作样本以保证抽样调查的准确性。

第四节　Excel 在概率计算与参数估计中的运用

一、利用 Excel 进行概率计算

利用 Excel 分析例 4 - 5 的方法如下。

（一）用 NORM. DIST( )函数计算

因为 $P(75<X<90)=P(X<90)-P(X<75)$

所以，在任一空单元格内输入如下公式即可：

= NORM. DIST(90,75,12,TRUE) - NORM. DIST(75,75,12,TRUE)

上式中，NORM. DIST 函数的中间两个参数分别表示均值 75 和标准差 12，参数 TRUE 表示函数返回的是累积概率。

（二）用 NORM. S. DIST( )函数计算

经过标准化后，$P(75<X<90)=P(0<Z<1.25)=P(Z<1.25)-P(Z<0)$

因此，在任一空单元格内输入如下公式即可：

= NORM. S. DIST(1.25,TRUE) - NORM. S. DIST(0,TRUE)

此外，其他一些分布（如 t - 分布、二项分布等）的概率计算与正态分布的计算类似，只是所应用的函数不同而已。

二、区间估计

我们以例 4 - 11 的求解为例，说明利用 Excel 进行区间估计的具体步骤。

（一）构造工作表

如图 4 - 4 所示，A、B 列为原始输入数据，A2:A50 存放的是消费额数据，图中未完全显示出来。C、D 列为计算结果，分别在 C2、D2 单元格存放置信下限和上限。

	A	B	C	D
1	消费额	置信水平	置信下限	置信上限
2	15	0.9	29.77906429	34.220936
3	24			
4	38			
5	26			
6	30			
7	42			
8	18			
9	30			

图 4 - 4

（二）定义变量名

将 A 列命名为“x”，将 B2 单元格命名为“置信水平”。

（三）计算置信上、下限

分别在 C2、D2 中输入如下的公式：

=AVERAGE(x) - ABS(NORM.S.INV((1 - 置信水平)/2)) * STDEV.S(x)/SQRT(COUNT(x))

=AVERAGE(x) + ABS(NORM.S.INV((1 - 置信水平)/2)) * STDEV.S(x)/SQRT(COUNT(x))

计算结果见图4-4,可以看出,麦当劳餐馆顾客平均消费额的置信区间为29.8~34.2元。

另外,置信区间半径也可以通过以下公式得到:

=CONFIDENCE.NORM(1 - 置信水平,STDEV.S(x),COUNT(x))

本章小结

1. 在随机试验中,可能出现也可能不出现的结果,称之为随机事件。概率就是指随机事件发生的可能性。概率的统计定义为:$P(A)=p$。

2. 概率的基本性质包括:$P(A)\geqslant 0$;$P(\Omega)=1$;若事件A与事件B互不相容,则$P(A\cup B)=P(A)+P(B)$。$\bar{A}$表示A的对立事件,$P(\bar{A})=1-P(A)$。

3. 事件的独立性。对事件A与B,若$p(AB)=p(B)p(A)$,则称它们是统计独立的,简称相互独立。

4. 随机变量是其取值带有随机性的变量。这种变量取何值事先不能确定,只能由随机试验的结果来定。如果随机变量所有可能的取值是可以一一列举的,称为离散型随机变量;如果随机变量的取值在数轴上是连续的,则称为连续型随机变量。

5. 离散型随机变量X的概率分布有以下性质:①$0\leqslant p(x_i)\leqslant 1$ $(i=1,2,\cdots)$;②$\sum_i p(x_i)=1$。其期望值为:$\mu=E(X)=\sum_i x_i p(x_i)$;方差为:$\sigma^2=Var(X)=E(X-\mu)^2=\sum_i (x_i-\mu)^2 p(x_i)$。

6. 对任意的实数x,$X<x$是一随机事件,记$G(x)=p(X<x)$,该函数就是连续型随机变量的分布函数。分布函数的导数称为密度函数,记作$p(x)$。连续型随机变量的密度函数有以下性质:①$p(x)\geqslant 0$;②$\int_{-\infty}^{\infty} p(x)\mathrm{d}x=1$;③$p(a<X<b)=\int_a^b p(x)\mathrm{d}x$。

连续型随机变量X的期望值为:$\mu=E(X)=\int_{-\infty}^{\infty} xp(x)\mathrm{d}x$;

方差为:$\sigma^2=E(X-\mu)^2=\int_{-\infty}^{\infty}(x-\mu)^2 p(x)\mathrm{d}x$。

7. 正态分布是最重要的一种连续型随机变量分布。其密度函数为:

$$p(x)=\frac{1}{\sqrt{2\pi}\sigma}e^{-\frac{(x-\mu)^2}{2\sigma^2}}\quad(-\infty<x<\infty)$$

如果一个正态分布的$\mu=0$,$\sigma=1$,则称该正态分布为标准正态分布,相应的随机变量称为标准正态随机变量,用Z表示,即$Z\sim N(0,1)$。标准正态随机变量在区间$[-Z,Z]$取值的概率$F(Z)$,可通过查标准正态分布概率表获得。

若随机变量 X 服从正态分布 $N(\mu,\sigma^2)$，则随机变量 $Z=\dfrac{X-\mu}{\sigma}$ 服从标准正态分布，即 $Z\sim N(0,1)$。这一变换称为标准变换。

8. 除正态分布外，常用的连续型随机变量的分布还有 χ^2－分布、t－分布、F－分布。

9. 总体分布的数量特征就是总体的参数。总体参数表现为常数，常见的总体参数有：总体的平均数，总体成数（比重），总体方差和标准差。

10. 样本统计量是样本的函数，其具体取值则随着抽取样本观测值不同而变动，因此它是随机变量。可利用样本统计量来估计和推断总体的有关参数。与总体参数相对应，常见的样本统计量有样本平均数 $\bar{X}$，样本成数 P，样本方差 S^2。

11. 按照是否将已抽出的样本放回总体，简单随机抽样可分为重复抽样与不重复抽样。

12. 样本平均数抽样分布的性质：

（1）$E(\bar{X})=\mu$；

$$（2）\sigma_{\bar{X}}=\begin{cases}\dfrac{\sigma}{\sqrt{n}}, & 重复抽样；\\ \dfrac{\sigma}{\sqrt{n}}\sqrt{\dfrac{N-n}{N-1}}, & 不重复抽样。\end{cases}$$

13. 参数估计。参数估计分为点估计与区间估计两种。在点估计时，要注意估计方法的优良性要求，即无偏性、有效性与一致性要求。在区间估计时，要注意给出估计的置信度的特殊要求。区间估计主要内容可归纳为图 4－5。

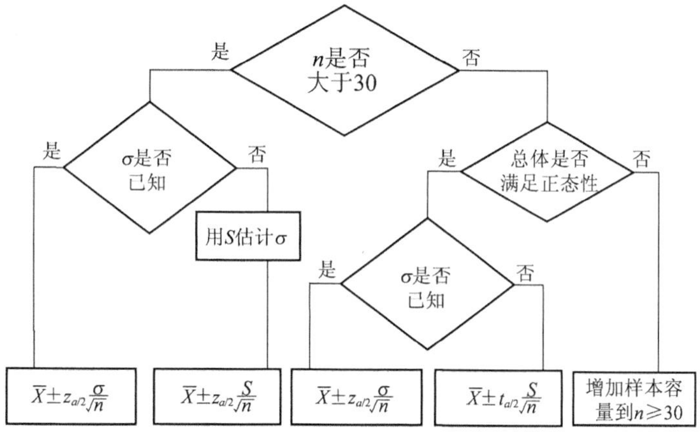

图 4－5

14. 在抽样分布与参数估计中，Excel 主要有以下几个方面的应用。（1）利用有关函数计算正态分布、t－分布、二项分布的概率；（2）利用有关函数直接计算样本均值、样本方差、样本标准差的点估计值；（3）构建工作表进行区间估计。

思考与练习题

一、单项选择题

1. 抽样平均误差与极限误差间的关系是(　　)。

A. 抽样平均误差大于极限误差

B. 抽样平均误差等于极限误差

C. 抽样平均误差小于极限误差

D. 抽样平均误差可能大于、等于或小于极限误差

2. 在其他条件不变的情况下,如果允许误差缩小为原来的1/2,则样本容量(　　)。

A. 扩大为原来的4倍　　B. 扩大为原来的2倍

C. 缩小为原来的1/2　　D. 缩小为原来的1/4

3. 类型抽样影响抽样平均误差的方差是(　　)。

A. 组间方差　　B. 组内方差　　C. 总方差　　D. 允许误差

4. 当样本单位数充分大时,样本估计量充分地靠近总体指标的可能性趋于1,称为抽样估计的(　　)。

A. 无偏性　　B. 一致性　　C. 有效性　　D. 充分性

二、多项选择题

1. 影响抽样平均误差的因素有(　　)。

A. 总体标志变异程度　　B. 样本容量

C. 抽样方式　　D. 抽样的组织形式

E. 样本指标值的大小

2. 抽样估计的抽样平均误差(　　)。

A. 是不可避免要产生的　　B. 是可以通过改进调查方法消除的

C. 是可以事先计算的　　D. 只有调查结束之后才能计算

E. 其大小是可以控制的

3. 确定样本容量时,可用以下方法取得近似的总体方差估计值(　　)。

A. 参考以往调查的经验资料

B. 以试点调查的样本方差来估计

C. 在做成数估计时,用成数方差最大值0.25来代替

D. 假定总体不存在标志变异,方差为零

三、计算题

1. 某市居民家庭人均年收入服从$\mu=4\ 000$元,$\sigma=1\ 200$元的正态分布,求该市居民家庭人均年收入:

(1)在5 000~7 000元之间的概率;

(2)超过8 000元的概率。

2. 某小组 5 个工人的周工资分别为 140,160,180,200,220 元,现在用重复抽样的方法从中抽出 2 个工人的工资构成样本。要求:

(1)计算总体工人平均工资和标准差;

(2)列出样本平均工资的抽样分布;

(3)计算样本平均工资的平均数,并检验是否等于总体平均工资;

(4)计算样本平均工资的标准差;

(5)按公式计算抽样平均误差,并验证是否等于(4)的结果;

(6)用不重复抽样方法抽取样本,重新计算(1)~(5)。

3. 某地区粮食播种面积 5 000 亩,按不重复抽样方法随机抽取了 100 亩进行实测,调查结果,平均亩产 450 公斤,亩产量标准差为 52 公斤。试以 95% 的置信度估计该地区粮食平均亩产量和总产量的置信区间。

4. 已知某种电子管使用寿命服从正态分布。从一批电子管中随机抽取 16 只,检测结果是:样本平均寿命为 1 490 小时,标准差为 24.77 小时。试以 95% 的置信度估计这批电子管的平均寿命的置信区间。

5. 回顾本章开头的引例,如果已知居民每天观看该电视台节目时间的总体方差为 1 小时。试求:

(1)该地区内居民每天观看该电视台节目的平均时间的置信区间(置信度是 95%);

(2)如果要求估计的误差不超过 27 分钟,这时置信度是多少?

6. 采用简单随机重复抽样的方法,从 2 000 件产品中抽查 200 件,其中合格品 190 件。要求:

(1)计算合格品率及其抽样平均误差;

(2)以 95.45% 的置信度,对合格品率和合格品数量进行区间估计;

(3)如果极限误差为 2.31%,则其置信度是多少?

7. 从某企业工人中随机抽选部分进行调查,所得工资分布数列如下:

工资水平(元)	600	700	800	900	1 000
工人数(人)	5	10	11	20	4

试求:

(1)以 95.45% 的置信度估计该企业工人平均工资的置信区间,以及该企业工人中工资不少于 800 元的工人所占比重的置信区间;

(2)如果要求估计平均工资的允许误差范围不超过 30 元,估计工资不少于 800 元的工人所占比重的允许误差范围不超过 10%,置信度仍为 95.45%,试问至少应抽多少工人?

四、问答题

1932 年美国总统大选。美国的《文摘》杂志向 1 000 万个电话用户和文摘的订户发放了关于总统选举的民意调查问卷,结果收回了 240 万份问卷。根据调查结果,《文摘》杂志预测共和党候选人兰登将以较大的比例战胜民主党候选人罗斯福。而刚成立的盖洛普研究所采用随机抽样的方法抽选了 2 000 多选民进行问卷调查,得出了与《文摘》杂志相反的结论。最后大选的结果表明只调查 2 000 户的盖洛普研究所的预测,居然比调查了成百万户的《文摘》杂志的预测更准确。请你分析其中的原因,进而考虑,应如何正确地开展抽样调查的问题。

第五章

假设检验

引例

某品牌是否有欺骗消费者之嫌

消费者协会接到消费者投诉，指控某品牌纸包装饮料容量不足，有欺骗消费者之嫌。包装上标明的容量为250毫升，消费者协会从市场上随机抽取了50盒该品牌纸包装饮品，测试发现平均含量为248毫升，小于250毫升。有人认为抽样结果说明厂商标签不实，应予处罚；厂商则坚持这是抽样造成的随机误差，双方争执不下。这个2毫升的差异究竟是随机波动的结果，还是反映出总体"显著"不等于250毫升？这就是假设检验要讨论的问题。假设检验是统计学中最具特色的内容，它是通过样本这个"部分"对总体及其参数进行推断，但又避免了"以偏概全"的错误。类似的问题在科学研究和经济管理各个学科中都经常出现。比如产品质量检验问题，某种新的管理制度与方法实施后是否显著地增加了企业的效率问题，等等。本章将介绍解决此类问题常用的统计假设检验的理论与方法。

第一节　假设检验概述

一、假设检验的基本思想

假设检验是统计推断的另一种方式，它与区间估计的差别主要在于：区间估计是以大概率为标准，推断出总体参数的取值范围；而假设检验是以小概率为标准，对总体参数或分布形式所做出的假设进行判断。假设检验分为两类：一类是参数假设检验，另一类是非参数假设检验。本章将分别讨论这两类检验方法。

要进行参数假设检验，首先必须对总体分布的形式或某些参数做出假设，这一假设被称为原假设。然后再根据样本数据，对原假设是否成立做出判断。这种思维方法与数学里的“反证法”很相似。但注意这里对原假设是否成立做出判断的依据是“小概率原理”，即概率很小的事件在一次试验中通常是不可能发生的。如果在原假设成立的前提下，在一次观察中小概率事件发生了，则认为原假设不正确并予以否定；反之，如果小概率事件没有发生，则不否定原假设。举个例子来说，在 10 000 件的产品中，如果只有 1 件是次品，那么在一次试验中随机抽取 1 件产品，正好抽到次品的概率为 0.01%，此概率是非常小的。也就是说，在一次随机抽样试验中，次品几乎是不会被抽到的。如果从这批产品中随机抽取 1 件，恰好是次品，那么，我们就有理由怀疑该批产品的次品率是否真的很小，要不然怎么那么容易抽到次品呢？因此，有足够的理由推翻该批产品的次品率很低的假设。

那么，小概率的标准是多大？这并没有绝对的标准，实践中通常以所谓显著性水平 α $(0<\alpha<1)$ 作为小概率的界限。α 的具体取值与实际问题的性质有关，所以统计检验又称显著性检验。

二、假设检验的步骤

下面通过一个具体例子来说明假设检验是怎样进行的。

【例 5-1】消费者协会接到消费者投诉，指控某品牌纸包装饮料容量不足，有欺骗消费者之嫌。包装上标明的容量为 250 毫升，假设根据历史资料已知这种饮料容量的总体标准差是 4 毫升。消费者协会从市场上随机抽取了 50 盒该品牌纸包装饮品，测试发现平均含量为 248 毫升，小于 250 毫升。2 毫升的差异是由于抽样的随机性引起的，还是厂商的有意行为呢？消费者协会能否根据该样本数据，判定该饮料厂商欺骗了消费者呢？

假设检验一般有以下几个步骤。

（一）提出原假设与备择假设

上述例子中，消费者协会实际要进行的是一项统计检验工作，检验总体平均容量是否等于包装上注明的 250 毫升。即，检验总体平均值 $\mu=250$ 是否成立。这就是一个原假设（Null Hypothesis），通常用 H_0 表示。与原假设对立的是备择假设（Alternative Hypothesis）H_1，备择假设是与原假设互相排斥的对立假设。当原假设被否定时，备择假设就自然成立。

根据备择假设的不同，上例中可能的假设形式有以下三种：

第一种：$H_0:\mu=250, H_1:\mu\neq250$；

第二种：$H_0:\mu=250, H_1:\mu<250$①；

第三种：$H_0:\mu=250, H_1:\mu>250$。

第一种形式的假设检验称为双侧检验（Two Tailed Test），第二种形式称为左侧检

① 对于第二、第三种形式，有些教材分别表示成 $H_0:\mu\geqslant250, H_1:\mu<250$；$H_0:\mu\leqslant250, H_1:\mu>250$。

验第三种形式称为右侧检验。左侧检验和右侧检验统称为单侧检验（One Tailed Test）。请注意，是双侧检验、左侧检验还是右侧检验，取决于备择假设中的不等式的形式与方向。

原假设与备择假设并不是随便提出的。一般来讲，原假设通常是设定总体参数等于某一个具体的数值，或有关统计量服从某一种分布。而作为对立面的备择假设通常是我们真正感兴趣而“期望出现的结论”。如果对所研究问题只需判断有无显著差异或要求同时注意总体参数偏大或偏小的情况，则采用双侧检验；如果所关心的是总体参数是否比某个值偏大（或偏小），则宜采用右侧（或左侧）检验。

在例 5－1 中，主要是要了解饮料厂商是否有欺骗消费者之嫌，消费者协会应该关心的是饮料容量是否少于标明的 250 毫升，因此应采用左侧检验。

（二）构造检验统计量

原假设与备择假设确定之后，我们要构造一个统计量来决定是否拒绝原假设，接受备择假设。对不同的问题，要选择不同的检验统计量。选择检验统计量时需要考虑一些因素，例如，进行检验的样本是大样本还是小样本，总体标准差是已知还是未知，等等。这些因素与参数估计中确定统计量的标准相同。

在例 5－1 中，正常情况下，生产饮料的容量服从正态分布，根据抽样分布理论可知，其样本平均数也服从正态分布，当 H_0 为真时，对其进行标准化变换，可得到如下的检验统计量 Z：

$$Z=\frac{\bar{X}-250}{\sigma/\sqrt{n}}$$

（三）确定拒绝域

检验统计量确定后，就要利用该统计量的分布以及根据实际问题所确定的显著性水平，来进一步确定检验统计量拒绝原假设的取值范围。在给定的显著性水平 α 下，检验统计量的可能取值范围被分成两部分：拒绝原假设的区域与不能拒绝原假设的区域，即拒绝域和接受域。

所谓拒绝域，就是在原假设成立的前提下，概率不超过显著性水平 α 的区域，如果检验统计量的样本观测值落在这一区域，表明在一次试验（抽样）中发生了小概率事件，说明原假设成立的理由不充分，所以应当拒绝原假设，接受备择假设。

所谓接受域，就是在原假设成立的前提下，概率为 $1-\alpha$ 的区域。如果检验统计量的样本观测值落入该区域，表明在原假设成立的前提下，并未发生小概率事件，即认为没有充分证据证明备择假设结论为真，所以接受原假设。

那么如何确定拒绝域呢？对于双侧检验，检验统计量不论是在极端大的右侧取值，还是在极端小的左侧取值，都有利于拒绝原假设，接受备择假设。因此，拒绝原假设的拒绝域被安排在左右两侧，两侧的概率各为 $\alpha/2$，参见图 5－1。对于左侧检验，检验统计量越在极端大的右侧取值，越有利于说明总体的均值较大，这对备择假设是不利的。因此，拒绝域安排在左侧为宜。对于右侧检验，检验统计量在极端小的左侧取值时，对备择假设是不利的。因此拒绝原假设的拒绝域被安排在左侧。上述拒绝域的安排可参见图 5－1，该图是使用 Z 统计量进行假设检验时的拒绝域分配情况。

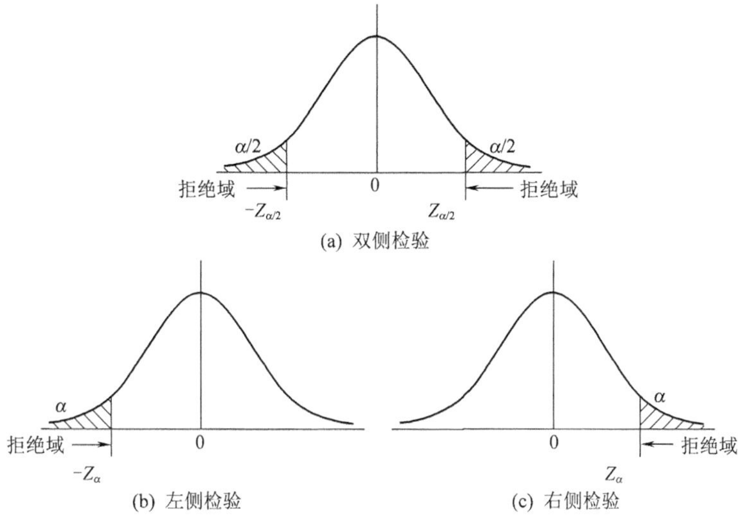

图 5－1　双侧、单侧检验的拒绝域分配

拒绝域与接受域的分界点称为临界值，如图 5－1 中的 $\pm Z_{\alpha/2}$ 和 $\pm Z_\alpha$。在实践中，通常是通过查相关的统计表得到的临界值来确定拒绝域。

在例 5－1 中，若给定 $\alpha = 0.05$，且使用左侧检验，拒绝域在左边，查标准正态分布表得临界值：$-Z_\alpha = -1.645$，则拒绝域是 $(-\infty, -1.645]$。

（四）计算检验统计量的样本观测值

构造检验统计量以后，还要计算检验统计量的样本观测值，以便确定其是否落入拒绝域，从而确定拒绝还是接受原假设。

在例 5－1 中，将样本平均数 $\bar{X} = 248$，$n = 50$，代入检验统计量得：

$$Z_0 = \frac{248 - 250}{4/\sqrt{50}} = -3.54。$$

（五）得出结论

如果样本统计量的观测值落入拒绝域，就拒绝原假设，接受备择假设；反之，则不否定原假设（接受原假设）。

在例 5－1 中，由于 $Z_0 = -3.54 < -1.645$，检验统计量的样本观测值落入拒绝域，所以拒绝原假设，接受备择假设，即认为有足够的证据说明该种纸包装饮料的平均容量显著小于包装盒上注明的 250 毫升，厂商有欺骗行为。

应当指出，在假设检验中，相对而言，当原假设被拒绝时，我们能够以较大的把握肯定备择假设的成立。而当原假设未被拒绝时，我们并不能认为原假设确实成立。例如，当给定的 α 为 0.01 时，如果检验统计量的取值落入其发生概率不超过 0.04 但又大于 0.01的区域时，我们不能拒绝原假设。但事实上，在原假设成立的前提下，其发生的概率最多也只有 0.04，因此难以证明原假设确实成立。如果将显著性水平定为 0.05，则原假设就会被否定。

但在实际问题中，有时我们可能面对必须对检验的结果做出选择的局面：或者拒绝原假设，或者接受原假设。比如在例 5－1 中，质检过程实际上就是进行统计检验：如果统计量落在不能拒绝原假设的区域,我们就接受这批产品平均重量符合标注的重量的结论,也就是接受 H_0;反之,我们就拒绝 H_0。如果统计量落在不能拒绝的区域,我们也拒不接受 H_0,这就意味着必须重新抽样检验。重新检验必然要增加检验的成本,而且重新抽样的结果也不一定能拒绝原假设。因此,在这种场合,人们没有必要将抽样检验不断重复下去,而是采用接受原假设的策略。这一点与法律中的无罪推定比较类似。如果检察官没有取得关于嫌疑人犯罪的充分证据,则不得不接受嫌疑人无罪的推定。

由此可见,在统计检验中,无论是接受原假设还是拒绝原假设,都有产生判断失误的可能。

三、两种类型的错误

统计假设检验是通过比较检验统计量的样本观测值,然后做出决策的。由于统计量是随机变量,因此据此所做的判断不可能保证100%的正确,可能出现以下两类错误。

(一)第一类错误

在原假设为真的情况下,统计量不巧刚好落入了小概率的拒绝区域,根据小概率原理,我们就拒绝了原假设,从而发生错误。可以看出,犯第一类错误的概率大小就等于显著性水平 α。因此,第一类错误也称 α 错误或弃真错误。由错误发生的原因可以看出,小概率事件只是发生概率很小而已,并非绝对不能发生。

(二)第二类错误

在原假设不为真的情况下,统计量却落入接受域,因为没有发生小概率事件,根据小概率原理我们就认为原假设为真,从而发生错误。犯第二类错误的概率用 β 表示。因此,第二类错误也称为 β 错误或取伪错误。

假设检验中,原假设可能为真或不为真,决策有接受和拒绝两种。因此,结果存在四种情形,如表5-1所示。

表5-1 假设检验四种可能的结果

	接受 H_0	拒绝 H_0
H_0 真实	判断正确	弃真错误(概率为 α)
H_0 不真实	取伪错误(概率为 β)	判断正确

无论是第一类错误还是第二类错误,都是检验结论失真的表现,都是应尽可能地加以避免的情形,如果不能完全避免,也应该对其发生的概率加以控制。由于抽样的随机性,在假设检验中要完全避免这两类错误是不能的,自然,我们就会希望犯这两类错误的概率越小越好。但对于一定的样本容量 n,二者不能同时变小,减小 α 必然导致 β 增大,反之,减小 β 必然导致 α 增大。以右侧检验情况为例,它们之间的关系可如图5-2所示。

图5-2中,μ_0 是 H_0 成立时统计量分布的期望值,μ_1 是 H_1 成立时统计量分布的期望值。临界值越向右移动,α 越小,但 β 会相应增大;而临界值越向左移动,β 越小,但 α 相应增大。由此可见,在样本一定条件下,α 小,β 就增大;α 大,β 就减小。

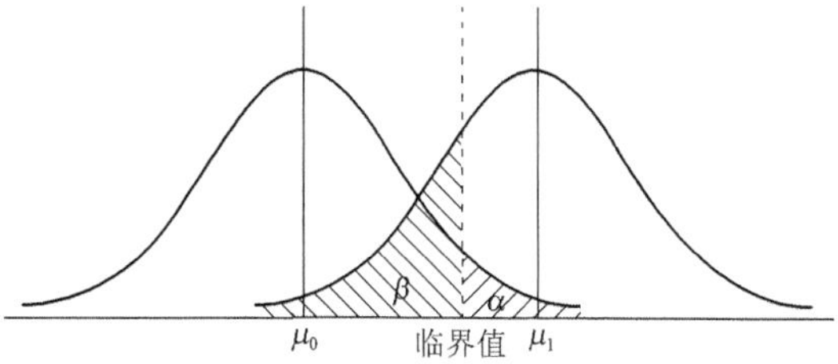

图 5-2 α与β关系示意图

当然，要同时减小 α 和 β 的方法也有，这就是增大样本容量。但样本容量的增加也是有限制的，否则就会使抽样调查失去意义。因此在假设检验中，就存在一个对两类错误进行控制的问题。

一般来讲，在假设检验中，哪一类错误所带来的后果越严重，危害越大，就应当把哪一类错误作为首要控制的目标。但是，通常的做法是首先控制犯 α 错误的大小，即我们更关心当原假设为真时，我们却把它拒绝的这种错误可能性的大小。

由于 α 被控制到一个较小的概率水平，所以当拒绝原假设时，我们能够以较大的把握肯定备择假设的成立；而当接受原假设时，取伪错误的概率 β 并没有得到控制，其取值大小也不可计算，因此我们并不知道能以多大的把握肯定原假设确实成立，我们只能说“没有充分的理由否定原假设”，原假设成立与否，尚需进一步验证。

由此可以看出，在假设检验时，如果能用事实来推翻原假设，从而接受备择假设，这是检验者最希望出现的结果，因为这一检验结论有较大的可信度。这也就是为什么一般把“期望出现的结论”作为备择假设的原因。

四、检验功效

检验效果的好与坏，与犯两类错误的概率都有关。一个有效的检验首先是犯第一类错误的概率 α 不能太大，否则的话，就会经常产生弃真现象；另外，在犯第一类错误的概率得到控制的条件下，犯取伪错误的概率也要尽可能地小，或者说，不取伪的概率 $1-\beta$ 应尽可能地增大。$1-\beta$ 越大，意味着当原假设不真实时，检验判断出原假设不真实的概率越大，检验的判别能力就越好；$1-\beta$ 越小，意味着当原假设不真实时，检验结论判断出原假设不真实的概率越小，检验的判别能力就越差。可见 $1-\beta$ 是反映统计检验判别能力大小的重要标志，我们称之为检验功效或检验力。在给定 α 的情况下，使用 β 最小或 $1-\beta$ 最大的检验称为最佳检验。

β 的大小除了与 α 或样本容量 n 有关外，还与原假设的参数值 μ_0 同总体参数的真实值 μ 之间的差异有关。此差异越大，β 就越小。因为此差异越大，就越容易鉴别出样本来自哪一总体，犯取伪错误的可能就会降低。在图 5-2 中可以很直观地看出这一点。如当原假设不真而备择假设为真时，若真值 μ_1 向右移，使真值与原假设的参数值的差异 $\mu_1-\mu_0$ 增大，则以 μ_1 为分布中心的分布曲线随之右移，从而该曲线左尾阴影部分即 β 也随之减小。由此可见，对于给定的显著性水平和样本容量，这种差异越大，检验功效应越强，否则，就会影响检验功效的提高，也就较难通过检验把原假设与备择假设区分开来。

第二节　总体参数检验

一、单个总体的假设检验

（一）总体均值的检验

1. 总体标准差已知。根据抽样分布理论可知，如果总体服从正态分布，或虽不服从正态分布但样本容量 n 充分大时，样本平均数服从正态分布。当 H_0 为真，且总体标准差已知时，对其进行标准化变换，可得到服从标准正态分布的检验统计量 Z：

$$Z=\frac{\bar{X}-\mu_0}{\sigma/\sqrt{n}}\sim N(0,1) \tag{5.1}$$

式中：μ_0 为总体均值的假设值。

【例 5－2】某机床厂加工一种零件，根据经验知道，该厂加工零件的椭圆度近似服从正态分布，其总体均值为 0.081mm，总体标准差为 0.025mm。今换一种新机床进行加工，抽取 200 个零件进行检验，得到的椭圆度为 0.076mm。试问在 0.05 的显著性水平上，新机床加工零件的椭圆度的均值与以前有无显著差异？

【解】第一步：确定原假设与备择假设：

$H_0:\mu=0.081,H_1:\mu\neq 0.081$

本例中，我们所关心的是新机床加工零件椭圆度的均值与以前有无显著差异，因此使用双侧检验。

第二步：构造检验统计量。

因总体标准差已知且样本容量较大，所以使用 Z 统计量：

$$Z=\frac{\bar{X}-0.081}{\sigma/\sqrt{n}}$$

第三步：根据显著性水平，确定拒绝域。

$\alpha=0.05$，双侧检验，拒绝域在两边，查标准正态分布表得临界值 $Z_{\alpha/2}=1.96$，拒绝域是 $(-\infty,-1.96]\cup[1.96,+\infty)$。

第四步：计算检验统计量的样本观测值。

$$Z_0=\frac{0.076-0.081}{0.025/\sqrt{200}}=-2.83$$

第五步：判断。

$Z_0=-2.83<-1.96$，检验统计量的样本取值落入拒绝域。于是拒绝原假设，接受备择假设，即有证据表明新机床加工的零件的椭圆度与以前有显著差异。

2. 总体标准差未知。Z 统计量要求总体标准差已知，未知时可用样本标准差代替。在正态总体条件下，这一新的统计量已不服从标准正态分布，而是服从自由度为 $n-1$ 的 t 分布。此时的检验统计量称为 t 统计量：

$$t=\frac{\bar{X}-\mu_0}{S/\sqrt{n}}\sim t(n-1) \tag{5.2}$$

式中：S 为样本标准差。

需要注意的是，在样本容量较小时，t - 分布与标准正态分布的差异是明显的，但是在大样本场合，t - 分布与标准正态分布近似，此时可以用 Z 统计量代替 t 统计量。

此外，当总体分布未知或不是正态总体，且总体标准差未知时，仍然可用样本标准差来代替总体标准差，但此时必须是大样本，并且使用 Z 统计量。

【例 5 - 3】某厂采用自动包装机分装产品，假定每包产品的重量服从正态分布，每包标准重量为 1 000 克。某日随机抽查 9 包，测得样本平均重量为 986 克，样本标准差是 24 克。试问在 0.05 的显著性水平上，能否认为这天自动包装机工作正常？

【解】第一步：确定原假设与备择假设：

$H_0:\mu=1\ 000,H_1:\mu\neq 1\ 000$

以上的备择假设是总体均值不等于 1 000 克，因为只要均值偏离 1 000 克，都说明包装机工作不正常。因此使用双侧检验。

第二步：构造检验统计量。

由于是正态总体，总体标准差未知，且是小样本，故采用 t 统计量。

$$t=\frac{\bar{X}-1\ 000}{S/\sqrt{n}}$$

第三步：确定显著性水平，确定拒绝域。

$\alpha=0.05$，查 t - 分布表（自由度为 8），得临界值是 $t_{\alpha/2,n-1}=t_{0.025,8}=2.306$，拒绝域是 $(-\infty,-2.306]\cup[2.306,+\infty)$。

第四步：计算检验统计量的样本观测值。

将 $\bar{X}=986$，$n=9$，$S=24$ 代入 t 统计量得：

$$t_0=\frac{986-1\ 000}{24/\sqrt{9}}=-1.75$$

第五步：判断。

由于 $|t_0|=1.75<2.306$，检验统计量的样本取值落入接受域，所以不能拒绝 H_0，即样本数据这天的自动包装机工作正常。

我们不难发现，使用 t 统计量与使用 Z 统计量的检验十分相似，不同之处只是在确定临界值时，查的分布表不同，而在大样本场合两者的检验过程完全相同。

（二）总体成数的检验

根据抽样分布理论，样本成数服从二项分布，但在大样本下，近似服从正态分布，由此得到，当 H_0 为真时，服从标准正态分布的检验统计量 Z：

$$Z=\frac{P-\rho_0}{\sqrt{\frac{\rho_0(1-\rho_0)}{n}}}\sim N(0,1) \tag{5.3}$$

式中：ρ_0 为总体成数的假设值，P 表示样本成数。

【例 5 - 4】某企业声明有 30% 以上的消费者对其产品质量满意。如果随机调查 600 名消费者，表示对该企业产品满意的有 220 人。试在 0.05 的显著性水平下，检验调查结果是否支持企业的自我声明。

【解】第一步：提出假设。

$H_0:\rho=30\%$，$H_1:\rho>30\%$

以上的备择假设是企业自我声明的结论，我们希望证实该企业说的是实话。因此使用右侧检验。

第二步：构造检验统计量 Z：

$$Z=\frac{P-0.3}{\sqrt{\frac{0.3(1-0.3)}{n}}}$$

第三步：确定拒绝域。

$\alpha=0.05$，右侧检验，拒绝域在右边，查标准正态分布表得临界值 $Z_\alpha=1.645$，拒绝域是 $[1.645,+\infty)$。

第四步：计算检验统计量的样本观测值。

将样本成数 $P=220/600=0.37$ 代入 Z 统计量，得：

$$Z_0=\frac{0.37-0.3}{\sqrt{0.3\times(1-0.3)/600}}=3.74$$

第五步：判断。

$Z_0=3.74>1.645$，落入拒绝域，故拒绝原假设，接受备择假设，即认为样本数据证明该企业声明属实。

二、两个正态总体的假设检验

人们在两个总体的假设检验中，可以进行独立抽样也可以进行配对抽样。独立抽样时，不要求两个样本有配对关系，但要求两样本彼此独立；配对抽样时，要求配对观察，两样本形成配对关系。鉴于这方面的差异，两个总体的假设检验有独立样本检验和配对样本检验之别。

（一）独立样本的均值检验

1. 总体标准差已知。设两总体分别是 $\xi_1\sim N(\mu_1,\sigma_1^2)$，$\xi_2\sim N(\mu_2,\sigma_2^2)$，分别从这两个总体中独立抽样，得到两个样本，它们的容量分别是 n_1 和 n_2；这两个样本的均值分别是 $\bar{X}_1$ 和 $\bar{X}_2$。由于总体方差已知，$\bar{X}_1-\bar{X}_2\sim N(\mu_1-\mu_2,\frac{\sigma_1^2}{n_1}+\frac{\sigma_2^2}{n_2})$。我们可以使用 Z 统计量进行检验：

$$Z=\frac{\bar{X}_1-\bar{X}_2}{\sqrt{\frac{\sigma_1^2}{n_1}+\frac{\sigma_2^2}{n_2}}}\sim N(0,1) \tag{5.4}$$

按备择假设的不同，也存在三种情形：

（1）$H_0:\mu_1=\mu_2$，$H_1:\mu_1\neq\mu_2$，双侧检验；

（2）$H_0:\mu_1=\mu_2$，$H_1:\mu_1<\mu_2$，左侧检验；

（3）$H_0:\mu_1=\mu_2$，$H_1:\mu_1>\mu_2$，右侧检验。

【例 5－5】为了研究学生的身高与性别的关系，从某学校中抽查了 30 名男生和 24 名女生,测得身高的平均值分别为172.5cm和164.2cm,假定男生、女生的身高服从标准差为5.4cm和4.8cm的正态分布,试问抽样结果是否支持“男生比女生高”这一观点($\alpha=0.05$)?

【解】记X,Y分别是男生和女生身高的样本数据,μ_1,μ_2和σ_1^2,σ_2^2分别是他们的平均身高和方差。由题意知:$\bar{X}=172.5$,$\bar{Y}=164.2$,$\sigma_1^2=5.4^2$,$\sigma_2^2=4.8^2$,两样本容量分别是$n_1=30$,$n_2=24$。检验步骤如下:

第一步:建立原假设和备择假设。

$H_0:\mu_1=\mu_2,H_1:\mu_1>\mu_2$

第二步:构造Z检验统计量:

$$Z=\frac{\bar{X}-\bar{Y}}{\sqrt{\frac{\sigma_1^2}{n_1}+\frac{\sigma_2^2}{n_2}}}\sim N(0,1)$$

第三步:确定拒绝域。

根据备择假设,选右侧检验。显著水平$\alpha=0.05$,查标准正态分布表得临界值:$z_\alpha=1.645$,拒绝域是$[1.645,+\infty)$。

第四步:计算检验统计量的样本观测值:

$$Z_0=\frac{\bar{X}-\bar{Y}}{\sqrt{\frac{\sigma_1^2}{n_1}+\frac{\sigma_2^2}{n_2}}}=\frac{172.5-164.2}{\sqrt{\frac{5.4^2}{30}+\frac{4.8^2}{24}}}\approx 5.971$$

第五步:判断。

$Z_0=5.971>1.645$,样本值落入拒绝域,故拒绝原假设,接受备择假设,即认为样本数据支持“男生比女生高”一说。

2. 总体标准差未知,但相等。这时由于总体标准差未知,可考虑用样本的联合标准差估计它们的标准差。这时式(5.4)中的检验统计量不再服从标准正态分布,而是服从t分布,称为t统计量。其计算公式是:

$$t=\frac{\bar{X}_1-\bar{X}_2}{\sqrt{\frac{S_p^2}{n_1}+\frac{S_p^2}{n_2}}}\sim t(n_1+n_2-2)$$

式中:$S_p^2=\frac{\sum(X_1-\bar{X}_1)^2+\sum(X_2-\bar{X}_2)^2}{(n_1-1)+(n_2-1)}$,是两样本方差的加权平均。

【例5-6】某商店销售的商品来自甲、乙两家厂商,为了考察商品性能的差异,从甲、乙两家厂商的产品中分别抽取了8件和9件,测定其性能指标,得如下数据:

甲厂产品X:0.30,0.12,0.18,0.25,0.27,0.08,0.19,0.13;

乙厂产品Y:0.28,0.30,0.11,0.14,0.35,0.26,0.14,0.31,0.20。

根据以往的经验,两厂商品的性能指标服从相同方差的正态分布。问在0.1的显著性水平下,两家产品的性能是否存在明显的差异?

【解】记μ_1和μ_2分别是甲、乙两厂商产品性能指标的平均数。按题中数据可计算出:$\bar{X}=0.190,\bar{Y}=0.232$,样本容量分别是$n_1=8,n_2=9$,$S_p^2=0.083^2$。检验步骤如下:

第一步:建立原假设和备择假设。

$H_0:\mu_1=\mu_2;H_1:\mu_1\neq\mu_2$

第二步：构造 t 检验统计量：

$$t=\frac{\bar{X}_1-\bar{X}_2}{\sqrt{\frac{S_p^2}{n_1}+\frac{S_p^2}{n_2}}}\sim t(n_1+n_2-2)$$

第三步：确定拒绝域。

根据备择假设，选双侧检验。自由度为 $8+9-2=15$，显著水平 $\alpha=0.1$，查 t - 分布表得临界值 $t_{\alpha/2}=1.75$，拒绝域是 $(-\infty,-1.75]\cup[1.75,+\infty)$。

第四步：计算检验统计量的样本观测值：

$$t_0=\frac{\bar{X}_1-\bar{X}_2}{\sqrt{\frac{S_p^2}{n_1}+\frac{S_p^2}{n_2}}}=\frac{0.190-0.232}{\sqrt{\frac{0.083^2}{8}+\frac{0.083^2}{9}}}=-1.041$$

第五步：判断。

$|t_0|=-1.041<1.75$，样本观测值落入接受域，故不能拒绝原假设。即样本数据证明在 0.1 的显著性水平下，两厂商的产品性能指标不存在明显的差异。

（二）配对样本的均值检验

对于配对样本，可计算配对观察值之差，利用该差值可以构建一个 t 检验统计量。设配对观察值为 (x,y)，其差值是 $d=x-y$。设 μ_d 为差值的总体均值，要检验的是：

$H_0:\mu_d=\mu_0$，$H_1:\mu_d\neq\mu_0$

记 $\bar{d}=\frac{\sum d}{n}$，其方差是：

$$S_{\bar{d}}=\frac{S_d}{\sqrt{n}}=\sqrt{\frac{\sum d^2-(\sum d)^2/n}{n(n-1)}}$$

检验统计量是：

$$t=\frac{\bar{d}-\mu_0}{S_d/\sqrt{n}}\sim t(n-1)$$

【例 5-7】一家专门以减肥为目标的健美俱乐部声称，在一个为期 6 周的减肥训练中，至少可以使肥胖者平均减 8.5 千克以上的体重。为了验证该承诺是否可信，调查人员从参加该训练的成员中随机抽取 10 人，得到他们训练前后的体重数据如表 5-2 所示（单位：千克）。

表 5-2　训练效果调查表

编　号	1	2	3	4	5	6	7	8	9	10
训练前	94.5	101	110	103.5	97	88.5	96.5	101	104	116.5
训练后	85	89.5	101.5	96	86	80.5	87	93.5	93	102
差	9.5	11.5	8.5	7.5	11	8	9.5	7.5	11	14.5

试在 0.05 的显著性水平下，检验调查结果是否支持俱乐部的承诺。

【解】表 5-2 中最后一行是配对数据差 d，易得 $\bar{d}=9.85$，$S_d=2.2$，假设它服从正态分布，该正态分布的标准差不知，需用样本数据估计。检验步骤如下：

第一步：建立原假设和备择假设。

$H_0: \mu_d = 8.5, H_1: \mu_1 > 8.5$

第二步：构造 t 统计量：

$$t = \frac{\bar{d} - 8.5}{S_d / \sqrt{n}} \sim t(9)$$

第三步：确定拒绝域。

根据备择假设，选右侧检验。自由度为 $10 - 1 = 9$，显著水平 $\alpha = 0.05$，查 t - 分布表得临界值 $t_\alpha = 1.833$，故拒绝域是 $[1.833, +\infty)$。

第四步：计算检验统计量的样本观测值：

$$t_0 = \frac{\bar{d} - 8.5}{S_d / \sqrt{n}} = \frac{9.85 - 8.5}{2.2 / \sqrt{10}} = 1.94$$

第五步：判断。

$t_0 = 1.94 > 1.833$，样本数据落入拒绝域，故拒绝原假设，接受备择假设。所以样本数据在 0.05 的显著性水平下，支持俱乐部的承诺。

三、p - 值检验

p - 值检验是计算机时代通行的检验方式。所谓 p - 值实际上是在原假设成立的前提下，检验统计量大于或者小于（这要依照分布的不同、单侧检验、双侧检验的差异而定）检验统计量样本观测值的概率。p - 值的大小与检验统计量的分布和检验的方式（是双侧检验还是单侧检验，是左侧还是右侧检验）都有关系。

p - 值检验的一般步骤如下：①建立原假设与备择假设；②确定检验统计量及其分布；③将样本观测值代入检验统计量计算出其样本数值；④计算 p - 值；⑤将 p - 值与显著性水平 α 相比较，做出判断。如果 p - 值小于给定的显著性水平 α，则拒绝原假设；否则，不能拒绝原假设。更加直观的原则是：如果 p - 值很小，拒绝原假设；p - 值不够小，则不能拒绝原假设。

p - 值检验不必根据不同的显著水平，查对有关分布表确定的临界值。在目前一般的计算机软件中，在估计参数的同时，都给出了相应的 p - 值。因此在计算机时代，p - 值检验更加方便可行。

（一）使用 Z 统计量检验时的 p - 值

Z 统计量服从标准正态分布，可利用标准正态分布计算 p - 值。

以 Z_0 表示检验统计量的样本观测值，则总体均值检验 p - 值的计算方法如下：

如果 $H_1: \mu \neq \mu_0$，则 p - 值 $= P(|Z| > |Z_0|)$　　(5.5)

如果 $H_1: \mu > \mu_0$，则 p - 值 $= P(Z > Z_0)$　　(5.6)

如果 $H_1: \mu < \mu_0$，则 p - 值 $= P(Z < Z_0)$　　(5.7)

总体成数检验的 p - 值计算公式，与上述三式完全相同，只需将总体均值换成总体成数即可。

【例 5 - 8】利用 p - 值检验重新检验例 5 - 1。

【解】第一、第二步与例 5 - 1 完全相同，故省略之。

第三步：计算样本统计量的观测值。

$$Z_0=\frac{\overline{X}-\mu_0}{\sigma/\sqrt{n}}=\frac{248-250}{4/\sqrt{50}}=-3.54$$

第四步：计算 p - 值。

使用左侧检验，p - 值 = $P(Z<Z_0)$ 。利用计算机计算，或查正态分布表可得：

$$p-\text{值}=\frac{1}{2}[1-F(3.54)]\approx\frac{1}{2}(1-0.9998)=0.0001$$

第五步：判断。

p - 值小于给出的显著性水平 0.05，拒绝原假设，接受备择假设，与例 5 - 1 的结论相同。

【例 5 - 9】某国总统选举中，有位候选人几个月前的支持率是 60%。近期的一项调查，访问了 500 人，发现他的支持率变成了 55%。显著性水平取 0.05，试用 p - 值方法，检验他的支持率是否下降了？

【解】第一步：确定原假设与备择假设。

$H_0:\rho=60\%$，$H_1:\rho<60\%$。

第二步：构造检验统计量：

$$Z=\frac{P-0.6}{\sqrt{\frac{0.6(1-0.6)}{n}}}\sim N(0,1)$$

第三步：计算检验统计量的数值。

将 $P=55\%$ 代入检验统计量中，得：

$$Z_0=\frac{0.55-0.6}{\sqrt{\frac{0.6(1-0.6)}{500}}}=-2.28$$

第四步：计算 p - 值。

由于是左侧检验，p - 值计算为：

$$p-\text{值}=P(Z<Z_0)=P(Z<-2.28)=0.0113$$

第五步：判断。

p - 值小于显著性水平 0.05，拒绝原假设，接受备择假设，即有足够的证据证明该候选人的支持率已经下降了。

（二）使用 t 统计量检验时的 p - 值

此时，p - 值的计算与使用 Z 统计量检验时的 p - 值计算方法相同，两者的区别在于：使用 t 统计量检验时的 p - 值不是利用标准正态分布计算，而是利用 t - 分布计算，其自由度是 $n-1$。但在大样本场合，这个差别很小。

第三节　非参数检验

一、自由分布检验概述

上一节介绍的统计检验都是先对样本所属总体的分布形态加以限定，然后对总体的有关参数情况进行统计假设检验。这类检验属于参数假设检验，因此，参数检验又称限定分布检验。自由分布检验与限定分布检验不同，它是指在假设检验时不对总体分布的形状和参数加以限制的检验。与参数检验相对应，自由分布检验又称非参数检验，但这里的非参数只是指未对检验统计量服从的分布及其参数做出限制，并不意味着在检验中“不涉及参数”或“不对参数进行检验”。

自由分布检验对比参数检验，具有以下优点：

首先，检验条件比较宽松。自由分布检验对资料的要求不像参数检验那样严格，它适合于处理诸如非正态的、方差不等的或分布形状未知的资料。

其次，自由分布检验的方法比较灵活，用途广泛。它不但可以应用于处理测量层次较高的定距、定比数据，也适用于处理层次较低的定类、定序数据。对于那些不能进行加、减、乘、除运算的定类数据与定序数据，可使用符号检验、秩和检验等方法进行检验。

最后，自由分布检验的计算相对简单。由于自由分布的检验方法不用复杂计算，一般使用计数方法就可以，它的计数过程与结果都比较简单、直观与明显。

自由分布检验由于要求的条件简单，由此产生的缺点也是明显的。由于它对原始数据中包含的信息利用得不够充分，检验的功效相对较弱。当总体的分布形式已知时，基于这种分布类型的参数方法一般来说比非参数方法为佳。例如，对于一批资料，可同时适用于参数的 t - 检验、非参数的秩和检验和符号检验。其检验功效是，t - 检验最好，秩和检验次之，符号检验最差。这主要是由于符号检验对信息的利用最不充分。所以参数检验与自由分布检验是针对不同情况提出的两种统计方法，它们各有优缺点，可互为补充。

下面简单介绍几种最常用的自由分布检验方法。

二、符号检验

符号检验虽然是自由分布检验中最简单的一种检验方法，但是这种方法却经常被使用。该方法是建立在以正、负号表示样本数据与假设参数值差异关系基础上的，因此称之为符号检验。该方法既适用于单样本场合，也适用于配对样本场合。

（一）单样本场合的符号检验

在单样本的场合，我们可以用符号检验方法检验总体的中位数是否在某一指定的位置。

假设总体中位数的真值是 A，即 $H_0: M_e = A$，再从样本观测结果：$x_1, x_2, \cdots, x_n$，每个数据都减去 A，只记录其差数的符号，即，当 $x_i > A$ 时，记正号；当 $x_i < A$ 时，记负号；当$x_i = A$ 时，将此数据剔除，不记录。设正号个数是 n^+，负号个数是 n^-，从理论上看，当原假设为真时，n^+ 与 n^- 应该很接近；若两者相差太远，就有理由拒绝原假设。这就是中位数检验的基本原理。

【例 5 - 10】上年某地高校教师外出兼职人数的中位数是 20 人，今年当地高校管理层认为外出兼职人数有上升趋势。一个由 13 所高校组成的样本表明：其中 12 所高校多于 20 名人员外出兼职，还有一所高校少于 20 名人员外出兼职。试以 0.05 的显著水平检验外出兼职人员的中位数是否有上升趋势。

【解】第一步：做出假设。

$H_0:M_e=20, H_1:M_e>20$

由备择假设知，这是个右侧检验。

第二步：依题意，$n^+=12, n^-=1$，$n=n^++n^-=13$。

第三步：确定拒绝域。

显著水平 $\alpha=0.05$，由于进行右侧检验，拒绝域分布在右侧，查二项分布临界值表，得到拒绝域的临界值是10。

第四步：选择 n^+, n^- 较大者，再与临界值比较。结果是 $12>10$。

第五步：判断。

由上一步的比较结果可知，样本落入拒绝域，所以拒绝原假设，即认为外出兼职人数与上年相比有所增加。

（二）配对样本场合的符号检验

在实验过程中，我们经常将实验组数据与对照组数据进行比较，检验实验结果是否存在显著的差异，这就是一种配对样本场合。可通过符号检验方法来确定两组配对样本间是否有显著差异。

设从两个总体中分别抽出一个容量相等的样本，然后将两样本的数据进行一一配对，得到一组配对值。再将各对配对值相减，记录下差数的符号，计算出"+"的个数 n^+ 与"-"的个数 n^-。如果两个样本的总体差异不显著，配对值之差的正负号出现的概率各是1/2，则 n^+ 与 n^- 应当非常接近；如果 n^+, n^- 相差太大的话，说明两总体存在显著差异。

【例5-11】现给出用两种不同饲料喂养生猪的增重结果，如表5-3所示。

表5-3　生猪增重对照表

配对序号	A饲料	B饲料	符号	配对序号	A饲料	B饲料	符号
1	25	19	+	10	28	26	+
2	30	32	-	11	32	30	+
3	28	21	+	12	29	25	+
4	34	34	0	13	30	29	+
5	23	19	+	14	30	31	-
6	25	25	0	15	31	25	+
7	27	25	+	16	29	25	+
8	35	31	+	17	23	20	+
9	30	31	-	18	26	25	+

取 $\alpha=0.05$，用符号检验，问饲料A是否对生猪的增重更有利？

【解】第一步：给出假设。

$H_0:\rho=1/2$, $H_1:\rho>1/2$

原假设是两种饲料对生猪增重相同，正、负号出现的概率相同，都是1/2。备择假设是 A 饲料对生猪增重更有利，正号出现的概率大于负号出现的概率。因此，这个检验是一个右侧检验。

第二步：计数。

“+”的个数是 $n^{+}=13$，“-”的个数 $n^{-}=3$，剔除数据 2 个。最后有效的样本个数为 $n=n^{+}+n^{-}=16$ 。

第三步：确定拒绝域。

显著水平 $\alpha=0.05$，由于进行右侧检验，拒绝域分布在右边，查二项分布临界值表，得到拒绝域的临界值是 12。

第四步：比较正号个数与临界值大小。

结果是 $13>12$。

第五步：判断。

由上一步的比较结果可知，样本落入拒绝域，所以拒绝原假设，即样本数据证明 A 饲料对生猪增重更加有利。

符号检验的优点是，它对总体的分布、方差的同一性等都不作任何假定，只需通过差数确定正负号的个数即可。它适用于测量要求不太精密的场合，也适合于那些不能和不宜于定量测量而只能定序测量的场合。这也是符号检验的缺点所在，它只考虑差异的方向，不考虑数量差异的程度，从而丧失了一部分可资利用的信息。

三、秩和检验

为了弥补符号检验对数据信息利用不充分而产生的不足，可以考虑用秩和检验方法。秩和检验方法也可用于检验两个独立的样本是否来自同一个总体，或判断总体间是否存在显著性的差异。它和符号检验最主要的区别是：符号检验只考虑样本间差数的符号，而秩和检验还要考虑差数的顺序，比符号检验利用数据信息更加充分，因此，检验功效就更强。应注意的是，秩和检验也只是利用样本差数的顺序，并没有利用样本差数数值本身，因而比参数检验利用样本数值本身的信息要逊色一些；但是，参数检验受总体分布已知条件的限制，而秩和检验就不受这个条件的限制，这又是秩和检验的长处。

设分别从两个未知的总体独立、随机地抽取容量为 n_1 和 n_2 的样本，把样本容量较小的总体称为总体Ⅰ。如果两样本容量相等，就把任意一个总体称作总体Ⅰ，另一个总体称作总体Ⅱ。这里不妨设 $n_1<n_2$。

现将两个样本混合起来，并按数据的大小，从小到大排列编号，每个数值的编号就是它的秩次。如果混合样本中有若干个相同的数值，则把它们的秩次进行简单算术平均，用此平均值作为这些数值的秩次，计算来自总体Ⅰ的 n_1 个数据在混合样本中的秩次之和，记为 T。

显然 T 最小的可能值是 $T_1=1+2+3+\cdots+n_1=[n_1(n_1+1)]/2$；最大的可能值是 $T_2=(n_2+1)+(n_2+2)+\cdots+(n_2+n_1)=n_1[(n_2+1)+(n_2+n_1)]/2$。如果两个总体分布无显著差异，则 T 值不应太大或太小，等于中间值 $(T_1+T_2)/2$；如果总体Ⅰ分布于总体Ⅱ的右边，T 将接近其最大值 T_2；如果总体Ⅰ位于总体Ⅱ的左边，T 将接近于它的最小值 T_1。因此，我们可以用秩和 T 作为检验的统计量。

由于 T 的分布与 n_1,n_2 的大小都有关,因此秩和检验中的临界值的确定有两种方法:

第一种方法,当 n_1 和 n_2 都不超过 10 时,查“秩和检验表”确定临界值;

第二种方法,当 n_1 和 n_2 都超过 10 时,秩和 T 服从正态分布:

$$T \sim N\left[n_1(n_1+n_2+1)/2, n_1 n_2(n_1+n_2+1)/12\right] \tag{5.8}$$

先对 T 进行标准化变换,再利用标准正态分布表,确定检验的临界值。

下面通过具体的例子,说明秩和检验的应用。

【例 5-12】有 A,B 两家厂商供应同一种商品,两家的商品价格与性能一致,但使用寿命是否一致有待检验。现分别从两家生产产品中抽出样本,测定产品使用寿命(单位:小时):

A 厂商产品:	5	11	6	9	7	10
B 厂商产品:	8	6	10	7	8	

试以 0.05 的显著性水平,检验两厂商产品寿命是否有差异。

【解】第一步:做出假设。

$H_0: M_A = M_B$,$H_1: M_A \neq M_B$

原假设是两厂商生产的产品没有差异,平均寿命相同,备择假设是平均寿命不相同,是双侧检验。

第二步:求秩和。

将样本混合、排列:

数据:	5	6	$\underline{6}$	7	$\underline{7}$	$\underline{8}$	$\underline{8}$	9	10	$\underline{10}$	11
秩号:	1	2.5	2.5	4.5	4.5	6.5	6.5	8	9.5	9.5	11

以上数据下面画横线的为 B 厂商产品寿命。B 厂商产品样本容量小,看作总体Ⅰ,$n_1=5$。A 厂商产品是总体Ⅱ,$n_2=6$。总体Ⅰ的秩和 $T=2.5+4.5+6.5+6.5+9.5=29.5$。

第三步:确定拒绝域。

显著水平 $\alpha=0.05$,进行双侧检验,查“秩和检验表”,$n_1=5$,$n_2=6$,得临界值 $T_1(\alpha)=20$,$T_2(\alpha)=40$。

第四步:比较秩和与临界值大小。

结果是:$20<29.5<40$,即 $T_1(\alpha)<T<T_2(\alpha)$。

第五步:判断。

样本落入接受域,所以接受原假设,即样本数据证明 A,B 两厂商产品的寿命是一致的。

四、游程检验

游程检验可用来检验一个样本是否是“随机”地来自总体。样本中具有某特征的单位分布得越“零乱”,越不具有规律性、倾向性,越说明样本的随机性强。我们通过“游程”概念,来反映样本分布的特征。

设 x_1,x_2,…,x_n 为一个样本的观测结果,并设样本中存在两种不同类型的单位,一类记为 a,设有 n_1 个这种单位;另一类记为 $\underline{a}$,设有 n_2 个单位。把样本按某一顺序(先后或大小)进行排列,可以得到一个由 a 或 $\underline{a}$ 组成的字符串。主要的问题是,如何说明这个字符串中 a 与ɑ̲ 的分布是有“规律”的，还是很“零乱”的。我们不妨从分析一个具体字符串的一些典型分布情形开始。设一个由 8 个 a 和 7 个ɑ̲ 组成的字符串，排列后的顺序选择出下列四个典型结果：

第一种情形：a　a　a　a　a　a　a　a　ɑ̲　ɑ̲　ɑ̲　ɑ̲　ɑ̲　ɑ̲　ɑ̲

第二种情形：a　a　a　a　ɑ̲　ɑ̲　ɑ̲　ɑ̲　a　a　a　a　ɑ̲　ɑ̲　ɑ̲

第三种情形：a　ɑ̲　ɑ̲　a　a　a　ɑ̲　a　ɑ̲　ɑ̲　ɑ̲　a　ɑ̲　a　a

第四种情形：a　ɑ̲　a　ɑ̲　a　ɑ̲　a　ɑ̲　a　ɑ̲　a　ɑ̲　a　ɑ̲　a

所谓游程，就是一个重复出现的某一种类字符串片段。同一类游程出现的次数，称游程数。不同类游程数的和，称总游程数。例如，在第一种情形中，a 的游程只有一个，它的游程数（记为 R^1）是 1；ɑ̲ 的游程也只有一个，其游程数（记为 R^2）也是 1；总游程数记为 R，$R=R^1+R^2=2$。第二种情形中，a 的游程有两个，它的游程数 $R^1=2$；ɑ̲ 的游程也有两个，其游程数 R^2 也是 2；总游程数记为 $R=R^1+R^2=4$。同理，第三种情形中，a 的游程数 $R^1=5$；ɑ̲ 的游程数 $R^2=4$；总游程数 $R=R^1+R^2=9$。第四种情形中，$R^1=8$；$R^2=7$；$R=15$。

显然，总游程数 R 的最小值是 2，在 n_1 与 n_2 不相等时，R 的最大值是 $2\min(n_1, n_2)+1$；在 $n_1=n_2$ 时，R 的最大值是 n_1+n_2。当 R 取得最大、最小值时，字符串的排列是最有规律的。R 取值适中时，字符串的排列就较乱。上面的第一、第四种情形都是 a 与ɑ̲ 排列得有规律的情形；第二、第三种情形是较为“零乱”的排列情形。因此，R 可以作为检验样本随机性的统计量。

【例 5－13】从某校中抽出 16 个学生进行英语口试，按他们参加口试的顺序排列，成绩如下：

61　74　70　63　64　58　82　78　60　76　85　72　68　54　62　56

试以0.05的显著性水平，判断样本是否具有随机性。

【解】可以计算出这个成绩分布的中位数是：$(64+68)/2=66$。学生按其口试成绩是小于中位数还是大于中位数被分为两类，分别记为 a 和ɑ̲。按口试进行的顺序，我们得到一个字符串：a ɑ̲ ɑ̲ a a a ɑ̲ ɑ̲ a ɑ̲ ɑ̲ ɑ̲ ɑ̲ a a a。对上述排列的字符串进行随机性检验。

第一步：做出假设。

H_0：样本是随机样本，H_1：样本不具有随机性。

这是一个双侧检验。

第二步：求游程总和 R。

$R^1=4, R^2=3, R=7$。

第三步：确定拒绝域。

显著水平 $\alpha=0.05$，进行双侧检验，查“游程检验 R 临界值表”，（$n_1=8$，$n_2=8$），得临界值 $R_1(\alpha)=4$，$R_2(\alpha)=14$。

第四步：比较 R 与临界值大小。

结果是：$4<7<14$，即 $R_1(\alpha)<R<R_2(\alpha)$。

第五步：判断。

接受原假设，即认为样本具有随机性。

上面通过查表确定检验的临界值，该方法要求样本容量 n_1 与 n_2 都相当小。当 n_1 与

n_2较大时(其中一个大于20),直接查表方法则不可行。不过,对于大样本场合,游程总数 R 近似服从正态分布,因此,可以用正态分布统计量来确定检验的临界值。R 的均值与方差公式是:

$$E(R)=\frac{2n_1n_2}{n_1+n_2}+1 \tag{5.9}$$

$$\sigma^2(R)=\frac{2n_1n_2(2n_1n_2-n_1-n_2)}{(n_1+n_2)^2(n_1+n_2-1)} \tag{5.10}$$

【例5-14】以前面例5-13的资料,改用 Z 检验来判断样本的随机性。

【解】计算游程总数的均值与标准差:$E(R)=9$;$\sigma(R)=1.93$。

构造 z 检验统计量:$Z=\dfrac{R-E(R)}{\sigma(R)}$,$Z$ 服从标准正态分布。

临界值 $z_{\alpha/2}=z_{0.025}=1.96$。

计算统计量的样本观测值:$Z_0=(7-9)/1.93=-1.036$。

$|Z_0|<Z_{\alpha/2}$,接受原假设,与例5-13的结论一致。

第四节 Excel在假设检验中的运用

一、总体参数检验

对于单个总体的假设检验,可以利用Excel的数学、统计函数和公式功能进行。对于两个总体,Excel有4个现成的假设检验分析工具。总体标准差已知的独立样本均值检验可以用“z-检验:双样本平均差检验”这一分析工具;总体标准差未知但相等(或不等)的独立样本均值检验可以使用“t-检验:双样本等方差(或异方差)假设”这一工具;配对样本的均值检验可以使用“t-检验:平均值的成对二样本分析”。当然这些分析工具要求知道原始数据,如果只知道样本平均数、样本容量等中间数据,那就只能和单个总体的检验一样,使用相关函数和公式进行计算。至于 p-值,则可以使用有关分布的概率函数进行计算。

【例5-15】(单总体均值检验)某城镇去年居民家庭平均每人每月生活费收入275元。根据抽样调查,今年该城镇50户居民家庭平均每人每月生活费收入如下:

367	322	294	273	237	398	327	298	276	246
311	355	240	275	296	324	382	229	264	288
235	271	291	319	360	226	262	286	309	352
337	222	260	284	304	343	217	259	283	303
200	253	281	301	329	212	257	281	303	332

试问该城镇居民家庭平均每人每月生活费收入今年与去年比较是否明显提高($\alpha=0.05$)?

【解】设今年该城镇各居民家庭平均每人每月生活费收入用 Y 表示,其总体平均数为

μ,可设定以下假设:$H_0:\mu=275$,$H_1:\mu>275$。分析步骤如下:

(1)输入数据。在 A2:A51 中输入生活费收入数据,在 A1 中输入该列数据的列标志"Y",将该区域命名为"Y"。

(2)计算 t 统计量的样本观测值。在任一个空单元格内,输入如下公式:

=(AVERAGE(Y) -275)/(STDEV.S(Y)/SQRT(COUNT(Y)))

(3)计算临界值。在另一个空单元格内,输入如下公式:

=TINV.2T(2*0.05,COUNT(Y) -1)

(4)根据上述计算结果做出判断。

【例 5-16】(总体标准差未知但相等的独立样本均值检验)以本章例 5-6 数据,利用 Excel 分析,步骤如下:

(1)输入数据。如图 5-3 所示,A,B 列输入产品 X 和 Y 的性能数据,第一行是列标志。

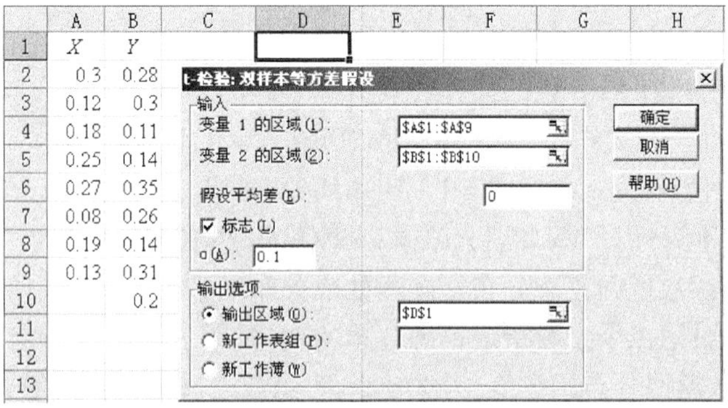

图 5-3

(2)使用分析工具进行计算。在[数据]选项卡的[分析]命令组中点击[数据分析]①,在弹出的对话框中选择"t-检验:双样本等方差假设",再点击"确定",得到如图 5-3 所示的对话框,按图填写。选中"标志"是因为性能数据第一行是列标志(即变量名),假设平均数填 0,是因为所要检验的是两家产品的性能是否存在差异。填写完毕,点击"确定",即可得到如表 5-4 所示结果。

表 5-4

	X	Y
平均	0.19	0.232 222
方差	0.006 114	0.007 569
观测值	8	9
合并方差	0.006 89	
假设平均差	0	
df	15	

① 如果看不到[数据分析]命令,请参见附录一加载该工具。

续表

	X	Y
t Stat	-1.046 79	
P(T< =t) 单尾	0.155 885	
t 单尾临界	1.340 606	
P(T< =t)双尾	0.311 77	
t 双尾临界	1.753 05	

(3)结果分析。输出结果中的“t Stat”给出 t 统计量的样本观测值(由于计算精度的原因,电脑输出结果与正文略有差异),“t 双尾临界”给出双侧检验的临界值。由此可做出判断。此外,由“P(T< =t) 双尾①”可以知道 p-值为 0.311 77,大于给定的显著性水平 0.1,故可直接判断接受原假设。

【例 5-17】p-值的计算。

(1)使用 Z 统计量时 p-值的计算公式:

左侧检验 p-值 $P(Z<Z_0)$:“=NORM.DIST(Z_0,0,1,TRUE)”

右侧检验 p-值 $P(Z>Z_0)$:“=1-NORM.DIST(Z_0,0,1,TRUE)”

右侧检验 p-值 $P(|Z|>|Z_0|)$:“=2*NORM.DIST($|Z_0|$,0,1, TRUE)”

NORM.DIST 函数返回正态分布密度函数或分布函数值。公式中的第一个参数是样本统计量的观测值;第二个参数指定正态分布的期望;第三个参数指定方差;最后一个参数为 TRUE 时函数返回分布函数值,为 FALSE 时函数返回密度函数值。可以在任一空白单元格输入上述公式,但不要输入引号。比如求例 5-9 的 p-值,可以在一空单元格内输入“=NORM.DIST(-2.28,0,1,TRUE)”即可。

(2)使用 t 统计量时 p-值的计算公式。

双侧检验 p-值 $P(|t|>|t_0|)$:“=T.DIST.2T($|t_0|$,df)”

左侧检验 p-值 $P(t<t_0)$:“=T.DIST(t_0,df,TRUE)”

右侧检验 p-值 $P(t>t_0)$:“=T.DIST.RT(t_0,df)”

T.DIST 函数返回 t 分布的左尾概率值。公式中的第一个参数是样本统计量的观测值;第二个参数指定自由度;第三个参数为 TRUE 时返回左尾概率值,为 FALSE 时返回概率密度函数值。T.DIST.RT 函数返回 t 分布的右尾概率值,T.DIST.2T 函数返回 t 分布的双尾概率值。比如求例 5-16 的双侧 p-值,可以在一空单元格内输入“=T.DIST.2T(1.04679,15)”即可。

二、非参数检验

Excel 并没有专门的非参数检验分析工具,非参数检验可以通过 Excel 的有关函数和公式进行。

① Excel 的输出提示不太恰当,应该是“P(|T|> =t) 双尾”更好。

【例 5－18】（单样本场合的符号检验）设有 20 个工人，他们一天生产的产品件数抽样结果是：168，163，160，172，162，168，152，153，167，165，164，142，173，166，160，165，171，186，167，170。试以 $\alpha=0.10$ 的检验水平，判定总体中位数是否是 160。

【解】建立假设：$H_0:M_e=160$，$H_1:M_e\neq160$。

Excel 的分析步骤如下。

（1）输入数据。如图 5－4 所示，A2：A21 输入产品件数，A1 输入列标志“产品件数”。

	A	B	C
1	产品件数		
2	168	n+	15
3	163	n-	3
4	160	n	18
5	172	临界值	13
6	162		

图 5－4

（2）计算 n^+。在 C2 单元格输入公式“＝COUNTIF（A2：A21，" >160"）”即可，该函数表示统计 A2：A21 单元格中大于 160 的数据点的个数。

（3）计算 n^-。在 C3 单元格输入公式“＝COUNTIF（A2：A21，" <160"）”。

（4）计算 n。在 C4 单元格输入公式“＝C2＋C3”。

（5）计算拒绝域的临界值。二项分布临界值可用 Excel 的分布函数求得。在 C5 单元格中输入公式“＝BINOM. INV（C4，0.5，0.95）＋1”即可。其中第一个参数存放的是 n；第二个参数是一次试验中成功的概率，根据二项分布临界值表的要求，固定为 0.5；第三个参数是概率保证度的临界值，对于单侧检验，它等于 $1-\alpha$，对于双侧检验，它等于 $1-\alpha/2$。因为 CRITBINOM 返回的是使累积二项式分布概率大于等于 $1-\alpha$（或 $1-\alpha/2$）的最小值，所以根据符号检验的要求，应在上述公式中加 1。计算结果如图 5－4 所示。

（6）判断。$\text{Max}\{n^+,\ n^-\}=15>13$，样本观测值落入拒绝域，所以拒绝原假设，即认为样本数据不能证明总体中位数等于 160 件。

【例 5－19】（配对样本的符号检验）利用 Excel 分析本章例 5－11 的步骤如下。

（1）输入数据。假设 A 饲料数据放在 A1：A18，B 饲料数据放在 B1：B18。

（2）计算 n^+。在任一空单元格输入如下公式：

＝SUM（IF（A1：A18－B1：B18＞0，1，0））

然后按 Ctrl＋Shift＋Enter 组合键即可。该组合键表示输入的数组公式，此时公式编辑栏上显示的公式两端是一对花括号“{ }”，这是数组公式的标志。

（3）计算 n^-。在任一空单元格输入如下公式：

＝SUM（IF（A1：A18　B1：B18＜0，1，0））

然后按 Ctrl＋Shift＋Enter 组合键即可。

后续计算可参照例 5－18 进行。

【例 5－20】（秩和检验）利用 Excel 分析本章例 5－12 的步骤如下。

（1）构造检验工作表，见图 5－5。图中 A 列为输入数据，其他为计算所得数据。横线上方是 A 厂商产品的数据。

	A	B	C
1	样本	秩	*T*
2	5	1	29.5
3	11	11	
4	6	2.5	
5	9	8	
6	7	4.5	
7	10	9.5	
8	8	6.5	
9	6	2.5	
10	10	9.5	
11	7	4.5	
12	8	6.5	

图 5－5

（2）计算秩次。

在 B2 中输入公式"＝RANK. AVG（A2，A $2：A $16，1）"，选定 B2：B12，按 Ctrl＋D 组合键，将 B2 中的公式复制到 B3：B12 区域即可。

RANK. AVG 函数返回一个数据在数据列表中的排位，如果多个值具有相同的排位，则返回平均排位。第一个参数是数据列表中需要找到排位的某个数据；第二个参数指定参与排位的所有数据；第三个参数指定数据列表排序的方式，1 为升序，0 为降序。

（3）求检验统计量 T。由于 B 厂商产品样本的容量较小，所以只要将 B 厂商产品样本单位对应的秩次相加，在 C2 中输入公式"＝SUM（D8：D12）"即可。

（4）查表得到临界值，并据此判断。

【例 5－21】（游程检验）利用 Excel 分析本章例 5－13 的步骤如下。

（1）输入数据。成绩在 A2：A17，见图 5－6。

（2）判断游程。在 B2 中输入如下公式：

＝IF（A2－MEDIAN（A $2：A $17）＞0，1，2）

然后选定 B2：B17，按 Ctrl＋D，将公式复制到 B3：B17。公式中的 MEDIAN 函数用于求中位数。得到的结果见图 5－6，其中 1 表示成绩大于中位数，2 表示成绩小于中位数，列标志记为"游程"。

	A	B	C	D
1	成绩	游程	游程数计算	游程数
2	61	2	1	7
3	74	1	1	
4	70	1	0	
5	63	2	1	
6	64	2	0	
7	58	2	0	
8	82	1	1	
9	78	1	0	
10	60	2	1	
11	76	1	1	
12	85	1	0	
13	72	1	0	
14	68	1	0	
15	54	2	1	
16	62	2	0	
17	56	2	0	

图 5－6

(3)计算游程数。

在 C2 中输入公式“=IF(B2=B1,0,1)”,然后选定 C2:C17,按 Ctrl+D 键,将公式复制到 C3:C17 区域。

其中,IF 函数的原理是,将 B 列连续部分的第一个数标记为 1,其他数标记为 0,如此,对 C 列求和正好符合游程数的定义。在 D2 中输入公式“=SUM(C:C)”或“=SUM(C2:C17)”均可求得游程总和。

如果要分别求出两类结果的游程,可以在任何两个空白单元格分别输入以下公式:

=SUMIF(B:B,1,C:C)

=SUMIF(B:B,2,C:C)

SUMIF 为条件求和函数。上述第 1 个公式表示,对于 B 列值为 1 的数据,计算其 C 列对应行的和。

根据以上计算可知游程数 $R=7$。查游程检验临界值表,并据此判断。

本章小结

1. 假设检验分为两类:参数检验与非参数检验。参数检验是先对样本所属总体的性质做出限定,然后对总体有关参数情况进行的统计假设检验;非参数检验与此不同,它在检验时不对总体分布的形状加以限制,故也称为自由分布检验。

2. 假设检验的基本概念有:小概率原理、原假设与备选取假设、单侧检验与双侧检验、取伪错误与弃真错误、检验功效等。小概率原理认为小概率事件在一次试验中是不可能发生的,该原理是统计检验的逻辑起点。原假设是有待检验的结论,备择假设是在原假设被拒绝时拟接受的结论。单、双侧检验是指拒绝域是安排在一侧还是两边的问题。取伪错误是原假设不真时判断结论却接受原假设而产生的错误;弃真错误是原假设为真,判断结论却是拒绝原假设的错误。检验功效是与取伪错误发生可能性大小有关的,其大小等于 $1-\beta$。

3. 统计检验的步骤如下:①确定原假设与备择假设;②构造检验统计量;③给出显著性水平,确定检验统计量的临界值与拒绝域;④根据样本数据,计算检验统计量的数值;⑤做出判断。

4. 本章中出现的检验方法可归纳如表 5-5 所示。

表 5-5

类型	检验目标	检验统计量或检验方法	服从的分布
参数检验	①σ 已知条件下对正态总体均值的检验; ②大样本场合总体均值检验	$Z=\dfrac{\bar{X}-\mu_0}{\sigma/\sqrt{n}}$	$N(0,1)$
	σ 未知条件下对正态总体均值的检验	$t=\dfrac{\bar{X}-\mu_0}{S/\sqrt{n}}$	$t(n-1)$

续表

类型	检验目标	检验统计量或检验方法	服从的分布
参数检验	对总体成数指标的检验（大样本）	$Z=\dfrac{P-\rho_0}{\sqrt{\dfrac{\rho_0(1-\rho_0)}{n}}}$	$N(0,1)$
非参数检验	①单样本场合检验总体中位数是否在某一指定位置； ②双样本场合检验两组配对样本是否有显著差异	符号检验	
	检验两独立样本是否来自同一总体，或判断不同总体是否存在显著差异	秩和检验	
	检验样本的随机性	游程检验	

5. p – 值检验是通过直接计算检验统计量在样本数据下发生的概率，来检验原假设是否成立。该检验形式在统计分析软件中经常被使用。

思考与练习题

一、单项选择题

1. 将由显著性水平所规定的拒绝域平分为两部分，置于概率分布的两边，每边占显著性水平的 1/2，这是（　　）。

A. 单侧检验　　B. 双侧检验　　C. 右侧检验　　D. 左侧检验

2. 检验功效定义为（　　）。

A. 原假设为真时将其接受的概率　　B. 原假设不真时将其舍弃的概率

C. 原假设为真时将其舍弃的概率　　D. 原假设不真时将其接受的概率

3. 符号检验中，（+）号的个数与（–）号的个数相差较远时，意味着（　　）。

A. 存在试验误差（随机误差）　　B. 存在着条件误差

C. 不存在什么误差　　D. 既有抽样误差，也有条件误差

4. 得出两总体的样本数据如下：

甲：8，6，10，7，8　　乙：5，11，6，9，7，10

秩和检验中，秩和最大可能值是（　　）。

A. 15　　B. 48　　C. 45　　D. 66

二、多项选择题

1. 显著性水平与检验拒绝域的关系是（　　）。

A. 显著性水平提高（α 变小），意味着拒绝域缩小

B. 显著性水平降低，意味着拒绝域扩大

C. 显著性水平提高，意味着拒绝域扩大

D. 显著性水平降低，意味着拒绝域扩大化

E. 显著性水平提高或降低，不影响拒绝域的变化

2. β 错误（　　）。

A. 是在原假设不真实的条件下发生

B. 是在原假设真实的条件下发生

C. 决定于原假设与真实值之间的差距

D. 原假设与真实值之间的差距越大，犯 β 错误的可能性就越小

E. 原假设与真实值之间的差距越小，犯 β 错误的可能性就越大

三、计算题

1. 假设某产品的质量服从正态分布，现在从一批产品中随机抽取 16 件，测得平均质量为 820 克，标准差为 60 克，试以显著性水平 $\alpha=0.01$ 与 $\alpha=0.05$，分别检验这批产品的平均质量是否为 800 克。

2. 某牌号彩电规定无故障时间为 10 000 小时，厂家采取改进措施，现在从新批量彩电中抽取 100 台，测得平均无故障时间为 10 150 小时，标准差为 500 小时，能否据此判断该彩电无故障时间有显著增加（$\alpha=0.01$）？

3. 回顾本章开头的案例，医院从 2008 年元旦出生的新生儿中随机抽取了 50 名，测量他们的平均体重为3 300克，而 2007 年元旦时抽取的 50 名新生儿的平均体重是3 200克。现假设根据以往的调查，新生儿体重的标准差是 65 克。

（1）以 0.05 的显著性水平，检验新生儿体重在这两年中是否有显著的变化？

（2）计算检验的 p－值，并根据 p－值重新检验（1）中的结论。

4. 某加油站经理希望了解驾车人士在该加油站的加油习惯。在一周内，他随机地抽取 100 名驾车人士调查，得到如下结果：平均加油量等于 13.5 加仑，样本标准差是 3.2 加仑，有 19 人购买无铅汽油。要求：

（1）以 0.05 的显著性水平来说，是否有证据说明平均加油量并非 12 加仑？

（2）计算（1）的 p－值。

（3）以 0.05 的显著性水平来说，是否有证据说明少于 20% 的驾车者购买无铅汽油？

（4）计算（3）的 p－值。

（5）在加油量服从正态分布假设下，若样本容量为 25，计算（1）和（2）。

5. 某市全部职工中，平常订阅某种报纸的占 40%，最近从订阅率来看似乎出现了减少的现象，随机抽取 200 户职工家庭进行调查，有 76 户职工订阅该报纸，问报纸的订阅率是否显著降低（$\alpha=0.05$）？

6. 某型号的汽车轮胎耐用里程服从正态分布，其平均耐用里程为 25 000 公里。现在从某厂生产的轮胎随机取 10 个进行里程测试，结果数据如下：

25 400　25 600　25 300　24 900　25 500

24 800　25 000　24 800　25 200　25 700

根据以上数据，检验该厂轮胎的耐用里程是否存在显著性的差异（$\alpha=0.05$）。再用 p－值重新检验，看结论是否一致。

7. 从某铁矿南北两段各抽取容量为 10 的样本，随机配成 10 对如下：

南段含铁量　28　20　4　32　8　12　16　48　8　20

北段含铁量　20　11　13　10　45　15　11　13　25　8

试用符号检验法，在 $\alpha=0.05$ 的条件下，检验“南北两段含铁量无显著差异”的假设。

8. 在 14 对条件相同的地块上分别播下种子 A 和种子 B，其收获量记录如下表，试以显著性水平 $\alpha=0.05$，用秩和检验法检验两种种子的收获量是否存在显著性的差异。

种子收获量记录　　（单位：千克）

A 种子	B 种子	A 种子	B 种子
33	48	44	34
18	17	25	37
40	24	46	47
50	22	36	13
54	38	53	27
30	41	35	30
39	20	42	25

9. 某汽油站有两种商标的汽油 A 和 B，某天售出的 50 桶汽油可按商标 A 和 B 排成这样的顺序：

AABAABABBAAABBABBABBABBAB

AABBBBAABABABAAABAAAAABB

试问：在显著性水平 $\alpha=0.05$ 条件下，这一序列是否具有随机性？

第六章

相关与回归分析

引例

如何测定需求函数

反映产品的需求量及其决定因素的数学关系式被称为需求函数。

根据经济学的理论分析，影响某种产品需求量的基本因素有：①产品的价格 P；②消费者的人均收入 M；③消费者的数量 N；④其他相关产品的价格 P_r；⑤消费者的偏好 P_e；⑥未来一段时期产品的预期价格 J。其数学表达式为：

$$Q_d = f(P, M, N, P_r, P_e, J)$$

在现实的企业经营管理中，经常需要对产品的市场需求做出正确的预测。因此，只停留于上述一般的数学表达式是不够的，还有必要根据实际的统计数据，对各种因素对需求量的具体影响进行细致的定量分析，估计出具体的需求函数。

由于影响需求的因素非常复杂，上述各种变量的现实统计数据之间显然不可能存在严密的函数关系。因此，必须寻求分析各种数据相互之间关系的统计方法。在本章中，我们将讨论如何运用相关与回归分析的方法去解决这种类型的问题。

第一节　相关与回归分析的基本概念

一、函数关系与相关关系

客观现象总是普遍联系和相互依存的。客观现象之间的数量联系存在着两种不同的类型:一种是函数关系;另一种是相关关系。

当一个或几个变量取一定的值时,另一个变量有确定值与之相对应,我们称这种关系为确定性的函数关系。例如,某种商品的销售收入 Y 与该商品的销售量 X 以及该商品价格 P 之间的关系可用 $Y=PX$ 表示,这就是一种函数关系。一般把作为影响因素的变量称为自变量,把发生对应变化的变量称为因变量。在上例中,Y 是因变量,P 与 X 则是自变量。

当一个或几个相互联系的变量取一定数值时,与之相对应的另一变量的值虽然不确定,但它仍按某种规律在一定的范围内变化。变量间的这种相互关系,称为具有不确定性的相关关系。例如,上述的需求量及其影响因素之间的关系、劳动生产率与工资水平的关系等都属于相关关系。

变量之间的函数关系和相关关系在一定条件下是可以互相转化的。本来具有函数关系的变量,当存在观测误差时,其函数关系往往以相关的形式表现出来。而具有相关关系的变量之间的联系,如果我们对它们有了深刻的规律性认识,并且能够把影响因变量变动的因素全部纳入方程,这时的相关关系也可能转化为函数关系。另外,相关关系也具有某种变动规律性,所以,相关关系经常可以用一定的函数形式去近似地描述。客观现象的函数关系可以用数学分析的方法去研究,而研究客观现象的相关关系必须借助于统计学中的相关与回归分析方法。

二、相关关系的种类

客观现象的相关关系可以按不同的标志加以区分。

(一)按相关的程度可分为完全相关、不完全相关和不相关

当一种现象的数量变化完全由另一个现象的数量变化所确定时,称这两种现象间的关系为完全相关。例如,在价格不变的条件下,某种商品的销售总额与其销售量总是成正比关系。在这种场合,相关关系便成为函数关系。因此,也可以说函数关系是相关关系的一个特例。当两个现象彼此互不影响,其数量变化各自独立时,称为不相关现象。例如,通常认为股票价格的高低与气温的高低是不相关的。两个现象之间的关系介于完全相关和不相关之间,称为不完全相关,一般的相关现象都是指这种不完全相关。

(二)按相关的方向可分为正相关和负相关

当一个现象的数量增加(或减少),另一个现象的数量也随之增加(或减少)时,称为正相关。例如,消费水平随收入的增加而提高;当一个现象的数量增加(或减少),而另一个现象的数量向相反方向变动时,称为负相关。例如,商品流转的规模越大,流通费用水平则越低。

(三)按相关的形式可分为线性相关和非线性相关

当两种相关现象之间的关系大致呈现为线性关系时,称之为线性相关。例如,人均消费水平与人均收入水平通常呈线性关系。如果两种相关现象之间并不表现为直线的关系,而是近似于某种曲线方程的关系,则这种相关关系称为非线性相关。例如,产品的平均成本与产品总产量就是一种非线性相关。

(四)按所研究的变量多少可分为单相关、复相关和偏相关

两个变量之间的相关,称为单相关。当所研究的是一个变量对两个或两个以上其他

变量的相关关系时,称为复相关。例如,某种商品的需求与其价格水平以及收入水平之间的相关关系便是一种复相关。在某一现象与多种现象相关的场合,假定其他变量不变,专门考察其中两个变量的相关关系称为偏相关。例如,在假定人们的收入水平不变的条件下,某种商品的需求与其价格水平的关系就是偏相关。

三、相关分析与回归分析

相关分析和回归分析是研究现象之间相关关系的两种基本方法。所谓相关分析,就是用一个指标来表明现象间相互依存关系的密切程度。所谓回归分析,就是根据相关关系的具体形态,选择一个合适的数学模型,来近似地表达变量间的平均变化关系。

相关分析和回归分析有着密切的联系,它们不仅具有共同的研究对象,而且在具体应用时,经常必须互相补充。相关分析需要依靠回归分析来表明现象数量相关的具体形式,而回归分析则需要依靠相关分析来表明现象数量变化的相关程度。只有当变量之间存在着高度相关时,进行回归分析寻求其相关的具体形式才有意义。由于上述原因,回归分析和相关分析在一些统计学的书籍中被合称为相关关系分析。

但是,应当指出,相关分析与回归分析之间在研究目的和方法上是有明显区别的。相关分析研究变量之间相关的方向和相关的程度。但是相关分析不能指出变量间相互关系的具体形式,也无法从一个变量的变化来推测另一个变量的变化情况。回归分析则是研究变量之间相互关系的具体形式,它对具有相关关系的变量之间的数量联系进行测定,确定一个相关的数学表达式,根据这个数学方程式可以从已知量来推测未知量,从而为估算和预测提供一个重要的方法。因此,相关分析可以不必确定变量中哪个是自变量,哪个是因变量,其所涉及的变量可以都是随机变量。而回归分析则必须事先研究确定具有相关关系的变量中哪个为自变量,哪个为因变量。一般来讲,回归分析中因变量是随机的,而把自变量作为研究时给定的非随机变量。

相关与回归分析可以加深人们对客观现象之间相关关系的认识,因而是对客观现象进行分析的有效方法。但是,相关分析和回归分析只是定量分析的手段。通过相关与回归分析虽然可以从数量上反映现象之间的联系形式及其密切程度,但是无法准确地判断现象内在联系的有无,也无法单独以此来确定何种现象为因,何种现象为果。只有以实质性科学理论为指导,并结合实际经验进行分析研究,才能正确判断事物的内在联系和因果关系。对没有内在联系的事物进行相关和回归分析,就可能是一种“伪相关”或“伪回归”,这样不仅没有实际的意义,而且会导致荒谬的结论。因此在应用这两项方法对客观现象进行研究时,一定要始终注意把定性分析和定量分析结合起来,在定性分析的基础上开展定量分析。

【例 6－1】溺水事故数与冰淇淋销量同步增长。

曾经有人对某国各周的溺水事故数与冰淇淋销量进行回归分析,分析结果发现:冰淇淋销量最高的时候,往往就是公共泳池的溺水事故发生得最多的时候。天气炎热是造成冰淇淋销量和去游泳的人数增加进而溺水事故增多的原因。若视冰淇淋的销量或遇溺事故为对方的成因,则是被“伪相关”误导,得到不正确的结论。

对于相关分析和回归分析,既可以从描述统计的角度,也可以从推断统计的角度来说明，本章采用了后一种方式。这不仅是因为后者可以将前者的内容包含在内，而且还因为在有关现实经济和管理问题的定量分析中，作为推断统计的相关与回归分析更加具有广泛的应用价值。

四、相关图

相关图又称散点图。它是以直角坐标系的横轴代表变量 X，纵轴代表变量 Y，将两个变量间相对应的变量值用坐标点的形式描绘出来，用来反映两变量之间相关关系的图形。相关图是研究相关关系的直观工具，一般在进行详细的定量分析之前，可以先利用它对现象之间存在的相关关系的方向、形式和密切程度作大致的判断。

例如，从图 6－1（A）可以看出，变量 X 和 Y 具有向相同方向变动的趋势，表明它们之间存在正相关。从图 6－1（B）可以看出，两个变量之间的变动趋于相反的方向，表明它们之间存在负相关。从图 6－1（C）可以看出，两个变量之间不存在变动的规律，表明二者之间不存在相关。

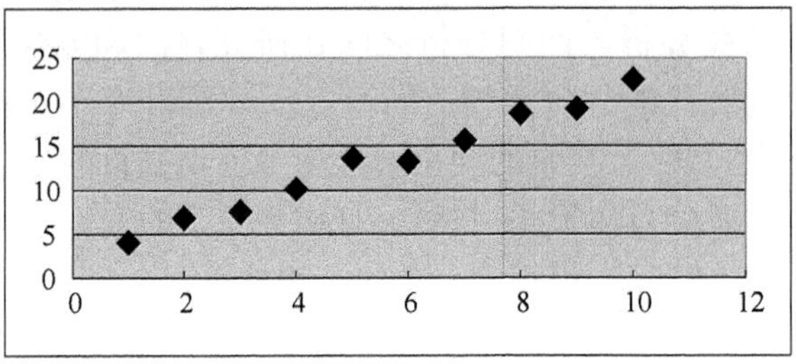

图 6－1 （A）

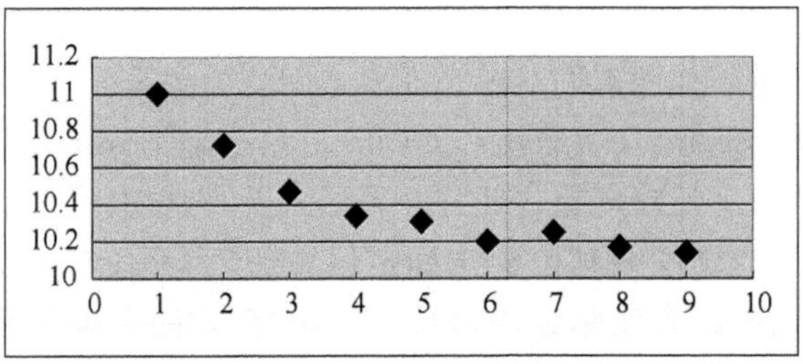

图 6－1 （B）

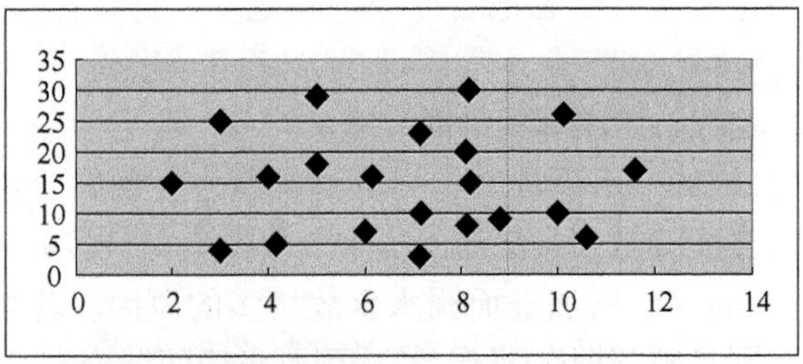

图 6－1 （C）

第二节　相关分析

一、相关系数及其检验

（一）相关系数的定义

单相关分析是对两个变量之间的线性相关程度进行分析。单相关分析所采用的尺度为单相关系数，简称相关系数。本书以希腊字母 γ 表示总体的相关系数，以小写英文字母 r 表示样本的相关系数。

总体相关系数的定义式是：

$$\gamma=\frac{Cov(X,Y)}{\sqrt{Var(X)Var(Y)}} \tag{6.1}$$

式中：$Cov(X,Y)$ 是变量 X 和 Y 的协方差；$Var(X)$ 和 $Var(Y)$ 分别为变量 X 和 Y 的方差。总体相关系数是反映两变量之间线性相关程度的一种特征值，表现为一个常数。

样本相关系数的定义公式是：

$$r=\frac{\sum(X_t-\bar{X})(Y_t-\bar{Y})}{\sqrt{\sum(X_t-\bar{X})^2\sum(Y_t-\bar{Y})^2}} \tag{6.2}$$

式中：$\bar{X}$ 和 $\bar{Y}$ 分别是 X 和 Y 的样本平均数。

样本相关系数是根据样本观测值计算的，抽取的样本不同，其具体的数值也会有所差异。容易证明，样本相关系数是总体相关系数的一致估计量。

（二）相关系数的特点

样本相关系数 r 有以下特点：

1. r 的取值介于 -1 与 1 之间。

2. 当 $r=0$ 时，X 与 Y 的样本观测值之间没有线性关系。

3. 在大多数情况下，$0<|r|<1$，即 X 与 Y 的样本观测值之间存在着一定的线性关系。当 $r>0$ 时，X 与 Y 为正相关；当 $r<0$ 时，X 与 Y 为负相关。

4. 如果 $|r|=1$，则表明 X 与 Y 完全线性相关。当 $r=1$ 时，称为完全正相关，而 $r=-1$ 时，称为完全负相关。

5. r 是对变量之间线性相关关系的度量。$r=0$ 只是表明两个变量之间不存在线性关系，它并不意味着 X 与 Y 之间不存在其他类型的关系。对于二者之间可能存在的非线性相关关系，需要利用其他指标去进行分析。关于这一问题，我们将在后面作进一步讨论。

（三）相关系数的计算

具体计算样本相关系数时，通常利用以下公式：

$$r=\frac{n\sum X_tY_t-\sum X_t\sum Y_t}{\sqrt{(n\sum X_t^2-(\sum X_t)^2)(n\sum Y_t^2-(\sum Y_t)^2)}} \tag{6.3}$$

上式是由样本相关系数的定义式推导而来的。

【例6－2】表6－1的第二列和第三列是2014年我国各省市自治区城镇居民人均年可支配收入和人均年消费性支出的有关资料，试利用表中的数据计算人均消费性支出与人均可支配收入的样本相关系数。

表6－1　2014年我国城镇居民人均年消费支出和收入情况　　单位：千元

省市	人均可支配收入 X	人均消费支出 Y	X^2	Y^2	XY
北京	52.859	36.642	2 794.092	1 342.636	1 936.866
天津	34.101	26.230	1 162.902	687.988	894.462
河北	26.152	17.587	683.935	309.289	459.928
山西	25.828	15.819	667.071	250.228	408.559
内蒙古	30.594	21.876	935.999	478.580	669.291
辽宁	31.126	21.557	968.811	464.692	670.969
吉林	24.901	17.973	620.053	323.015	447.534
黑龙江	24.203	17.152	585.767	294.194	415.125
上海	52.962	36.946	2 804.959	1 365.016	1 956.735
江苏	37.173	24.966	1 381.868	623.303	928.075
浙江	43.714	28.661	1 910.956	821.468	1 252.913
安徽	26.936	17.234	725.535	296.995	464.198
福建	33.275	23.520	1 107.248	553.199	782.642
江西	26.500	16.732	702.256	279.953	443.395
山东	31.545	19.854	995.104	394.172	626.293
河南	25.576	17.154	654.112	294.270	438.732
湖北	27.051	18.192	731.782	330.959	492.128
湖南	28.838	19.501	831.634	380.303	562.382
广东	34.757	25.673	1 208.060	659.107	892.323
广西	26.416	16.321	697.798	266.380	431.138
海南	26.356	18.448	694.661	340.342	486.232
重庆	27.239	19.742	741.954	389.758	537.757
四川	26.205	19.277	686.715	371.597	505.155
贵州	24.580	16.914	604.159	286.090	415.745
云南	26.373	17.675	695.547	312.405	466.147
西藏	25.457	17.022	648.040	289.749	433.323
陕西	26.420	18.464	698.027	340.914	487.819
甘肃	23.767	17.451	564.874	304.533	414.756
青海	24.542	19.201	602.327	368.665	471.229
宁夏	25.186	18.984	634.335	360.388	478.128
新疆	26.275	19.415	690.358	376.932	510.116
合计	926.909	642.182	29 430.940	14 157.122	20 380.093

资料来源：中国经济数据库CEIC。

【解】将表 6－1 中的有关数据代入式(6.3)，可得：

$$r=\frac{31\times 20\,380.093-926.909\times 642.182}{\sqrt{(31\times 29\,430.940-926.909^2)(31\times 14\,157.122-642.182^2)}}=0.973\,6$$

（四）相关系数的检验

在实际的客观现象分析研究中，相关系数一般都是利用样本数据进行计算的，因而带有一定的随机性，样本容量越小其可信程度就越差，因此也需要进行检验。相关系数的显著性检验问题可分为两类：一是对总体相关系数是否等于 0 进行检验；二是对总体相关系数是否等于某一个给定的不为 0 的数值进行检验。限于篇幅，这里只介绍对总体相关系数 γ 是否等于 0 进行检验。

数学上可以证明，在 X 与 Y 都服从于正态分布，并且又有 $\gamma=0$ 的条件下，可以采用 t 检验来确定 r 的显著性。其步骤如下：

首先，计算相关系数 r 的 t 值：

$$t=\frac{r\sqrt{n-2}}{\sqrt{1-r^2}} \tag{6.4}$$

其次，根据给定的显著性水平和自由度$(n-2)$，查找 t 分布表中相应的临界值 $t_{\alpha/2}$。若$|t|\geqslant t_{\alpha/2}$，表明 r 在统计上是显著的；若$|t|\leqslant t_{\alpha/2}$，表明 r 在统计上是不显著的。

【例 6－3】假设根据 6 对样本观测数据计算出某公司的股票价格与气温的样本相关系数 $r=0.50$，试问是否可以根据 5% 的显著水平认为该公司的股票与气温之间存在一定程度的线性相关关系？

【解】$H_0:\gamma=0$；$H_1:\gamma\neq 0$

将以上数据代入式(6.4)，计算 r 的 t 检验值：

$$t=\frac{0.5\sqrt{(6-2)}}{\sqrt{1-0.5^2}}=1.154\,7$$

查表可知：显著水平为 5%，自由度为 4 的临界值 $t_{\alpha/2}=2.776$，上式中的 t 值小于 2.776，因此，r 不能通过显著性检验。这就是说，尽管根据样本观测值计算的 r 达到 0.5，但是由于样本单位过少，这一结论并不可靠，它不足以证明该公司的股票与气温之间存在一定程度的线性相关关系。

二、斯皮尔曼等级相关系数

（一）斯皮尔曼等级相关系数的定义

以上所讨论的两变量之间相关系数的前提是：两变量的联合分布是二维正态分布。当变量的分布不能满足正态性要求时，或者所要研究的变量不是数量型变量时，通常的相关分析方法不宜使用，而需要利用斯皮尔曼等级相关系数进行考察。

对样本容量为 n 的随机变量 X,Y，如果 X,Y 的取值都可以分为 $1,2,\cdots,n$ 这样 n 个等级；而且样本的 n 个单位分别不重复地属于 X 和 Y 的各个等级，没有两个单位取相同等级的情形。记 d_i 为第 i 个样本单位属于 X 的等级与属于 Y 的等级的级差，则斯皮尔曼等级相关系数 r_s 为：

$$r_s=1-\frac{6\sum d_i^2}{n(n^2-1)} \tag{6.5}$$

数学上可以证明，斯皮尔曼等级相关系数是前面介绍的样本相关系数的特例。

样本等级相关系数的取值范围是 $-1\leq r_s\leq 1$。当 $r_s=1$ 时，说明样本等级资料完全正相关；当 $r_s=-1$ 时，说明样本等级资料完全负相关；当 $r_s=0$ 时，说明样本等级资料不相关；当 $0<r_s<1$ 时，r_s 越接近 1，正相关程度越高；当 $-1<r_s<0$ 时，r_s 越接近 -1，负相关程度越高。

等级相关系数适用于变量值表现为等级的变量。不过，对于变量值表现为数值而不是等级的变量，有时也可以把它划分为若干等级，用等级相关的方法来研究。这样做主要是基于下面的一些理由：①其中有一个变量是只能用等级来反映的；②把测量值划分为等级更能反映事物的本质（例如，把年龄按生命过程阶段划分比用实际年龄更便于研究生命过程的统计规律）。把测量值转换为等级的方法是：首先，按实际观察值大小排序，并赋予每个观察值秩次；其次，把测量值的取值范围划分为若干等级区间。

还必须指出：斯皮尔曼等级相关系数是以变量的取值没有相同等级为前提的。但现实中，观察结果经常会出现相同的等级，这时，须计算这几个观察结果所在位次的简单算术平均数作为它们相应的等级。在这种情形下，应用斯皮尔曼等级相关系数计算公式所得的结果显然只是近似的。若相同等级不是太多，可以近似应用上述公式，否则应加以修正①。

（二）斯皮尔曼等级相关系数的统计检验

根据斯皮尔曼等级相关系数对 X,Y 的总体等级相关关系进行检验。检验的原假设是 $H_0:\gamma_s=0$（或 $\gamma_s\leq 0$，或 $\rho_s\geq 0$），其含义是按两种统计标志 X,Y 划分的两种等级不相关。备择假设是 $H_1:\gamma_s\neq 0$（或 $\rho_s>0$，或 $\gamma_s<0$）。

在样本量 n 较小时（例如，$n\leq 30$），$H_0:\gamma_s=0$ 成立前提下，检验统计量 r_s 的 α 水平单侧临界值 r_α 可由附表 7 查出，它是满足下列条件的最小 r 值：

$$P\{|r_s|\geq |r|\}\leq \alpha$$

在样本量 n 较大时（例如，$n>30$），$H_0:\gamma_s=0$ 成立前提下，r_s 近似服从正态分布 $N(0,1/(n-1))$。因此，可以利用下面的检验统计量：

$$Z=\frac{r_s}{\sqrt{\frac{1}{n-1}}}\sim N(0,1) \tag{6.6}$$

【例 6－4】某电视台举行电视歌手大奖赛，请来两位专家作评委，两位专家对 9 位歌手评定成绩的顺序见表 6－2。试以 0.025 的显著性水平检验两位专家对歌手成绩的评定是否显著正相关。

表 6－2

歌　手	A	B	C	D	E	F	G	H	I
评委甲的排序 X	1	3	5	4	2	7	6	8	9
评委乙的排序 Y	4	2	1	3	7	6	5	9	8

【解】计算过程如表 6－3 所示。

① 修正方法可参见 S. 西格尔著：《非参数统计》，北星译，科学出版社，1986。

表 6－3

歌　手	A	B	C	D	E	F	G	H	I
评委甲的排序	1	3	5	4	2	7	6	8	9
评委乙的排序	1	2	4	3	7	6	5	9	8
$d=X-Y$	0	1	1	1	－5	1	1	－1	1
d^2	0	1	1	1	25	1	1	1	1

$$r_s = 1 - \frac{6\sum d_i^2}{n(n^2-1)} = 1 - \frac{6\times 32}{9(9^2-1)} = 0.733$$

提出假设：$H_0:\gamma_s=0$，$H_1:\gamma_s\neq 0$

查本书附录二中的附表 7 斯皮尔曼等级相关系数的临界值表，$n=9$ 时，$r_{0.025}=0.6833$，则

$$r_s=0.733\geqslant 0.6833$$

因此，可以否定原假设，即认为两位专家对歌手成绩的评定显著正相关。

第三节　一元线性回归分析

一、标准的一元线性回归模型

（一）总体回归函数

当变量之间存在着显著的相关关系时，可以利用一定的数学模型对其进行回归分析。在回归分析中，最简单的模型是只有一个因变量和一个自变量的线性回归模型，即一元线性回归模型，又称简单线性回归模型。该模型假定因变量 Y 主要受自变量 X 的影响，它们之间存在着近似的线性函数关系，即有：

$$Y_t=\beta_1+\beta_2X_t+u \tag{6.7}$$

式(6.7)被称为总体回归函数。式中的 β_1 和 β_2 是未知的参数，又叫回归系数。Y_t 和 X_t 分别是 Y 和 X 的第 t 个观测值。u_t 是随机误差项，又称随机干扰项，它是一个特殊的随机变量，反映未列入方程式的其他各种因素对 Y 的影响。

（二）样本回归函数

在现实问题研究中，由于所要研究的现象的总体单位数一般是很多的，在许多场合甚至是无限的，因此无法掌握因变量 Y 总体的全部取值。也就是说，总体回归函数事实上是未知的，需要利用样本的信息对其进行估计。

根据样本数据拟合的直线，称为样本回归直线。显然，样本回归线的函数形式应与总体回归线的函数形式一致。一元线性回归模型的样本回归线可表示为：

$$\hat{Y}_t=\hat{\beta}_1+\hat{\beta}_2X_t \tag{6.8}$$

式中：$\hat{Y}_t$ 是样本回归线上与 X_t 相对应的 Y 值，可视为 $E(Y_t)$ 的估计；$\hat{\beta}_1$ 是样本回归函数的截距系数，$\hat{\beta}_2$ 是样本回归函数的斜率系数，它们是对总体回归系数 β_1 和 β_2 的估计。

实际观测到的因变量 Y_t 值并不完全等于 $\hat{Y}_t$，如果用 e_t 表示二者之差（$e_t = Y_t - \hat{Y}_t$），则有：

$$Y_t = \hat{\beta}_1 + \hat{\beta}_2 X_t + e_t \qquad (t = 1, 2, \cdots, n) \tag{6.9}$$

式(6.9)称为样本回归函数。式中，e_t 称为残差，在概念上，e_t 与总体误差项 u_t 相互对应；n 是样本的容量。

样本回归函数与总体回归函数之间的关系显而易见。这里需要特别指出的是它们之间的区别。第一，总体回归线是未知的，它只有一条。而样本回归线则是根据样本数据拟合的，每抽取一组样本，便可以拟合一条样本回归线。第二，总体回归函数中的 β_1 和 β_2 是未知的参数，表现为常数。而样本回归函数中的 $\hat{\beta}_1$ 和 $\hat{\beta}_2$ 是随机变量，其具体数值随所抽取的样本观测值不同而变动。第三，总体回归函数中的 u_t 是 Y_t 与未知的总体回归线之间的纵向距离，它是不可直接观测的。而样本回归函数中的 e_t 是 Y_t 与样本回归线之间的纵向距离，当根据样本观测值拟合出样本回归线之后，可以计算出 e_t 的具体数值。

综上所述，样本回归函数是对总体回归函数的近似反映。回归分析的主要任务就是要采用适当的方法，充分利用样本所提供的信息，使样本回归函数尽可能地接近于真实的总体回归函数。

（三）误差项的标准假定

随机误差项 u_t 是无法直接观测的。为了进行回归分析，通常需要对其概率分布提出一些假定。这些假定有：

假定1：误差项的期望值为0，即对所有的 t，总有

$$E(u_t) = 0 \tag{6.10}$$

假定2：误差项的方差为常数，即对所有的 t，总有

$$Var(u_t) = E(u_t^2) = \sigma^2 \tag{6.11}$$

假定3：误差项之间不存在序列相关关系，其协方差为零，即当 $t \neq s$ 时有：

$$Cov(u_t u_s) = E(u_t u_s) = 0 \tag{6.12}$$

假定4：自变量是给定的变量，与随机误差项线性无关。

假定5：随机误差项服从正态分布。

满足以上标准假定的一元线性模型，称为标准的一元线性回归模型。

应当指出，在现实生活中，由于各种原因，上述标准假定经常不能得到满足。那么学习以标准假定为基础的回归分析理论与方法是否会失去意义呢？当然不会。同其他一切科学研究一样，对相关现象的分析方法的研究，也可以从标准的理想状态出发，首先研究这一状态下的基本方法与规律，然后再以此为规范，进一步研究现实存在的非理想状态下可以采用的方法。关于非标准条件下的分析方法，属于《计量经济学》研究的内容，对此本书不作进一步的讨论。

二、一元线性回归模型的估计

（一）回归系数的点估计

如前所述，回归分析的主要任务就是要建立能够近似反映真实总体回归函数的样本回归函数。在根据样本资料确定样本回归方程时，一般总是希望 Y 的估计值从整体来看尽可能地接近其实际观测值。这就是说，残差的总量越小越好。可是，由于 e_t 有正有负，简单的代数和会相互抵消，因此为了便于处理，通常采用残差平方和 $\sum e_t^2$ 作为衡量总偏差的尺度。所谓最小二乘法就是根据这一思路，通过使残差平方和为最小来估计回归系数的一种方法。设

$$Q = \sum e_t^2 = \sum (Y_t - \hat{Y}_t)^2 = \sum (Y_t - \hat{\beta}_1 - \hat{\beta}_2 X_t)^2 \tag{6.13}$$

很明显，残差平方和 Q 的大小将依赖于 $\hat{\beta}_1$ 和 $\hat{\beta}_2$ 的取值。根据微积分中求极小值的原理，可知 Q 存在极小值，同时欲使 Q 达到最小，Q 对 $\hat{\beta}_1$ 和 $\hat{\beta}_2$ 的偏导数必须等于零。

将 Q 对 $\hat{\beta}_1$ 和 $\hat{\beta}_2$ 求偏导数，并令其等于零，可得：

$$-2\sum (Y_t - \hat{\beta}_1 - \hat{\beta}_2 X_t) = 0 \tag{6.14}$$

$$-2\sum X_t(Y_t - \hat{\beta}_1 - \hat{\beta}_2 X_t) = 0 \tag{6.15}$$

加以整理后有：

$$n\hat{\beta}_1 + \hat{\beta}_2 \sum X_t = \sum Y_t \tag{6.16}$$

$$\hat{\beta}_1 \sum X_t + \hat{\beta}_2 \sum X_t^2 = \sum X_t Y_t \tag{6.17}$$

以上方程组称为正规方程组或标准方程组，式中的 n 是样本容量。求解这一方程组可得：

$$\hat{\beta}_2 = \frac{n\sum X_t Y_t - \sum X_t \sum Y_t}{n\sum X_t^2 - (\sum X_t)^2} \tag{6.18}$$

$$\hat{\beta}_1 = \sum \frac{Y_t}{n} - \hat{\beta}_2 \sum \frac{X_t}{n} = \bar{Y} - \hat{\beta}_2 \bar{X} \tag{6.19}$$

以上两式是估计总体回归系数 β_1 和 β_2 的公式。

（二）总体方差的估计

除了 β_1 和 β_2 外，一元线性回归模型还包括了另一个未知参数，那就是总体随机误差项的方差 σ^2。σ^2 可以反映理论模型误差的大小，它是检验模型时必须利用的一个重要参数。由于随机误差项本身是不能直接观测的，因此，需要用最小二乘残差代替随机误差项来估计 σ^2。数学上可以证明，σ^2 的无偏估计 S^2 可由下式给出：

$$S^2 = \frac{\sum e_t^2}{n-2} \tag{6.20}$$

式(6.20)中，分子是残差平方和；分母是自由度，其中 n 是样本观测值的个数，2 是一元线性回归方程中回归系数的个数。在一元线性回归模型中，残差 e_t 必须满足以下两个可由式(6.14)和式(6.15)导出的约束条件：

$$\sum e_t = 0; \sum e_t X_t = 0 \tag{6.21}$$

因而失去了两个自由度，所以其自由度为 $n-2$。

S^2 的正平方根又称作回归估计的标准误差。S 越小表明实际观测点与所拟合的样本回归线的离差程度越小，即回归线具有较强的代表性。反之，S 越大表明实际观测点与所拟合的样本回归线的离差程度越大，即回归线的代表性较差。

直接根据式(6.21)计算 S^2，需要逐一计算出残差平方的数值。这样手续十分麻烦，而且计算误差较大。因此，一般采用以下公式计算残差平方和：

$$\sum e_t^2 = \sum Y_t^2 - \hat{\beta}_1 \sum Y_t - \hat{\beta}_2 \sum X_t Y_t \tag{6.22}$$

式(6.22)的推导过程如下：

$$\begin{aligned}\sum e_t^2 &= \sum (Y_t - \hat{\beta}_1 - \hat{\beta}_2 X_t) e_t \\ &= \sum Y_t e_t \\ &= \sum Y_t (Y_t - \hat{\beta}_1 - \hat{\beta}_2 X_t) \\ &= \sum Y_t^2 - \hat{\beta}_1 \sum Y_t - \hat{\beta}_2 \sum X_t Y_t\end{aligned}$$

（三）最小二乘估计量的性质

最小二乘法是多种估计方法中的一种。按照最小二乘法求得的估计总体回归系数的数学公式是样本观测值的函数，通常称之为最小二乘估计量。最小二乘估计量的形式是不变的，但根据所选取的样本不同，其具体数值即回归系数的估计值却会随之变化，因此，它是一种随机变量。可以证明，在标准假定能够得到满足的条件下，回归系数的最小二乘估计量的期望值等于其真值，即有：

$$E(\hat{\beta}_1) = \beta_1;\ E(\hat{\beta}_2) = \beta_2 \tag{6.23}$$

其方差为：

$$Var(\hat{\beta}_1) = \sigma_{\hat{\beta}_1}^2 = \sigma 2 \left(\frac{1}{n} + \frac{\bar{X}}{\Sigma (X_t - \bar{X})^2} \right) \tag{6.24}$$

$$Var(\hat{\beta}_2) = \sigma_{\hat{\beta}_1}^2 = \frac{\sigma^2}{\Sigma (X_t - \bar{X})^2} \tag{6.25}$$

$\hat{\beta}_2$ 和 $\hat{\beta}_1$ 的期望值与方差的推导过程基本类似。这里只就 $\hat{\beta}_2$ 进行证明。

为了便于讨论，将 $Y_t = \beta_1 + \beta_2 X_t + u_t$ 代入估计量 $\hat{\beta}_2$，并作以下变形：

$$\begin{aligned}\hat{\beta}_2 &= \frac{n \sum X_t Y_t - \sum X_t \sum Y_t}{n \sum X_t^2 - (\sum X_t)^2} = \frac{\sum (X_t - \bar{X})(Y_t - \bar{Y})}{\sum (X_t - \bar{X})^2} = \frac{\sum (X_t - \bar{X}) Y_t}{\sum (X_t - \bar{X})^2} \\ &= \beta_2 + \frac{\sum (X_t - \bar{X}) u_t}{\sum (X_t - \bar{X})^2}\end{aligned} \tag{6.26}$$

为了推导上式，利用了以下恒等式：

$$\sum (X_t - \bar{X}) = 0$$

$$\sum (X_t - \bar{X})^2 = \sum (X_t - \bar{X}) X_t$$

$$\sum (X_t - \bar{X})(Y_t - \bar{Y}) = \sum (X_t - \bar{X}) Y_t$$

这样，回归系数的最小二乘估计量可以表现为所要估计的参数的真值与随机误差项的线性组合。由于我们已假定 X_t 是给定的变量（不是随机变量），因此，同各期误差项相乘的权数也都是确定量。为了叙述的方便，令

$$w_t = \frac{(X_t - \bar{X})}{\sum (X_t - \bar{X})^2} \tag{6.27}$$

利用前面所述的关于随机误差项的标准假定和期望值运算的规则，可以证明 $\hat{\beta}_2$的期望值为：

$$\begin{aligned} E(\hat{\beta}_2) &= \beta_2 + E(\sum w_t u_t) \\ &= \beta_2 + \sum w_t E(u_t)\text{（根据标准假定 4）} \\ &= \beta_2 + \sum w_t \times 0\text{（根据标准假定 1）} \\ &= \beta_2 \end{aligned} \tag{6.28}$$

$\hat{\beta}_2$的方差为：

$$\begin{aligned} \mathrm{Var}(\hat{\beta}_2) &= \mathrm{Var}(\beta_2 + \sum w_t u_t) \\ &= E(\sum w_t u_t)^2 \\ &= \sum w_t^2 E(u_t^2)\text{（根据标准假定 4,3）} \\ &= \sigma^2 \sum w_t^2\text{（根据标准假定 2）} \\ &= \frac{\sigma^2}{\sum (X_t - \bar{X})^2} \end{aligned} \tag{6.29}$$

证毕。

由以上推导过程可知，最小二乘估计量是因变量观测值 Y_t 的线性函数，其期望值等于总体回归系数的真值。因此，最小二乘估计量是总体回归系数的线性无偏估计量。数学上还可以进一步证明，在所有的线性无偏估计量中，回归系数的最小二乘估计量的方差最小；同时随着样本容量的增大，其方差会不断缩小。也就是说，回归系数的最小二乘估计量是最优线性无偏估计量和一致估计量。

标准线性回归模型中，回归系数的最小二乘估计量所具有的上述性质首先是由数学家高斯和马尔可夫提出并证明的，因此被称为高斯－马尔可夫定理。通俗地讲，这一定理表明，在标准的假定条件下，最小二乘估计量是一种最佳的估计方式。但是应当明确，这并不意味着根据这一方式计算的每一个具体的估计值都比根据其他方式计算的具体估计值更接近真值，而只是表明如果反复多次进行估计值计算或是扩大样本的容量进行估计值计算，按最佳估计方式计算的估计值接近真值的可能性（概率）最大。

（四）回归系数的区间估计

利用以上得到的回归系数的点估计及其方差，还可以对回归系数进行区间估计。为了进行区间估计，有必要了解 $\hat{\beta}_1$和 $\hat{\beta}_2$的概率分布。因为 $\hat{\beta}_1$和 $\hat{\beta}_2$均为线性估计量，是因变量 Y_t 的线性组合。根据上一节所述的标准假定，可知 Y_t 是服从正态分布的变量，所以 $\hat{\beta}_1$和 $\hat{\beta}_2$也服从正态分布。另外，以上我们已给出了 $\hat{\beta}_1$和 $\hat{\beta}_2$的期望值与方差。所以有：

$$\hat{\beta}_1 \sim N(\beta_1, \sigma^2_{\hat{\beta}_1})\text{；}\hat{\beta}_2 \sim N(\beta_2, \sigma^2_{\hat{\beta}_2}) \tag{6.30}$$

在总体方差已知的情况下，利用上述正态分布便可以进行区间估计。可是，一般来说，总体方差 σ^2是未知的，要用其无偏估计量 S^2去代替。数学上可以证明，当样本为小样本时，回归系数估计值的标准化变换值 t 服从自由度为 $n-k$ 的 t 分布（n 是样本容量，k

是回归系数的个数，在标准的一元线性回归模型中，$k=2$）。根据介绍的关于参数区间估计的原理，可得到以下回归系数区间估计的公式：

$$\hat{\beta}_j \pm t_{\alpha/2}^{(n-2)} \times S_{\hat{\beta}_j} \qquad (j=1,2) \tag{6.31}$$

式中：$S_{\hat{\beta}_j}$是回归系数$\hat{\beta}_j$估计的样本标准误差，$t_{\alpha/2}^{(n-2)}$是显著水平为α，自由度为$(n-2)$的t分布双侧临界值。

$$S_{\hat{\beta}_1} = S\sqrt{\frac{1}{n} + \frac{\bar{X}}{\sum (X_t - \bar{X})^2}} \tag{6.32}$$

$$S_{\hat{\beta}_2} = \frac{S}{\sqrt{\sum (X_t - \bar{X})^2}} \tag{6.33}$$

三、一元线性回归模型的检验

（一）回归模型检验的种类

回归模型中的参数估计出来之后，还必须对其进行检验。如果通过检验发现模型有缺陷，则必须回到模型的设定阶段或参数估计阶段，对数据进行检查，重新选择因变量和自变量或函数形式，再次估计参数。

回归模型的检验包括理论意义检验、一级检验和二级检验。理论意义检验主要涉及参数估计值的符号和取值区间，如果它们与实质性科学的理论以及人们的实践经验不相符，就说明模型不能很好地解释现实的现象。例如，在前面所举的消费函数中，β_2的取值区间应在0～1之间。如果根据样本数据估计的$\hat{\beta}_2$大于1或小于0，则不能通过经济意义检验。在对实际的社会经济现象进行回归分析时，常常会遇到经济意义检验不能通过的情况。造成这一结果的主要原因是：社会经济的统计数据无法像自然科学中的统计数据那样通过有控制的实验去取得，因而所观测的样本容量有可能偏小，不具有足够的代表性，或不具备足够的识别力；也可能是标准线性回归分析所要求的假定条件不能满足。一级检验又称统计学检验，它是利用统计学中的抽样理论来检验样本回归方程的可靠性，具体又可分为拟合程度评价和显著性检验。一级检验是对所有现象进行回归分析时都必须通过的检验。二级检验又称经济计量学检验，它是对标准线性回归模型的假定条件能否得到满足进行检验，具体包括序列相关检验、异方差性检验、多重共线性检验等。二级检验对于社会经济现象的定量分析具有特别重要的意义。关于二级检验的问题在计量经济学教科书中有详细介绍，本书只讨论一级检验。

（二）拟合程度的评价

所谓拟合程度，是指样本观测值聚集在样本回归线周围的紧密程度。判断回归模型拟合程度优劣最常用的数量尺度是样本决定系数（简称决定系数）。它是建立在对总离差平方和进行分解的基础之上的。

因变量的实际观测值与其样本均值的离差即总离差$(Y_t - \bar{Y})$可以分解为两部分：一部分是因变量的理论回归值与其样本均值的离差$(\hat{Y}_t - \bar{Y})$，它可以看成是能够由回归直线解释的部分，称为可解释离差；另一部分是实际观测值与理论回归值的离差

$(Y_t - \hat{Y}_t)$，它是不能由回归直线加以解释的残差 e_t。对任一实际观测值 Y_t 总有：

$$(Y_t - \bar{Y}) = (\hat{Y}_t - \bar{Y}) + (Y_t - \hat{Y}_t)$$

$$= (\hat{Y}_t - \bar{Y}) + e_t \qquad (6.34)$$

对上式两边取平方并求和，得到：

$$\sum (Y_t - \bar{Y})^2 = \sum (\hat{Y}_t - \bar{Y})^2 + \sum (Y_t - \hat{Y}_t)^2 + 2(\hat{Y}_t - \bar{Y})(Y_t - \hat{Y}_t)$$

利用残差的定义与式(6.20)，可以证明：

$$\sum (\hat{Y}_t - \bar{Y})(Y_t - \hat{Y}_t) = 0$$

从而有：

$$\sum (Y_t - \bar{Y})^2 = \sum (\hat{Y}_t - \bar{Y})^2 + \sum (Y_t - \hat{Y}_t)^2$$

即

$$SST = SSR + SSE \qquad (6.35)$$

式中：SST 是总离差平方和；SSR 是由回归直线可以解释的那一部分离差平方和，称为回归平方和；SSE 是用回归直线无法解释的离差平方和，称为残差平方和。

式(6.35)的两边同除以 SST，得：

$$1 = \frac{SSR}{SST} + \frac{SSE}{SST} \qquad (6.36)$$

显而易见，各个样本观测点与样本回归直线靠得越紧，SSR 在 SST 中所占的比例就越大。因此，可定义这一比例为决定系数，即有：

$$r^2 = \frac{SSR}{SST} = 1 - \frac{SSE}{SST} \qquad (6.37)$$

决定系数是对回归模型拟合程度的综合度量，决定系数越大，模型拟合程度越高；决定系数越小，则模型对样本的拟合程度越差。

决定系数 r^2 具有如下特性：

1. 决定系数 r^2 具有非负性。①由决定系数的定义式可知，r^2 的分子分母均是不可能为负值的平方和，因此其比值必大于零。

2. 决定系数的取值范围为 $0 \leqslant r^2 \leqslant 1$。由 r^2 的计算公式可以看出：当所有的实际观测值都位于回归直线上时，$SSE = 0$，这时 $r^2 = 1$，说明总离差可以完全由所估计的样本回归直线来解释；当实际观测值并不是全部位于回归直线上时，但又大致分布在其附近时，$SSE > 0$，这时 $r^2 < 1$；当回归直线没有解释任何离差，即模型中解释变量 X 与因变量 Y 完全无关时，Y 的总离差可全部归于残差平方和，即 $SSE = SST$，这时 $r^2 = 0$。

3. 决定系数是样本观测值的函数，它也是一个统计量。

4. 在一元线性回归模型中，决定系数是单相关系数的平方。

（三）显著性检验

回归分析中的显著性检验包括两方面的内容：一是对各回归系数的显著性检验；二

① 但是在回归模型中不包括截距项的场合，由于总离差平方和的分解公式不成立，按该式计算的 r^2 有可能小于0。

是对整个回归方程的显著性检验。在一元线性回归模型中,由于只有一个解释变量 X,对 $\beta_2=0$ 的检验与对整个方程的显著性检验是等价的。因此这里只介绍对回归系数的显著性检验,对整个回归方程的显著性检验将在下一节中再作介绍。

所谓回归系数的显著性检验,就是根据样本估计的结果对总体回归系数的有关假设进行检验。β_1 与 β_2 的检验方法是相同的,但 β_2 的检验更为重要,因为它表明自变量对因变量线性影响的程度。

下面我们以 β_2 的检验为例,介绍回归系数显著性检验的基本步骤。

1. t 检验。

(1)提出假设。对回归系数进行显著性检验,所提出的假设的一般形式是:

$$H_0:\beta_2=\beta_2^*\ ,\ H_1:\beta_2\neq\beta_2^* \tag{6.38}$$

式中,H_0 表示原假设;H_1 表示备择假设;β_2^* 是假设的总体回归系数的真值。在许多回归分析的计算机程序里,常常令 $\beta_2^*=0$。这是因为 β_2 是否为 0,可以表明 X 对 Y 是否有显著的影响。

(2)确定显著水平 α。显著水平的大小应根据犯哪一类错误可能带来损失的大小确定。一般情况下取 0.05。

(3)计算回归系数的 t 值。

$$t_{\hat{\beta}_2}=\frac{\hat{\beta}_2-\beta_2^*}{S_{\hat{\beta}_2}} \tag{6.39}$$

式中:$S_{\hat{\beta}_2}$ 是回归系数 $\hat{\beta}_2$ 估计的标准误差。

(4)确定临界值。t 检验的临界值是由显著水平和自由度 df 决定的。这时应该注意,原假设和备择假设设定的方式不同,据以判断的接受域和拒绝域也不相同。例如,对 $H_0:\beta_2=0$,$H_1:\beta_2\neq0$,进行的是双侧 t 检验;而对 $H_0:\beta_2=0.9$,$H_1:\beta_2<0.9$,进行的是单侧 t 检验。对此,在双侧检验的场合,依据 α 和 df,查 t 分布表所确定的临界值是($-t_{\alpha/2}$)和($t_{\alpha/2}$);而在单侧检验的场合,所确定的临界值是(t_α)。

(5)做出判断。如果 $t_{\hat{\beta}_2}$ 的绝对值大于临界值的绝对值,就拒绝原假设,接受备择假设;反之,如果 $t_{\hat{\beta}_2}$ 的绝对值小于临界值的绝对值,则接受原假设。

2. p 值检验。回归系数的显著性检验还可以采用 p 值检验。其前三步与 t 检验相同,但 t 值计算出来之后,并不与 t 分布的临界值进行对比,而是直接计算自由度为 $n-2$ 的 t 统计量大于或小于根据样本观测值计算的 $t_{\hat{\beta}_2}$ 的概率即 p 值。然后将其与给定的显著水平 α 对比,如果 p 小于 α,则拒绝原假设,反之则接受原假设。利用 Excel 进行回归分析时,计算机将直接给出回归系数估计的 p 值。

四、一元线性回归模型预测

(一)回归预测的基本公式

建立回归模型的重要目的之一是进行预测。如果所拟合的样本回归方程经过检验,被认为具有经济意义,同时被证明有较高的拟合程度,就可以利用其来进行预测。简单回归预测的基本公式如下:

$$\hat{Y}_f=\hat{\beta}_1+\hat{\beta}_2X_f \tag{6.40}$$

式中：X_f 是给定的 X 的具体数值；$\hat{Y}_f$是 X_f 给定时 Y 的预测值；$\hat{\beta}_1$和 $\hat{\beta}_2$ 是已估计出的样本回归系数。

回归预测是一种有条件的预测，在进行回归预测时，必须先给出 X_f 的具体数值。当给出的 X_f 属于样本内的数值时，利用该式去计算 $\hat{Y}_f$，称为内插检验或事后预测；而当给出的 X_f 在样本之外时，利用该式去计算 $\hat{Y}_f$称为外推预测或事前预测。通常所说的预测是指事前预测。

（二）预测误差

$\hat{Y}_f$是根据样本回归方程计算的，它是样本观测值的函数，因而也是一个随机变量。$\hat{Y}_f$与所要预测的 Y 的真值之间必然存在一定的误差。在实际的回归模型预测中，发生预测误差的原因可以概括为以下四个：

1. 模型本身中的误差因素所造成的误差。由于总体回归函数并未将所有影响 Y 的因素都纳入模型，同时其具体的函数形式也只是实际变量之间数量联系的近似反映，因而必然存在误差。这一误差可以用总体随机误差项的方差来评价。

2. 由于回归系数的估计值同其真值不一致所造成的误差。如前所述，样本回归系数是根据样本估计的，它与总体回归系数之间总是有一定的误差。这一误差可以用回归系数的最小二乘估计量的方差来评价。

3. 由于自变量 X 的设定值同其实际值的偏离所造成的误差。当给出的 X_f 在样本之外时，其本身也需要利用某种方法去进行预测。如果 X_f 与未来时期 X 的实际值不符，将其代入式(6.40)求得的 Y 的预测值当然也会与其实际值有所不同。

4. 由于未来时期总体回归系数发生变化所造成的误差。在研究客观经济现象的总体回归方程中，总体回归系数是一定时期内经济结构的数量特征，随着社会经济运行机制和经济结构的变化，它也会有所变动。这时，如果仍沿用根据样本期数据拟合的样本回归方程进行预测，也会造成误差。

在以上造成预测误差的原因中，3，4 两项不属于回归方程本身的问题，而且也难以事先予以估计和控制。因此，在下面的讨论中，假定只存在 1，2 两种误差。

设 X_f 给定时 Y 的真值为 Y_f：

$$Y_f = \beta_1 + \beta_2 X_f + u_f \tag{6.41}$$

则有

$$\begin{aligned} e_f &= Y_f - \hat{Y}_f \\ &= (\beta_1 + \beta_2 X_f + u_f) - (\hat{\beta}_1 + \hat{\beta}_2 X_f) \\ &= (\beta_1 - \hat{\beta}_1) + (\hat{\beta}_2 - \beta_2) X_f + u_f \end{aligned} \tag{6.42}$$

式中：e_f 是预测的残差。

利用期望值与方差的运算规则以及前面给出的回归系数最小二乘估计量的期望值和方差，可以证明：

$$E(e_f) = 0 \tag{6.43}$$

$$Var(e_f) = \sigma^2 \left(1 + \frac{1}{n} + \frac{(X_f - \bar{X})^2}{\sum (X_t - \bar{X})^2} \right) \tag{6.44}$$

在此基础上,还可以进一步证明 $\hat{Y}_f$是 Y_f 的最优线性无偏预测,即在标准假定能够满足的情况下,式(6.40)是 Y_f 的最佳预测方式。

（三）区间预测

式(6.40)给出的是对 Y_f 的点估计,在许多场合,人们更为关心的是对 Y_f 的区间估计。在标准假定条件下,e_f 服从于正态分布,即

$$e_f \sim N(0, Var(e_f)) \tag{6.45}$$

由于 $Var(e_f)$中的 σ^2 是未知的,通常用其无偏估计 S^2 来代替。若用 S_{e_f}来表示预测标准误差的估计值:

$$S_{e_f} = S\sqrt{1 + \frac{1}{n} + \frac{(X_f - \bar{X})^2}{\sum (X_t - \bar{X})^2}} \tag{6.46}$$

则数学上可以证明:

$$(Y_f - \hat{Y}_f)/S_{ef} \tag{6.47}$$

服从于自由度为$(n-2)$的t分布。按照确定置信区间的方法,可以得出 Y_f 的$(1-\alpha)$的置信区间为:

$$Y_f \pm t_{\alpha/2}^{(n-2)} \times S_{ef} \tag{6.48}$$

式中:$t_{\alpha/2}^{(n-2)}$ 是置信度为$(1-\alpha)$、自由度为$(n-2)$的 t 分布的临界值。

对于每一个给定的X值,计算相应的Y的置信区间,并将连接各点的曲线描绘在平面图上,便可得到图 6-2。

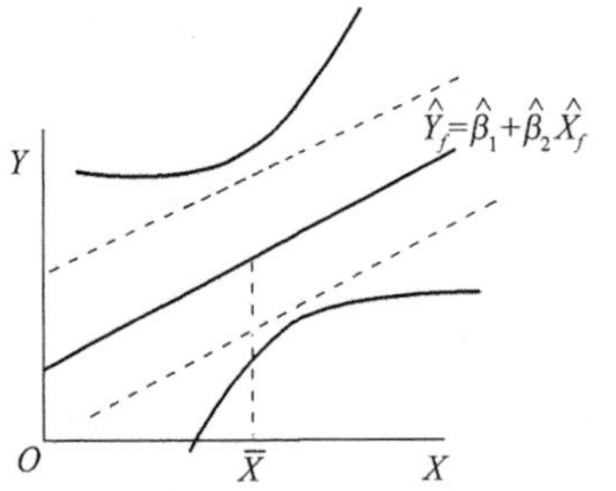

图 6-2　回归预测的置信区间

从置信区间和 S_{e_f} 的计算公式以及图 6-2,可以得到以下结论:

第一,置信区间的上下限对称地落在样本回归直线两边,呈中间小两头大的喇叭形。当 $X_f=\bar{X}$ 时,置信区间最窄,而当 X_f 远离 $\bar{X}$ 时,其置信区间逐渐增大。这就是说,在用回归模型进行预测时,X_f 的取值不宜离开 $\bar{X}$ 过远,否则预测精度将会降低,有可能使预测失效。

第二,在样本容量 n 保持不变时,$t_{\alpha/2}^{(n-2)}$ 的值随置信度$(1-\alpha)$的提高而增加,因此,要求预测值的概率保证程度增加,在其他条件不变时,也就意味着预测精度的降低。

第三,当其他条件不变时,$t_{\alpha/2}^{(n-2)}$ 和 S_{e_f} 的值均为样本容量 n 的减函数,即随着 n 的增加,这二者将逐渐减少。这说明随着样本容量的增加,预测精度将会提高,而样本容量过小,预测的精度就较差。

第四,当 n 足够大时,S_{e_f} 会趋近于S;$t_{\alpha/2}^{(n-2)}$ 会趋近于 $z_{\alpha/2}$($z_{\alpha/2}$ 是置信度为$(1-\alpha)$的标

准正态分布的临界值）。这时，可以用S和$z_{\alpha/2}$取代S_{e_f}和$t_{\alpha/2}$来确定预测区间。即样本容量充分大时，Y_f的$(1-\alpha)$的置信区间为：

$$Y_f \pm z_{\alpha/2} \times S \tag{6.49}$$

按式(6.49)确定的预测区间的上、下限在平面图上呈两条直线（参见图6－2中与样本回归线平行的两条虚线）。

【例6－5】例6－2的表6－1中已给出我国2014年各省（直辖市、自治区）城镇居民人均消费支出和人均可支配收入的数据，要求利用该资料完成以下工作：

（1）估计我国城镇居民的边际消费倾向和基础消费水平。

（2）计算我国城镇居民消费函数的总体方差S^2和回归估计标准差S。

（3）对我国城镇居民边际消费倾向进行置信度为95%的区间估计。

（4）计算所拟合的样本回归方程的决定系数。

（5）以5%的显著水平对我国城镇居民边际消费倾向进行显著性检验。

（6）假定已知某居民家庭2015年人均可支配收入为30千元，要求计算该居民家庭置信度为95%的年人均消费支出的预测区间。

【解】（1）$Y_i = \beta_1 + \beta_2 X_i + u_i$

将表6－1中合计栏的有关数据代入式(6.16)和式(6.17)，可得：

$$\hat{\beta}_2 = \frac{31 \times 20\ 380.093 - 926.909 \times 642.182}{31 \times 29\ 430.940 - 926.909^2} = 0.686\ 8$$①

$$\hat{\beta}_1 = 642.182 \div 31 - 0.686\ 8 \times 926.909 \div 31 = 0.179\ 4$$

求得的样本回归方程为：

$$\hat{Y}_i = 0.1794 + 0.686\ 8X_i$$

上式中，0.686 8是边际消费倾向，表示人均可支配收入每增加1千元，人均消费支出会增加0.686 8千元；0.179 4是基本消费水平，即与收入无关的最基本的人均消费为0.179 4千元。

（2）将例6－2中给出的有关数据和（1）中求得的回归系数估计值代入式(6.21)，得：

$$\sum e_i^2 = 14\ 157.122 - 0.179\ 4 \times 642.182 - 0.686\ 8 \times 20\ 380.093 = 44.426\ 3$$

将以上结果代入式(6.22)，可得：

$$S^2 = 44.426\ 3/(31-2) = 1.531\ 9$$

进而有：
$$S = \sqrt{1.531\ 9} = 1.237\ 7$$

（3）将前面已求得的有关数据代入式(6.32)，可得：

$$S_{\hat{\beta}_2} = 1.237\ 7 \div \sqrt{29\ 430.940 - 926.909^2/31} = 0.029\ 9$$

查t分布表可知：显著水平为5%，自由度为29的t分布双侧临界值是2.045 2，前面已求得$\hat{\beta}_2 = 0.686\ 8$，将其代入式(6.30)，可得：

$$0.686\ 8 - 2.045\ 2 \times 0.029\ 9 \leqslant \beta_2 \leqslant 0.686\ 8 + 2.045\ 2 \times 0.029\ 9$$

---

① 本例(1)至(5)问题中，由于保留小数点尾数不同，计算机软件包计算结果与手算结果有一定误差，这里的结果以计算机EXCEL回归分析计算的结果为准。

即： $$0.6257\leq\beta_2\leq0.7479$$

(4)利用(2)中求得的残差平方和，代入决定系数的计算公式，可得：

$$r^2=1-\frac{SSE}{SST}=1-\frac{44.4263}{853.9593}=0.9480$$

上式中的 SST 是利用表 6－1 中给出的数据按下式计算的：

$$SST=\sum Y_i^2-(\sum Y_i)^2/n$$
$$=14\,157.122-(642.182)^2\div31=853.9593$$

(5)首先，提出假设：$H_0:\beta_2=0$，$H_1:\beta_2\neq0$。其次，利用式(6.39)计算 t 值

$$t_{\hat{\beta}_2}=0.6868/0.0299=22.9877$$

查 t 分布表可知：显著水平为5%，自由度为29的双侧 t 检验的临界值是2.0452。以上计算的 t 值远远大于此临界值，所以拒绝原假设，接受备择假设，即认为可支配收入对消费支出的影响是非常显著的。

(6) 将有关数据代入拟合好的样本回归方程，可得：

$$\hat{Y}_f=0.1794+0.6868X_f=0.1794+0.6868\times30=20.7834(\text{千元})$$

从前面的结果可知：$S=1.2377$，$\sum X_i=926.909$，$n=31$，

$\sum(X_t-\bar{X})^2=29\,430.940-(926.909)^2/31=1\,716.0918$，将其代入求预测标准误差估计值的公式(6.45)，有：

$$Sef=1.2377\times\sqrt{1+1/31+(30-926.909/31)^2/1\,716.0918}=1.2575(\text{千元})$$

查 t 分布表可知：显著水平为 5%，自由度为 29 的双侧 t 检验的临界值是 2.0452。因此，当人均可支配收入为 30 千元时，置信度为 95 % 的消费支出的预测区间如下：

$$20.7834-2.0452\times1.2575\leq Y_f\leq20.7834+2.0452\times1.2575$$

$$18.2116(\text{千元})\leq Y_f\leq23.3552(\text{千元})$$

第四节　多元线性回归分析

一、标准的多元线性回归模型

上一节介绍的一元线性回归分析所反映的是 1 个因变量与 1 个自变量之间的关系。但在现实中，某一现象的变动经常受多种现象变动的影响。例如，消费除了受本期收入水平的影响外，还会受以往消费和收入水平的影响；一个工业企业利润额的大小除了与总产值多少有关外，还与成本、价格等有关。这就是说，影响因变量的自变量通常不是一个，而是多个。在许多场合，仅考虑单个变量是不够的，还需要就一个因变量与多个自变量的联系来进行考察，才能获得比较满意的结果。这就产生了测定与分析多因素之间相关关系的问题。

研究在线性相关条件下，两个和两个以上自变量对一个因变量的数量变化关系，称

为多元线性回归分析。表现这一数量关系的数学公式,称为多元线性回归模型。多元线性回归模型是一元线性回归模型的扩展,其基本原理与一元线性回归模型相类似,只是在计算上比较麻烦一些而已。限于本书的篇幅和程度,本节对于多元回归分析中与一元回归分析相类似的内容,仅给出必要的结论,不作进一步的论证,只对某些多元回归分析所特有的问题作比较详细的说明。

多元线性回归模型总体回归函数的一般形式如下:

$$Y_t = \beta_1 + \beta_2 X_{2t} + \cdots + \beta_k X_{kt} + u_t \tag{6.50}$$

上式假定因变量 Y 与 $(k-1)$ 个自变量之间的回归关系可以用线性函数来近似反映。式中,Y_t 是变量 Y 的第 t 个观测值;X_{jt} 是第 j 个自变量 X_j 的第 t 个观测值 $(j=1,2,\cdots,k)$;u_t 是随机误差项;$\beta_1,\beta_2,\cdots,\beta_k$ 是总体回归系数。β_j 表示在其他自变量保持不变的情况下,自变量 X_j 变动一个单位所引起的因变量 Y 平均变动的数额,因而又称作偏回归系数。该式中,总体回归系数是未知的,必须利用有关的样本观测值来进行估计。

假设已给出了 n 个观测值,同时 $\hat{\beta}_1, \hat{\beta}_2, \cdots, \hat{\beta}_k$ 为总体回归系数的估计,则多元线性回归模型的样本回归函数如下:

$$Y_t = \hat{\beta}_1 + \hat{\beta}_2 X_{2t} + \cdots + \hat{\beta}_k X_{kt} + e_t \qquad (t=1,2,\cdots,n) \tag{6.51}$$

式中:e_t 是 Y_t 与其估计 $\hat{Y}_t$ 之间的离差,即残差。

与一元线性回归分析相类似,为了进行多元线性回归分析,也需要提出一些必要的假定。多元线性回归分析的标准假定除了包括上一节中已经提出的关于随机误差项的假定外,还要追加一条假定。这就是回归模型所包含的自变量之间不能具有较强的线性关系,同时样本容量必须大于所要估计的回归系数的个数,即 $n>k$。我们称这条假定为标准假定 6。

二、多元线性回归模型的估计

(一)回归系数的估计

多元线性回归模型中回归系数的估计同样采用最小二乘法。设

$$Q = \sum e_t^2 = \sum (Y_t - \hat{Y}_t)^2 = \sum (Y_t - \hat{\beta}_1 - \hat{\beta}_2 X_{2t} - \cdots - \hat{\beta}_k X_{kt})^2 \tag{6.52}$$

根据微积分中求极小值的原理,可知残差平方和 Q 存在极小值,欲使 Q 达到最小,Q 对 $\hat{\beta}_1,\hat{\beta}_2,\cdots,\hat{\beta}_k$ 的偏导数必须等于零。将 Q 对 $\hat{\beta}_1,\hat{\beta}_2,\cdots,\hat{\beta}_k$ 求偏导数,并令其等于零,加以整理后可得到以下 k 个方程式:

$$\begin{aligned}
n\hat{\beta}_1 + \hat{\beta}_2 \sum X_{2t} + \cdots + \hat{\beta}_k \sum X_{kt} &= \sum Y_t \\
\hat{\beta}_1 \sum X_{2t} + \hat{\beta}_2 \sum X_{2t}^2 + \cdots + \hat{\beta}_k \sum X_{2t} X_{kt} &= \sum X_{2t} Y_t \\
\cdots\cdots\cdots \\
\hat{\beta}_1 \sum X_{kt} + \hat{\beta}_2 \sum X_{2t} X_{kt} + \cdots + \hat{\beta}_k \sum X_{kt}^2 &= \sum X_{kt} Y_t
\end{aligned} \tag{6.53}$$

以上 k 元一次方程组称为正规方程组或标准方程组,通过求解这一方程组便可以得到 $\hat{\beta}_1,\hat{\beta}_2,\cdots,\hat{\beta}_k$。

求解多元回归方程，用矩阵形式来表达较为简便①。记

$$Y=\begin{pmatrix}y_1\\y_2\\\vdots\\y_n\end{pmatrix};\quad X=\begin{pmatrix}1&x_{21}&\cdots&x_{k1}\\1&x_{22}&\cdots&x_{k2}\\\vdots&\vdots&\vdots&\vdots\\1&x_{2n}&\cdots&x_{kn}\end{pmatrix};\quad U=\begin{pmatrix}u_1\\u_2\\\vdots\\u_n\end{pmatrix};$$

$$B=\begin{pmatrix}\beta_1\\\beta_2\\\vdots\\\beta_k\end{pmatrix};\quad \hat{Y}=\begin{pmatrix}\hat{y}_1\\\hat{y}_2\\\vdots\\\hat{y}_n\end{pmatrix};\quad \hat{B}=\begin{pmatrix}\hat{\beta}_1\\\hat{\beta}_2\\\vdots\\\hat{\beta}_k\end{pmatrix};\quad e=\begin{pmatrix}e_1\\e_2\\\vdots\\e_n\end{pmatrix}$$

则总体回归函数式(6.50)可以写为：

$$Y=XB+U \tag{6.54}$$

样本回归函数式(6.51)可以写为：

$$Y=X\hat{B}+e \tag{6.55}$$

标准方程组式(6.53)可以写为：

$$(X'X)\hat{B}=X'Y \tag{6.56}$$

式中：X'表示 X 的转置矩阵。$(X'X)$是一个 $k\times k$ 的对称矩阵，根据标准假定 6，k 个自变量之间不存在高度的线性相关，因此其逆矩阵存在。

在式(6.56)的两边同时左乘$(X'X)^{-1}$，可以得到：

$$\hat{B}=(X'X)^{-1}X'Y \tag{6.57}$$

式(6.57)是回归系数最小二乘估计的一般形式。

实际求解多元回归方程中的回归系数的估计值，通常需要依靠电子计算机。在电子计算机技术十分发达的今天，多元回归分析的计算已经变得相当简单。利用现成的软件包，只要将有关数据输入电子计算机，并指定因变量和相应的自变量，立刻就能得到计算结果。因此，对于从事应用研究的人们来说，更为重要的是要能够理解输入和输出之间相互对应的关系，以及对电子计算机输出的结果做出正确的解释。

（二）总体方差的估计

除了回归系数以外，多元线性回归模型中还包含了另一个未知参数，那就是随机误差项的方差 σ^2。与一元回归分析相类似，多元线性回归模型中的 σ^2 也是利用残差平方和除以其自由度来估计的，即有：

$$S^2=\frac{\sum e_t^2}{n-k} \tag{6.58}$$

式中：n 是样本观测值的个数；k 是方程中回归系数的个数。

在$(k-1)$元回归模型中，标准方程组有 k 个方程式，残差必须满足 k 个约束条件，因此其自由度为$(n-k)$。数学上可以证明，S^2 是 σ^2 的无偏估计。S^2 的正平方根 S 又称作回归估计的标准误差。S 越小表明样本回归方程的代表性越强。

① 这里给出的矩阵形式具有一般性，对于一元线性回归模型也同样适用。对于尚未学过矩阵代数的读者，可以不必掌握这一部分内容。

在编制计算机程序时,残差平方和一般不是按照其定义式计算,而是利用以下公式计算:

$$\sum e_t^2 = e'e = Y'Y - \hat{B}'X'Y \tag{6.59}$$

式(6.59)是残差平方和的矩阵形式。式中的"$'$"表示求转置;Y 是因变量样本观测值向量;X 是自变量样本观测值矩阵;$\hat{B}'$ 是回归系数估计值向量的转置向量。

(三)最小二乘估计量的性质

与一元线性回归模型类似,多元线性回归模型中回归系数的最小二乘估计量也是随机变量。数学上可以证明,在标准假定条件可以满足的情况下,多元回归模型中回归系数最小二乘估计量的期望值同样等于总体回归系数的真值,即有:

$$E(\hat{B}) = B \tag{6.60}$$

回归系数最小二乘估计量的方差、协方差矩阵为:

$$\begin{aligned} Var(\hat{B}) &= E(\hat{B} - B)(\hat{B} - B)' \\ &= \sigma^2 (X'X)^{-1} \end{aligned} \tag{6.61}$$

该矩阵主对角元素是各回归系数估计量的方差 $E(\hat{\beta}_j - \beta_j)^2$,其他元素是各回归系数估计量之间的协方差 $E(\hat{\beta}_j - \beta_j)(\hat{\beta}_i - \beta_i)\ (i \neq j)$。在此基础上,还可以进一步证明回归系数的最小二乘估计量是最优线性无偏估计量和一致估计量。也就是说,在标准的多元线性回归模型中,高斯 - 马尔可夫定理同样成立。

三、多元线性回归模型的检验和预测

(一)拟合程度的评价

在多元线性回归分析中,总离差平方和的分解公式依然成立。因此也可以用上一节所定义的决定系数做评价模型拟合程度的一项指标。不过,为了避免混淆,多元回归的决定系数用 R^2 表示:

$$R^2 = 1 - \frac{\sum e_t^2}{\sum (Y_t - \bar{Y})^2} \tag{6.62}$$

由决定系数的定义可知,R^2 的大小取决于残差平方和 $\sum e_t^2$ 在总离差平方和 $\sum (Y_t - \bar{Y})^2$ 中所占的比重。在样本容量一定的条件下,总离差平方和与自变量的个数无关,而残差平方和则会随着模型中自变量个数的增加而不断减少,至少不会增加。因此,R^2 是自变量个数的非递减函数。在一元线性回归模型中,所有模型包含的变量数目都相同,如果所使用的样本容量也一样,决定系数便可以直接作为评价拟合程度的尺度。然而在多元线性回归模型中,各回归模型所含的变量的数目未必相同,以 R^2 的大小作为衡量拟合优劣的尺度是不合适的。因此,在多元回归分析中,人们更常用的评价指标是所谓的修正自由度的决定系数 $\bar{R}^2$。该指标的定义如下:

$$\bar{R}^2 = 1 - \frac{\sum e_t^2/(n-k)}{\sum (Y_t - \bar{Y})^2/(n-1)} \tag{6.63}$$

$$= 1 - \frac{(n-1)}{(n-k)}(1 - R^2) \tag{6.64}$$

式中:n 是样本容量;k 是模型中回归系数的个数;$(n-1)$ 和 $(n-k)$ 分别是总离差平方和

与残差平方和的自由度。

修正自由度的决定系数 $\bar{R}^2$ 具有以下特点：

1. $\bar{R}^2 \leqslant R^2$。因为 $k \geqslant 1$，所以根据 $\bar{R}^2$ 和 R^2 各自的定义式可以得出这一结论。对于给定的 R^2 值和 n 值，k 值越大 $\bar{R}^2$ 越小。在进行回归分析时，一般总是希望以尽可能少的自变量去达到尽可能高的拟合程度。$\bar{R}^2$ 作为综合评价这两方面情况的一项指标，显然比 R^2 更为合适。

2. $\bar{R}^2$ 小于 1，但未必都大于 0。在拟合极差的场合，$\bar{R}^2$ 有可能取负值。

【例 6-6】假设有 7 年的年度统计资料，现利用其对同一因变量拟合了两个样本回归方程。方程一中：$k=6$，$R^2=0.82$；方程二中：$k=2$，$R^2=0.80$。试对这两个回归方程的拟合程度做出评价。

【解】如果仅从 R^2 考察，似乎方程一的拟合程度更佳。但是，由于两个方程选用的自变量个数不同，这一结论是不正确的。将上列数据代入式(6.64)，可得：

$$\text{方程一的 } \bar{R}^2 = 1 - ((7-1)/(7-6))(1-0.82) = -0.08$$

$$\text{方程二的 } \bar{R}^2 = 1 - ((7-1)/(7-2))(1-0.80) = 0.76$$

由此可见，方程二的实际拟合程度远远优于方程一。

（二）显著性检验

多元线性回归模型的显著性检验同样包括两方面的内容，即回归系数的显著性检验与回归方程的显著性检验。现分述如下。

1. 回归系数的显著性检验。多元回归中进行这一检验的目的主要是为了检验与各回归系数对应的自变量对因变量的影响是否显著，以便对自变量的取舍做出正确的判断。一般来说，当发现某个自变量的影响不显著时，应将其从模型中删除，这样才能做到以尽可能少的自变量去达到尽可能高的拟合优度。

多元模型中回归系数的检验同样采用 t 检验，其原理和基本步骤与一元回归模型中的 t 检验基本相同，这里不再赘述。下面仅给出回归系数显著性检验 t 统计量的一般计算公式。

$$t_{\hat{\beta}_i} = \frac{\hat{\beta}_j}{S_{\hat{\beta}_j}} \qquad (j=1,2,\cdots,k) \tag{6.65}$$

式中：$\beta_{\hat{j}}$ 是回归系数的估计值，$S_{\hat{\beta}_j}$ 是 $\hat{\beta}_j$ 的标准差的估计值。$S_{\hat{\beta}_j}$ 按下式计算：

$$S = \hat{\beta}\sqrt{S^2 \times \psi_{jj}} \tag{6.66}$$

式中：ψ_{jj} 是 $(X'X)^{-1}$ 的第 j 个对角线元素，S^2 是随机误差项方差的估计值。式(6.65)的 t 统计量背后的原假设是 $H_0: \beta_j = 0$，因此 t 的绝对值越大表明 β_j 为 0 的可能性越小，即表明相应的自变量对因变量的影响是显著的。

2. 回归方程的显著性检验。多元线性回归模型包含了多个回归系数，因此对于多元回归模型，除了要对单个回归系数进行显著性检验外，还要对整个回归模型进行显著性检验。由离差平方和的分解公式可知，回归模型的总离差平方和等于回归平方和与残差平方和的和。回归模型总体函数的线性关系是否显著，其实质就是判断回归平方和与残差平方和之比值的大小问题。由于回归平方和与残差平方和的数值会随观测值的样本容量和自变量个数的不同而变化，因此不宜直接比较，而必须在方差分析的基础上利用 F

检验进行。其具体的步骤可归纳如下：

（1）假设总体回归方程不显著，即

$H_0:\beta_2=\beta_3=\cdots=\beta_k=0$

（2）进行方差分析，列出回归方差分析表（见表6－4）。

表6－4　回归模型方差分析表

离差名称	平方和	自由度	方　差
回归平方和	$SSR=\sum(\hat{Y}_t-\bar{Y})^2$	$k-1$	$SSR/(k-1)$
残差平方和	$SSE=\sum e_t^2$	$n-k$	$SSE/(n-k)$
总离差平方和	$SST=\sum(Y_t-\bar{Y})^2$		

表6－4中回归平方和的取值受 k 个回归系数估计值的影响，同时又要服从 $\sum\hat{Y}_t/n=\bar{Y}$的约束条件，因此其自由度是 $k-1$。残差平方和取决于 n 个因变量的观测值，同时又要服从 k 个正规方程式的约束，因此其自由度是 $n-k$。回归平方和与残差平方和各除以自身的自由度得到的是样本方差。

（3）根据方差分析的结果求 F 统计量，即

$$F=\frac{SSR/(k-1)}{SSE/(n-k)} \tag{6.67}$$

数学上可以证明，在随机误差项服从正态分布，同时原假设成立的条件下，F 服从自由度为$(k-1)$和$(n-k)$的 F 分布。

（4）根据自由度和给定的显著性水平 α，查 F 分布表中的理论临界值 F_α。当 $F>F_\alpha$ 时，拒绝原假设，即认为总体回归函数中各自变量与因变量的线性回归关系显著。当 $F<F_\alpha$时，接受原假设，即认为总体回归函数中，自变量与因变量的线性关系不显著，因而所建立的回归模型没有意义。

（三）多元线性回归预测

在通过各种检验的基础上，多元线性回归模型可以用于预测。多元线性回归预测与一元线性回归预测的原理是一致的，其基本公式如下：

$$\hat{Y}_f=\hat{\beta}_1+\hat{\beta}_2X_{2f}+\cdots+\hat{\beta}_kX_{kf} \tag{6.68}$$

式中：$X_{jf}(j=2,3,\cdots,k)$是给定的 X_j 在预测期的具体数值；$\hat{\beta}_j$ 是已估计出的样本回归系数；$\hat{Y}_f$ 是 X_j 给定时 Y 的预测值。

该方程的矩阵形式为：

$$\hat{Y}_f=X_f'\hat{\beta} \tag{6.69}$$

式中：

$$X_f=\begin{pmatrix}1\\X_{2f}\\\vdots\\X_{kf}\end{pmatrix};\quad \hat{\beta}=\begin{pmatrix}\hat{\beta}_1\\\hat{\beta}_2\\\vdots\\\hat{\beta}_k\end{pmatrix}$$

多元线性回归预测标准误差的计算公式如下：

$$S_{ef}=S\sqrt{1+X_f'(X'X)^{-1}X_f} \tag{6.70}$$

式中：S 是回归方程估计的标准误差。

多元线性回归预测 Y_f 的 $(1-\alpha)$ 的置信区间可由下式给出：

$$Y_f \pm t_{\alpha/2}\times S_{ef} \tag{6.71}$$

式中：$t_{\alpha/2}$是显著水平为 α 的 t 分布双侧临界值。

四、复相关系数和偏相关系数

在多变量的情况下，变量之间的相关关系是很复杂的，需要计算复相关系数与偏相关系数。

（一）复相关系数

样本复相关系数（以下简称复相关系数）的定义式如下：

$$R=\frac{\sum(Y_t-\bar{Y})(\hat{Y}_t-\bar{Y})}{\sqrt{\sum(Y_t-\bar{Y})^2\sum(\hat{Y}_t-\bar{Y})^2}} \tag{6.72}$$

式(6.72)与单相关系数的定义式十分类似，不同之处仅在于用根据 $X_2,X_3,\cdots,X_K$ 等计算的回归估计值 $\hat{Y}_t$代替了单相关系数定义式中的 X_t。在所涉及的变量只有两个时，因为 $\hat{Y}_t$是 X_t 的严密函数，所以式(6.72)完全等价于单相关系数的定义式。而在多元分析的场合，以上定义的复相关系数的平方实际上就是多元线性回归方程的决定系数。

实际计算复相关系数时，一般不直接根据其定义式，而是先计算出决定系数，然后再求决定系数的平方根。应当指出：在多个变量的情况下，Y 与其他多个变量之间既可能有正相关也可能有负相关，而复相关系数只取正值。因此，复相关系数只是反映一个变量 Y 与其他多个变量 $X_2,X_3,\cdots,X_K$ 之间线性相关程度的指标，而不能反映其相互之间线性相关的方向。

复相关系数的取值区间为：$0\leqslant R\leqslant 1$。复相关系数为 1 表明 Y 与 $X_2,X_3,\cdots,X_K$ 之间存在严密的线性关系，复相关系数为 0 则表明 Y 与 $X_2,X_3,\cdots,X_K$ 之间不存在任何线性相关关系。一般情况下，复相关系数的取值在 0 和 1 之间，表明变量之间存在一定程度的线性相关关系。

（二）偏相关系数

在对其他变量的影响进行控制的条件下，衡量多个变量中某两个变量之间的线性相关程度和相关方向的指标称为偏相关系数。偏相关系数不同于上一节中所介绍的单相关系数。在计算单相关系数时，仅需要掌握两个变量的观测数据，并不考虑其他变量对这两个变量可能产生的影响。而在计算偏相关系数时，需要掌握多个变量的数据，一方面考虑多个变量相互之间可能产生的影响，另一方面又采用一定的方法控制其他变量，专门考察两个特定变量之间的净相关关系。在多变量相关的场合，由于变量之间存在错综复杂的关系，因此偏相关系数与单相关系数在数值上可能相差很大，有时甚至符号都可能相反。单相关系数受其他因素的影响，反映的往往是表面的非本质的联系，而偏相关系数则较能说明现象之间真实的联系。例如，一种商品的需求既受收入水平的影响又受其价格的影响。

按照经济学理论,在一定的收入水平下,该商品的价格越高,商品的需求量就越小。也就是说,需求与价格之间应当是负相关。可是,在现实经济生活中,由于收入和价格常常都有不断提高的趋势,如果不考虑收入对需求的影响,而仅利用需求和价格的时间序列数据去计算单相关系数,就有可能得出价格越高需求越大的错误结论。

在明确偏相关系数与单相关系数区别的基础上,我们再来讨论偏相关系数的定义公式。在上一节中,我们已经给出了样本单相关系数的定义公式:

$$r=\frac{\sum(X_t-\bar{X})(Y_t-\bar{Y})}{\sqrt{\sum(X_t-\bar{X})^2\sum(Y_t-\bar{Y})^2}} \tag{6.73}$$

样本相关系数的定义还可以从另一个角度给出。在进行相关分析时,对于所涉及的两个变量 X 和 Y 是同等看待的。若设

$$\hat{Y}_t=\hat{\beta}_1+\hat{\beta}_2X_t \tag{6.74}$$

$$\hat{X}_t=\hat{\alpha}_1+\hat{\alpha}_2Y_t \tag{6.75}$$

则样本单相关系数也可定义为两个样本回归系数的乘积的开方,即:

$$r=\pm\sqrt{\hat{\beta}_2\hat{\alpha}_2} \tag{6.76}$$

上式中 r 的符号应与回归系数的符号一致。回归系数为正数时,r 取正值;回归系数为负数时,r 取负值。容易证明,式(6.73)与式(6.76)是完全等价的。也就是说,单相关系数可以表现为两个回归系数的几何平均数。

样本偏相关系数也可以按照类似的形式来定义,即偏相关系数等于两个相应的偏回归系数的几何平均数。

为简明起见,下面举3个变量的偏相关分析为例。设有3个变量 X_1,X_2 和 X_3,3个变量各自以另两个变量为自变量拟合的样本回归方程如下:

$$\hat{X}_{1t}=\hat{\beta}_{1.23}+\hat{\beta}_{12.3}X_{2t}+\hat{\beta}_{13.2}X_{3t} \tag{6.77}$$

$$\hat{X}_{2t}=\hat{\beta}_{2.13}+\hat{\beta}_{21.3}X_{1t}+\hat{\beta}_{23.1}X_{3t} \tag{6.78}$$

$$\hat{X}_{3t}=\hat{\beta}_{3.12}+\hat{\beta}_{31.2}X_{1t}+\hat{\beta}_{32.1}X_{2t} \tag{6.79}$$

以上各式中的第1项均为截距系数,表示当模型中的自变量取零值时因变量的平均值。例如,$\hat{\beta}_{1.23}$表示 X_2,X_3 为0时 X_1 的平均值。式中其他的回归系数称为偏回归系数,它们都有3个下标,在小圆点左边的下标为主下标,小圆点右边的下标为次下标。主下标表示所要考察的两个变量;次下标表示在考察上述两个变量的关系时,保持不变的变量。不难理解,偏回归系数表示:当其他自变量保持不变时,某一自变量变化1个单位而使因变量平均变化的数值。例如,$\hat{\beta}_{12.3}$表示 X_3 保持不变时,X_2 变1个单位而引起的 X_1 平均变化的数值;$\hat{\beta}_{32.1}$表示 X_1 保持不变时,X_2 变化1个单位而引起的 X_3 平均变化的数值。

利用以上偏回归系数,3个变量之间的偏相关系数可定义如下:

$$r_{12.3}=\pm\sqrt{\hat{\beta}_{12.3}\hat{\beta}_{21.3}} \tag{6.80}$$

$$r_{13.2}=\pm\sqrt{\hat{\beta}_{13.2}\hat{\beta}_{31.2}} \tag{6.81}$$

$$r_{23.1}=\pm\sqrt{\hat{\beta}_{23.1}\hat{\beta}_{32.1}} \tag{6.82}$$

偏相关系数的取值范围与单相关系数一样,也是在 -1 至 +1 之间,其符号与相应的偏回归系数相同。

以上偏相关系数的定义可以推广到 k 个变量的场合。在进行实际的客观现象的定量分析时,人们所关心的通常是某一个因变量 Y 与多个自变量之间的偏相关程度。这时若令 Y 为 X_1,则 Y 与各自变量的偏相关系数的一般形式可表现为:

$$r_{1j,2,3,\cdots,(j-1),(j+1),\cdots,k} = \pm\sqrt{\hat{\beta}_{1j,2,3,\cdots,(j-1),(j+1),\cdots,k}\hat{\beta}_{j1,2,3,\cdots,(j-1),(j+1),\cdots,k}} \quad (j=2,3,\cdots,k) \quad (6.83)$$

式中:$\hat{\beta}_{1j,2,3\cdots,(j-1),(j+1),\cdots,k}$是 Y 对 X_j 的偏回归系数;$\hat{\beta}_{j1,2,3\cdots,(j-1),(j+1),\cdots,k}$是 X_j 对 Y 的偏回归系数;$r_{1j,2,3,\cdots,(j-1),(j+1),\cdots,k}$表示 k 个变量情况下 Y 与 X_j 的偏相关系数,它反映其他自变量保持不变时 Y 与 X_j 的净相关程度。

第五节　非线性相关与回归分析

一、非线性回归分析的意义

在前几节中,我们一直假定因变量和自变量之间的相关关系可以用线性方程来近似地反映。但是,在现实生活中,非线性关系是大量存在的。在许多场合,非线性的回归函数比线性回归函数更能够正确地反映客观现象之间的相互联系。例如,在考虑建立生产函数时,线性假定就不大合适。因为,线性生产函数实际上是假定各生产要素的边际生产率不变,即资本投入每增加 1 单位,产出总是增加 β_1,劳动投入每增加一单位,产出总是增加 β_2。在这种类型的生产函数中,资金和劳动之间能够完全替代,即便某一生产要素的投入为 0,只要另一生产要素的投入足够多,产出还会继续增加。显而易见,这是不可能的。而要建立边际生产率递减、生产要素之间可以替代但又不能完全替代这样一种更符合客观现实的生产函数,就必须考虑采用非线性回归模型。

非线性回归分析必须着重解决以下两个问题:第一,如何确定非线性函数的具体形式。与线性回归分析的场合不同,非线性回归函数有多种多样的具体形式,需要根据所要研究的问题的性质并结合实际的样本观测值做出恰当的选择。第二,如何估计函数中的参数。非线性回归分析最常用的方法仍然是最小二乘估计法,但需要根据函数的不同类型,作适当的处理。

二、非线性函数形式的确定

在对实际的客观现象进行定量分析时,选择回归方程的具体形式应遵循以下原则:

首先,方程形式应与有关实质性科学的基本理论相一致。例如,采用幂函数的形式,能够较好地表现生产函数;采用多项式方程,能够较好地反映总成本与总产量之间的关系;等等。

其次,方程有较高的拟合程度。因为只有这样,才能说明回归方程可以较好地反映现实经济的运行情况。

最后,方程的数学形式要尽可能简单。如果几种形式都能基本符合上述两项要求,则应该选择其中数学形式较简单的一种。一般来说,数学形式越简单,可操作性就越强。

为了帮助读者选择合适的函数形式，下面我们将扼要介绍实际分析中较常用的几种非线性函数的特点。

（一）抛物线函数

抛物线方程的具体形式为：

$$Y = a + bX + cX^2 \tag{6.84}$$

式中：a，b 和 c 为待定参数。

判断某种现象是否适合应用抛物线，可以利用“差分法”。其步骤如下：

首先将样本观察值按 X 的大小顺序排列，然后按以下两式计算 X 和 Y 的一阶差分 $\triangle X_t$，$\triangle Y_t$ 以及 Y 的二阶差分 ΔY_{2t}。

$$\Delta X_t = X_t - X_{t-1}; \quad \Delta Y_t = Y_t - Y_{t-1} \tag{6.85}$$

$$\Delta Y_{2t} = \Delta Y_t - \Delta Y_{t-1} \tag{6.86}$$

当 ΔX_t 接近于一常数，而 ΔY_{2t} 的绝对值接近于常数时，Y 与 X 之间的关系可以用抛物线方程近似反映。

（二）双曲线函数

假如 Y 随着 X 的增加而增加（或减少），最初增加（或减少）很快，以后逐渐放慢并趋于稳定，则可以选用双曲线来拟合。双曲线的方程式是：

$$Y = a + b(1/X) \tag{6.87}$$

（三）幂函数

幂函数方程的一般形式是：

$$Y = aX_1^{b1}X_2^{b2}\cdots X_k^{bk} \tag{6.88}$$

这类函数的优点在于：方程中的参数可以直接反映因变量 Y 对于某一个自变量的弹性。所谓 Y 对于 X_j 的弹性，是指在其他情况不变的条件下，X_j 变动 1% 时所引起 Y 变动的百分比。弹性是一个无量纲的数值，它是定量分析中常用的一个尺度。其一般定义式如下：

$$E_{Y,X_j} = \frac{\partial Y/Y}{\partial X_j/X_j} = \frac{\partial Y}{\partial X_j} \cdot \frac{X_j}{Y} \tag{6.89}$$

利用求偏导数的规则，容易证明：在幂函数中，

$$E_{Y,X_j} = b_j aX_1^{b1}X_2^{b2}\cdots X_j^{bj-1}\cdots X_k^{bk} \times X_j/Y = b_j \tag{6.90}$$

由于幂函数所具有的上述优点，它在生产函数分析和需求函数分析中得到广泛的应用。

（四）指数函数

指数函数的方程形式为：

$$Y = ab^X \tag{6.91}$$

式中有两个待定参数 a 和 b。当 $a>0$，$b>1$ 时，曲线随 X 值的增加而弯曲上升，趋于 $+\infty$；当 $a>0$，$0<b<1$ 时，曲线随 X 值的增长而弯曲下降趋于 0。

这种曲线被广泛应用于描述客观现象的变动趋势。例如，产值、产量按一定比率增长，就符合第一种形式的曲线；成本、原材料消耗按一定比例降低，就符合第二种形式的曲线。

（五）对数函数

对数函数的方程形式为：

$$Y = a + b\ln X \tag{6.92}$$

式中：ln 表示取自然对数。对数函数的特点是随着 X 的增大，X 的单位变动对因变量 Y 的影响效果不断递减。

（六）S 形曲线函数

最常用的 S 形曲线是逻辑曲线。逻辑曲线的方程式如下：

$$Y = \frac{L}{1 + ae^{-bx}} \quad (L, a, b > 0) \tag{6.93}$$

逻辑曲线具有以下性质：Y 是 X 的非减函数，开始时随着 X 的增加，Y 的增长速度也逐渐加快，但是 Y 达到一定水平之后，其增长速度又逐渐放慢。最后无论 X 如何增加，Y 只会趋近于 L 而永远不会超过 L。由于逻辑曲线的这一特点，它常被用来表现耐用消费品普及率的变化。

（七）多项式方程

多项式方程在非线性回归分析中占有重要的地位。因为根据数学上级数展开的原理，任何曲线、曲面、超曲面的问题在一定的范围内都能够用多项式任意逼近。所以，当因变量与自变量之间的确实关系未知时，可以用适当幂次的多项式来近似反映。

当所涉及的自变量只有一个时，所采用的多项式方程称为一元多项式，其一般形式如下：

$$Y = b_0 + b_1X + b_2X^2 + \cdots + b_kX^k \tag{6.94}$$

前面介绍过的简单线性函数、抛物线函数和双曲线函数都是一元多项式的特例。

当所涉及的自变量有两个以上时，所采用的多项式称为多元多项式。例如，二元二次多项式的形式如下：

$$Y = b_0 + b_1X_1 + b_2X_2 + b_3X_1X_2 + b_4X_1^2 + b_5X_2^2 \tag{6.95}$$

一般来说，涉及的变量越多，变量的幂次越高，计算量就越大。因此，在实际的定量分析中，一般尽量避免采用多元高次多项式。

三、非线性回归模型估计

不少具有实用价值的非线性函数可以通过适当的变换，转化为线性函数，然后再利用线性回归分析的方法进行估计和检验。常用的非线性函数的线性变换方法有以下几种。

（一）倒数变换

倒数变换是用新的变量来替换原模型中变量的倒数，从而使原模型变成线性模型的一种方法。例如，对于双曲线函数，令 $X^* = 1/X$，代入原方程式，可有：$Y = a + bX^*$。

（二）半对数变换

这种方法主要应用于对数函数的线性变换。对于对数函数，令 $X^* = \ln X$，代入原方程，同样可得：$Y = a + bX^*$。

（三）双对数变换

这种方法通过用新变量替换原模型中变量的对数，从而使原模型变换为线性模型。例如，对幂函数的两边求对数，可得：

$$\ln Y = \ln a + b_1\ln X_1 + b_2\ln X_2 + \cdots + b_k\ln X_k$$

令 $Y^* = \ln Y$；$b_0 = \ln a$；$X_1^* = \ln X_1, \cdots, X_k^* = \ln X_k$，代入上式可得：

$$Y^* = b_0 + b_1X_1^* + b_2X_2^* + \cdots + b_kX_k^*$$

（四）多项式变换

这种方法适用于多项式方程的变换。例如，对于二元二次多项式，可令 $X_2^* = X_1, X_3^* = X_2, X_4^* = X_1X_2, X_5^* = X_1^2, X_6^* = X_2^2$，代入原方程，可得：

$$Y = b_1 + b_2X_2^* + b_3X_3^* + b_4X_4^* + b_5X_5^* + b_6X_6^*$$

以上所述的线性变换的方法具有简便易行的优点。但是，在实际应用时要注意以下几个问题：

第一，对于一些比较复杂的非线性函数，常常需要综合利用上述的几种方法。例如，对于逻辑曲线函数，若假定 $L = 100$，则可以采用以下方式进行线性变换。首先，式(6.93)两边同时取倒数，可得：

$$\frac{1}{Y} = \frac{1 + ae^{-bX}}{100}$$

变形得：$100/Y - 1 = ae^{-bX}$

上式两边取对数，可得：$\ln(100/Y - 1) = \ln a - bX$

令 $Y^* = \ln(100/Y - 1)$；$b_1 = \ln a$；$b_2 = -b$，代入上式，可得：$Y^* = b_1 + b_2X$

在以上变换过程中，就综合利用了倒数变换和对数变换。

第二，为了能够根据样本观测值，对通过变换得到的线性回归方程式进行估计，该方程中的所有变量都不允许包含未知的参数。例如，如果 L 未知，上面所述的逻辑曲线方程的线性变换就是不正确的。这是因为，在这种情况下 Y^* 包含了未知的 L，因而是不可观测的。

第三，在以上的讨论中，为了叙述方便，我们省略了非线性回归函数中包含的随机误差项。但事实上与线性回归分析的场合一样，非线性回归分析也要考虑随机误差项的问题。只有当变换后的新模型中包含的误差项能够满足各种标准假定时，新模型中回归系数最小二乘估计量的各种理想性质才能成立。

第四，严格地说，上述的各种线性变换方法只是适用于变量为非线性的函数。对于参数为非线性或参数与变量均为非线性的函数来说，即使有可能进行线性变换和回归估计，也无法得到原方程中非线性参数的无偏估计量。

第五，并不是所有的非线性函数都可以通过变换得到与原方程完全等价的线性方程。在遇到这种情况时，还需要利用其他一些方法如泰勒级数展开法等去进行估计。这些方法比较复杂，超出了本书的程度，这里不作进一步的介绍。

【例 6－7】利用表 6－5 资料，要求：

(1)拟合幂函数形式的我国城镇居民鲜蛋的需求函数。

(2)利用以上建立的样本回归方程，试预测人均实际收入为 2 200 元，肉禽蛋相对价格指数为 102% 时的人均鲜蛋需求量。

表 6－5 中国城镇居民鲜蛋消费量与有关资料

年 份	城镇居民人均购买鲜蛋量（千克）	城镇居民实际人均收入（元）	肉禽蛋相对价格指数
	Y	X_2	X_3
1985	6.84	748.92	100
1986	7.08	850.394 1	102.99

续表

年　份	城镇居民人均购买鲜蛋量(千克)	城镇居民实际人均收入(元)	肉禽蛋相对价格指数
1987	6.65	869.636 9	109.26
1988	6.87	848.713 5	122.04
1989	7.05	849.653 8	120.27
1990	7.25	920.533 6	116.62
1991	8.26	985.418	109.08
1992	9.45	1 075.892 9	105.86
1993	8.86	1 178.314 5	105.86
1994	9.68	1 277.895 4	114.35
1995	9.74	1 339.529 2	121.49
1996	9.64	1 391.034 6	118.59
1997	11.13	1 444.909 9	116.51

注:1. 表中数据根据《中国统计年鉴》的基础资料整理。

2. 城镇居民人均实际收入 = 城镇居民人均收入/城镇居民消费价格指数;

肉禽蛋相对价格指数 = 肉禽蛋价格指数/城镇居民消费价格指数;

价格指数均以 1985 年为 100。

【解】(1)幂函数形式的需求函数如下:

$$Y_t = aX_{2t}^{b_2}X_{3t}^{b_3}$$

利用双对数变换法,同时加入随机误差项,可得以下线性回归函数:

$$Y_t^* = \beta_1 + \beta_2 X_{2t}^* + \beta_3 X_{3t}^* + u_t$$

式中:$Y_t^* = \ln Y_t$;$\beta_1 = \ln a$;$\beta_2 = b_2$;$\beta_3 = b_3$;$X_{2t}^* = \ln X_{2t}$;$X_{2t}^* = \ln X_{3t}$。

利用 *Excel* 中的自然对数函数,对人均鲜蛋购买量 Y、城镇居民人均实际收入 X_1 和肉禽蛋价格指数 X_2 求自然对数。然后,利用上一节中介绍的求解一般线性回归模型的方法,对变换后的模型求解,可以得到以下结果(具体运算过程省略):

$$\hat{Y}_t^* = -1.602\,0 + 0.799\,3\,X_{2t}^* - 0.390\,1\,X_{3t}^* \tag{6.96}$$

$$t = (-1.45),(10.53),\quad(-1.55)$$

$$F = 33.60;\quad \bar{R}^2 = 0.906\,0$$

因为,$\hat{a} = e^{b_1} = e^{-1.602\,0} = 0.201\,493$,所以与上式相对应的幂函数形式的样本回归方程为:

$$\hat{Y}_t = 0.201\,493X_{2t}^{0.7994}X_{3t}^{-0.390\,1} \tag{6.97}$$

由上式可知:居民人均实际收入的需求弹性约为 0.8,而相对价格的需求弹性约为 -0.4。也就是说,在其他情况不变的条件下,居民人均实际收入每增加 1%,会使人均鲜蛋的需求增加 0.8%,相对价格每提高 1%,会使人均鲜蛋需求减少 0.4%。

(2)将给出的居民人均实际收入和相对价格指数值代入式(6.97),可得:

$$\hat{Y}_t = 0.201\,493\,(2\,200)^{0.799\,4}(103)^{-0.390\,1} = 15.52(\text{千克/人})$$

四、相关指数

变量之间存在的非线性相关关系的强弱，难以用单相关系数去判断。在这种场合，可以利用相关指数作为判断变量之间是否显著存在某种类型的非线性相关关系的尺度。所谓相关指数，也就是对非线性回归模型进行拟合时所得到的决定系数。

【例 6 - 8】假设变量 Y 与变量 X 的样本观测值如下：

X	0	1	2	3	4	5	6
Y	9	5	2	1	2	5	9.2

试计算 Y 与 X 的单相关系数和以 Y 为因变量、X 为自变量的抛物线方程的相关系数，判断 Y 与 X 之间是否存在某种相关关系？

【解】利用求单相关系数的公式可得：Y 与 X 的单相关系数 $r_{xy}=0.0138$，可以认为两者之间线性关系很不密切。但是，拟合抛物线方程可得：

$$Y=15.3714-7.1214X+0.8928X^2 \quad R^2=0.99702 \quad F=669.77$$

因此，可以认为 Y 与 X 之间存在非常显著的抛物线形式的相关关系。

第六节　Excel 在相关与回归分析中的应用

一、案例背景与数据资料

这里我们给出一个具体实例，说明如何利用 Excel 进行相关与回归分析。

【例 6 - 9】①Checkers Pizza 公司是美国休斯敦附近 Westbury 镇上仅有的从事家庭比萨饼送货业务的两家公司之一，另一家竞争者欧文公司也提供同样的产品与服务。此外，麦当劳连锁店提供的汉堡包等服务属于替代性商品，同样与本公司存在竞争关系。

本公司的经理安妮知道她的顾客对于价格是非常敏感的，镇上的比萨饼购买者很关注她与她的竞争者的价格变化。安妮决定估计她的比萨饼经验需求函数。她收集了过去 24 个月的有关数据，如图 6 - 3 所示（已输入 Excel 表格）。

要求根据图 6 - 3 中的数据进行以下分析：

（1）绘制本公司比萨饼的需求量与价格的相关图。

（2）估计以下线性需求模型的参数，并进行统计检验；

$$Q=\beta_1+\beta_2P+\beta_3M+\beta_4P_{Al}+\beta_5P_{BMac}+u$$

式中：Q 为比萨饼的需求量；P 为比萨饼的价格；M 为小镇居民的人均年收入（按各月收入推算）；P_{Al} 为欧文公司商品的价格；P_{BMac} 为麦当劳公司商品的价格。

---

① 本案例数据引自美国 S. Charles Maurice 和 Christopher R. Thomas《管理经济学》（第 7 版）中译本 207 页，陈章武等译，机械工业出版社出版，2003 年 8 月。

	A	B	C	D	E	F
1	过去24个月	Q	P	M	P_{Al}	P_{BMac}
2	1	1773	8.65	25500	10.55	1.25
3	2	1863	8.65	25600	10.45	1.35
4	3	1798	8.65	25700	10.35	1.55
5	4	1775	8.65	25970	10.3	1.05
6	5	1796	8.65	25970	10.3	0.95
7	6	1786	8.65	25750	10.25	0.95
8	7	1916	7.5	25750	10.25	0.85
9	8	1997	7.5	25950	10.15	1.15
10	9	2008	7.5	25950	10	1.25
11	10	2012	7.5	26120	10	1.75
12	11	1864	8.5	26120	10.25	1.75
13	12	1884	8.5	26120	10.25	1.85
14	13	1762	8.5	26200	9.75	1.5
15	14	1398	9.99	26350	9.75	1.1
16	15	1480	9.99	26450	9.65	1.05
17	16	1458	9.99	26350	9.6	1.25
18	17	1469	9.99	26850	10	0.55
19	18	1525	10.25	27350	10.25	0.55
20	19	1587	10.25	27350	10.2	1.15
21	20	1554	10.25	27950	10	1.15
22	21	1622	9.75	28159	10.1	0.55
23	22	1717	9.75	28264	10.1	0.55
24	23	1755	9.75	28444	10.1	1.2
25	24	1731	9.75	28500	10.25	1.2

图 6-3 关于比萨饼需求的有关数据

(3)计算本公司比萨饼的需求量与上述模型中其他各变量的单相关系数;计算本公司比萨饼的需求量与小镇居民人均收入的偏相关系数。

(4)假定小镇居民的人均年收入为 29 000 美元,欧文公司和麦当劳公司商品的价格分别为 10.5 美元和 1.3 美元,本公司产品价格维持 9.75 美元,试预测本公司比萨饼的需求量,并给出置信度为 95% 的预测区间。

二、相关图的绘制

利用 Excel 中的图表工具可以很方便地绘制相关图。

在将有关数据已经输入 Excel 工作表的基础上,绘制散点图的步骤如下:

(1)选定比萨饼的需求量与价格数据所在的单元格区域 B1:C25,也可以选定 B2:C25 单元格区域。

(2)在[插入]选项卡[图表]命令组中,点击[插入散点图(X、Y)或气泡图]→[散点图],即可得到相应的散点图。

(3)为了使散点图看起来更美观一些,对其进行适当修改,修改后的结果见图 6-4。根据散点图可以看出,比萨饼的需求量与其价格之间存在较强的负相关关系。

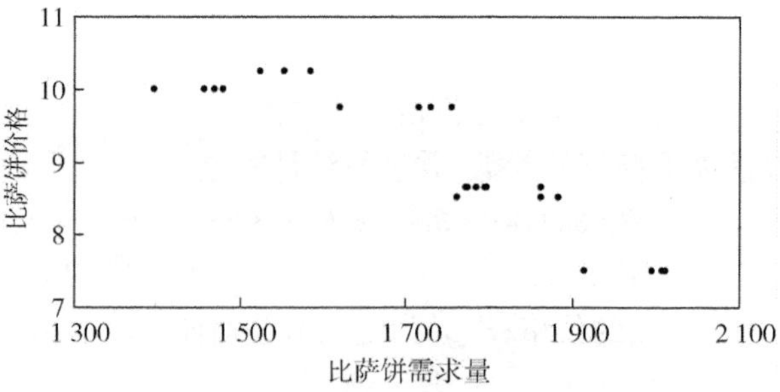

图 6-4 比萨饼价格与比萨饼需求量的散点图

三、线性回归分析

对于回归分析，Excel 提供了专门的[回归]分析工具，利用该工具可以方便地进行线性回归模型的估计与检验。步骤如下：

（1）调出“回归”分析对话框，本例中可按图 6－5 所示填写。

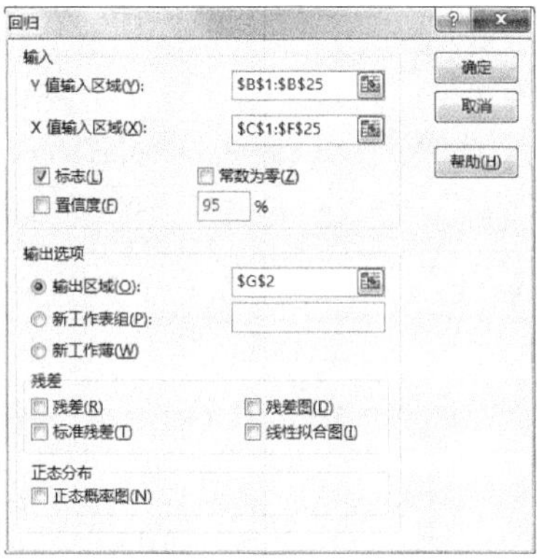

图 6－5

注意：使用[回归]分析工具时，所有变量只能按列存放。在该对话框中，各项填写方法为：

“Y 值输入区域”：指定因变量数据区域，该区域只能由单列数据组成；

“X 值输入区域”：指定自变量数据区域；Excel 将此区域中的自变量从左到右排列，一列数据作为一个自变量，自变量的个数最多可达 16 个，并且自变量必须连续排列，即“X 值输入区域”必须是连续的区域；

“标志”：当输入的数值区域包括变量名时，选择该复选项。

“置信度”：如果需要在汇总输出表中包含附加的置信度信息，则选中此复选框，然后输入所要使用的置信度，95% 为默认值；

“常数为零”：如果回归方程中不想包含常数项，则选中此复选框；

“残差”：如果需要查看残差，则选中此复选框；

“标准残差”：如果需要在残差输出表中包含标准残差，则选中此复选框；

“残差图”：如果需要生成一张图表，绘制每个自变量及其残差，请选中此复选框；

“线形拟合图”：如果需要为预测值和观察值生成一个图表，则选中此复选框。

（2）填写完成后，单击“确定”按钮，计算机输出的结果如表 6－6 所示。

表 6－6　回归估计结果

回归统计	
Multiple R	0.984 815 43
R Square	0.969 861 43
Adjusted R Square	0.963 516 47
标准误差	34.716 399 9
观测值	24

方差分析

	df	SS	MS	F	Significance F
回归分析	4	736 902.493	184 225.623	152.855 359	3.637 9E-14
残差	19	22 899.34	1 205.228 42		
总计	23	759 801.833			

	Coefficients	标准误差	t Stat	P-value	下限 95.0%	上限 95.0%
Intercept	-347.794 436	414.438	-0.839 19	0.411 795	-1 215.22	519.635 3
P	-195.844 45	11.039 4	-17.740 43	2.78E-13	-218.95	-172.739
M	0.074 74	0.010 16	7.357 17	5.68E-07	0.053 475	0.095 998
P_{AL}	174.662 5	31.717 6	5.506 80	2.6E-05	108.276 8	241.048 2
P_{BMac}	81.618 76	22.182 9	3.679 35	0.001 593	35.189 41	128.048 1

上述结果的第一部分"回归统计"反映整个回归方程拟合的情况，具体有复相关系数、可决系数 R^2、调整自由度的可决系数、回归估计标准误差以及样本观察值个数。

第二部分是方差分析表，包括可解释的离差平方和、残差平方和、总离差平方和、它们的自由度以及由此计算出的 F 统计量和 F 统计量的显著水平。

第三部分是回归系数的估计值以及它们的估计标准误差、T 统计量、T 统计量的 P 值、回归系数估计值的上下界。

如果在前面的选项中，要求输出残差、残差图和线性拟合图，则计算机输出结果除了以上三个基本部分外，还包括所要求的内容。

(3)对计算机输出结果的解释。根据以上结果，可得到本例样本回归方程为：

$$\hat{Q} = -347.794\,436 - 195.844\,45P + 0.074\,74M + 174.662\,50P_{Al} + 81.61876P_{BMac}$$

$$(-0.839\,19) \quad (-17.740\,43)(7.357\,17) \quad (5.506\,80) \quad (3.679\,35)$$

以上括弧中的数字为各回归系数的 t 值。

F 统计量为 152.8554，说明模型整体的线性关系非常显著。参数 $\hat{\beta}_2$，$\hat{\beta}_3$，$\hat{\beta}_4$，$\hat{\beta}_5$ 的符号与理论分析的结论相同，同时其 P 值均很小，因此在 1% 的显著性水平上，这四个参数均能通过显著性检验，即模型的四个自变量对比萨饼的需求量有显著的影响。另外，修正自由度的决定系数达 0.963 5，说明模型可以解释 96.35% 的比萨饼需求量的变化。

四、单相关系数和偏相关系数的计算

（一）单相关系数的计算

调出"相关系数"对话框，按图 6-6 填写。需要注意的是，"输入区域"栏所填必须是连续区域，即变量必须按列或按行连续存放。填写完成后单击"确定"，得到结果如表 6-7 所示。

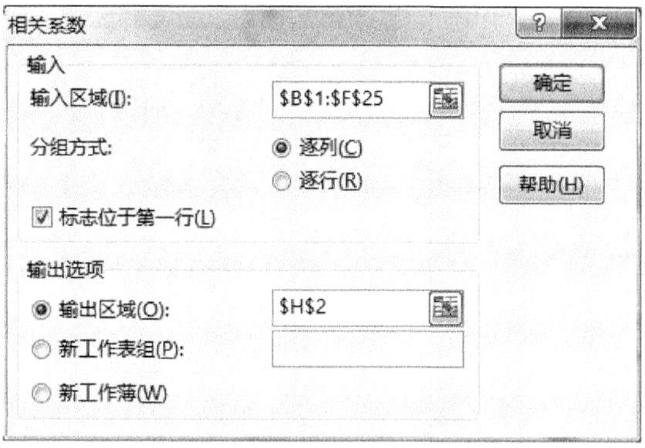

图 6 -6

表 6 -7

	Q	P	M	P_{Al}	P_{BMac}
Q	1				
P	-0. 908 46	1			
M	-0. 406 82	0. 678 51	1		
P_{Al}	0. 488 90	-0. 306 91	-0. 166 87	1	
P_{BMac}	0. 473 16	-0. 449 36	-0. 416 05	0. 035 86	1

（二）偏相关系数的计算

需要计算的是比萨饼需求量与小镇居民人均收入的偏相关系数，前面已经得到比萨饼的需求量对小镇居民人均收入的偏回归系数，即 0. 074 74。现将 P 作为因变量，Q，M，P_{Al}，P_{BMac} 作为自变量再次进行回归，得到小镇居民人均收入对比萨饼需求量的偏回归系数为 9. 903 86，因此比萨饼需求量与小镇居民人均收入的偏相关系数为：

$$\sqrt{0.07474 \times 9.90386} = 0.74021$$

可以看出，比萨饼需求量与小镇居民人均收入的单相关系数（-0. 406 82）和偏相关系数（0. 740 21）有较大差别，符号也不同。从实际的经济意义上讲，偏相关分析的结果更符合事物的内在联系。

五、预测

在进行多元线性回归模型区间预测时，需要用到 *Excel* 的求解矩阵公式。具体步骤如下：

（1）构造如图 6 -7 所示的工作表。其中，B2:F25 存放的是自变量矩阵 X（自变量的排列顺序必须与图 6 -3 中的顺序相同），B27:F27 存放的是矩阵 X_f，I3:I7 存放的是回归系数估计值矩阵 $\hat{B}$，将这三个区域分别命名为 X，X_f，B。I8 存放的是估计标准误差。以上均为原始输入数据。I10:I15 存放的则是一些中间变量及最终计算结果。

（2）计算点预测值 Y_f。在 I10 中输入公式“ =MMULT(Xf,B)”。

（3）计算预测估计误差的估计值 S_{e_f}。

先计算 $X_f(X'X)^{-1}X'_f$，在 I11 中输入如下公式：

	A	B	C	D	E	F	G	H	I
1	Q		P	M	P_{Ai}	P_{BMax}			
2	1773	1	8.65	25500	10.55	1.25		区间预测	
3	1863	1	8.65	25600	10.45	1.35		β1	-347.79436
4	1798	1	8.65	25700	10.35	1.55		β2	-195.84445
5	1775	1	8.65	25970	10.3	1.05		β3	0.07474
6	1796	1	8.65	25970	10.3	0.95		β4	174.6625
7	1786	1	8.65	25750	10.25	0.95		β5	81.61876
8	1916	1	7.5	25750	10.25	0.85		S	34.7164
9	1997	1	7.5	25950	10.15	1.15			
10	2008	1	7.5	25950	10	1.25		Y_f	1850.242891
11	2012	1	7.5	26120	10	1.75		$X_f(X'X)^{-1}X_f'$	0.593288742
12	1864	1	8.5	26120	10.25	1.75		S_{ef}	43.82096401
13	1884	1	8.5	26120	10.25	1.85		$t_{\alpha/2}$	2.093024054
14	1762	1	8.5	26200	9.75	1.5		置信区间下限	1758.524559
15	1398	1	9.99	26350	9.75	1.1		置信区间上限	1941.961222
16	1480	1	9.99	26450	9.65	1.05			
17	1458	1	9.99	26350	9.6	1.25			
18	1469	1	9.99	26850	10	0.55			
19	1525	1	10.25	27350	10.25	0.55			
20	1587	1	10.25	27350	10.2	1.15			
21	1554	1	10.25	27950	10	1.15			
22	1622	1	9.75	28159	10.1	0.55			
23	1717	1	9.75	28264	10.1	0.55			
24	1755	1	9.75	28444	10.1	1.2			
25	1731	1	9.75	28500	10.25	1.2			
26									
27		1	9.75	29000	10.5	1.3			

图 6－7

= MMULT(MMULT(Xf,MINVERSE(MMULT(TRANSPOSE(X),X))),TRANSPOSE(Xf))

然后按“Ctrl + Shift + Enter”组合键即可，表示输入的是数组公式。

再计算 S_{e_f}，在 I12 中输入公式“ = I8 * SQRT(1 + I11)”。

(4)计算 t 临界值。在 I13 中输入公式“ = TINV(0.05,19)”。

(5)计算置信区间上下限。在 I14，I15 中分别输入公式“ = I10 － I13 * I12”和“ = I10 + I13 * I12”，最终结果见图 6－7。

本章小结

1. 客观现象之间的数量联系存在着两种不同的类型：一种是确定型的函数关系；另一种是非确定型的相关关系。

2. 相关关系可以按不同的标志加以区分。按相关的程度可分为完全相关、不完全相关和不相关。按相关的形式可分为线性相关和非线性相关。按所研究的变量多少可分为单相关、复相关和偏相关。

3. 衡量两个变量之间线性相关关系的尺度为相关系数。样本相关系数的计算公式是：

$$r = \frac{n\sum X_tY_t - \sum X_t \sum Y_t}{\sqrt{(n\sum X_t^2 - (\sum X_t)^2)(n\sum Y_t^2 - (\sum Y_t)^2)}}$$

4. 满足一定标准假定的一元线性模型,称为标准的一元线性回归模型。其总体回归函数为:$Y_t=\beta_1+\beta_2X_t+u_t$。

5. 一元线性回归模型回归系数估计可利用最小二乘法,其计算公式为:

$$\hat{\beta}_2=\frac{n\sum X_tY_t-\sum X_t\sum Y_t}{n\sum X_t^2-(\sum X_t)^2}$$

$$\hat{\beta}_1=\sum\frac{Y_t}{n}-\hat{\beta}_2\sum\frac{X_t}{n}=\bar{Y}-\hat{\beta}_2\bar{X}$$

它们是总体回归系数的最优线性无偏估计量。

6. 一元线性回归模型总体随机误差项的方差 σ^2 的无偏估计 $S^2=\frac{\sum e_t^2}{n-2}$,$S^2$ 的正平方根又称作回归估计的标准误差。

7. 判断一元回归模型拟合程度最常用的数量尺度是决定系数:

$$r^2=\frac{SSR}{SST}=1-\frac{SSE}{SST}\qquad(0\leqslant r^2\leqslant 1)$$

8. 一元回归模型回归系数的显著性检验,可用 t 检验:

$$t_{\hat{\beta}_j}=\frac{\hat{\beta}_j-\beta_j^*}{S_{\hat{\beta}_j}}\qquad(j=1,2)$$

9. 简单回归预测的基本公式:

$$\hat{Y}_f=\hat{\beta}_1+\hat{\beta}_2X_f$$

$$\text{预测标准误差 } S_{ef}=S\sqrt{1+\frac{1}{n}+\frac{(X_f-\bar{X})^2}{\sum(X_t-\bar{X})^2}}$$

Y_f 的$(1-\alpha)$的置信区间为:$Y_f\pm t_{\alpha/2}^{(n-2)}\times S_{ef}$

10. 多元线性回归模型总体回归函数的一般形式为:

$$Y_t=\beta_1+\beta_2X_{2t}+\cdots+\beta_kX_{kt}+u_t\qquad(t=1,2,\cdots,n)$$

其矩阵形式为:$Y=XB+U$

11. 最小二乘估计量的矩阵形式为:$\hat{\beta}=(X'X)^{-1}X'Y$,总体方差的估计量 $S^2=\frac{\sum e_t^2}{n-k}$。

12. 多元回归分析中,利用修正自由度的决定系数 $\bar{R}^2$ 对方程的拟合程度进行评价,更为恰当。$\bar{R}^2$ 的计算公式为:

$$\bar{R}^2=1-\frac{\sum e_t^2/(n-k)}{\sum(Y_t-\bar{Y})^2/(n-1)}=1-\frac{(n-1)}{(n-k)}(1-R^2)$$

13. 多元线性回归模型中回归系数的显著性检验与一元模型类似,同样采用 t 检验。整个回归方程的显著性检验,则要采用 F 检验。回归模型方程分析总结如下:

回归模型方差分析表

离差名称	平方和	自由度	方　差
回归平方和	$SSR=\sum(\hat{Y}_t-\bar{Y})^2$	$k-1$	$SSR/(k-1)$
残差平方和	$SSE=\sum e_t^2$	$n-k$	$SSE/(n-k)$
总离差平方和	$SST=\sum(Y_t-\bar{Y})^2$		

$$F=\frac{SSR/(k-1)}{SSE/(n-k)}$$

14. 多元线性回归预测与一元线性回归预测的原理是一致的,其矩阵形式为:$\hat{Y}_f = X_f'\hat{\beta}$。多元线性回归预测标准误差的计算公式如下:

$$S_{ef} = S\sqrt{1 + X_f'(X'X)^{-1}X_f}$$

15. 复相关系数是反映一个变量 Y 与其他多个变量 $X_2, X_3, \cdots, X_K$ 之间线性相关程度的指标,它是回归方程决定系数的正的平方根。偏相关系数是在对其他变量的影响进行控制的条件下,衡量多个变量中某两个变量之间的线性相关程度和相关方向的指标,它可定义为两个相应的偏回归系数的乘积的平方根,其符号取值则与偏回归系数相同。

16. 常用的非线性回归函数有:抛物线函数、双曲线函数、指数函数、对数函数、S 形曲线函数和多项式方程。

17. 相当一部分非线性函数可以通过适当的变换转化为线性函数,然后再利用线性回归分析的方法进行估计和检验。常用的非线性函数的线性变换方法包括:倒数变换、半对数变换、双对数变换和多项式变换等。

18. 相关指数是对非线性回归模型进行拟合时所得到的决定系数,可用来衡量变量之间某种非线性相关关系的强弱。

19. 在相关与回归分析中,Excel 的应用主要有以下几个方面:

(1) 利用[图表]工具绘制相关散点图,利用[相关系数]分析工具计算相关系数;

(2) 利用[回归]分析工具进行回归分析;

(3) 根据回归结果,利用[矩阵计算函数]进行点预测和区间预测;

(4) 利用各种函数进行非线性函数的线性变换,然后进行回归分析。

思考与练习题

一、判断题

1. 产品的单位成本随着产量增加而下降,这种现象属于函数关系。(　　)

2. 相关系数为 0 表明两个变量之间不存在任何关系。(　　)

3. 单纯依靠相关与回归分析,无法判断事物之间存在的因果关系。(　　)

4. 圆的直径越大,其周长也越大,两者之间的关系属于正相关关系。(　　)

5. 总体回归函数中的回归系数是常数,样本回归函数中的回归系数的估计量是随机变量。(　　)

6. 当抽取的样本不同时,对同一总体回归模型估计的结果也有所不同。(　　)

二、选择题

1. 变量之间的关系按相关程度可分为:(　　)

A. 正相关　　B. 不相关　　C. 完全相关　　D. 不完全相关

2. 复相关系数的取值区间为:(　　)

A. $0 \leqslant R \leqslant 1$　　B. $-1 \leqslant R \leqslant 1$　　C. $-\infty \leqslant R \leqslant 1$　　D. $-1 \leqslant R \leqslant \infty$

3. 修正自由度的决定系数为:(　　)

A. $\bar{R}^2 \leqslant R^2$

B. 有时小于 0

C. $0 \leqslant \bar{R}^2 \leqslant 1$

D. 比 R^2 更适合作为衡量回归方程拟合程度的指标

4. 回归预测误差的大小与下列因素有关：(　　)

A. 样本容量

B. 自变量预测值与自变量样本平均数的离差

C. 自变量预测误差

D. 随机误差项的方差

三、问答题

1. 请举一实例说明什么是单相关和偏相关，以及它们之间的差别。

2. 讨论以下几种场合中回归方程中回归系数的经济意义和应取的符号：

(1) Y_t 为商业利润率；X_{2t} 为人均销售额；X_{3t} 为流通费用率。

(2) Y_t 为粮食销售量；X_{2t} 为人口数；X_{3t} 为人均收入。

(3) Y_t 为工业总产值；X_{2t} 为占用的固定资产；X_{3t} 为职工人数。

(4) Y_t 为国内生产总值；X_{2t} 为工业总产值；X_{3t} 为农业总产值。

四、计算题

1. 设销售收入 X 为自变量，销售成本 Y 为因变量。现根据某百货公司 12 个月的有关资料计算出以下数据：(单位：万元)

$$\sum (X_t - \bar{X})^2 = 425\ 053.73; \bar{X} = 647.88; \sum (Y_t - \bar{Y})^2 = 262\ 855.25;$$

$$\bar{Y} = 549.8; \sum (Y_t - \bar{Y})(X_t - \bar{X}) = 334\ 229.09$$

要求：(1) 拟合简单线性回归方程，并对方程中回归系数的经济意义做出解释。

(2) 计算决定系数和回归估计的标准误差。

(3) 对 β_2 进行显著水平为 5% 的显著性检验。

(4) 假定明年 1 月销售收入为 800 万元，利用拟合的回归方程预测相应的销售成本，并给出置信度为 95% 的预测区间。

2. 对 9 位青少年的身高 Y 与体重 X 进行观测，并已得出以下数据：

$$\sum Y_i = 13.54; \sum Y_i^2 = 22.978\ 8; \sum X_i = 472,$$

$$\sum X_i^2 = 28\ 158; \sum X_i Y_i = 803.02$$

要求：(1) 以身高为因变量，体重为自变量，建立线性回归方程；

(2) 计算残差平方和决定系数；

(3) 计算身高与体重的相关系数并进行显著性检验（自由度为 7，显著水平为 0.05 的 t 分布双侧检验临界值为 2.365）；

(4) 对回归系数 $\hat{\beta}_2$ 进行显著性检验。

3. 我国 2004 年部分省级大中城市的有关资料如表 6－8 所示。

表 6 – 8

城　市	人均消费支出 Y(元/人)	人均可支配收入 X_1(元/人)	人均储蓄 X_2(元/人)
沈阳	7 213	8 924	22 470.93
大连	8 672	10 378	26 185.59
哈尔滨	6 896	8 940	13 402.76
南京	8 350	11 602	24 994.58
武汉	7 793	9 564	19 175.46
济南	8 471	10 798	15 298.77
青岛	9 002	11 089	16 495.77
杭州	11 213	14 565	29 083.99
宁波	11 283	15 882	23 257.83
武汉	7 793	9 564	19 175.46
广州	13 121	16 884	59 786.52
厦门	10 739	14 443	38 261.19

资料来源：厦门市统计局网站，其中人均储蓄根据储蓄额与人口数推算。

试根据表 6 – 8 的资料，

(1) 拟合以下形式的消费函数：$Y_t = \beta_1 + \beta_2 X_{1t} + \beta_3 X_{2t} + U_t$；

(2) 计算随机误差项的标准差估计值、修正自由度的决定系数，并对整个回归方程进行显著性检验；

(3) 假设某一居民家庭人均可支配收入为 12 000 元，人均储蓄为 40 000 元，试预测其人均消费支出，并给出置信度为 95% 的预测区间。

4. 设某企业资料如表 6 – 9 所示。

表 6 – 9　某企业近年来总成本与产量

年　份	总成本 Y	产量 X	年　份	总成本 Y	产量 X
1997	32 900	400	2003	86 300	900
1998	52 400	600	2004	139 000	1 200
1999	42 400	500	2005	115 700	1 100
2000	62 900	700	2006	154 800	1 300
2001	74 100	800	2007	178 700	1 400
2002	100 000	1 000	2008	20 3100	1 500

(1) 试拟合以下总成本函数

$$Y_t = \beta_1 + \beta_2 X_t + \beta_3 X_t^2 + \beta_4 X_t^3 + u_t$$

(2) 根据总成本函数推导出平均成本函数，并描绘出平均成本函数的图形。

(3) 试根据以上结果推算总产量为 1 550 时的单位产品平均成本。

五、证明题

1. 试证明斯皮尔曼等级相关系数是前面介绍的样本相关系数的特例。

2. 试证明最小二乘估计量 $\hat{\beta}_2$ 是标准一元线性回归模型中总体回归系数 β_2 的最优线性无偏估计量。

第七章

时间序列分析

引例

空调的销售额是增加还是减少了

王先生是一家空调厂家的总经理,为了了解第三季度工厂空调机的销售状况,他让来公司实习的小赵收集有关统计数据进行分析。小赵将第三季度空调的销售额与第二季度的销售额进行对比,得出了本季度销售额比上季度增长20%的结果。他很高兴地将分析结果报告给王先生。但是王先生对此报告并不满意,而是让他进一步将今年第三季度的空调销售额与去年同期相比。分析的结果是,与去年同期相比,该厂的空调销售额并没有上升,而是下降了5%。那么该厂生产的空调销售额究竟是增加了还是减少了?要正确判断该厂空调销售状况的好坏,应该与上季度比还是与去年同期比?通过本章的学习,读者掌握了常用的时间序列分析的理论与方法后,便可以很好地理解上述问题。

第一节　时间序列分析概述

一、时间序列的概念与时间序列分析的目的

统计指标是在不同时间对社会经济现象观察记录的结果。所谓时间序列也称动态数列或时间数列,是各个不同时间社会经济统计指标按时间先后顺序排列的指标数列。

表7－1是我国2001—2015年若干统计指标的时间序列。由表7－1可以看出,时间序列有两个基本要素:一是时间,二是统计指标在一定时间的具体指标值。

表 7 - 1 我国若干国民经济指标时间序列

指标 年份	GDP(亿元)	年末人口 (万人)	人均 GDP (元)	第三产业 比重(%)
2001	110 863	127 627	8 717	49.0
2002	121 717	128 453	9 506	46.5
2003	137 422	129 227	10 666	39.0
2004	161 840	129 988	12 487	40.8
2005	187 319	130 756	14 368	44.3
2006	219 439	131 448	16 738	45.9
2007	270 439	132 129	20 505	47.3
2008	319 516	132 802	24 121	46.2
2009	349 081	133 450	26 222	43.7
2010	413 030	134 091	30 876	39.0
2011	489 301	134 735	36 403	43.8
2012	540 367	135 404	40 007	44.9
2013	595 244	136 072	43 852	47.2
2014	643 974	136 782	47 203	47.5
2015	685 505	137 462	49 992	53.7

资料来源:2016 年《中国统计年鉴》。

在统计研究中,时间序列的分析和研究具有很重要的地位。开展时间序列分析的主要目的如下:

(1)了解和掌握社会经济现象发展变化的历史过程。通过计算时间序列的各种水平指标和发展速度、增长速度指标,分析社会经济现象的动态发展变化情况。

(2)了解和掌握社会经济现象发展变化的规律性。分析时间序列的长期趋势、季节变动和循环变动,总结变化规律。

(3)了解和掌握时间序列发展趋势。通过建立数学模型,预测现象的未来发展趋势。

二、时间序列的种类

时间序列按照其指标的性质,可以分为总量指标、相对指标和平均指标三种类型。总量指标是基本的时间序列,相对指标和平均指标时间序列是在其基础上派生出来的。

(一)总量指标时间序列

总量指标按其所反映的内容的不同,有总体单位总量和总体标志总量两种,其反映了社会经济现象达到的绝对水平。

所谓总量指标时间序列,就是把一系列总量指标值按时间的先后顺序排列起来所形成的时间序列。根据总量指标所反映的社会经济现象性质的不同,又可分为时期指标时间序列和时点指标时间序列。如在表 7 - 1 中,GDP 是总体标志总量指标,年末人口数是总体单位总量指标;GDP 是时期指标,年末人口数是时点指标。

1. 时期指标的特点。

(1)可加性。不同时期的绝对量指标可以相加,所得数值表明现象在更长一个时期的指标值。例如，月度 GDP、季度 GDP 和年度 GDP 指标所属的时间长短不同，把 1 月份、2 月份、3 月份的 GDP 加总，得到第一季度的 GDP，把一年四个季度的 GDP 加总，则得到年度的 GDP。

（2）指标值的大小与所属时间的长短有直接关系。这是由时间指标的可加性特点所决定的。一般指标所属时期越长，指标值越大。如上面所说的季度 GDP 总是大于月度 GDP，年度 GDP 也总是大于季度 GDP。

（3）指标值采用连续统计的方式获得。由于时期指标是反映现象在一段时间内的发展过程总量，因而在这段时间内要把现象发生的数量逐一登记，并进行累计得到指标值。

2. 时点指标的特点。

（1）不可加性。不同时点的总量指标不可相加，这是因为，把不同时点的总量指标相加后，无法解释所得数值的时间状态。如把表 7－1 中 2001 年年末人口数和 2015 年年末人口数相加得到的数据属于哪个具体时间是无法说明的，因此也是没有意义的。

（2）指标数值的大小与时点间隔的长短一般没有直接关系。在时点数列中，相邻两个指标所属时间的差距为时点间隔。因为时点指标的时间单位是瞬间，因而许多现象时间间隔的长短与指标值的大小没有直接联系。如企业年底的库存不一定比各月底的库存量大；企业 12 月底的职工人数也未必比 11 月底的职工人数多。但如果现象本身存在着长期变化趋势，如呈现长期增长或长期下降趋势，则指标数值的大小与时间间隔的长短就有一定关系了。例如，我国总人口变动呈现长期增长趋势，因此，时点间隔越长，指标的数值就越大。

（3）指标值采用间断统计的方式获得。时点指标具有不连续统计的特点。因为时点指标是反映现象在某一时点的数量状况，所以只需要在某一时点进行统计，取得该时点资料。例如我国历次的人口普查是根据国家的有关规定，间隔一定时点进行一次性普查。

（二）相对指标和平均指标时间序列

相对指标和平均指标是由绝对数指标派生出来的，是由两个有联系的指标对比的比率。大多数相对指标是由计量单位相同的绝对数指标相除求得，其计算结果是一个抽象化的数值，用百分比、千分比、倍数、系数、成数等无名数的形式表示。也有一些相对指标是由两个性质不同、计量单位不同的指标进行对比，其计算结果的表现形式就是分子与分母的计量单位构成的复名数。如人口密度等于某地区的人口数除以土地面积，计量单位为“人/平方公里”；人均 GDP 的计量单位为“元/人”。

相对指标和平均指标反映社会经济现象达到的相对水平和平均水平，把一系列相对指标或平均指标按时间先后顺序排列起来，就得到相对指标或平均指标时间序列。例如，表 7－1 中人均 GDP 和第三产业比重时间序列就属此类。

相对指标或平均指标时间序列反映了社会经济现象之间相互联系的发展过程。在经济统计分析中，往往把绝对量指标、相对指标和平均指标时间序列结合起来，以便从多方位对社会经济现象进行分析。

三、时间序列的编制原则

编制时间序列的目的是要通过数列中各指标的比较，来研究社会经济现象的发展及其规律。因此,保证数列中各个指标数值的可比性,是编制时间序列的基本原则。具体有以下几点要求。

(一)时间一致

对于时期指标时间序列,各指标值所属时期长短应一致。对于时点指标时间序列,各指标的时点间隔长短应一致。

(二)口径一致

所谓口径一致包含以下几个方面:一是现象总体范围应一致。无论是时期指标时间序列还是时点指标时间序列,指标值的大小都与现象总体范围有密切关系,若指标的总体范围不一致,则失去比较意义。二是计算价格一致。价值指标有不变价、现行价,而不变价又有不同时期的不变价,编制价值指标的时间序列要保证各指标的计算价格相同,才具有比较意义。三是计量单位一致。实物量指标度量单位有吨、公斤以及标准实物量和混合实物量等,编制实物量指标时间序列要保证各指标的计量单位相同。四是经济内容要一致。例如,新中国成立以来,我国曾经采用过工农业总产值、社会总产值、国民收入和国内生产总值等指标反映我国的经济活动总量。这些指标都有不同的经济内容,在编制新中国成立以来的经济活动总量时间序列时,就需要对这些指标加以区别和调整,才能符合可比性的要求。

(三)计算方法一致

指标名称、总体范围、计算价格和计量单位以及经济内容都一致的指标,有时因计算方法不一致,也会导致数值上的差异。如 GDP 指标,可以用生产法、分配法和支出法来计算,从理论上讲,三种方法的计算结果应一致,但由于资料来源的渠道不同,这三种方法计算的结果往往存在差异。因此,在编制时间序列时,应注意各指标的计算方法是否统一,以确保指标可比。

第二节　时间序列的水平与速度分析

一、发展水平与增长水平

(一)发展水平

时间序列中,各指标数值反映了特定社会经济现象在所属时间的发展水平。发展水平受现象的长期趋势、季节变动、循环变动和不规则变动等因素共同作用的影响,反映了社会经济现象在具体时间下所达到的规模和程度。表 7-1 中资料显示,2015 年我国 GDP 为 685 505 亿元,年末人口数为 137 462 万人,人均 GDP 为 49 992 元,这些都说明了 2015 年我国这些社会经济现象的发展水平以及所达到的规模和程度。

分析现象的发展水平,需要明确几个常用的表达方式:最初水平、最末水平、基期水平、报告期水平。在时间序列中,如用 y_i 表示各个指标值,则时间序列可表示为 $y_0, y_1, y_2, \cdots, y_{n-1}, y_n$,通常把首项 y_0 称为最初水平,末项 y_n 称为最末水平。作为对比基准的水平称为基期水平，用 y_0 表示；被研究考察时间的水平称为报告期水平，用 y_1 表示。

（二）增长水平

增长水平也称增长量，是报告期发展水平与基期发展水平之差。用公式表示就是：

$$增长量 = 报告期水平 - 基期水平$$

增长量有逐期增长量和累积增长量之分。逐期增长量是报告期水平与前一期水平之差，说明报告期比前一期增长的绝对数量；累积增长量是报告期水平与某一固定时间的水平（通常为最初水平）之差，说明报告期比某一固定时间增长的绝对数量，即某一个较长时期内的总增长量。这两个指标用公式表示如下：

逐期增长量：
$$y_1 - y_0, y_2 - y_1, y_3 - y_2, \cdots, y_n - y_{n-1} \tag{7.1}$$

累积增长量：
$$y_1 - y_0, y_2 - y_0, y_3 - y_0, \cdots, y_n - y_0 \tag{7.2}$$

不难看出，逐期增长量和累积增长量存在以下数量依存关系：

（1）累积增长量等于相应的时期的逐期增长量之和，即：

$$y_n - y_0 = y_1 - y_0 + y_2 - y_1 + y_3 - y_2 + \cdots + y_n - y_{n-1} \tag{7.3}$$

（2）相邻两期的累积增长量之差等于相应时期的逐期增长量：

$$(y_i - y_0) - (y_i - 1 - y_0) = y_i - y_{i-1} \tag{7.4}$$

【例 7－1】根据表 7－1 我国年末人口数资料，计算 2010—2015 年人口逐期增长量和累积增长量。

【解】计算过程如表 7－2 所示。

表 7－2　我国年末人口数　　单位：万人

	2009	2010	2011	2012	2013	2014	2015
年末人口数（y_i）	133 450	134 091	134 735	135 404	136 072	136 782	137 462
逐期增长量（$y_i - y_{i-1}$）	—	641	644	669	668	710	680
累积增长量（$y_i - y_0$）	—	641	1 285	1 954	2 622	3 332	4 012

在实际统计分析中，为了消除季节变动的影响，经常计算年距增长量指标。年距增长量是本期发展水平与上年同期发展水平之比，其公式如下：

$$年距增长量 = 本期发展水平 - 上年同期发展水平$$

【例 7－2】某旅游景点 2017 年春节旅游黄金周接待游客 47.59 万人次，2016 年同期接待 43 万人次，求春节旅游黄金周接待游客年距增长量。

【解】年距增长量 = 47.59 － 43 = 4.59（万人）

二、平均发展水平与平均增长水平

（一）平均发展水平

在对时间序列进行分析时，为了综合说明现象在一段时期内的发展水平，需要计算平均发展水平指标。平均发展水平称为序时平均数，是对各不同时间上的指标数值求平均数，是将指标在各时间上表现的差异加以抽象的结果，是以一个数值来代表现象在这一段时间上的一般发展水平。

计算序时平均数的方法要根据时间序列指标的性质来确定。在前面我们已经知道，有绝对量指标、相对指标和平均指标时间序列，计算这三种时间序列序时平均数的方法不同，但由于相对指标和平均指标是由绝对量指标派生的，所以，根据总量指标时间序列计算序时平均数的方法是最基本的方法。

1. 由总量指标计算序时平均数。绝对量指标时间数列分为时期和时点两种，二者的计算方法有所不同，下面分别加以说明。

（1）时期指标的序时平均数。这种序时平均数的计算方法比较简单，通常采用简单算术平均数方法计算。用公式表示为：

$$\bar{y}=\frac{y_1+y_2+\cdots+y_n}{n}=\frac{\sum_{i=1}^{n}y_i}{n} \tag{7.5}$$

式中：$\bar{y}$ 代表序时平均数，y_i 代表各期发展水平，n 代表时期项数。

（2）时点指标的序时平均数。从理论上说，要准确计算时点指标序时平均数，应当掌握现象在每一时点上的数据。这时，时点数列序时平均数的计算公式就是：$\bar{y}=\frac{\sum_{i=1}^{n}y_i}{n}$。但时点指标大多数是间断统计的，有的是每隔一定时间统计一次，如每月末、每季末、每半年末、每年末统计一次；有的是当现象发生变动时才登记一次；有的则是不定期统计。对这些不同的资料情况，时点指标时间序列的序时平均数计算有相应的方法，下面逐一介绍。

①间隔相等的时点数列序时平均数的计算。间隔相等的时点数列序时平均数的计算采用“首末折半法”，公式如下：

$$\bar{y}=\frac{\frac{y_1}{2}+y_2+\cdots+y_{n-1}+\frac{y_n}{2}}{n-1} \tag{7.6}$$

【例7－3】根据表7－1的数据计算“十二五”期间我国年平均人口数。

【解】表7－1人口数资料是各年年末人口数据，用公式（7.6）计算2011—2015年的平均人口，首先要考虑它的首项应该是哪一年的数据。显然，首项不应是2011年年末人口数，而应是2010年年末人口数。这是因为2011年年末人口数是年末时点的人口数，它不能作为2011年人口数的代表值，而应以2011年年平均人口数作为代表值。我们可以把2010年末的人口数看作是2001年年初的人口数，那么，2011年的年平均人口就是年初和年末人口数的简单平均数（当然，这又是建立在假设两个时点间人口呈均匀变动的基础之上）。即：

$$2001\text{年平均人口}=\frac{134\ 091+134\ 735}{2}=134\ 413\ (\text{万人})$$

类似地，可以计算2012—2015年各年平均人口数。不难推知，公式（7.6）的实质就是对各时点的平均数求平均数，即：

$$\bar{y}=\frac{\frac{y_1+y_2}{2}+\frac{y_2+y_3}{2}+\cdots+\frac{y_{n-1}+y_n}{2}}{n-1}$$

$$=\frac{\frac{y_1}{2}+y_2+\cdots+y_{n-1}+\frac{y_n}{2}}{n-1}$$

因此,2011—2015 年年平均人口数为:

$$\bar{y}=\frac{\frac{13\ 409}{2}+134\ 753+135\ 404+136\ 072+136\ 787+\frac{137\ 462}{2}}{6-1}=135\ 753.9\ (\text{万人})$$

②间隔不等的时点数列序时平均数的计算。时点间隔不等的时间序列计算序时平均数的方法,其思路与时点间隔相等的时点序列相同。但因为这时时点间隔不同,所以要用时点间隔为权数来加权计算。下面举例说明间隔不等的时点数列序时平均数的计算方法。

【例 7 -4】某省 2017 年有关人口统计数据资料如表 7 -3 所示,求年平均人口。

表 7 -3　某省 2017 年有关人口统计数据　　单位:万人

	1 月 1 日	3 月 31 日	6 月 1 日	12 月 31 日
人口数	2 704	2 716	2 698	2 702

【解】

$$\bar{y}=\frac{\frac{2704+2716}{2}\times 3+\frac{2716+2698}{2}\times 2+\frac{2698+2702}{2}\times 7}{12}$$

$$=\frac{32444}{12}=2703.7(\text{万人})$$

由此不难归纳出间隔不等的时点数列序时平均数的计算公式:

$$\bar{y}=\frac{\sum \bar{y}_i f_i}{\sum f_i}$$

$$=\frac{\frac{1}{2}(y_1+y_2)f_1+\frac{1}{2}(y_2+y_3)f_2+\cdots+\frac{1}{2}(y_{n-1}+y_n)f_{n-1}}{f_1+f_2+\cdots+f_{n-1}} \tag{7.7}$$

③当现象发生变动时登记一次的时点数列序时平均数的计算。下面仍以一例子来说明其计算方法。

【例 7 -5】某企业 2017 年 5 月某种工具库存量资料如表 7 -4 所示,求 5 月份该工具平均库存量。

表 7 -4　某企业 2017 年 5 月某种工具库存量资料　　单位:件

	1 日	10 日	12 日	20 日	25 日	31 日
库存量	85	5	105	50	20	100

【解】$\bar{y}=\frac{85\times 9+5\times 2+105\times 8+50\times 5+20\times 6+100\times 1}{9+2+8+5+6+1}=\frac{2085}{31}=67.3(\text{件})$

这个例子的情况与前面两例有所不同。在前面两例中,后一时点的数据是前一时点数据逐渐变化的结果,所以,当我们假设这种变动是均匀变动时,可计算两个时点数据的简单平均数作为两个时点之间的代表值。而本例中后一时点的数据并非前一时点数据逐渐变化的结果,而是前一时点现象一直维持到后一时点的前一天,在后一时点的那一天库存量才发生变化。因此,在两个时点之间的代表值就是前一时点的数据。由此,可归纳出计算公式:

$$\bar{y}=\frac{y_1f_1+y_2f_2+\cdots+y_nf_n}{f_1+f_2+\cdots+f_n}=\frac{\sum_{i=1}^{n}y_if_i}{\sum_{i=1}^{n}f_i} \tag{7.8}$$

2. 由相对指标或平均指标计算序时平均数。计算相对指标或平均指标的序时平均数，一般不能就时间序列中的相对指标或平均指标直接计算，而要分别计算出相对数或平均数分子和分母的平均数后，再进行对比。用公式表示如下：

$$\bar{y}=\frac{\bar{a}}{\bar{b}} \tag{7.9}$$

式中：$\bar{a}$ 为作为分子的时间序列序时平均数；$\bar{b}$ 为作为分母的时间序列序时平均数。

【例 7－6】某商场 2017 年第一季度各月份有关商品销售资料如表 7－5 所示，求第一季度商品月平均流转次数。

表 7－5　第一季度有关商品销售资料

	1 月	2 月	3 月
商品销售额(a)	120	143	289
平均库存额(b)	60	65	85
商品流转次数(y)	2.0	2.2	3.4

【解】

$$\text{商品流转次数}=\frac{\text{商品销售额}}{\text{平均库存额}}$$

$$\bar{y}=\frac{\bar{a}}{\bar{b}}=\frac{(120+143+289)\div 3}{(60+65+85)\div 3}=\frac{184}{70}=2.63\ (\text{次})$$

计算结果表明，该商场第一季度商品月平均流转次数为 2.63 次。

(二) 平均增长水平

平均增长水平也称平均增长量，它是逐期增长量的序时平均数。计算平均增长量可以将各逐期增长量相加除以逐期增长量个数，用简单算术平均法计算；也可以将累积增长量除以时间序列项数减 1。用公式表示如下：

$$\text{平均增长量}=\frac{\text{逐期增长量之和}}{\text{逐期增长量个数}}=\frac{\text{累计增长量}}{\text{时间序列项数}-1} \tag{7.10}$$

【例 7－7】根据例 7－1 资料，计算我国 2010—2015 年年平均增加人口。

【解】 $\text{平均增长量}=\frac{641+644+669+668+710+680}{6}=\frac{4\ 012}{7-1}=668.67\ (\text{万人})$

三、发展速度与增长速度

(一) 发展速度

发展速度是反映社会经济发展快慢的相对指标。其计算公式如下：

$$\text{发展速度}=\frac{\text{报告期水平}}{\text{基期水平}}\times 100\% \tag{7.11}$$

在通常情况下，报告期水平总是大于 0，因此发展速度指标值也总是表现为正数。当发展速度指标值大于 0 小于 1 时，表明报告期水平低于基期水平；当发展速度指标值等于 1 或大于 1 时，表明报告期水平达到或超过基期水平。由于采用的基期不同，发展速度有环比发展速度和定基发展速度之分。所谓环比发展速度,也称逐期发展速度,是报告期水平与前一期水平之比。所谓定基发展速度,则是报告期水平与某一固定时期水平(通常为最初水平或特定时期水平)之比,表明现象在较长时期内总的发展速度,也称为总速度。环比发展速度和定基发展速度的计算公式分别如下:

$$\text{环比发展速度:}\frac{y_1}{y_0},\frac{y_2}{y_1},\cdots,\frac{y_n}{y_{n-1}} \tag{7.12}$$

$$\text{定基发展速度:}\frac{y_1}{y_0},\frac{y_2}{y_0},\cdots,\frac{y_n}{y_0} \tag{7.13}$$

不难看出,环比发展速度和定基发展速度存在以下两个数量关系:

(1)环比发展速度的连乘积等于相应时期的定基发展速度:

$$\frac{y_1}{y_0}\times\frac{y_2}{y_1}\times\cdots\times\frac{y_n}{y_{n-1}}=\frac{y_n}{y_0} \tag{7.14}$$

(2)相邻时期的定基发展速度之商等于相应时期的环比发展速度:

$$\frac{y_i}{y_0}\div\frac{y_{i-1}}{y_0}=\frac{y_i}{y_{i-1}} \tag{7.15}$$

根据以上两个数量关系式,可以进行相互推算。

【例7-8】某产品外贸进出口量各年环比发展速度为:2011年103.9%,2012年100.9%,2013年95.5%,2014年101.6%,2015年108%,试计算2015年以2010年为基期的定基发展速度。

【解】

$$\begin{aligned}\frac{y_{2005}}{y_{2000}}&=\frac{y_{2001}}{y_{2000}}\times\frac{y_{2002}}{y_{2001}}\times\frac{y_{2003}}{y_{2002}}\times\frac{y_{2004}}{y_{2003}}\times\frac{y_{2005}}{y_{2004}}\\&=103.9\%\times100.9\%\times95.5\%\times101.6\%\times108\%\\&=109.57\%\end{aligned}$$

在实际统计分析工作中,为了消除季节变动的影响,类似于前面的年距增长量指标,也常计算年距发展速度,用以说明报告期水平与上年同期水平对比达到的相对程度。用公式表示如下:

$$\text{年距发展速度}=\frac{\text{报告期发展水平}}{\text{上年同期发展水平}}\times100\% \tag{7.16}$$

(二)增长速度

增长速度是反映增长程度的相对指标。增长速度与发展速度有密切关系,两者相差一个基数(1或100%)。增长速度的计算公式如下:

$$\begin{aligned}\text{增长速度}&=\text{发展速度}-100\%\\&=\frac{\text{报告期水平}}{\text{基期水平}}-100\%\\&=\frac{\text{报告期水平}-\text{基期水平}}{\text{基期水平}}\\&=\frac{\text{增长量}}{\text{基期水平}}\times100\%\end{aligned} \tag{7.17}$$

上面几种计算方法可根据实际掌握资料的情况选择应用。不难看出,增长速度指标值有可能为正数,也有可能为负数。

与发展速度类似,由于采用的基期不同,也可以有环比增长速度和定基增长速度之分。前者表示现象的逐期增长速度，后者表示在较长时期内总的增长速度。与发展速度有所不同的是，环比发展速度和定基发展速度之间可以相互推算，环比增长速度和定基增长速度之间则不能直接相互推算。要进行环比增长速度和定基增长速度之间的推算，要先把它们还原成发展速度以后才能进行。环比增长速度和定基增长速度的计算公式如下：

$$\text{环比增长速度} = \text{环比发展速度} - 100\% = \frac{\text{逐期增长量}}{\text{前期水平}} \times 100\% \tag{7.18}$$

$$\text{定基增长速度} = \text{定基发展速度} - 100\% = \frac{\text{累积增长量}}{\text{最初水平}} \times 100\% \tag{7.19}$$

【例 7-9】某企业几年来产量不断增长。已知 2011 年比 2010 年增长 20%，2012 年比 2010 年增长 50%，2013 年比 2012 年增长 25%，2014 年比 2013 年增长 15%，2015 年比 2010 年增长 132.5%。试计算表 7-6 中的空缺数字。

【解】将已知资料列入表 7-6。

表 7-6　某企业 2011 年—2015 年产量增长速度

年　份	2011	2012	2013	2014	2015
环比增长速度(%)	20	②	25	15	⑤
定基增长速度(%)	①	50	③	④	132.5

计算可得，表中：

①2011 年定基增长速度 = 20%；

②2012 年环比增长速度 = [(1 + 50%) ÷ (1 + 20%)] - 1 = 25%；

③2013 年定基增长速度 = [(1 + 20%) × (1 + 25%) × (1 + 25%)] - 1 = 87.5%；

④2014 年定基增长速度 = [(1 + 87.5%) × (1 + 15%)] - 1 = 115.6%；

⑤2015 年环比增长速度 = [(1 + 132.5) ÷ (1 + 115.6%)] - 1 = 7.8%。

四、平均发展速度与平均增长速度

平均发展速度是各个时期环比发展速度的序时平均数，说明社会经济现象在较长时期内速度变化的平均程度。平均发展速度与平均增长速度指标的数量关系是：

$$\text{平均增长速度} = \text{平均发展速度} - 1$$

平均发展速度是各个时期环比发展速度的平均数。在实际工作中有两种计算平均发展速度的方法，即几何平均法和方程式法。

（一）几何平均法（水平法）

现象发展的平均速度一般用几何平均法计算，计算公式如下：

$$\bar{x} = \sqrt[n]{x_1 \cdot x_2 \cdot x_3 \cdots x_n} = \sqrt[n]{\prod x} \tag{7.20}$$

式中：$\bar{x}$ 表示平均发展速度，x 表示各年环比发展速度，n 表示环比发展速度的项数。

用几何平均法公式计算平均发展速度的数学依据是：现象发展的总速度不等于各年

发展速度之和，而等于各年环比发展速度的连乘积。用 a_i 表示各期的发展水平，公式(7.20)可以表现为下面的形式：

$$\bar{x}=\sqrt[n]{\frac{y_1}{y_0}\times\frac{y_2}{y_1}\times\frac{y_3}{y_2}\times\cdots\times\frac{y_n}{y_{n-1}}}=\sqrt[n]{\frac{y_n}{y_0}} \tag{7.21}$$

不难看出，几何平均法名义上是各个环比发展速度的几何平均数，但实际上也是由最初和最末两期的水平所决定的，中间各期的水平变化对平均发展速度的计算结果并没有影响。所以，平均发展速度的几何平均法也称为水平法。

以上两个计算公式，可以根据所掌握资料的情况来选择应用。

【例 7－10】根据例 7－8 的数据，按水平法计算平均发展速度。

【解】

$$\begin{aligned}\bar{x}&=\sqrt[n]{x_1\cdot x_2\cdot x_3\cdots x_n}=\sqrt[n]{\prod x}\\&=\sqrt[5]{103.9\%\times 100.9\%\times 95.5\%\times 101.6\%\times 108\%}\\&=\sqrt[5]{109.57\%}=101.84\%\end{aligned}$$

如果现象的发展过程划分了几个时期，各时期又有各自的平均速度指标，要计算全期平均发展速度，则要以各时期持续的年数为权数，按加权几何平均法计算。计算公式如下：

$$\bar{x}=\sqrt[\Sigma f]{\prod(x)^f} \tag{7.22}$$

【例 7－11】某地区 GDP“十二五”前三年平均发展速度为 112%，后两年平均发展速度为 109%，求该地区“十二五”期间 GDP 年平均发展速度和平均增长速度。

【解】　平均发展速度：$\bar{x}=\sqrt[\Sigma f]{\prod(x)^f}=\sqrt[3+2]{(112\%)^3\ (109\%)^2}=110.79\%$

平均增长速度＝平均发展速度－1＝110.79%－1＝10.79%

（二）方程式法（累积法）

方程式法是按照这样的要求来计算的，即时间序列中的各年发展水平的总和等于全期的总水平，而各年发展水平是基期水平与各年定基发展速度的乘积。根据定基发展速度等于环比发展速度连乘积的关系，各年发展水平也是基期水平和有关各年环比发展速度的乘积。这样，把各年环比发展速度加以平均化，列出方程式，求解即可得出年平均发展速度。将以上的文字表述用数学关系式来表达，即为：

$$y_1+y_2+y_3+\cdots+y_n=\sum_{i=1}^{n}y_i$$

$$y_0\frac{y_1}{y_0}+y_1\frac{y_2}{y_1}+y_2\frac{y_3}{y_2}+\cdots+y_{n-1}\frac{y_n}{y_{n-1}}=\sum_{i=1}^{n}y_i$$

用 z_i 表示各期的发展速度，则上式可表示为：

$$y_0z_1+y_0z_2+y_0z_3+\cdots+y_0z_n=\sum_{i=1}^{n}y_i$$

用环比发展速度 x_i 代入上式：

$$y_0x_1+y_0x_1x_2+y_0x_1x_2x_3+\cdots+y_0x_1x_2x_3\cdots x_n=\sum_{i=1}^{n}y_i$$

把式中的各期环比发展速度平均化，用平均发展速度 $\bar{x}$ 取代各环比发展速度 x_i，即：

$$y_0\bar{x}+y_0\bar{x}\cdot\bar{x}+y_0\bar{x}\cdot\bar{x}\cdot\bar{x}+\cdots+y_0\bar{x}\cdot\bar{x}\cdot\bar{x}\cdots\bar{x}=\sum_{i=1}^{n}y_i$$

$$y_0[(\bar{x})+(\bar{x})^2+(\bar{x})^3+\cdots+(\bar{x})^n]=\sum_{i=1}^{n}y_i$$

$$(\bar{x})+(\bar{x})^2+(\bar{x})^3+\cdots+(\bar{x})^n=\frac{\sum_{i=1}^{n}y_i}{y_0} \tag{7.23}$$

这个方程式的正根就是所求的年平均发展速度。用方程式法计算平均发展速度的特点,是着眼于各期水平累计之和 $\sum_{i=1}^{n}y_i$,所以它也称为累计法。

由于式(7.23)是一个高次方程,求解比较复杂。在手工计算的时代,一般需要依赖于前人事先编制好的平均增长速度查对表。但计算机普及后,应用方程式法已不再是困难。利用 EXCEL 求解平均发展速度的实例,可参见本章第六节。

(三)需要注意的问题

应当注意,几何平均法和方程式法的理论依据、计算方法和应用条件有所不同。几何平均法的侧重点是从最末水平出发来进行研究,按照几何平均法所确定的平均发展速度推算的最末一年发展水平,与实际资料最末一年的发展水平相同。方程式法的侧重点则是从各年发展水平的累计总和出发来进行研究,按照方程式法所确定的平均发展速度推算的全期各年发展水平的总和,与全期各年的实际发展水平的总和相同。

我国制定国民经济发展长期计划,大致也有两种规定指标数值的方法。一种是以长期计划的最后一年应达到的水平来规定,如人口数、国内生产总值、工业主要产品产量、社会消费品零售总额等。另一种是以整个计划期应达到的累计数来规定,如固定资产投资额等。在计算平均发展速度时,前者采用几何平均法,后者采用方程式法。

五、速度分析与水平分析的结合与应用

时间序列的速度指标是由水平指标对比计算而来的,是以百分数表示的抽象化指标。速度指标把现象的具体规模或水平抽象掉了,因此不能反映现象的绝对量差别。在应用速度指标进行分析时,要注意以下几个问题:

第一,要结合具体研究目的适当选择基期,并注意其所依据的基本指标在整个研究时期的同质性。如果资料中有几年的环比增长速度特别快,而有几年又是负增长,出现显著的悬殊和不同的发展方向,以及所选择的最初水平和最末水平受特殊因素的影响过高或过低,用这样的资料来计算平均发展速度,就会降低甚至失去指标的代表意义和实际分析意义。

第二,要联系各个时期的环比发展速度来补充说明平均发展速度。如几何平均法名义上是各个时期环比发展速度的平均数,但实际上只计算最末水平和最初水平两个数字,把中间各个时期的具体变动抽象掉了,所以有必要补充各期的环比速度加以分析。

第三,要结合基期水平进行分析。因为发展速度是报告期水平除以基期水平而得,从数量关系来看,基期水平低,速度就容易高;基期水平高,就难以高速度。因此,速度高可能掩盖低水平,速度低又可能隐藏高水平。例如,1949 年我国的钢产量为 15.8 万吨,1950 年为 61 万吨,则 1950 年我国钢产量的环比发展速度为 368.08%。1999 年我国钢产量为 12 426 万吨,2000 年为 12 850 万吨,2000 年钢产量的环比发展速度为103.41%。

从发展速度分析,前者大于后者。但从隐藏在发展速度指标后面的发展水平指标来分析,却是后者远远大于前者。2000 年我国钢产量每增长 1% 的绝对量为 124.26 万吨;而 1950 年钢产量每增加 1% 的绝对量仅为 0.16 万吨。

增长 1% 的绝对量即前期水平的 1%,是一个既考察速度又兼顾水平的指标,用公式表示为:

$$增长1\%的绝对量=\frac{a_i-a_{i-1}}{\left(\frac{a_i}{a_{i-1}}-1\right)\times 100}=\frac{a_{i-1}}{100} \qquad (7.24)$$

第四,平均速度指标应结合其所依据的各个基本指标,如发展水平、增长量、环比发展速度、定基发展速度等进行分析研究,才能深入了解现象的全面发展、具体过程和特点,从而对研究现象具有比较确切和完整的认识。

第三节　长期趋势分析

一、时间序列的构成因素

在时间序列中,各时期的发展水平是受各种因素共同影响的结果。归纳起来,这些影响因素可以分为四类:

其一,长期趋势。它也称趋势变动,指时间序列在较长时期中所表现出来的总态势。长期趋势变动是受某种根本性的支配因素影响,而呈现出各时期的发展水平不断递增或不断递减或水平变动的基本趋势。例如,我国人口数时间序列呈现长期递增趋势。

其二,季节变动。季节变动的最基本含义是指受自然界季节更替影响而发生的年复一年的有规律的变化。例如农产品的生产、某些消费品的销售具有很典型的季节变动表现。在实际分析中,季节变动概念已有了扩展,一年内由于社会、政治、经济、自然因素影响形成的有规律的周期性的重复变动都称为季节变动。例如,学校寒暑假制度所带来的客运部门客流量在一年中的规律性变化,上下班制度对城市公交所带来的一天中客流量高峰的规律性变化等都称为季节变动。

其三,循环变动。循环变动是指变动周期大于一年的有一定规律性的重复变动。如商业周期的繁荣、衰退、萧条、复苏四个阶段的循环变动。循环变动的规律不如季节变动明显,一般较难识别。

第四,不规则变动。它也称随机变动,指现象受众多偶然因素的影响而出现的不规则变动。

时间序列分析的任务之一,就是对时间序列中的这几个构成因素进行测定,从而揭示现象变动的规律和特征,为认识和预测事物的发展提供依据。

上述四种因素,按照它们的影响方式的不同,可以设定不同的组合模型,其中最常见的有乘法模型和加法模型。乘法模型是假定四个因素对现象发展的影响是相互的,加法模型则假定各因素的影响是独立的。

$$乘法模型:Y = T \cdot S \cdot C \cdot I \quad (7.25)$$

$$加法模型:Y = T + S + C + I \quad (7.26)$$

式中:Y 为时间序列指标数值;T 为长期趋势,S 为季节变动,I 为不规则变动。

二、长期趋势的测定方法

(一)时距扩大法

时距扩大法是测定长期趋势最原始、最简单的方法。它是将原来时间序列中较小时距单位的若干个数据加以合并,得出较大时距单位的数据。扩大了时距单位的数据可以使较小时距单位数据所受到的偶然因素的影响相互抵消,从而显示出现象变动的基本趋势。

【例 7 - 12】2015—2017 年某旅游景点人数资料如表 7 - 7 所示。

表 7 - 7　某风景旅游景点旅游人数资料

年　份	旅游人数(万人)			
	第一季	第二季	第三季	第四季
2015	32	40	61	28
2016	41	51	74	36
2017	57	65	93	57

从表 7 - 7 中 2015—2017 年 12 个季度资料来看,该景点旅游人数有升有降,既有明显的季节变动,也有着逐年增长的趋势。为了显示长期趋势,必须将其他因素剔除。本例的变动周期为四季,把以季为单位的数据合并为以年为单位的数据,这时旅游人数有升有降的周期变化就消失了,显示出来的是长期增长的趋势,如表7 - 8所示。

表 7 - 8　时距扩大法计算表　　单位:万人

年　份	旅游人数	季平均旅游人数
2015	161	40
2016	202	51
2017	272	68

时距扩大法的优点是简便直观。但它的缺点也很突出,表现在时距扩大之后,所形成的新数列包含的数据减少,信息量大大流失,不便于做进一步的分析。

(二)移动平均法

移动平均法是对时距扩大法的一种改良。它是采用逐期递推移动的办法对原数列按一定时距扩大,得出一系列扩大时距的序时平均数。移动平均法有多种形式,下面介绍简单移动平均法和加权移动平均法。

1. 简单移动平均法。该方法依次计算若干项时间序列数据的移动平均数,并将其作为移动平均中项的趋势测定值,所以这种方法也称为中心化移动平均法。

表7-9是根据表7-7数据计算的四季移动平均数列。

表7-9　移动平均计算表

年　份	季　度	序　号	y_i	四季移动平均(T)
2015	1	1	32	—
	2	2	40	—
	3	3	61	41.4
	4	4	28	43.9
2016	1	5	41	46.9
	2	6	51	49.5
	3	7	74	52.2
	4	8	36	56.2
2017	1	9	57	60.4
	2	10	65	57.8
	3	11	93	—
	4	12	57	—

由表7-9数据可以看到,该城市旅游人数的变动趋势呈稳步上升态势。

应用简单移动平均法分析长期趋势时,需要注意以下几点:

(1)凡采用奇数项求移动平均数,只需移动平均一次;若采取偶数项移动平均,则必须进行两次移动平均。

设时间序列的指标值为 y,其指标值顺次为 $y_1,y_2,y_3,\cdots,y_n$。如取四项移动平均,则所得的第一个移动平均数 $\bar{y}_{2-3}=\dfrac{y_1+y_2+y_3+y_4}{4}$ 对应于原数列的第二年与第三年之间,第二个移动平均数 $\bar{y}_{3-4}=\dfrac{y_2+y_3+y_4+y_5}{4}$ 对应于第三年与第四年之间,以下类推。因而尚需再进行一次移正平均,即将第一个移动平均数与第二个移动平均数再平均,求出一个新的平均数 $\bar{y}_3=\dfrac{\bar{y}_{2-3}+\bar{y}_{3-4}}{2}=\left(\dfrac{1}{2}y_1+y_2+y_3+y_4+\dfrac{1}{2}y_5\right)\div 4$,对应于原数列的第三年。以后各年数字,照此类推。

(2)逐项移动平均的一个关键问题是取多长时间为宜。假如现象变动有周期性,就应以周期长度为移动平均的项数。如上例,以一年四个季度为一周期,就应取四项移动平均。因为只有这样,才能消除周期变动,准确反映长期趋势。

(3)移动平均后所得的修匀数列,比原数列的项数更少。奇数项移动平均所形成的新数列,首尾各少 $\dfrac{N-1}{2}$ 项(N 为移动项数);偶数项移动平均所形成的新数列,首尾各少 $\dfrac{N}{2}$ 项(N 为移动项数)。如两年或三年移动平均,首尾各少一项;四年或五年移动平均,首尾各少两项。平均项数越多失去的信息也越多,所以,移动平均的项数不宜过大。

2. 加权移动平均法。简单移动平均法适用于线性趋势的测定，如果社会经济现象发展是非线性的，就要考虑用加权移动平均法。所谓加权移动平均法，就是对各期指标值进行加权后再进行移动平均。依照在简单移动平均中，移动平均数代表移动平均中项时期的长期趋势值的做法，在加权移动平均法中一般也采用奇数项加权移动平均，各期权数以二项展开式的系数为计算基础，使中项时期指标值的权数最大，两边对称，逐期减小。

例如，三项移动平均，应以$(a+b)^2=a^2+2ab+b^2$的系数1，2，1进行加权。即：$\bar{y}_{t-1}=\dfrac{y_{t-2}+2y_{t-1}+y_t}{4}$。

（三）趋势方程拟合法

趋势模型法是根据时间序列长期趋势的表现形态，建立一个合适的趋势方程来描述现象各期指标值随时间变动的趋势规律性，并据此进行各期趋势值的测定。基本步骤如下：

第一，选取合适的模型。时间序列中长期趋势的表现形态是多种多样的。在实际应用中，如何选择时间序列所要配合的趋势模型是一个十分重要的问题。趋势模型选择不当，不仅不能正确描述现象的发展的规律性，有时还会得出与事实相反的结论。常见的趋势模型有：线性模型$\hat{y}_t=a+bt$，二次曲线模型$\hat{y}_t=a+b_1t+b_2t^2$，指数曲线模型$\hat{y}_t=ab^t$；修正的指数曲线模型$\hat{y}_t=k+ab^t$，逻辑曲线模型$\hat{y}_t=\dfrac{1}{k+ab^t}$等。

第二，估计模型参数。趋势方程中的自变量是时间t，t一般按时期的先后顺序取值为1，2，…，n（n为时间序列的时期数）；因变量是时间序列期的指标值$y_t(t=1,2,\cdots,n)$。各类趋势模型参数的估计可参阅本书第六章相关与回归分析中介绍的方法，本章不再赘述。

第三，计算趋势变动测定值。将各期时间t的取值代入已估计出参数的趋势模型，得出的因变量数值就是相应时期的趋势变动测定值。

【例7－13】根据表7－10中第②栏某市社会消费品零售总额的资料计算测定各年的长期趋势值。

【解】从图7－1中零售额的散点图可以看出，1994—2017年间我国消费品零售额的走势类似指数曲线，因此用指数曲线模型$\hat{y}_t=ab^t$进行趋势值的测定。为了对模型中的参数进行估计，先利用本书第六章相关与回归分析中介绍的方法把模型线性化为$\log\hat{y}_t=\log a+t\log b$，对各期指标值取以10为底的对数，得$\log y_t$（见表7－10第③栏），再用最小二乘法进行估计，得

$$\begin{cases}\log b=3.121\ 66\\ \log a=0.063\ 16\end{cases},\quad 解得\begin{cases}a=10^{\log a}=1\ 323.306\\ b=10^{\log b}=1.156\ 54\end{cases}$$

则

$$\log\hat{y}_t=3.121\ 66+0.063\ 16t$$

$$\hat{y}_t=1\ 323.306\times1.156\ 54^t \tag{7.27}$$

上式是为了测定该市消费品零售总额趋势值建立的指数曲线模型，把各时期的时间t值代入模型即可求出各期的趋势测定值，见表7－10的最后一栏。当然，第⑤栏的趋势值也可通过对第④栏的对数估计值求反对数得到。

表 7-10 某市社会消费品零售总额及其趋势值 单位:万元

年 份	时间 t ①	消费品零售总额(y_t) ②	$\log(y_t)$ ③	$\log(\hat{y}_t)$ ④	$\hat{y}_t = 10^{\log(\hat{y}_t)} = ab^t$ ⑤
1994	1	1 558.6	3.192 735	3.184 821	1 530
1995	2	1 800.0	3.255 273	3.247 982	1 770
1996	3	2 140.0	3.330 414	3.311 143	2 047
1997	4	2 350.0	3.371 068	3.374 304	2 368
1998	5	2 570.0	3.409 933	3.437 464	2 738
1999	6	2 849.4	3.454 753	3.500 625	3 167
2000	7	3 376.4	3.528 454	3.563 786	3 663
2001	8	4 305.0	3.633 973	3.626 947	4 236
2002	9	4 950.0	3.694 605	3.690 107	4 899
2003	10	5 820.0	3.764 923	3.753 268	5 666
2004	11	7 440.0	3.871 573	3.816 429	6 553
2005	12	8 101.4	3.908 56	3.879 59	7 579
2006	13	8 300.1	3.919 083	3.942 751	8 765
2007	14	9 415.6	3.973 848	4.005 911	10 137
2008	15	10 993.7	4.041 144	4.069 072	11 724
2009	16	12 462.1	4.095 591	4.132 233	13 559
2010	17	16 264.7	4.211 246	4.195 394	15 682
2011	18	20 620.0	4.314 289	4.258 554	18 137
2012	19	24 774.1	4.393 998	4.321 715	20 976
2013	20	27 298.9	4.436 145	4.384 876	24 259
2014	21	29 152.5	4.464 676	4.448 037	28 057
2015	22	31 134.7	4.493 245	4.511 198	32 449
2016	23	34 152.6	4.533 424	4.574 358	37 528
2017	24	37 595.2	4.575 132	4.637 519	43 403

把测定出的趋势值即第⑤栏的数据绘成图,可得图 7-1 中的曲线,可以看出,用指数曲线模型测定的趋势值与原各期指标值的拟合程度较好,因此用指数曲线模型能较好地反映该市 20 多年来社会消费品零售额的增长趋势。

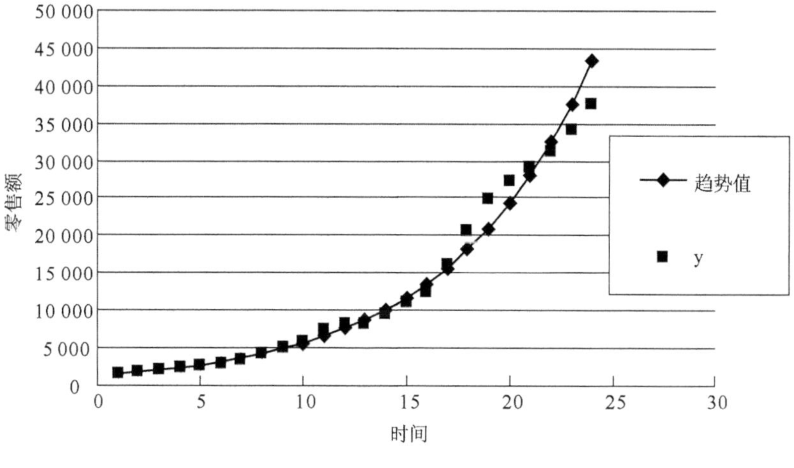

图 7-1 某市社会商品零售额的长期趋势

第四节　季节变动与循环波动分析

一、季节变动分析

关于季节变动的含义，在上一节中我们已经作了介绍。季节变动具有三个明显的特征：有规律的变动；按一定的周期重复进行；每个周期变化大体相同。由于季节变动的最大周期为一年，所以以年份为单位的时间数列中不可能有季节变动。

（一）同期平均法

这种方法是测定季节变动最简便的方法。它是以若干年数据资料求出同月（季）的平均水平与全年总月（季）水平，二者对比得出各月（季）的季节指数，用来表明季节变动的程度。按月平均法可以分为直接按月（季）平均法和比率按月平均法两种。

1. 直接按月（季）平均法。直接按月（季）平均法将整个时间序列的趋势值视为常数。计算步骤如下：

第一，计算各年同月（季）的平均数 $\bar{y}_i$（$i=1\sim12$ 月或 $i=1\sim4$ 季）；

第二，计算各年所有月份（或季度）的总平均数 $\bar{y}$；

第三，计算季节指数 S_i，$S_i=\dfrac{\bar{y}_i}{\bar{y}}\times100\%$。

【例 7－14】以表 7－7 的数据用直接按月平均法分析季节变动。

【解】计算过程见表 7－11，并作图见图 7－2。

表 7－11　直接按月平均法季节指数计算表

年　份	旅游人数（万人）				
	第一季	第二季	第三季	第四季	合　计
2015	32	40	61	28	161
2016	41	51	74	36	202
2017	57	65	93	57	272
合　计	130	156	228	121	635
同季平均	43.33	52	76	40.33	52.915
季节指数 S_i（%）	81.88	98.27	143.63	76.22	400

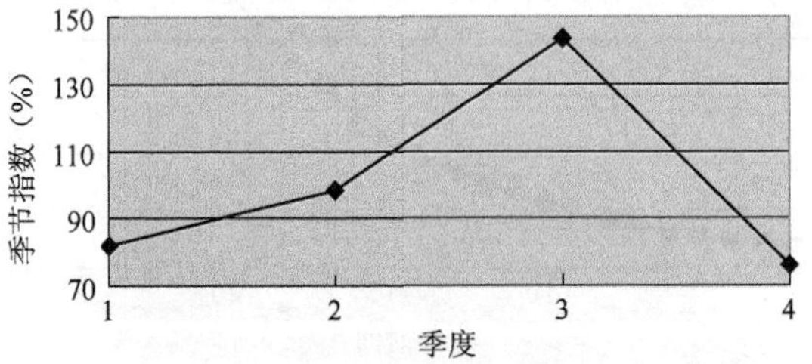

图 7－2　某旅游景点旅游人数季节变动

假设该旅游景点 2018 年旅游人数将比 2017 年增长 1.5%，达到 326.40 万。利用季节指数，可以对各季度的旅游人数进行预测。

第一季度预测值 = 326.40 ÷ 4 × 81.88% = 66.81(万人)

第二季度预测值 = 326.40 ÷ 4 × 98.27% = 80.19(万人)

第三季度预测值 = 326.40 ÷ 4 × 143.63% = 117.20(万人)

第四季度预测值 = 326.40 ÷ 4 × 76.22% = 62.20(万人)

2. 比率按月(季)平均法。这种方法是在按月(季)平均之前，先将历年各月(季)的数据同其本年的月(季)平均数相比，得出该年度的季节比率；然后再将各年度同期(月或季)的比率进行平均，求出季节指数：

$$S_i = \frac{\sum_{i=1}^{N} \frac{y_{ij}}{\bar{y}}}{N} \times 100\% \tag{7.28}$$

【例 7-15】仍以表 7-7 的数据，用比率按月平均法计算各年各季的年度季节比率和季节指数。

【解】计算过程及结果如表 7-12 所示。

表 7-12　比率按月平均法季节指数计算表

年　份	第一季	第二季	第三季	第四季	合　计
2015	0.795	0.993 8	1.515 5	0.695 7	4
2016	0.811 8	1.009 9	1.465 3	0.713	4
2017	0.838 2	0.955 9	1.367 6	0.838 3	4
合　计	2.445	2.959 6	4.348 4	2.247	12
季节指数(%)	81.5	98.65	144.95	74.9	400

表 7-12 中各季数据是用各季度的数值除以年平均数而求得的。如用 2015 年第一季度旅游人数 32 万除以 2015 年季平均旅游人数 40.25 万，得到 0.795。

表 7-12 的计算结果与例 7-14 的计算结果类似，表中第三季度的季节指数最高，达到 144.95%，表明第三季度是旅游旺季，旅游人数超过各季平均水平 44.95%。

(二)移动平均趋势剔除法

在具有明显的长期趋势变动的数列中，为了测定季节变动，必须先将趋势变动因素加以剔除。假定趋势变动、季节变动、循环变动和不规则变动对时间序列的影响可以用乘法模型 $Y = T \cdot S \cdot C \cdot I$ 反映，用移动平均趋势剔除法测定季节变动的步骤如下：

第一步，对原时间序列求移动平均数，作为相应时期的趋势值 T。

第二步，剔除原数列中的趋势变动 T，即将原数列各项除以移动平均数的对应时间数据：

$$\frac{T \cdot S \cdot C \cdot I}{T} = S \cdot C \cdot I \tag{7.29}$$

第三步，以消除趋势变动后的数列计算季节指数，测定季节变动。

【例 7-16】以表 7-7 的数据用移动平均趋势剔除法分析季节变动。

【解】计算过程和结果见表 7-13 和表 7-14。

表 7－13 季节指数计算表(一)

年份	季度	顺序	Y_i	四季移动平均 T	$\frac{Y_i}{T}$
2015	1	1	32	—	—
	2	2	40	—	—
	3	3	61	41.4	1.473 4
	4	4	28	43.9	0.637 8
2016	1	5	41	46.9	0.874 2
	2	6	51	49.5	1.030 3
	3	7	74	52.2	1.417 6
	4	8	36	56.2	0.640 6
2017	1	9	57	60.4	0.943 7
	2	10	65	57.8	1.124 6
	3	11	93	—	—
	4	12	57	—	—

表 7－14 季节指数计算表(二)

年份	第一季度	第二季度	第三季度	第四季度	合计
2015			1.473 4	0.637 8	
2016	0.874 2	1.030 3	1.417 6	0.640 6	
2017	0.943 7	1.124 6			
同季平均	0.909 0	1.077 5	1.445 5	0.639 2	1.017 8
季节指数(%)	89.31	105.87	142.02	62.8	400

二、循环变动的测定

如前所述,循环变动是指变动周期大于一年的、有一定规律性的重复变动。循环变动不同于长期趋势,它所表现的不是朝着某一个方向持续上升或下降,而是从低到高,又从高到低的周而复始的近乎规律性的变动。循环变动也不同于季节变动,季节变动一般以一年、一季或一月等为一周期,可以预见。而循环变动没有固定的周期,一般都在数年以上,难以事先预知。因此,循环变动分析不仅要借助于统计方法,还要借助于定性的经济分析。

从统计分析的角度来看,循环变动的测定方法有多种,不同的方法得出的分析结论有一定的差异,这就需要对不同测定方法的基本原理、前提条件有所了解。下面介绍两种最常用的测定方法。

(一)直接法

直接法适用于季度和月度时间序列。如果研究时间序列的目的只在于测定数列的循环波动特征,可用直接法进行分析。直接法是将每年各季或各月的数值与上年同期进行对比，即求出年距发展速度：

$$C \cdot I = \frac{y_t}{y_{t-4或12}} \tag{7.30}$$

年距发展速度可以大致消除趋势变动 T 和季节变动 S 的影响，因而可以用来粗略地描述循环变动的特征。直接法的主要局限是在消除时间序列长期趋势的同时，相对放大了年度发展水平的影响，当某期发展水平偏低或偏高时，必然会影响 $C \cdot I$ 的数值，使之偏高或偏低，导致循环变动的振幅被拉大。

（二）剩余法

剩余法也称分解法。剩余法的基本思路是：假定各因素对现象发展影响的组合模型为乘法模型：$Y = T \cdot S \cdot C \cdot I$，利用分解分析的原理，在时间序列中剔除长期趋势和季节变动，然后再消除不规则变动，从而揭示循环变动的特征。即：

$$\frac{Y}{T \cdot S} = \frac{T \cdot S \cdot C \cdot I}{T \cdot S} = C \cdot I \tag{7.31}$$

将所得的循环变动和不规则变动的结果 $C \cdot I$ 进行移动平均，消除不规则变动 I，求得循环变动值 C。

剩余法的思路从逻辑上讲非常合理，但在实际应用中，最后计算结果的是否准确与长期趋势值测定的准确性有很大关系。循环变动的测定计算量较大，通常要借助计算机来完成。关于循环变动的测定的实例参见本章第六节。

第五节　时间序列预测

一、时间序列预测的基本原理

研究时间序列的主要目的之一就是对现象未来的变化进行预测。时间序列预测是将现象以往所呈现出来的趋势和规律进行类推或延伸，借以预测现象在未来可能达到的水平。时间序列预测总是要借助于某种预测模型来实现。一般来说，对时间序列的各种构成因素分别进行预测的统计方法，要比对现象整体进行预测更加可靠。因此，时间序列预测通常是建立在时间序列因素分解基础之上。也就是说，首先利用前几节介绍的方法分别对各种构成因素进行预测后，再合成得到所研究现象的预测值。由于不规则变动是无法预测的，因此，以乘法合成模型为基础的时间序列预测模型最一般的形式为：

$$\hat{Y}_t = \hat{T}_t \times \hat{S}_t \times \hat{C}_t \tag{7.32}$$

式中：$\hat{Y}_t$为所研究现象第 t 期的预测值，$\hat{T}_t$，$\hat{S}_t$，$\hat{C}_t$分别为第 t 期的趋势预测值、季节指数预测值和循环变动预测值。

在现实中，由于季节变动规律比较稳定，一般假定未来的季节指数不变，即直接利用所测定的季节指数作为未来季节变动的预测值。循环变动的准确预测相对困难，多数场合不予考虑，所以最主要的是进行长期趋势的预测。

二、趋势方程外推预测

所谓趋势方程外推预测，就是利用根据时间序列所拟合的趋势方程去预测现象在未来时间上的长期趋势值。其方法就是按原来的时间顺序将预测期的时间变量值 t 代入趋势方程中，即可计算出预测期的趋势值。无论是线性趋势，还是非线性趋势，都可以根据相应的趋势方程直接进行外推预测。

趋势外推法简单方便，不依赖任何其他数据。但必须注意，该方法假定现象发展变化的趋势将会延续到未来，实质上就是假定影响现象长期趋势的基本因素在预测期仍然起着同样的作用，所以现象的长期趋势随时间推移而变化的数量关系可延伸到预测期。实际应用中，必须认真分析影响长期趋势的基本因素是否会出现显著变化，而且外推的时间不宜太远。

【例 7－17】根据例 7－13 拟合的方程式预测 2018 年该市社会消费品零售额。

【解】把 2018 年的时间自变量值 $t=25$ 代入例 7－13 求出的趋势模型，得 2018 年零售额预测值：

$$\hat{y}_{25}=1\ 323.306\times 1.156\ 54^{25}=50\ 197\ （万元）$$

三、移动平均预测

与前面测定长期趋势是采用的中心化移动平均法不同，用于外推预测的移动平均数不代表移动平均中项的趋势值，而是代表预测期的趋势值。移动平均预测只具有推测未来一期趋势值的预测功能，而且只适用于大致呈水平趋势的时间序列。如果现象的发展变化具有明显的上升（或下降）趋势，则移动平均预测的结果就会产生偏高（或偏低）的滞后偏差，即预测值的变化滞后于实际趋势值的变化。移动平均的项数 N 越大，滞后偏差就越大。

（一）简单移动平均法

$t+1$ 期的预测值 $\hat{y}_{t+1}$ 的计算公式为：

$$\hat{y}_{t+1}=\frac{1}{N}(y_t+y_{t-1}+\cdots+y_{t-N+1})=\frac{1}{N}\sum_{i=0}^{N-1}y_{t-i} \qquad (7.33)$$

式中：N 表示移动平均的项数。

这种方法的一次移动平均只有一期的预测能力。

【例 7－18】根据表 7－15 商品出口额数据，用简单移动平均法预测某海关商品出口贸易额，移动平均项数 $N=3$。

【解】计算过程及结果如表 7－15 所示。

表 7－15　某海关商品出口贸易趋势外推预测计算表　单位：（10 万美元）

年份	时间变量 t	商品出口贸易额 yi	预测值 $\hat{y}_t$
2006	1	85.6	－
2007	2	91.0	－
2008	3	96.1	－

续表

年份	时间变量 t	商品出口贸易额 yi	预测值 $\hat{y}_t$
2009	4	101.2	90.9
2010	5	107.0	96.1
2011	6	112.2	101.4
2012	7	119.6	106.8
2013	8	125.6	112.9
2014	9	136.5	119.1
2015	10	145.2	127.2
2016	11	155.7	135.8
2017			145.8

（二）加权移动平均法

此法是采用加权的方法加大近期数据的权数，突出近期数据在预测中的影响作用。设 W_i 为 y_{t-i} 的权数，满足各期值对预测值的影响由近及远逐渐减小，有 $W_0 > W_1 > \cdots > W_{N-1}$。则 $t+1$ 期的预测值 $\hat{y}_{t+1}$ 的计算公式为：

$$\hat{y}_{t+1} = \frac{W_0 y_t + W_1 y_{t-1} + \cdots + W_{N-1} y_{t-N+1}}{W_0 + W_1 + \cdots + W_{N-1}} = \sum_{i=0}^{N-1} W_i y_{t-i} \Big/ \sum_{i=0}^{N-1} W_i \tag{7.34}$$

四、指数平滑预测

指数平滑法也称指数修匀预测法，按修匀次数的多少有一次指数平滑、二次指数平滑、三次乃至多次指数平滑。下面讨论的是一次指数平滑法。

在时间序列中，以本期的实际数 y_t 和本期的预测数 $\hat{y}_t$ 为依据，然后赋予不同的权数，求得下一期预测数。用公式表示如下：

$$\hat{y}_{t+1} = \alpha y_t + (1-\alpha)\hat{y}_t \tag{7.35}$$

式中：$\hat{y}_{t+1}$ 为下一期的预测数；y_t 和 $\hat{y}_t$ 分别为 t 时期的实际数和预测数；α 为平滑系数，$0 < \alpha < 1$。

由于 $\alpha + (1-\alpha) = 1$，所以该公式实际上是加权平均公式。指数平滑法实质上是加权移动平均法的改良。下面是对公式(7.35)的推演：

$$\begin{aligned}\hat{y}_{t+1} &= \alpha y_t + (1-\alpha)\hat{y}_t \\ &= \alpha y_t + (1-\alpha)[\alpha y_{t-1} + (1-\alpha)\hat{y}_{t-2}] \\ &= \alpha y_t + \alpha(1-\alpha) y_{t-1} + (1-\alpha)^2 \hat{y}_{t-2} \\ &= \alpha y_t + \alpha(1-\alpha) y_{t-1} + \alpha(1-\alpha)^2 y_{t-2} + \alpha(1-\alpha)^3 y_{t-3} + \cdots\end{aligned}$$

上式的各项系数是一个无穷等比数列，当 $t \to \infty$ 时，其总和：

$$\lim_{t\to\infty} \frac{\alpha[1-(1-\alpha)^t]}{[1-(1-\alpha)]} = \lim_{t\to\infty}[1-(1-\alpha)^t] = 1$$

因此，可把各项系数视为加权平均数中的相对权数。由于权数呈指数形式递减，所以该方法被称为指数平滑法。

用指数平滑法来修匀时间序列，具有很多优点。它按“近大远小”原则给各期观测值赋予了不同的权数，既充分利用了以前各期观测值的信息，又突出了近期数据的影响，能够及时跟踪反映现象的最新变化。它采用递推公式，更便于连续计算，因为实际计算时不必保留以前全部信息，只需上期的平滑值和最新的观测值两项数据即可。其权数确定也较为简便，只需确定最新一期数据的权数，其他各项观测值的权数可自动生成。

应用指数平滑法的关键是平滑系数 α 的选择。α 越大，近期数据的权数就越大，权数递减的速度就越快，对现象变化的跟踪反应就越敏捷，但修匀作用就越弱；反之，α 越小，对数据的跟踪反应越迟缓，而修匀作用越强。因此，α 的选取一般可从以下几个方面来考虑：① 如果认为时间序列中随机波动成分较大，为了尽可能消除随机波动的影响，可选择较小的 α；反之，若认为随机波动成分较小，为了及时跟踪现象的变化，突出最新数据的信息，可选择较大的 α。② 如果现象趋势的变化很平缓，可选择较小的 α；如果现象趋势的变化比较剧烈，例如呈阶梯式特征，应选择较大的 α。③ 通过大小不同的 α 值进行试算，使得预测误差最小的 α 值就是最合适的平滑系数。

【例 7 - 19】假设某市各年彩电的销售量如表 7 - 16 所示。

表 7 - 16　某市各年彩电的销售量

年　度	实际销售量(万台) y_t	预测销售量(万台) $\hat{y}_{t+1} = 0.9y_t + (1-0.1)\hat{y}_t$
2006	450.5	—
2007	536.9	530.2
2008	603.2	536.2
2009	716.6	596.5
2010	842.6	704.6
2011	921.8	828.8
2012	995.1	912.5
2013	1 030.5	986.8
2014	1 096.8	1 026.1
2015	1 120.3	1 089.7
2016	1 220.7	1 117.2
2017	1 210.6	1 210.4
2018	—	1 210.6

表 7 - 16 中，$\alpha = 0.9$，并以 2006 年、2007 年、2008 年三年实际数的简单平均数作为 2007 年的预测数，第三年(即 2008 年)的预测数为：

$$\hat{y}_3 = 0.9y_2 + \hat{y}_2 = 0.9 \times 536.9 + 0.1 \times 530.2 = 536.2 (\text{万台})$$

其余类推。

从例7－19可以看出，应用指数平滑法预测下一期的数值，只需利用本期实际数和本期的预测数即可，不必知道整个时期的时间数列。同时，为了减少误差，还可以通过α值的调整使得预测值适应实际值的变化，所以这种方法较适合用于短期预测。

五、自回归预测

当时间序列前后期数值之间存在明显的相关关系时，可以建立自回归趋势模型，通过前期指标值预测未来的趋势值。

当各期指标值之间呈线性相关关系时，相应的自回归模型的一般形式为：

$$\hat{y}_t = b_0 + b_1 y_{t-1} + b_2 y_{t-2} + \cdots + b_n y_{t-n} \tag{7.36}$$

上式称为 n 阶自回归趋势模型，t 期的指标值为因变量，t 期之前的指标值为自变量，$b_0, b_1, \cdots, b_n$为待估参数。特别地，若时间序列各期指标仅受前一期或前 i 期指标值的影响时，相应的自回归模型称为一阶自回归模型，即：

$$\hat{y}_t = b_0 + b_1 y_{t-i} \quad (i = 1,2,\cdots,n) \tag{7.37}$$

当时间序列各期指标值之间呈非线性相关关系时，相应的自回归模型表现为各种曲线模型，最常见的是二次曲线自回归模型：

$$\hat{y}_t = b_0 + b_1 y_{t-i} + b_2 y_{t-i}^2 \quad (i = 1,2,\cdots,n) \tag{7.38}$$

自回归模型能否用于预测，还必须通过误差项的自相关检验才能确定。有关自回归模型的识别、建立和检验，超出了本书的范围和程度，感兴趣的读者可参考专门的时间序列分析教科书。

第六节　Excel在时间序列分析中的运用

一、求解按方程法计算的平均发展速度

【例7－20】某地区“十二五”期间固定资产投资资料如表7－17所示，用方程式法计算该地区各年平均发展速度。

表7－17　某地区固定资产投资　　单位：百万元

年　份	2010	2011	2012	2013	2014	2015
固定资产投资 y	1 074	1 176	1 343	1 574	1 551	1 702

【解】所求平均发展速度 $\bar{x}$ 应满足下列条件：

$$(\bar{x}) + (\bar{x})^2 + \cdots + (x)^5 = \frac{\sum_{i=1}^{n} y_i}{y_0} = \frac{7\ 349}{1\ 074} = 6.842\ 644\ 32$$

利用Excel求解的具体步骤如下：

(1) 安排数据。见图7－3。A，B，C列为原始输入数据，另外，在F3中存放平均发展速度，先输入一个初步的估计值，如1.05，在F4中存放 $\sum_{i=1}^{5} (\bar{x})^i$ 的计算结果，计算过程是：

首先计算 $\bar{x}^i$。在 D3 中输入公式“ = F $3^C3”,并复制到 D4:D7 区域;然后在 F4 中输入公式“ = SUM(D3:D7)” 即可。

	A	B	C	D	E	F
1	年份	固定资产投资y	i	$\bar{x}^i$		
2	2010	1074				
3	2011	1176	1	1.05	平均发展速度	1.05
4	2012	1343	2	1.1025	$\sum_{i=1}^{5}(\bar{x})^i$	5.801912813
5	2013	1574	3	1.157625		
6	2014	1551	4	1.21550625		
7	2015	1702	5	1.276281563		

图 7 – 3　方程式法计算平均发展速度

(2) 在[数据] 选项卡的[分析] 命令组,点击[规划求解],调出“规划求解参数” 对话框,按图 7 – 4 所示填写,然后按“求解” 按钮即可在 F3 中得到平均发展速度,约为 110.647%。

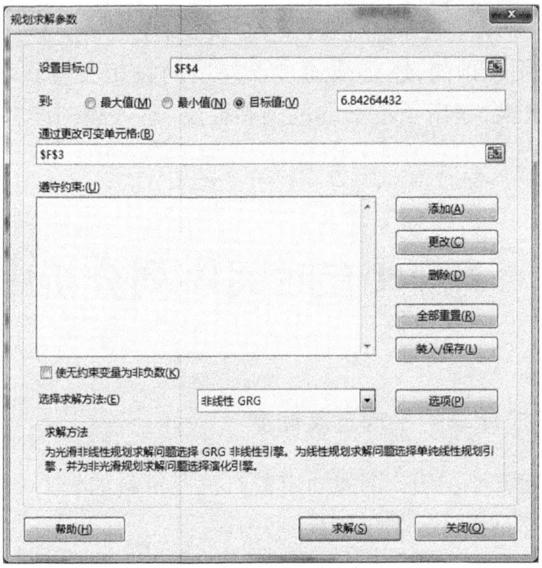

图 7 – 4　规划求解对话框

二、季节变动、长期趋势与循环变动的测定

循环变动的测定需要在测定出季节变动和长期趋势的基础上进行,因此,我们用一个测定循环变动的实例,综合说明 EXCEL 在时间序列分析中的运用。

【例 7 – 21】根据某省 2010—2015 年货物周转量资料,用剩余法测定其循环变动。步骤如下:

(1) 输入数据。如图 7 – 5 所示,A2:A25 存放时间,B2:B25 存放实际值 Y,A1 与 B1 分别存放两列数据的标志“时间” 和“Y”。C1 至 G1 分别存放计算过程中各列数据的标志,分别为“S”,“T * C * I”,“T”,“C * I” 和“C”。

	A	B	C	D	E	F	G
1	时间	Y	S	T*C*I	T	C*I	C
2	2010.1	6924	92.25440397	75.05332756			
3	2	7254	100.4076629	72.24548194			
4	3	7045	102.4171906	68.78728035			
5	4	7415	104.9207425	70.67239348			
6	2011.1	7346	92.25440397	79.62763493	71.6896208	111.072752	
7	2	7714	100.4076629	76.82680558	72.8331977	105.483225	105.69
8	3	7615	102.4171906	74.35275229	73.9785286	100.505854	101.15
9	4	7707	104.9207425	73.4554466	75.3698966	97.4599276	99.55
10	2012.1	7066	92.25440397	76.59254947	76.0656599	100.692677	100.14
11	2	7732	100.4076629	77.00607476	75.3068885	102.256349	106.66
12	3	9032	102.4171906	88.18832025	75.3517058	117.035599	111.78
13	4	9597	104.9207425	91.46904386	78.8105978	116.061858	117.30
14	2013.1	9131	92.25440397	98.97630473	83.3139971	118.799131	115.86
15	2	10063	100.4076629	100.2214343	88.9099359	112.722423	111.35
16	3	9946	102.4171906	97.11260332	94.7137758	102.532712	104.59
17	4	10020	104.9207425	95.50065849	96.9448466	98.5102993	98.49

图 7 – 5　时间序列分解分析计算表

注:为节省篇幅,图中只列示了 4 年的数据。

(2) 用直接平均法计算季节指数。在 C2 中输入如下公式:

= AVERAGE(B2,B6,B10,B14,B18,B22)/AVERAGE(B $2:B $25) * 100

公式中乘以 100,是因为季节指数的单位是“%”。然后将公式复制到 C3:C5 单元格,此时已经计算出季节指数。再用[复制]、[选择性粘贴] 命令将季节指数的值复制到其他年份。比如要将季节指数复制到 2011 年,先选定 C2:C5 单元格,按 Ctrl + C 键复制公式,然后右键单击 C6 单元格,在弹出的菜单中点击这一命令按键即可。

(3) 剔除季节变动, $T \cdot C \cdot I = \dfrac{Y}{S}$ 。在 D2 中输入公式“ = B2/C2”,然后将公式复制到 D3:D25 单元格。

(4) 用四项移动平均求出长期趋势值 T。在 E6 单元格输入公式“ = AVERAGE(D2:D5)”,再将公式复制到 E7:E25 单元格。

计算移动平均也可用[移动平均] 分析工具。此分析工具及其公式可以基于特定的过去某段时期中变量的均值,对未来值进行预测。移动平均值提供了由所有历史数据的简单平均值所代表的趋势信息。

调出[移动平均] 对话框后,其主要选项含义如下:

输入区域:在此输入待分析数据区域的单元格引用。该区域必须由包含 4 个以上数据单元格的单列组成。本例为“ $D$1 : $D$25”。

标志位于第一行:如果输入区域的第一行中包含标志项,请选中此复选框;如果输入区域没有标志项,请清除此复选框,Excel 将在输出表中生成适宜的数据标志。本例要选中该复选框。

间隔:在此输入用来进行移动平均计算的间隔数。默认间隔为 3。本例为“四项移动平均”，所以间隔为“4”。

输出区域：在此输入对输出表左上角单元格的引用。此分析工具的输出区域必须与输入区域在同一工作表中。因此，[新工作表组] 和[新工作簿] 选项均不可使用。

图表输出：选择此项可以在输出表中生成一个嵌入直方图。

标准误差：如果要在输出表的一列中包含标准误差值，请选中此复选框；如果只需要没有标准误差值的单列输出表，请清除此复选框。

本例，[移动平均] 对话框的填写如图 7 － 6 所示。

图 7 － 6

在此要注意输出区域的填写，因为用该分析工具计算的移动平均值直接排放在 N 个时期的最后一期，而根据本题要求应放在 N 个时期的后一期。

(5) 剔除长期趋势，$C \cdot I = \frac{T \cdot C \cdot I}{T}$。在 F6 单元格中输入公式“ = D6/E6 * 100”，然后将公式复制到 F7:F25。

(6) 进行移动平均(取 3 项) 消除不规则变动。进行三项移动平均消除不规则变动。在 G7 中输入公式“ = AVERAGE(F6:F8)”，然后将公式复制到 G8:G24。这一步也可用[移动平均] 分析工具来完成。最后结果中循环变动 C 保留两位小数，结果如表 7 － 18 所示。

表 7 － 18　某省货物周转量实际值与循环变动测定值

时　间	实际值 y_i (亿吨公里)	循环变动 C (%)	时间	实际值 y_i (亿吨公里)	循环变动 C (%)
2010. 1	6 924		2013. 1	9 131	115. 86
2	7 254		2	10 063	111. 35
3	7 045		3	9 946	104. 59
4	7 415		4	10 020	98. 49
2011. 1	7 346		2014. 1	8 533	98. 99
2	7 714	105. 69	2	10 063	99. 76
3	7 615	101. 15	3	9 946	101. 33
4	7 707	99. 55	4	10 020	106. 68
2012. 1	7 066	100. 14	2015. 1	1 0673	109. 60
2	7 732	106. 66	2	1 1237	112. 37
3	9 032	111. 78	3	11 561	106. 54
4	9 597	117. 30	4	11 734	

三、描绘循环曲线图

根据以上的结果,可做出我国货物周转量的循环变动曲线。步骤如下。

(1) 为了能快速插入图表,删除 A1 中的列标志“时间”。

(2) 选定 A1:A25,按住 Ctrl 键,再选定 G1:G25。

(3) 在[插入] 选项卡的[图表] 命令组中,点击[插入折线图] ,在弹出的菜单中,再点击[带数据标记的折线图] 即可,见图 7 - 7。

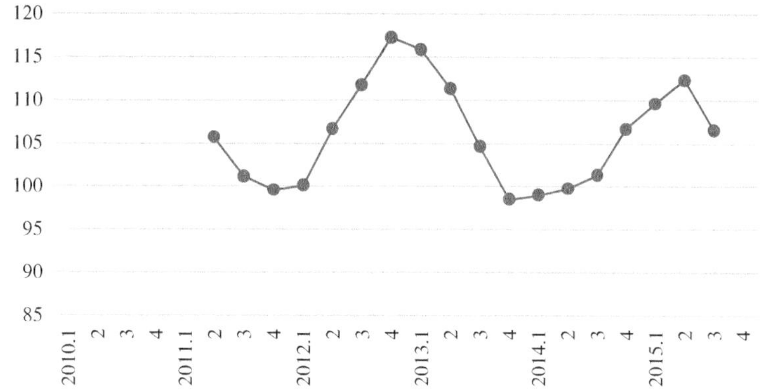

图 7 - 7

(4) 对图进行适当的修改。将坐标轴边框线颜色设置成黑色,添加坐标轴标题文字,具体步骤略,结果见图 7 - 8。

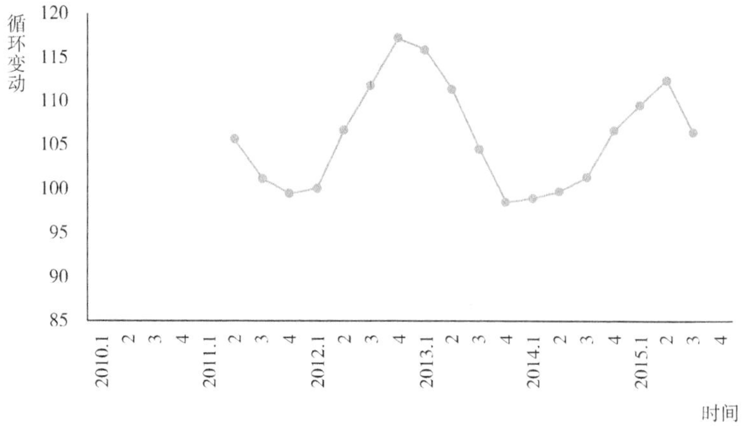

图 7 - 8

从循环曲线图可以看出,我国的货运量从 2010 年第四季度的低谷到 2012 年第四季度的高峰,再到 2013 年第四季度的低谷,历经两年,形成一个完整的循环过程。从 2013 年第四季度开始,进入下一个循环,其高峰已在 2015 年第二季度出现。

本章小结

1. 总量指标时间序列是基本的时间序列，有时期数列和时点数列两种。相对指标和平均指标时间序列是由绝对量指标时间序列派生的。

2. 水平指标包括发展水平与增长水平、平均发展水平与平均增长水平。增长水平是两个不同时期的发展水平之差，各逐期增长量之和等于累积增长量。平均增长水平是逐期增长量的序时平均数。序时平均数是对各不同时间上的指标数值求平均数，其中总量指标序时平均数的计算是最基本的，时期指标和时点指标序时平均数的计算有所不同，相对指标或平均指标时间序列的序时平均数则由分子、分母的序时平均数对比得到。

3. 速度指标包括发展速度和增长速度，平均发展速度和平均增长速度。定基发展速度与环比发展速度的数量关系是：环比发展速度的连乘积等于定基发展速度，相邻两期定基发展速度之商等于相应时期的环比发展速度。平均发展速度有水平法和累计法两种计算方法。两种平均发展速度有不同的含义，适用于不同的场合。增长速度等于发展速度减 1，平均增长速度等于平均发展速度减 1。

4. 影响时间序列数据的因素可归结为长期趋势、季节变动、循环变动和不规则变动四种。实际应用域分解各种因素影响的模型是乘法模型：$Y_t = T_t \times S_t \times C_t \times I_t$。

5. 长期趋势测定的方法主要有时距扩大法、移动平均法和趋势模型法。

6. 季节变动可通过季节指数反映。季节指数越大，说明“季节越旺”；季节指数越小，则说明“季节越淡”；季节指数等于 1 说明没有季节变动。具体计算季节指数的方法有同期平均法和趋势剔除法。

7. 循环变动是指变动周期大于 1 年的有一定规律性的重复变动。测定循环变动的方法包括：直接法和剩余法。剩余法的基本思路是：先从时间序列中剔除长期趋势和季节变动，然后再消除不规则变动，从而揭示循环变动的特征。

8. 时间序列预测时间序列模型最一般的形式为：$\hat{Y}_t = \hat{T}_t \times \hat{S}_t \times \hat{C}_t$。

9. 长期趋势的预测方法主要有：① 趋势方程外推法。② 移动平均法。③ 指数平滑法。一次指数平滑法的公式是：$\hat{y}_{t+1} = \alpha y_t + (1 - \alpha)\hat{y}_t$，式中 $0 < \alpha < 1$。④ 自回归方程法。

10. 在 Excel 中，可综合利用公式、函数及移动平均、指数平滑和回归分析等分析工具来进行时间序列分析和预测，还可利用图表工具来直观表示数据的变动规律。

思考与练习题

一、选择题

1. 已知 2010—2017 年某银行的年末存款余额，要计算各年平均存款余额，该平均数是：(　　)

A. 几何序时平均数　　B. “首末折半法”序时平均数

C. 时期数列的平均数　　D. 时点数列的平均数

2. 某地区粮食增长量 2006—2010 年为 12 万吨，2011—2015 年也为 12 万吨。那么，

2006—2015 年期间，该地区各年粮食环比增长速度(　　)

A. 逐年上升　　B. 逐年下降　　C. 保持不变　　D. 不能做结论

3. 某商业集团 2016—2017 年各季度销售资料如表 7 - 19 所示。

表 7 - 19

	2016 年				2017 年			
	1 季度	2 季度	3 季度	4 季度	1 季度	2 季度	3 季度	4 季度
1. 零售额(百万)	40	42	38	44	48	50	40	60
2. 季初库存额(百万)	20	21	22	24	25	26	23	28
3. 流通费用额(百万)	3.8	3.2	2.8	3.2	3.0	3.1	3.1	4.0
4. 商品流转次数(次/季)	1.95	19.5	1.65	1.8	1.88	2.04	1.63	2.03

表 7 - 19 资料中，是时期数列的有(　　)

A. 1,2,3　　B. 1,3,4　　C. 2,4　　D. 1,3

4. 利用上题资料计算零售额移动平均数(简单,4 项移动平均),2007 年第二季度移动平均数为(　　)

A. 47.5　　B. 46.5　　C. 49.5　　D. 48.4

二、判断题

1. 连续 12 个月逐期增长量之和等于年距增长量。(　　)

2. 计算固定资产投资额的年平均发展速度应用几何平均法。(　　)

3. 用移动平均法分析企业季度销售额时间序列的长期趋势时，一般应取 4 项来进行移动平均。(　　)

4. 计算平均发展速度的水平法只适合时点指标时间序列。(　　)

5. 某公司连续四个季度销售收入增长率分别为 9%,12%,20% 和 18%,其环比增长速度为 0.14%。(　　)

三、计算题

1. 某企业 2017 年 8 月几次员工数变动登记如表 7 - 20 所示。

表 7 - 20

8 月 1 日	8 月 11 日	8 月 16 日	8 月 31 日
1 210	1 240	1 300	1 270

试计算该企业 8 月份平均员工数。

2. 某地区“十二五”期间年末居民存款余额(单位：百万)如表 7 - 21 所示。

表 7 - 21

年　份	2000	2001	2002	2003	2004	2005
存款余额	7 034	9 110	11 545	14 746	21 519	29 662

试计算该地区“十二五”期间居民年平均存款余额。

3. 某企业2017年产品库存量资料如表7－22所示。

表7－22　　单位：件

日　期	库存量	日　期	库存量	日　期	库存量
1月1日	63	4月30日	50	9月30日	60
1月31日	60	5月31日	55	10月31日	68
2月28日	88	6月30日	70	11月30日	54
3月31日	46	7月31日	48	12月31日	58
		8月31日	49		

试计算该企业第一季度、第二季度、上半年、下半年和全年的平均库存量。

4. 某企业2010—2015年年底工人数和管理人员数资料如表7－23所示。

表7－23　　单位：人

年　份	工人数	管理人员数	年　份	工人数	管理人员数
2010	1 000	40	2013	1 230	52
2011	1 202	43	2014	1 285	60
2012	1 120	50	2015	1 415	64

试计算2011—2015年该企业管理人员数占工人数的平均比重。

5. 某地区2010—2015年社会消费品零售总额资料如表7－24所示。

表7－24　　单位：亿元

年　份	2010	2011	2012	2013	2014	2015
社会消费品零售总额	8 255	9 383	10 985	12 238	16 059	19 710

要求计算：(1) 全期平均增长量、平均发展速度和平均增长速度；(2) 逐期增长量和累积增长量；(3) 定基发展速度和环比发展速度；(4) 定基增长速度和环比增长速度；(5) 增长1%的绝对值。

6. 某地区2016年平均人口数为1 000万人，假定以后每年以8‰的速度增长，又知该地区2016年GDP为5 000亿元。要求到2020年人均GDP达到60 000元，试问该地区2020年的GDP应达到多少?2017年到2020年GDP年均增长速度应达到多少?

7. 某企业2003—2017年产品产量资料如表7－25所示。

表7－25　　单位：件

年　份	产　量	年　份	产　量	年　份	产　量
2003	344	2008	468	2013	580
2004	416	2009	486	2014	569
2005	435	2010	496	2015	548
2006	440	2011	522	2016	580
2007	450	2012	580	2017	629

要求：(1) 进行三项中心化移动平均修匀。(2) 根据修匀后的数据用最小二乘法配合直线趋势方程，据以计算各年的趋势值。(3) 预测 2018 年该企业的产量。

8. 某市市场 2014—2017 年各月猪肉销售量如表 7 - 26 所示。

表 7 - 26　　（单位：万公斤）

	1 月	2 月	3 月	4 月	5 月	6 月	7 月	8 月	9 月	10 月	11 月	12 月
2014	40	50	41	39	45	53	68	73	50	48	43	38
2015	43	52	45	41	48	65	79	86	64	60	45	41
2016	40	64	58	56	67	74	84	95	76	68	56	52
2017	55	72	62	60	70	86	98	108	87	78	63	58

试分别用同期平均法和移动平均剔除法计算季节比例。

9. 某地区 2008—2017 年的 GDP 如表 7 - 27 所示，请选择最适合的 α 值，并用一次指数平滑模型预测 2009—2018 年 GDP（单位：亿元）。

表 7 - 27

年　份	GDP	年　份	GDP
2008	216	2013	679
2009	266	2014	748
2010	345	2015	816
2011	450	2016	895
2012	577	2017	1 036

第八章

对比分析与统计指数

引例

你能理解媒体上的有关报道吗

在各种媒体上我们经常会看到或听到一些关于对比分析和各种指数的分析报道。例如，中华人民共和国国家统计局2017年2月28日授权发布的《中华人民共和国2016年国民经济和社会发展统计公报》中提到：2016年全年国内生产总值744 127亿元，比上年增长6.7%。第一产业增加值占国内生产总值的比重为8.6%，第二产业增加值比重为39.8%，第三产业增加值比重为51.6%。居民消费价格比上年上涨2.0%，全年社会消费品零售总额332 316亿元，比上年增长10.4%。那么，国内生产总值增长6.7%是怎么计算的？说明什么问题？第一、第二、第三产业增加值比重采用了什么统计分析方法？居民消费价格指数代表什么？如何计算？社会消费品零售总额扣除价格上涨因素后，实际上涨多少？要明白这些问题，都需要了解对比分析和指数的基本知识。

第一节　对比分析

一、对比分析的概念

对比分析是一种常用的统计分析方法。在各种数量分析方法中，对比分析是最简单但也是应用最广泛的统计分析方法。所谓对比分析，就是根据现象之间的客观联系，将两个有联系的统计指标进行对比，反映其数量上的差异或变化。对比分析在统计分析中具有重要的意义。通过对比分析，可以揭示现象之间数量上的相互联系和对比关系。由于客观现象总是相互联系的，在对立统一中发展，只有在现象的各种相互联系中进行对比分析，才能更深入地反映客观现象的本质特征和规律性。例如，把某地区生产总值与历史数据对比,可以反映生产规模的动态发展变化情况;与人口数对比,得到人均地区生产总值指标;与社会劳动者人数对比,得到劳动生产率指标,可以对该地区经济发展的速度、经济实力的强弱等做出科学合理的判断和评价。

对比分析可以采用相减的方法,也可以采用相除的方法。采用相减的方法,对比的结果表现为绝对数的形式;采用相除的方法,对比的结果则表现为相对数的形式。而采用相减或相除的方法,分析的意义也有所不同。

例如,某企业本月产品销售收入为 3 000 万元,上月销售收入为 2 400 万元,本月所销售产品的成本费用为 2 600 万元。为了反映该企业销售收入的变化和本期经济效益状况,可以采用相减的对比方法,本月销售收入比上月增加了 600 万元(3 000 - 2 400),销售利润为 400 万元(3 000 - 2 600);也可以将两个有关数字相除,表明本月销售收入增长 25%,销售利润率为 15.38%。

在实际应用中,采用相对数形式来进行对比分析是比较常见的方式。这是因为,绝对数形式的对比结果会受总体规模的影响,不同时空的数据常常缺乏可比性;另外,相减的方法只能适用于计量单位相同的同种统计指标对比,因此无法反映不同量纲的统计指标之间的差异,而相对数形式的对比分析可以避免这些问题。

在一般情况下,如果分子和分母的指标使用同种单位的指标,经过分子分母单位的消除可使比率成为无名数,即概括地表示分子数值为分母数值的多少倍或几分之几等。它们的表现形式有倍数(系数)、成数、百分数、千分数等。倍数是指将对比的基数分母抽象化为 1 而算出的相对数。如某校在 2015 年在校学生人数有 15 000 人,而在 10 年前只有 1 500 人,则该校 2015 年的学生数是 10 年前的 10 倍。成数是将对比的基数分母抽象化为 10 而算出的相对数。例如,今年的棉花产量比去年增长 2 成即增产 2/10。百分数是将对比的基数分母抽象化为 100 而算出的相对数,用符号%表示。这种形式在计算相对指标数值时最为常见,如居民收入为上年的 115%(增长 15%),某年投资额占国内生产总值的 38%等。由于百分数本身已将现象之间的具体数量差异抽象了,对两个百分数进行对比大多采用相减的方法。两个百分数相减的结果用百分点来表示,即以 1%为单位,每 1%为一个百分点。也就是说,百分点说明的是以百分比形式表示的两个相对数相差的幅度。如某企业某年流通费用率为 3%,上年为 4%,则该年流通费用率比上年下降了 1 个百分点。再比如,某企业产品优质品率从以前的 60%上升为 90%,虽然也可以通过相除,认为优质品率提高了 50%,但此结果过于抽象,容易引起误解,而利用百分点来说明,即该企业优质品率提高了 30 个百分点,更容易理解。千分数是将对比的基数分母抽象化为 1 000 而算出的相对数,用符号‰表示。当对比的分子数值比分母小得多时,宜采用千分数的形式,如人口出生率、死亡率、自然增长率等都是用千分数表示。

当相对指标的分子与分母不是同一种计量单位时,则要用复名数表示,即以分子分母的单位共同构成相对指标的计量单位。例如,人口密度以人/平方公里为单位,表示平均每平方公里居住多少人口;动力装备程度以千瓦/人为单位,表示每个工人装备多少千瓦动力;等等。

二、对比指标的种类

(一)结构相对指标

结构相对指标是表明总体内部的各个组成部分在总体中所占比重的相对指标,也叫结构比重指标,用来分析现象总体的内部构成状况。计算公式为:

$$\text{结构相对指标}=\frac{\text{总体内部部分数值}}{\text{总体总量数值}} \tag{8.1}$$

结构相对数一般用百分数或系数表示,其计算公式的分子和分母既可以是单位总量指标,也可以是标志总量指标。计算结构相对数事先要将总体进行分组,然后再分别由各组总量与总体总量对比计算出各组的结构相对数。

例如,2015 年我国国内生产总值中各产业占国内生产总值的比重,第一产业增加值比重为9. 0%,第二产业增加值比重为 40. 5%,第三产业增加值比重为 50. 5%。三次产业结构反映了我国的经济结构。

再如,我国第五次人口普查资料显示,我国人口数男性人数和女性人数分别占总人数的比重为 51. 63% 和 48. 37%。男女人口结构比重反映了人口性别平衡的情况。

结构相对数的特点是:各组结构相对数之和等于 1(100%)。

(二)比例相对指标

比例相对数是反映总体内部各个组成部分之间的数量对比关系的指标。计算公式为:

$$\text{比例相对指标}=\frac{\text{总体内某一部分数值}}{\text{总体内另一部分数值}} \tag{8.2}$$

比例相对数能够反映事物内部各部分之间的数量联系程度和比例关系。社会经济现象中的许多重大比例关系,诸如人口性别比、积累与消费的比、农轻重之比例关系等,都可以通过计算比例相对指标予以反映,有助于发现并研究社会经济的发展变化规律。例如,我国第六次人口普查资料显示,我国人口数中男性人数和女性人数分别占总人数的 51. 27% 和 48. 73%,这个结构相对指标可以转化为男女性别比例指标来反映:51. 27%∶48. 73% =105. 21∶100,说明每 100 个女性人口对应 105. 21 个男性人口。

(三)比较相对指标

比较相对指标是同类现象在不同地区、部门、单位之间的对比,用以表现同类现象在不同空间条件下的数量对比关系。计算公式为:

$$\text{比较相对数}=\frac{\text{甲总体的指标数值}}{\text{乙总体同类指标数值}} \tag{8.3}$$

比较相对指标所对比的指标可以是总量指标,也可以是相对指标或平均指标。它既可用于不同国家、地区、单位之间的比较,也可用于先进与落后的比较,还可用于和标准水平或平均水平的比较。通过对比,可以揭示同类现象之间发展的不均衡程度。根据分析说明的目的和方式不同,比较相对指标的分子与分母还可以互换位置。

(四)强度相对指标

强度相对指标是两个性质不同、但有一定联系的总量指标数值之比,用来说明一种现象在另一种现象中发展的强度、密度和普遍程度。计算公式为:

$$\text{强度相对数}=\frac{\text{某一总量指标数值}}{\text{另一性质不同但有联系的总量指标数值}} \tag{8.4}$$

强度相对指标的数值表现形式一般为有名数，其单位为复合单位，是由分子指标和分母指标原有的计量单位组成。如人口密度用“人/平方公里”来表示，等等。当分子指标与分母指标的计量单位相同时，也可以用无名数表示，即系数、倍数、百分数或千分数等。如货币流通速度用货币流通次数表示，流通费用率用百分数表示，人口出生率用千分数表示，等等。

有些强度相对指标的分子、分母可以互换。这时有正指标和逆指标两种形式，正指标和逆指标分别表示了不同的分析意义。如：

$$\text{每十万人拥有的商业网点}=\frac{\text{某地区商业网点数}}{\text{某地区人口(十万)}}$$

$$\text{每个商业网点服务人口数}=\frac{\text{某地区人口数(十万)}}{\text{某地区商业网点数}}$$

强度相对数的应用主要有以下几个方面：

(1)将某些经济总量与人口总数对比，用来分析说明一个国家、地区或部门经济实力的强弱。如人均国内生产总值、人均钢铁产量、人均能源生产总量等。

(2)反映现象的密度和普遍程度，说明社会服务能力。如人口密度、银行储蓄所或自动取款机的网点密度(某地区银行储蓄所或自动取款机的数量与该城市人口数或城市面积之比)、每个医院(或医生)所服务的居民人数(某地区居民人数与该地区医院数或医生人数之比)等。

(3)将产出与投入的有关指标数值进行对比，反映经济效益。例如，资金利税率(利税总额与平均资金占用量对比)、投资效果系数(某一时期的产出增加额除以引起这一增加的投资额)、流动资金周转天数(产品销售收入除以平均流动资金占用额)等。

此外，强度相对数还可以用于反映现象之间相互依存和关联程度。如资产负债比率(负债总额与资产总额对比)，外贸依存度(对外贸易总额与 *GDP* 之比)，能源生产(消耗)的弹性系数(即能源生产或消耗的增长率与 *GDP* 增长率之比)，等等。

与其他相对数比较，强度相对数具有几个明显的特点：①强度相对数的分子分母一般可以互换，故说明同一问题的强度相对数通常有正指标与逆指标两种形式。如资金利税率是正指标，若将其分子分母互换，即为每实现 1 元利税所占用的资金量，就是逆指标。②强度相对数大多数为有名数(且为复名数)，有些也用百分数或千分数等无名数形式表示，如外贸依存度、人口死亡率(报告期死亡人数除以报告期平均人数)。③强度相对数常常带有“平均”意义，但统计理论上把它作为一种相对数而不是平均数。例如，人们容易把人均国内生产总值这个强度相对指标说成是平均指标。应当了解的是，人均国内生产总值分子与分母的关系不是同一总体内的标志总量与单位总量之比，分母中的每个单位不是分子的标志值的承担者(如人口总体中没有参与生产劳动的老年人和小孩不是国内生产总值生产者，因此不是国内生产总值的承担者)。而强度相对指标不存在各个标志值与各个单位相对应的关系，它是两个有联系的总量指标的对比，作为分子的总量指标数值的大小并不受作为分母的总量指标数值大小的影响。

（五）动态相对指标

动态相对指标是现象在不同时间的两个指标数值之比，用来反映现象在不同时间的发展变化情况。动态相对指标又称为发展速度，计算公式为：

$$\text{动态相对数}=\frac{\text{报告期水平}}{\text{基期水平}} \tag{8.5}$$

（六）计划完成相对指标

计划完成相对指标是计划管理的特有指标，它是用来进行检查、监督计划执行情况的相对指标。计划完成相对指标是现象的实际完成数与其计划任务数之比，基本计算公式为：

$$\text{计划完成相对数}=\frac{\text{实际完成数}}{\text{计划任务数}} \tag{8.6}$$

计划完成相对指标通常用百分数表示，其分子是计划执行结果的实际数值，分母则是下达的计划任务指标数。因此，要求分子、分母在指标含义、计算方法、计量单位以及时间长度等方面完全相应。同时，由于计划任务数是作为衡量计划完成情况的标准，分子、分母不可互换。

由于所下达的计划任务数可以是绝对数，也可以是平均数或相对指标，因此，计划完成相对指标在计算形式上有所不同。

1. 计划数为绝对数时，计划完成相对指标的计算公式为：

$$\text{计划完成相对数}=\frac{\text{实际完成绝对数}}{\text{计划任务绝对数}} \tag{8.7}$$

该指标适用于考核社会经济现象的规模或水平的计划完成情况。

2. 计划数为平均数时，计划完成相对指标的计算公式为：

$$\text{计划完成相对数}=\frac{\text{实际完成的平均水平}}{\text{计划任务的平均水平}} \tag{8.8}$$

该指标适用于考核以平均水平表示的技术经济指标的计划完成情况。

3. 计划数为相对指标时，计划完成相对指标的计算公式为：

$$\begin{aligned}\text{计划完成相对数}&=\frac{\text{实际完成百分数}}{\text{计划任务百分数}}\\&=\frac{1\pm\text{实际}\substack{\text{增加}\\\text{减少}}\text{百分数}}{1\pm\text{计划}\substack{\text{增加}\\\text{减少}}\text{百分数}}\end{aligned} \tag{8.9}$$

其实式(8.9)式(8.7)是等价的，即

$$\begin{aligned}\text{计划完成相对数}&=\frac{\text{实际完成绝对数}}{\text{计划任务绝对数}}\\&=\frac{\text{上期实际完成数}\times\text{本期实际完成百分数}}{\text{上期实际完成数}\times\text{本期计划完成百分数}}\\&=\frac{\text{本期实际完成百分数}}{\text{本期计划完成百分数}}\end{aligned}$$

【例 8－1】某企业计划规定 2017 年的产值要比 2016 年提高 4%，实际产值提高了 5%，求该企业产值的计划完成相对指标。

【解】
$$\text{计划完成相对数}=\frac{100\%+5\%}{100\%+4\%}=100.96\%$$

说明该企业产值的执行结果比计划高出了 0.96 个百分点。

三、应用对比分析方法的原则

为了正确反映现象之间的数量联系和差异程度，在进行对比分析时，应注意以下几个方面的原则。

（一）可比性原则

可比性原则是指用来对比分析的指标必须具有可比性。可比性是对比分析的首要条件。将不可比的资料用来对比，非但不能得到正确的结论，反而会引起混乱，给人以错误的认识。指标的可比性涉及多个方面，主要是要求指标在含义、总体范围、计算口径、计算方法、所属时间和计量单位等方面应保持一致，或与分析目的相适应。

可比与否还要结合分析的具体任务来判断。例如，按总产值计算的劳动生产率和按增加值计算的劳动生产率，由于这两个指标的含义和内容不相同，一般是不可比的；假如要分析这两个劳动生产率究竟相差多少，则二者就可以对比了。可见，对于可比性的理解应该是辩证的，而不能机械化、绝对化。有时在这种情况下不可比，而在另一个情况下却是可比的。

（二）正确选择对比基准原则

对比基准或基数是指对比分析的比较标准，也就是计算相对数的分母指标。对比基数的选择，取决于所研究现象的性质特点和具体的研究目的。假如基数选择不当，就不能真实地揭示现象之间的数量联系。例如，就业率和失业率的计算就不能以总人口为分母，而应该以劳动力资源总数（或就业人数与失业人数之和）为分母。在对经济现象进行横向对比时，要尽可能选择资源禀赋等条件相似的国家来比较。进行动态对比时，基期的选择要反映一定历史阶段的特点，要选择比较稳定或正常的时间为基期。

（三）相对数与绝对数结合运用原则

相对数是个抽象的比率，不能反映现象在绝对水平上的差异。有时相对数很小，但其代表的绝对量可能很大（如我国人口自然增长率）；反之，有时相对数很大，但其代表的绝对数量可能很小。因此，在进行对比分析时，必须注意将相对数与有关的绝对数结合，既表明现象之间的联系和差异程度，又反映其绝对数量，这样才能做出正确、深入的分析。

（四）多种相对指标结合运用原则

不同相对指标是从不同角度说明现象之间的联系和对比关系的。要全面、深入地分析和研究问题，就必须把有关的相对指标结合起来，对所研究的问题进行多角度的观察和比较分析。

第二节　统计指数的基本概念

一、统计指数的概念和作用

统计指数是社会经济统计中常用的一种重要方法。统计指数的含义有广义和狭义两种。广义的指数是指一切说明社会经济现象数量变动的相对数,我们在第一节中讨论的相对指标就属于广义指数。狭义的指数是一种特殊的相对数,即用来说明不能直接相加的复杂社会经济现象综合变动程度的相对数。下面我们所要研究的统计指数就是指狭义的指数。

统计指数具有以下几项作用:

其一,可以综合反映复杂现象总体的数量变化关系。复杂现象总体的数量变化常常受到许多因素的影响。例如,受多种因素的影响,各种商品价格变动的方向和幅度经常是不一致的,有些商品价格上涨,有些商品价格下跌,而且上涨与下跌的幅度也不一样。商品价格总指数是各种商品价格综合影响变动的结果,通过编制统计指数可以反映其总体的变动方向和程度。再比如,股票价格的变动也是一种复杂现象,通过编制股票价格指数可以反映股票市场价格总变动的情况。

其二,可以分析各个因素的变动及其对复杂现象总体变动的影响程度。复杂现象总体的变动是各种因素综合影响的结果,而各种因素自身变动的幅度和变动方向常常是不一致的,对总体变动的影响也不同。例如,将某地区 2017 年和 2016 年的商品销售额进行对比,得到 110. 9% ,这说明 2017 年该地区商品销售额的增长幅度为 10. 9% 。这个变动是销售量与价格两个因素共同作用的结果,借助于统计指数法可以深入分析和测定这两个因素的变动及其对销售额变动所带来的影响。

其三,可以分析各个因素变动对总平均水平变动的影响程度。例如,城镇就业人口平均工资水平的变动,既受各行业职工工资水平变动的影响,也受各行业职工构成变动的影响。借助于统计指数方法,就能对全体就业人口的工资水平变动进行分析,同时分析各行业职工平均工资变动及其对全体就业人口平均工资变动的影响,分析各行业职工所占比重的变动及其对全体就业人口平均工资的影响。

其四,可以分析复杂现象总体的长期变化趋势。借助连续编制的动态指数形成的指数数列,可以反映现象在长时间的变化趋势。如果把两个相互联系的指数数列(如居民收入指数和价格指数)加以比较,还可以进一步认识复杂现象总体之间数量上的变动关系。

其五,运用统计指数可以对多指标复杂社会经济现象进行综合测评。如对综合国力、社会发展水平的综合评价研究。

二、统计指数的种类

由于分析对象的不同,统计指数可以划分为不同的种类。

一是分为个体指数、组指数和总指数。个体指数是反映单个现象或单个事物变动的相对数,如某种品牌型号的电冰箱的产量指数与价格指数都是个体指数。组指数也称类指数,是综合反映总体内某一类现象变动的相对数,如食品类、衣着类、服务类价格指数等,组指数通常也是编制总指数的中间环节。总指数是综合反映整个复杂经济现象总体变化情况的相对数,如商品价格总指数、工业产品产量总指数等。

二是分为数量指标指数和质量指标指数。数量指标指数反映所研究现象的数量规模变动,如产品产量指数、商品销售量指数等。质量指标指数反映所研究现象的质量水平变动，如商品价格指数、产品成本指数、劳动生产率指数等。

三是分为动态指数和静态指数。统计指数最初的含义是动态指数，由两个不同时间上的经济量对比形成，反映社会经济现象在不同时间上的发展变化。动态指数按所对比的基期的不同，分为定基指数与环比指数两种。静态指数是后来在实际应用中才提出的，包括空间指数和计划完成情况指数两种。空间指数是指不同空间的同类现象水平在同一时间对比的结果，反映现象在不同区域的差异程度。计划完成情况指数则是将某种现象的实际水平与计划水平对比的结果，反映计划的完成程度。

第三节　综合指数

一、综合指数编制的基本原理

统计研究的对象主要是总体现象。因此，从研究对象的范围来看，编制指数主要是指总指数。综合指数就是总指数的基本形式之一。

编制综合指数首先必须明确两个概念：一是"指数化指标"，二是"同度量因素"。所谓指数化指标就是编制综合指数所要测定的因素，如商品价格综合指数所要测定的因素是价格，所以价格就是指数化指标。所谓同度量因素是指媒介因素，借助媒介因素，把不能直接加总的因素过渡到可以加总，所以称其为同度量因素。编制综合指数的目的是测定指数化指标的变动，因此，在对比的过程中对同度量因素应加以固定。综合指数的基本公式如下：

$$I_p = \frac{\sum p_1 q_i}{\sum p_0 q_i} \qquad (8.10)$$

$$I_q = \frac{\sum q_1 p_i}{\sum q_0 p_i} \qquad (8.11)$$

公式中 P 表示质量因素，q 表示数量因素，下标 1 表示所要分析的时期称为报告期，0 表示被比较的时期称为基期，i 为同度量因素固定的时期。公式(8.10)是质量指标综合指数形式。价格、成本、劳动生产率指数等属于质量指标指数。公式(8.11)是数量指标综合指数形式。产量、劳动量指数，经济发展速度等属于数量指标指数。

编制综合指数的基本方法是"先综合，后对比"。例如，编制价格综合指数反映市场商品价格总变动，其步骤是：首先把市场各种商品价格乘以同度量因素加以综合，然后再进行对比。

编制综合指数必须解决以下两个问题：

一是必须根据指数化指标的性质确定同度量因素的性质。一般而言，质量指标指数的指数化指标是 p，其同度量因素是数量指标 q，两者的乘积 pq 是一价值总量；数量指标指数的指数化指标则是 q，其同度量因素是 p，两者的乘积 qp 也是一价值总量，价值量指标加总后，其经济意义具体、明确。

二是必须确定同度量因素所固定的时期。根据不同的研究目的和所研究的现象的特点，同度量因素可以固定在基期，也可以固定在报告期。但分子分母中的同度量因素必须固定在同一时期，只有这样，才能把握所要测定的指标的变动。

需要指出的是，同度量因素具有权数的性质。例如，在价格综合指数中，同度量因素 q 不仅可以使各种不同商品的销售价格转化为可以相加的价值量，而且由于各种商品的销售量不同，其各自价格变动对综合价格指数影响的大小也有所差别。由于基期与报告期的各种商品销售结构可能不一样，因此，将 q 固定在不同的时期（基期或报告期），所得到的综合指数的计算结果是不相同的。所以，在编制综合指数时，如何选择合适的权数，是一个需要着重研究的问题。

二、拉氏指数和帕氏指数

（一）拉氏指数

拉氏指数（简记为 L），是德国统计学家拉斯佩雷斯（E. Laspeyres）在 1864 年提出的。拉氏指数公式的特点是将同度量因素固定在基期水平上，因此也称基期综合指数，其公式如下：

$$L_q = \frac{\sum q_1 p_0}{\sum q_0 p_0} \tag{8.12}$$

$$L_p = \frac{\sum p_1 q_0}{\sum p_0 q_0} \tag{8.13}$$

（二）帕氏指数

帕氏指数（简记为 P），是德国的另一位统计学家帕舍（H. Paasche）在 1874 年提出的。与拉氏指数不同之处是，帕氏指数将同度量因素固定在报告期水平上，因此也称报告期综合指数。其公式如下：

$$P_q = \frac{\sum q_1 p_1}{\sum q_0 p_1} \tag{8.14}$$

$$P_p = \frac{\sum p_1 q_1}{\sum p_0 q_1} \tag{8.15}$$

【例 8－2】某企业三种产品报告期和基期销售资料如表 8－1 所示。

表 8－1

产品类别	计量单位	销售量		销售价格（元）		销售额（百元）			
		q_0	q_1	p_0	p_1	$q_0 p_0$	$q_1 p_1$	$q_1 p_0$	$q_0 p_1$
1	万 件	450	500	700	770	3 150	3 850	3 500	3 465
2	万 件	500	520	350	350	1 750	1 820	1 820	1 750
3	台	900	1 080	100	110	900	1 188	1 080	990
合计	—	—	—	—	—	5 800	6 858	6 400	6 205

要求分别编制拉氏指数和帕氏指数。

【解】

$$拉氏销售量指数\ L_q = \frac{\sum q_1p_0}{\sum q_0p_0} = \frac{6\ 400}{5\ 800} = 110.34\%$$

$$拉氏价格指数\ L_P = \frac{\sum p_1q_0}{\sum p_0q_0} = \frac{6\ 205}{5\ 800} = 106.98\%$$

$$帕氏价格指数\ P_q = \frac{\sum q_1p_1}{\sum q_0p_1} = \frac{6\ 858}{6\ 205} = 110.52\%$$

$$帕氏销售量指数\ P_P = \frac{\sum p_1q_1}{\sum p_0q_1} = \frac{6\ 858}{6\ 400} = 107.16\%$$

（三）拉氏指数和帕氏指数的比较

上述两种指数各有特点。

首先，由于采用权数不同，依据同一资料计算的拉氏指数和帕氏指数的计算结果通常会存在差异。

其次，拉氏指数将同度量因素固定在基期水平上（即以基期数值为权数），在定基指数数列中，各期指数不受权数结构变动影响，因而可比性更强。帕氏指数将同度量因素固定在报告期水平上（即以报告期数值为权数），权数结构会随报告期而改变，因而会使各期指数的可比性受到影响。

最后，二者的具体经济意义有一定差别。以价格指数为例，从前面的分析可以看到，拉氏价格指数是在基期销售数量和结构的基础上，来考察价格的变化及其对销售总额变动的影响，这从消费者的角度可以说明：为了维持基期消费水平或购买基期那么多的商品，由于价格变化将会使消费支出增减多少。帕氏价格指数则是在报告期销售数量和结构的基础上，来考察价格的变化及其对销售总额变动的影响，它可以说明由于价格变化而使消费者报告期所购买的商品增减了多少消费支出，或反映由于价格变化而使销售者报告期所出售的商品增减了多少销售收入。所以，二者都有实际经济意义，但相比之下，帕氏指数立足于报告期，其分析具有更强的现实性。在实际应用中，数量指标指数的计算较多采用拉氏指数公式，而质量指标指数的计算较多采用帕氏指数公式。

三、其他形式的综合指数

（一）马埃公式

马埃公式（简记为 E）由英国著名经济学家马歇尔（A. Marshall）和埃奇沃斯（F. Y. Edgeworth）等人于1887—1890年间提出。该指数是对拉氏指数和帕氏指数的同度量因素进行简单平均。公式具体形式如下：

$$E_p = \frac{\sum p_1(\frac{q_0+q_1}{2})}{\sum p_0(\frac{q_0+q_1}{2})} = \frac{\sum p_1(q_0+q_1)}{\sum p_0(q_0+q_1)} = \frac{\sum p_1q_0 + \sum p_1q_1}{\sum p_0q_0 + \sum p_0q_1} \tag{8.16}$$

$$E_q = \frac{\sum q_1(\frac{p_1+p_0}{2})}{\sum q_0(\frac{p_1+p_0}{2})} = \frac{\sum q_1(p_1+p_0)}{\sum q_0(p_1+p_0)} = \frac{\sum q_1p_1 + \sum q_1p_0}{\sum q_0p_1 + \sum q_0p_0} \tag{8.17}$$

计算空间指数时,理论上要求指数应能通过对比基准互换测验,也就是说,对比基准互换前后的两个指数应该是互为倒数的关系。例如,比较A和B两个地区物价水平的差异程度时,如果说A地区价格水平是B地区的200%,那么B地区价格水平就应该是A地区的50%。但是,无论对拉氏指数还是对帕氏指数,对比基准互换前后的两个指数之间都不存在上述倒数关系。而采用马埃指数就可以解决这种矛盾,它将同度量因素固定在两个对比空间的平均水平上,不受对比基准地区选择的影响。

(二)费歇指数

费歇指数是对拉氏指数和帕氏指数的几何平均。具体公式如下:

$$F_P = \sqrt{\frac{\sum p_1 q_1}{\sum p_0 q_1} \bullet \frac{\sum p_1 q_0}{\sum p_0 q_0}} \tag{8.18}$$

$$F_q = \sqrt{\frac{\sum q_1 p_1}{\sum q_0 p_1} \bullet \frac{\sum q_1 p_0}{\sum q_0 p_0}} \tag{8.19}$$

费歇指数(简记为F)由美国经济学家沃尔什(G. M. Walsh)和庇古(P. C. Pigou)等人于1901—1902年间先后提出。后来美国统计学家费歇(Irving Fisher)验证了该指数不仅可以通过对比基准互换测验,而且还能通过因素反向测验。所谓因素反向测验,是指既然销售额受销售量与销售价格的影响,那么数量指数和价格指数的乘积应当等于销售额指数。虽然拉氏销售量指数和帕氏价格指数(或帕氏销售量指数与拉氏价格指数)之间有上述关系成立,但拉氏销售量指数和价格指数(或帕氏销售量指数与价格指数)并不能通过因素反向检验,所以费歇将该指数形式称为理想公式。

(三)固定权数综合指数

固定权数综合指数由英国经济学家杨格(A. Young)提出,因此也称杨格指数。在固定加权综合指数中,同度量因素所属时期既不固定在报告期也不固定在基期,而是固定在一个特定的水平上。公式具体形式如下:

$$I_p = \frac{\sum p_1 q_n}{\sum p_0 q_n} \tag{8.20}$$

$$I_q = \frac{\sum q_1 p_n}{\sum q_0 p_n} \tag{8.21}$$

式中:q_n 和 p_n 分别表示特定的物量和价格水平。

由于固定权数综合指数的同度量因素不因比较时期(报告期或基期)的改变而改变,因此采用固定权数综合指数不但较为方便,而且便于观察现象长期发展变化的趋势。

在新中国成立后很长一段时期内,工(农)业产品物量指数的计算就是采用这种方法,即作为同度量因素的价格既不是基期价格,也不是报告期价格,而是某一年份的不变价格(p_n)。

第四节　平均指数

一、平均指数编制的基本原理

与综合指数相同，平均指数也是总指数的基本形式之一，用来反映复杂现象的总变动。平均指数之所以被称为平均指数，是因为它利用了加权算术平均数 $\bar{x}=\dfrac{\sum xf}{\sum f}$ 和加权调和平均数 $\bar{x}=\dfrac{\sum m}{\sum \frac{m}{x}}$ 的计算形式。在下面的讨论中，我们可以看到，平均指数的编制原理与综合指数编制的基本原理实际上是相互贯通的。

平均指数编制的基本方法是“先对比，后平均”。所谓“先对比”，是指先通过对比计算个体指数：$k_q=\dfrac{q_1}{q_0}$ 或 $k_p=\dfrac{p_1}{p_0}$；所谓“后平均”，则是指将个体指数赋予适当的权数 p_0q_0 或 p_1q_1，加以平均得到总指数。

二、平均指数的类型

（一）算术平均指数

算术平均指数一般用 p_0q_0 加权，基本公式如下：

$$I_p=\frac{\sum \frac{p_1}{p_0}p_0q_0}{\sum p_0q_0} \tag{8.22}$$

$$I_q=\frac{\sum \frac{q_1}{q_0}p_0q_0}{\sum p_0q_0} \tag{8.23}$$

【例 8－3】以表 8－1 的资料，分别计算价格和销售量的算术平均指数。

【解】
$$I_q=\frac{\sum \frac{p_1}{p_0}p_0q_0}{\sum p_0q_0}=\frac{\frac{770}{700}\times 3\ 150+\frac{350}{350}\times 1\ 750+\frac{110}{100}\times 900}{3\ 150+1\ 750+900}=\frac{6\ 205}{5\ 800}=106.98\%$$

$$I_q=\frac{\sum \frac{q_1}{q_0}p_0q_0}{\sum p_0q_0}=\frac{\frac{500}{450}\times 3\ 150+\frac{520}{500}\times 1\ 750+\frac{1\ 080}{900}\times 900}{3\ 150+1\ 750+900}=\frac{6\ 400}{5\ 800}=110.34\%$$

这两式的计算结果和前面综合指数中的拉氏指数的计算结果完全相同。不难发现，这是因为当个体指数与总值权数之间存在严格的一一对应关系时，采用基期总值加权的平均指数，实际上是拉氏综合指数的变形：

$$I_p=\frac{\sum\frac{p_1}{p_0}p_0q_0}{\sum p_0q_0}=\frac{\sum p_1q_0}{\sum p_0q_0} \tag{8.24}$$

$$I_q=\frac{\sum\frac{q_1}{q_0}p_0q_0}{\sum p_0q_0}=\frac{\sum q_1p_0}{\sum q_0p_0} \tag{8.25}$$

需要指出的是,算术平均指数不仅是综合指数的变形,在许多场合下它还是一种相对独立的总指数编制方法,具有比综合指数更为广泛的适用性。以价格指数为例,其计算公式可变形为:

$$I_p=\frac{\sum\frac{p_1}{p_0}p_0q_0}{\sum p_0q_0}=\sum\frac{p_1}{p_0}\times\frac{p_0q_0}{\sum p_0q_0}=\sum\frac{p_1}{p_0}w \tag{8.26}$$

式(8.26)表明算术平均指数不仅可以用绝对数权数加权,也可以用相对数权数 w 加权。而相对数权数可以根据全面资料确定,也可以根据非全面资料确定。在一定情况下,还可以将相对数权数加以固定,以大大便利指数编制工作。这正是综合指数所不具备的。

(二)调和平均指数

调和平均指数一般用 p_1q_1 加权,基本计算形式如下:

$$I_p=\frac{\sum p_1q_1}{\sum\frac{1}{\frac{p_1}{p_0}}p_1q_1} \tag{8.27}$$

$$I_q=\frac{\sum p_1q_1}{\sum\frac{1}{\frac{q_1}{q_0}}p_1q_1} \tag{8.28}$$

【例 8-4】以表 8-1 的资料,分别计算价格指数和销售量的调和平均指数。

【解】

$$I_p=\frac{\sum p_1q_1}{\sum\frac{1}{\frac{p_1}{p_0}}p_1q_1}=\frac{3\,850+1\,820+1\,188}{\frac{1}{\frac{770}{700}}\times3\,850+\frac{1}{\frac{350}{350}}\times1\,820+\frac{1}{\frac{110}{100}}\times1\,188}=\frac{6\,858}{6\,400}=107.16\%$$

$$I_q=\frac{\sum p_1q_1}{\sum\frac{1}{\frac{q_1}{q_0}}p_1q_1}=\frac{3\,850+1\,820+1\,188}{\frac{1}{\frac{500}{450}}\times3\,850+\frac{1}{\frac{520}{500}}\times1\,820+\frac{1}{\frac{1\,080}{900}}\times1\,188}=\frac{6\,858}{6\,205}=110.52\%$$

这两式的计算结果和前面综合指数中帕氏指数的计算结果完全相同。不难发现,这也是因为当个体指数与总值权数之间存在严格的一一对应关系时,采用报告期总值加权的调和平均指数实际上是帕氏综合指数的变形:

$$I_p=\frac{\sum p_1q_1}{\sum\frac{1}{\frac{p_1}{p_0}}p_1q_1}=\frac{\sum p_1q_1}{\sum p_0q_1} \tag{8.29}$$

$$I_q=\frac{\sum p_1q_1}{\sum \frac{1}{\frac{q_1}{q_0}}p_1q_1}=\frac{\sum p_1q_1}{\sum p_1q_0} \tag{8.30}$$

在上述指数的实际编制中，与编制加权算术平均指数一样，公式中的权数也可以采用相对数权数。同理，在许多场合，编制调和平均指数比编制综合指数更为切实可行。

第五节　指数体系与因素分析

一、指数体系的概念

如前所述，指数不仅可以反映社会经济现象数量的变动程度，而且还可以用于分析影响总量变动的各个因素的作用。因素分析是借助于指数体系来进行的。

这里讨论的指数体系是指指数之间存在的相互联系。一般来说，三个或三个以上在性质上相互联系、在数量上存在一定关系的指数便构成指数体系。利用指数体系可以分析社会经济现象的各种因素变动，以及它们对总体发生作用的影响程度。

社会经济现象存在的客观联系可通过相应的指标体系表现出来。例如：

总产值 = 产品产量 × 价格

总成本 = 产品产量 × 单位成本

销售额 = 销售量 × 价格

从上面的三个关系式我们可以看到，现象的总体可以分解为一个数量因素和一个质量因素，而现象总体的变化就可以归结为数量因素和质量因素共同作用的结果。上述指标体系按指数形式表现时，如果同度量因素所取的时期合适，这种乘积关系仍然可以成立。即：

总产值指数 = 产品产量指数 × 价格指数

总成本指数 = 产品产量指数 × 单位成本指数

销售额指数 = 销售量指数 × 价格指数

这些指数关系都可以归纳为：

现象总体变动指数 = 数量指标指数 × 质量指标指数

利用指数体系进行因素分析，主要分析如下两方面的问题：

一方面，分析现象总体总量指标的变动受各种因素变动的影响程度。这是利用综合指数体系，从数量指标指数和质量指标指数的相互联系中，分析各个因素的变动影响关系。

另一方面，分析社会经济现象总体平均指标变动受各种因素变动的影响程度。这种分析是通过平均指标指数体系来进行的。

二、连锁替代法

（一）连锁替代法的概念

利用指标体系进行因素分析，一般采用连锁替代法。所谓连锁替代法，就是在影响综合指标的各种因素中，根据各因素的性质和相互联系的数量关系，将各个因素的基期数字顺次以报告期的数字替代，有多少因素就替代多少次；每次替代后的结果与替代前的结果进行对比，从相对数和绝对数两方面分析各因素对现象总体的影响。

用连锁替代法进行因素分析时应注意如下几个问题：

1. 各因素的排列顺序。运用连锁替代法进行因素分析，一般是按各因素排列的先后顺序展开的，因此什么因素排在前面，什么因素排在后面，需要事先加以考虑。一般原则是先数量因素后质量因素。

2. 注意相邻因素之间的经济含义。运用连锁替代法进行因素分析，各因素排列顺序还要考虑它相乘后的经济含义。例如，在研究企业利润额变动时，影响利润额变动的各因素排列的顺序为销售量、销售价格、利润率。销售量乘以销售价格等于销售额，销售额乘以利润率等于利润额，都有明确的经济意义。假如销售价格和利润率排列的位置互换，销售量乘以利润率的经济含义就难以确定，也不符合指标分解逻辑。

（二）连锁替代法的步骤

以销售额变动分析为例，用 p，q 分别表示销售价格、销售量，下标0和1分别表示基期和报告期，即以 p_0，q_0 分别表示基期的数值，p_1，q_1 表示报告期的数值。连锁替代的过程如下：

分析的起点⟶ q_0p_0

} q 因素变动的影响

第一次替代⟶ q_1p_0

} p 因素变动的影响

第二次替代⟶ p_1q_1

具体的计算公式和步骤如下：

1. 计算被分析指标的总变动：

$$\text{变动的程度} = \frac{\sum q_1p_1}{\sum q_0p_0} \tag{8.31}$$

$$\text{变动的绝对额} = \sum q_1p_1 - \sum q_0p_0 \tag{8.32}$$

2. 计算各因素变动影响的程度和绝对额：

$$q\ \text{因素变动影响程度} = \frac{\sum q_1p_0}{\sum q_0p_0} \tag{8.33}$$

$$q\ \text{因素影响绝对额}\ \sum q_1p_0 - \sum q_0p_0 \tag{8.34}$$

$$p\ \text{因素变动影响程度} = \frac{\sum q_1p_1}{\sum q_1p_0} \tag{8.35}$$

$$p\ \text{因素影响绝对额}\ \sum q_1p_1 - \sum q_1p_0 \tag{8.36}$$

3. 影响因素的综合分析。

（1）总变动程度等于各因素变动影响程度的连乘积：

$$\frac{\sum q_1p_1}{\sum q_0p_0} = \frac{\sum q_1p_0}{\sum q_0p_0} \times \frac{\sum q_1p_1}{\sum q_1p_0} \tag{8.37}$$

（2）总因素变动绝对额等于各因素变动影响绝对额的总和：

$$\sum q_1p_1 - \sum q_0p_0 = \left(\sum q_1p_0 - \sum q_0p_0\right) + \left(\sum q_1p_1 + \sum q_1p_0\right) \quad (8.38)$$

三、两因素分析

下面结合例子说明用连锁替代法进行两因素分析的计算过程和实际分析意义。

【例8－5】以表8－1资料，进行销售额变动的因素分析。

【解】（1）销售额变动分析：

$$\text{销售额变动指数} = \frac{\sum q_1p_1}{\sum q_0p_0} = \frac{6\ 858}{5\ 800} = 118.24\%$$

$$\text{销售额变动的绝对额} = \sum q_1p_1 - \sum q_0p_0 = 6\ 858 - 5\ 800 = 10.5(\text{万元})$$

（2）销售量变动影响分析：

$$\text{销售量变动影响程度} = \frac{\sum q_1p_0}{\sum q_0p_0} = \frac{6\ 400}{5\ 800} = 110.34\%$$

$$\text{销售量变动影响绝对额} = \sum q_1p_0 - \sum q_0p_0 = 6\ 400 - 5\ 800 = 6.00(\text{万元})$$

（3）销售价格变动影响分析：

$$\text{销售价格变动影响程度} = \frac{\sum q_1p_1}{\sum q_1p_0} = \frac{6\ 858}{6\ 400} = 107.16\%$$

$$\text{销售价格变动影响绝对额} = \sum q_1p_1 - \sum q_1p_0 = 6\ 858 - 6\ 400 = 4.58(\text{万元})$$

（4）影响因素综合分析：

$$\frac{\sum q_1p_1}{\sum q_0p_0} = \frac{\sum q_1p_0}{\sum q_0p_0} \times \frac{\sum q_1p_1}{\sum q_1p_0}$$

$$118.24\% = 110.34\% \times 107.16\%$$

$$\sum q_1p_1 - \sum q_0p_0 = \left(\sum q_1p_0 - \sum q_0p_0\right) + \left(\sum q_1p_1 - \sum q_1p_0\right)$$

$$10.58 = 6.00 + 4.58$$

分析结果表明：该企业的销售额报告期比基期增长18.24%，是由于销售量增长10.34%和销售价格上涨7.16%这两个因素共同作用的结果；该企业销售额报告期比基期增加10.58万元，其中由于销售量上升使销售额增加6万元，由于销售价格上涨使销售额增加4.58万元。

四、多因素分析

指数体系因素分析法可以推广到三个、四个甚至更多因素分析。例如要对企业的利润额进行因素分析，可将利润额按下述方式分解：

$$\text{利润额} = \text{销售量}(q) \times \text{销售价格}(p) \times \text{利润率}(r)$$

按照连锁替代法，可以得到多因素分析指数体系：

$$\frac{\sum q_1p_1r_1}{\sum q_0p_0r_0} = \frac{\sum q_1p_0r_0}{\sum q_0p_0r_0} \times \frac{\sum q_1p_1r_0}{\sum q_1p_0r_0} \times \frac{\sum q_1p_1r_1}{\sum q_1p_1r_0} \quad (8.39)$$

$$\sum q_1p_1r_1 - \sum q_0p_0r_0 = (\sum q_1p_0r_0 - \sum q_0p_0r_0) + (\sum q_1p_1r_0 - \sum q_1p_0r_0) + (\sum q_1p_1r_1 - \sum q_1p_1r_0) \quad (8.40)$$

【例 8 - 6】某企业有关资料见表 8 - 2,试分析其销售量、销售价格、利润率对利润总额的影响。

表 8 - 2　某企业有关资料

产品类别	计量单位	销售量		销售价格(元)		利润率(%)		利润额(百元)			
		q_0	q_1	p_0	p_1	r_0	r_1	$q_1p_1r_1$	$q_1p_1r_0$	$q_1p_0r_0$	$q_0p_0r_0$
1	万件	450	500	700	770	8	9	346.5	308	280	252
2	万件	500	520	350	350	7	11	200.2	127.4	127.4	122.5
3	台	900	1 080	100	110	12	10	118.8	142.6	129.6	108
合计	—	—	—	—	—	-	-	665.5	578	537	482.5

【解】(1) 利润额总指数 $= \dfrac{\sum q_1p_1r_1}{\sum q_0p_0r_0} = \dfrac{665.5}{482.5} = 137.94\%$

利润额报告期比基期增加 37.93%,绝对额为:

$$\sum q_1p_1r_1 - \sum q_0p_0r_0 = 665.5 - 482.5 = 183\ (\text{百元})$$

(2) 销售量指数 $= \dfrac{\sum q_1p_0r_0}{\sum q_0p_0r_0} = \dfrac{537.0}{482.5} = 111.30\%$

销售量报告期比基期增长了 11.30%,由此而增加的利润额为:

$$\sum q_1p_0r_0 - \sum q_0p_0r_0 = 537.0 - 482.5 = 54.5\ (\text{百元})$$

(3) 销售价格指数 $= \dfrac{\sum q_1p_1r_0}{\sum q_1p_0r_0} = \dfrac{578}{537} = 107.64\%$

销售价格报告期比基期提高 7.64%,由此而增加的利润额为:

$$\sum q_1p_1r_0 - \sum q_1p_0r_0 = 578 - 537 = 41\ (\text{百元})$$

(4) 利润额指数 $= \dfrac{\sum q_1p_1r_1}{\sum q_1p_1r_0} = \dfrac{665.5}{578} = 115.14\%$

利润率报告期比基期提高 115.14%,由此而增加的利润额为:

$$\sum q_1p_1r_1 - \sum q_1p_1r_0 = 665.5 - 578 = 87.5(\text{百元})$$

上列计算结果的综合分析如下:

$$137.94\% = 111.30\% \times 107.67\% \times 115.14\%$$

$$183 = 54.5 + 41 + 87.5$$

分析结果说明,报告期销售量增加 11.3%,销售价格提高 7.67%,利润率提高 15.14%,三方面因素综合作用的结果使利润额提高37.94%;利润总额增加1.83万元,其中由于销售量增加而增加利润 0.545 万元,由于销售价提高而增加利润 0.41 万元,由于利润率提高而增加利润 0.875 万元。

五、平均指标变动的因素分析

平均指标指数是对总体平均指标变动的测定，如平均工资指数、劳动生产率指数都属于平均指标指数。平均指标指数有两个特点：

第一，它是利用分组资料计算的指数。它所测定的总平均数是对组平均数的加权平均，其权数是各组的单位数。总平均数即加权算术平均数，其表现形式为：

$$\bar{x} = \frac{\sum x_i f_i}{\sum f_i}$$

式中：被平均标志 x_i 为各组平均水平，权数 f_i 为各组单位数。它所综合的不是不可同度量的变量，而是不同地区、不同单位或不同部门的同一指标。

第二，平均指标指数变动受总体内部各组平均数变动和各组权数（结构变动）变动这两个因素的影响。

分析平均指标的变动，需要计算以下3种指数：

其一，可变构成指数。该指数就是平均指标指数，反映总平均数的变动。计算形式为：

$$\frac{\sum x_1 f_1}{\sum f_1} \div \frac{\sum x_0 f_0}{\sum f_0} \tag{8.41}$$

其二，固定构成指数。该指数反映总体内部各组平均水平变动对总平均数的影响。计算形式为：

$$\frac{\sum x_1 f_1}{\sum f_1} \div \frac{\sum x_0 f_1}{\sum f_1} \tag{8.42}$$

其三，结构变动影响指数。该指数反映总体内部各组权数（结构变动）对总平均数变动的影响。计算形式为：

$$\frac{\sum x_1 f_1}{\sum f_1} \div \frac{\sum x_0 f_1}{\sum f_1} \tag{8.43}$$

这三个指数存在的内在联系如下：

（1）可变构成指数 = 结构变动指数 × 固定结构指数。即

$$\frac{\sum x_1 f_1}{\sum f_1} \div \frac{\sum x_0 f_0}{\sum f_0} = \left(\frac{\sum x_0 f_1}{\sum f_1} \div \frac{\sum x_0 f_0}{\sum f_0}\right) \times \left(\frac{\sum x_0 f_1}{\sum f_1} \div \frac{\sum x_0 f_0}{\sum f_0}\right) \tag{8.44}$$

（2）总平均数变动绝对额 = 结构变动影响额 + 各组平均数变动影响额。即

$$\frac{\sum x_1 f_1}{\sum f_1} - \frac{\sum x_0 f_0}{\sum f_0} = \left(\frac{\sum x_0 f_1}{\sum f_1} - \frac{\sum x_0 f_0}{\sum f_0}\right) + \left(\frac{\sum x_1 f_1}{\sum f_1} - \frac{\sum x_0 f_1}{\sum f_1}\right) \tag{8.45}$$

【例8－7】某企业职工有关工资资料见表8－3，对其进行平均指标变动的因素分析。

【解】从表8－3中的数据可以看出，该企业两类职工的工资水平和人数在基期和报告期都不同，并且变动的幅度也不同，这必然导致该企业报告期和基期的总平均工资水平的变动。

表 8－3 某企业职工工资情况表

职工类别	周工资(元)		职工人数(人)		工资额(百元)		
	基期 x_0	报告期 x_1	基期 f_0	报告期 f_1	基期 x_0f_0	报告期 x_1f_1	按基期工资水平计算的报告期工资额 x_0f_1
车间工人	800	850	300	270	2 400	2 295	2 160
管理人员	1 000	1 050	50	55	500	577.5	550
合计	—	—	350	325	2 900	2 872.5	2 710

(1) 计算总平均工资变动指数：

$$可变构成指数 = \frac{\sum x_1f_1}{\sum f_1} \div \frac{\sum x_0f_0}{\sum f_0} = \frac{883.8}{828.6} = 106.67\%$$

$$变动绝对额 = \frac{\sum x_1f_1}{\sum f_1} - \frac{\sum x_0f_0}{\sum f_0} = 883.8 - 828.6 = 55.2(元)$$

(2) 计算各组工资变动影响指数：

$$固定构成指数 = \frac{\sum x_1f_1}{\sum f_1} \div \frac{\sum x_0f_1}{\sum f_1} = \frac{883.8}{833.8} = 106\%$$

$$各组变量水平变动绝对额 = \frac{\sum x_1f_1}{\sum f_1} - \frac{\sum x_0f_1}{\sum f_1} = 883.8 - 833.8 = 50(元)$$

(3) 计算结构变动影响指数：

$$结构影响指数 = \frac{\sum x_0f_1}{\sum f_1} \div \frac{\sum x_0f_0}{\sum f_0} = \frac{833.8}{828.6} = 100.63\%$$

$$结构影响变动绝对额 = \frac{\sum x_0f_1}{\sum f_1} - \frac{\sum x_0f_0}{\sum f_0} = 833.8 - 828.6 = 5.2(元)$$

(4) 综合分析：

总平均工资指数＝结构变动影响指数×各组平均工资变动影响指数

$$106.67\% = 100.63\% \times 106\%$$

总平均工资变动绝对额＝结构变动影响额＋各组工资变动影响额

$$\frac{\sum x_1f_1}{\sum f_1} - \frac{\sum x_0f_0}{\sum f_0} = \left(\frac{\sum x_0f_1}{\sum f_1} - \frac{\sum x_0f_0}{\sum f_0}\right) + \left(\frac{\sum x_1f_1}{\sum f_1} - \frac{\sum x_0f_1}{\sum f_1}\right)$$

$$883.8 - 828.6 = (833.8 - 828.6) + (883.8 - 833.8)$$

$$55.2 = 5.2 + 50$$

分析结果表明：从相对数看，该企业总平均工资报告期比基期上涨了6.67%，这是各组职工工资水平变动使总平均工资上涨6%，职工结构变动影响使总平均工资上涨0.63%，二者共同作用的结果；从绝对数看，该企业总平均工资报告期比基期增加55.2元，这是因为各组职工工资水平变动使总平均工资增加50元，职工结构变动影响使总平均工资增加5.2元的共同结果。

根据上述计算结果，还可以进一步分析由于平均工资水平的变动对企业工资总额支出的影响。

总平均工资的变动使企业工资总额支出增加额：

$$\left(\frac{\sum x_1f_1}{\sum f_1}-\frac{\sum x_0f_0}{\sum f_0}\right)\sum f_1=(883.8-828.6)\times 325=55.2\times 325=17\ 940(\text{元})$$

其中：

（1）由于职工结构变动使平均工资提高，企业工资总额支出增加额：

$$\left(\frac{\sum x_0f_1}{\sum f_1}-\frac{\sum x_0f_0}{\sum f_0}\right)\sum f_1=(833.8-828.6)\times 325=5.2\times 325=1\ 690(\text{元})$$

（2）由于各组职工工资变动使平均工资提高，企业工资总额支出增加额：

$$\left(\frac{\sum x_1f_1}{\sum f_1}-\frac{\sum x_0f_1}{\sum f_1}\right)\sum f_1=(883.8-833.8)\times 325=50\times 325=16\ 250(\text{元})$$

第六节　常用经济指数

一、工业生产指数

工业生产指数综合反映一国或一地区各种工业产品产量的综合变动，它是衡量经济增长水平和判断经济形势的重要依据。工业生产指数的编制方法有多种，下面介绍常见的三种方法。

（一）不变价格法

不变价格又称固定价格。不变价格法生产指数，即采用某一时期或时点的产品平均出厂价格作为同度量因素的固定权数综合指数。这种方法是新中国成立以来曾长期沿用的方法。公式具体形式如下：

$$I_q=\frac{\sum q_1p_n}{\sum q_0p_n}\tag{8.46}$$

式中：p_n 代表不变价格。

（二）价格指数紧缩法

随着经济体制的转变，不变价格的编定变得相当困难。我国从 2002 年 4 月开始试行用价格紧缩法计算工业发展速度。

价格指数紧缩法是根据指数体系原理，利用价格指数消除产品价值量动态指标中的价格因素的影响，反映工业发展速度。计算方法有单缩法和双缩法两种。

1. 单缩法。单缩法是在工业产品的出厂价格指数与工业原材料等的投入价格指数包含的内容相差不大的情况下，用工业产品的出厂价格指数对现价工业发展速度进行缩减。计算公式如下：

$$I_q = \frac{\sum q_1 p_1}{\sum q_0 p_0} \div \frac{\sum r_1 z_1}{\sum r_1 z_0} \tag{8.47}$$

式中,右边第一项是按现价计算的工业发展速度,第二项是工业产品出厂价格指数。

2. 双缩法。双缩法就是利用产品的出厂价格指数和原材料、燃料、动力等购进价格指数,同时消除总产品和中间消耗中的价格变动因素,计算出可比价格工业发展速度。计算公式如下:

$$I_q = \frac{\sum m_1 p_1}{\sum m_0 p_0} \div \frac{\sum q_1 z_1 - \sum k_1 s_1}{\sum q_0 z_1 - \sum k_0 s_1} \tag{8.48}$$

式中,右边第一项是按现价计算的工业增加值发展速度,第二项是双缩法计算的工业增加值价格指数。q,z 分别为总产品的数量和价格,k,s 分别为中间消耗的数量和价格。(有关总产品、中间消耗和增加值的概念,请参阅本书第10章。)

(三)加权平均指数法

加权平均指数法为世界上大多数市场经济国家所采用。该方法先根据代表产品报告期与基期的产量数据,分别计算出各产品的个体指数,然后用其各自的权数对个体指数进行加权平均,计算出类指数。例如,对小类所有代表产品产量个体指数进行加权平均,即为小类指数;对中类下各代表产品产量指数加权平均,即为中类指数。类似的,还可计算出大类及总指数,综合反映工业发展速度。编制工业生产指数,一般采用基期固定权数,计算公式如下:

$$I_q = \frac{\sum i_q p_0 q_0}{\sum p_0 q_0} \tag{8.49}$$

式中:i_q 为各种工业品的个体产量指数,$p_0 q_0$ 为相应产品的基期增加值。

在实践中,为了简化指数的编制工作,常常以各种工业品的增加值比重作为权数,并且将这些比重权数相对固定起来,运用"固定加权算术平均指数"连续地编制各个时期的工业生产指数。计算公式如下:

$$I_q = \frac{\sum i_q w}{\sum w} \tag{8.50}$$

二、居民消费价格指数

居民消费价格指数在国外称之为消费者价格指数(Consumer Price Index,简记CPI),是度量一组代表性消费品及服务项目价格水平随时间而变动的指数,反映居民家庭所购买的生活消费品和服务价格水平变动的情况。CPI通常被用来作为反映通货膨胀或通货紧缩程度的指标,是研究居民生活水平以及对宏观经济进行监测和调控的重要依据。我国现行居民消费价格指数的编制要点如下。

(一)消费品分类和代表规格品的选择

居民消费价格指数包括居民用于日常生活的全部消费品和服务项目。现行国家统计制度将居民消费的商品分为八大类:①食品;②烟酒及用品;③衣着;④家庭设备用品及维修服务;⑤医疗保健及个人用品;⑥交通和通信;⑦娱乐教育文化用品及服务;⑧居住等。每个大类包括若干个中类，中类之下又有基本分类，基本分类中包括若干代表规格品。例如，衣着大类分为服装、衣着材料、鞋帽袜及其他衣着四个中类；在鞋帽袜中类下又分为鞋类、袜子、帽子三个基本分类。

由于社会商品的种类极其繁多，每种商品的牌号、型号、规格、等级、花色、式样等千差万别。要编制包括所有商品规格的价格指数，在客观上是不可能的，因此，只能从全部商品中选择一些购销量较大的商品作为代表规格品，用这些代表规格品的价格升降情况来综合反映全部商品价格变动的趋势和程度。

（二）基本分类商品价格指数的计算

计算步骤如下：

第一，计算各基本分类所属各规格品的环比价格指数。计算公式为：

$$G_{t_i}=\frac{p_{t_i}}{p_{(t-1)_i}}\qquad(i=1,2,\cdots,n)\tag{8.51}$$

式中：G_{t_i}代表 t 期第 i 种代表规格品的环比价格指数，如果所属代表规格品有 n 种，就可以分别计算 n 个环比价格指数。

第二，计算各规格品环比价格指数的几何平均数。

$$K_t=\sqrt[n]{G_{t_1}\times G_{t_2}\times\cdots\times G_{t_n}}\times100\%\tag{8.52}$$

式中：K_i 表示基本分类指数；$G_t,G_{t_2},\cdots,G_{tn}$ 分别为第1至第 n 个代表规格品的环比价格指数。

（三）计算中类指数

基本分类指数乘以相应的权数，便得到中类指数。计算公式如下：

$$I_{中类}=\frac{\sum W_{t-1}K_t}{\sum W_{t-1}}\tag{8.53}$$

式中：W_{t-1} 表示 $t-1$ 期居民各类消费额比重。

【例8－8】假定从调查资料得到某月粮食中类各代表规格品的环比指数如表8－4所示，试计算粮食中类价格指数。

表8－4　粮食中类价格指数计算表　　单位：%

	规格等级	计量单位	权数	指数	指数×权数
粮食中类			100		102.99
大米基本分类			60	102.5	61.50
	早米（散装）	千克		100.0	
	东北米（真空包装）	千克		102.5	
	月牙米（袋装）	千克		105.1	
面粉基本分类			10	103.1	10.31
	富强粉			106.3	
	精致粉			100.0	
粮食制品基本分类			20	105.8	21.16
其他			10	100.2	10.02

【解】大米基本分类指数为：

$$I_{大米}=\sqrt[3]{100.0\%\times102.5\%\times105.1\%}=102.5\%$$

面粉基本分类指数为：

$$I_{面粉}=\sqrt[2]{106.3\%\times100.0\%}=103.31\%$$

粮食中类指数为：

$$I_{粮食}=\frac{\sum W_{t-1}K_t}{\sum W_{t-1}}=\frac{102.5\times60+103.1\times10+101.8\times20+98.2\times10}{100}=101.99\%$$

（四）计算大类指数

各中类指数乘以相应的权数，便得到大类指数。计算公式的形式同中类指数。

（五）计算总指数

大类指数乘以相应的权数，便得到总指数。计算公式如下：

$$I_{总}=\frac{W_{t-1}I_{t类}}{\sum W_{t-1}} \tag{8.54}$$

【例 8－9】根据表 8－5 资料计算居民各类消费品价格指数。

表 8－5　居民消费价格指数计算表

类　　别	类指数 $I_{类}$(%)	权数(W_{t-1})	总指数 $I_{总}=\frac{\sum W_{t-1}K_t}{\sum W_{t-1}}$
居民消费价格指数	103.4	100	103.4
一、食品	106.9	38.2	40.84
二、烟酒及用品	118.6	7.8	9.25
三、衣着	98.7	9.4	9.28
四、家庭设备用品及维修	97.8	6.3	6.16
五、医疗保健及个人用品	100.8	4.4	4.44
六、交通和通信	99.6	8.1	7.07
七、娱乐教育文化用品	100.1	10.1	10.11
八、居住	110.5	14.7	16.24

【解】$I_{总}=\frac{\sum W_{t-1}I_{t类}}{\sum W_{t-1}}$

$$=\frac{106.9\%\times38.2+118.6\%\times7.8+98.7\%\times9.4+97.8\%\times6.3+99.6\%\times8.1+100.1\%\times8.1+100.1\%\times10.1+110.5\%\times14.7}{100}=103.4\%$$

计算结果表明，该市居民消费价格上涨了 3.4%。

三、生产者价格指数

生产者价格指数(Product Price Index，简记 PPI)，是衡量企业产品出厂价格变动趋势和变动程度的指数。PPI 是反映某一时期生产领域价格变动情况的重要经济指标，是反映未来消费领域价格变动的领先指标，也是制定有关经济政策和国民经济核算的重要依据。

生产者价格指数的编制方法与消费者价格指数大致相似，其区别主要在于所涉及的产品范围、产品分类和计价方式有所不同。目前,我国生产者价格指数以工业产品出厂价格指数为代表。工业品出厂价格指数是反映一定时期内全部工业产品出厂价格总水平的变动趋势和程度的相对数,包括工业企业售给本企业以外所有单位的各种产品和直接售给居民用于生活消费的产品。

四、股票价格指数

股票价格指数综合反映股票市场价格的变动程度,它是影响投资人决策行为的重要因素,而且股票价格的波动和走向也是反映经济景气状况的敏感指标。

股票价格指数的编制方法有多种,综合指数公式是其中的一种重要方法。我国的上证指数、美国标准普尔指数、香港恒生股票指数等,都是采用综合指数公式编制。其一般计算公式为:

$$I_p = \frac{\sum p_t q_i}{\sum p_0 q_i} \tag{8.55}$$

式(8.35)是以股票发行量(或流通量)为同度量因素的综合指数。式中 q_i 代表基期或报告期的股票发行量(或流通量)。

股票价格的变动幅度是以“点”数来表示,每上升或下降一个单位称为“1 点”。例如当某日收盘股票价格指数为 2 100 点,上一交易日收盘价格指数为 2 050 点时,就表明股票价格指数当日上升了 50 点。

下面简单介绍几种影响较大、计算方法也较有代表性的股价指数。

标准普尔指数(Standard & Poor's,S&P500 指数),由美国最大证券研究机构之一的标准普尔公司编制,编制范围包括500 只股票(其中工业类400 只,公用事业类40 只,金融类 40 只,运输业类 20 只)。指数编制采用拉氏指数形式,对比基期为 1941—1943 年。

香港恒生指数,是反映香港股票市场价格变化的著名指数。它采用帕氏指数形式,以报告期发行量为权数,由工商业、金融、地产和公用事业四个大类共 33 只具有代表性的股票构成样本(成分股)来计算,样本的市价总值占香港联交所总市值的70% 左右。1964 年 7 月 31 日为基期,基点为 100。

上证综合指数,包括上海证券交易所的全部上市股票,以报告期发行量为权数,以 1990 年 12 月 19 日为基期,基点为 100。反映上海证券市场股价变动的指数还有上证成分指数(也称上证 180 指数),它是以行业代表性、规模、流动性等为标准,从上海证券市场所有 A 股股票中选取最具有市场代表性的180 只股票构成样本,以报告期流通量(或按流通比例确定的调整股本数)为权数。

深证综合股价指数也是包括深圳证券交易所的全部上市股票,以报告期发行量为权数,1991 年4 月3 日为基期,基点为 100。深证 100 指数选取的成分股是 100 只 A 股,以成分股的流通量为权数,采用帕氏指数公式计算;以 2002 年 12 月 31 日为基期,基点为 1 000。

除了综合指数法外,现实中还有一些股票指数采用直接对比用简单平均法计算的股票平均价格的方法编制,其中最著名的是道琼斯指数。

道琼斯指数(Dow Jones Industrial Average),由四种股价平均指数构成,分别是:第一组,工业股票价格平均指数,根据 30 种有代表性的大工商业公司的股票计算; 第二组,运输业股票价格平均指数，根据20种有代表性的运输业公司的股票计算；第三组，是公用事业股票价格平均指数，根据代表着公用事业的15家煤气公司和电力公司的股票计算；第四组，平均价格综合指数，是综合前三组股票价格平均指数的65种股票而得出的综合指数。在四种道琼斯股价指数中，以道琼斯工业股价平均指数最为著名，它被大众传媒广泛地报道，并常常被作为道琼斯指数的代表加以引用。该股价指数以1928年10月1日为基期。该指数计算平均股价时没有用流通量加权，计算方法上存在明显不足。但该股票指数比较注意对样本股票的选择，例如，道琼斯工业股票价格平均指数的30种工商业公司股票，已有30次更换，几乎每两年就要有一个新公司的股票代替老公司的股票。由于该指数历史悠久，所选取的股票代表性较强，从以往的经验看，能够较好地反映股市和宏观经济的动向，因此，仍然是最有影响的股票价格指数之一。

本章小结

1. 对比分析是一种常用的统计分析方法。常用的对比分析指标包括：结构相对指标、比例相对指标、比较相对指标、强度相对指标、动态相对指标和计划完成相对指标。

2. 广义指数是指一切说明社会经济现象数量变动的相对数。狭义的指数则是用来说明不能直接相加的复杂社会经济现象综合变动程度的相对数。

3. 综合指数是编制指数的基本方法，其编制特点是先综合后对比。编制综合指数必须明确指数化指标和同度量因素。指数化指标是被测定的因素，同度量因素也称权数。

4. 作为同度量因素的指标固定在哪个时期上不是固定不变的。拉氏指数将同度量因素固定在基期水平上；帕氏指数将同度量因素固定在报告期水平上。通常情况下，数量指标指数按拉氏公式计算，质量指标指数按帕氏公式计算。

5. 平均数指数是编制指数的另一种形式。其编制特点是从个体指数出发，先对比后平均。平均数指数有算术平均数指数和调和平均数指数两种形式。算术平均数指数一般用基期总值来加权；调和平均数指数一般用报告期总值来加权。

6. 指数的因素分析是对现象总变动中各个因素变动的影响程度，用连锁替代法从相对数和绝对数两个方面进行分析。利用综合指数体系，可以分析现象总变动中数量因素和质量因素的影响。相对数分析是从各个指数计算结果来分析；绝对数分析是从各个指数分子与分母指标之差来分析。

7. 总平均数指数是对总体平均指标的测定。分析总平均数指数的变动，需要计算3种指数：① 可变构成指数；② 固定构成指数；③ 结构变动影响指数。利用上述3种指数的相互联系，可以分析现象总体平均指标变动受各组平均水平和各组结构变动的影响程度。

8. 常用的经济指数主要有：工业生产指数、消费者价格指数、生产者价格指数、股票价格指数等。

9. 工业生产指数可采用不变价格法、价格指数紧缩法和加权平均指数法编制。

10. 我国现行居民消费价格指数的编制步骤：① 消费品分类和代表规格品的选择；② 基本分类商品价格指数的计算；③ 计算中类指数；④ 计算大类指数；⑤ 计算总指数。

思考与练习题

一、选择题

1. 某企业计划要求本月每万元产值能源消耗率指标比去年同期下降 5%，实际降低了 2.5%，则该项计划的计划完成百分比为(　　)。

A. 50.0%　　B. 97.4%　　C. 97.6%　　D. 102.6%

2. 下列指标中属于强度相对指标的是(　　)。

A. 产值利润率　　B. 基尼系数　　C. 恩格尔系数　　D. 人均消费支出

3. 编制综合指数时，应固定的因素是(　　)。

A. 指数化指标　　B. 个体指数　　C. 同度量因素　　D. 被测定的因素

4. 指出下列哪一个数量加权算术平均数指数恒等于综合指数形式拉氏数量指标指数(　　)

A. $\frac{\sum k_q q_0 p_1}{\sum q_0 p_1}$　　B. $\frac{\sum k_q q_0 p_1}{\sum q_0 p_1}$　　C. $\frac{\sum k_q q_0 p_0}{\sum q_0 p_0}$　　D. $\frac{\sum k_q q_1 p_0}{\sum q_1 p_0}$

5. 编制数量指标综合指数所采用的同度量因素是(　　)。

A. 质量指标　　B. 数量指标　　C. 综合指标　　D. 相对指标

6. 空间价格指数一般可以采用(　　)指数形式来编制。

A. 拉氏指数　　B. 帕氏指数　　C. 马埃公式　　D. 平均指数

二、问答题

1. 报告期与基期相比，某城市居民消费价格指数为 110%，居民可支配收入增加了 20%，试问居民的实际收入水平提高了多少？

2. 某公司报告期能源消耗总额为 28.8 万元，与去年同期相比，所耗能源的价格平均上升了 20%，那么按去年同期的能源价格计算，该公司报告期能源消耗总额应为多少？

3. 编制综合指数时，同度量因素的选择与指数化指标有什么关系？同度量因素为什么又称为权数？它与平均指数中的权数是否一致？

4. 结构影响指数的数值越小，是否说明总体结构的变动程度越小？一般说来，当总体结构发生什么样的变动时，结构影响指数就会大于 1？可结合具体事例来说明。

5. 为什么在多因素指数分析中要强调各因素的排列顺序？“连锁替代法”是否适用于任一种排序的多因素分析？

6. 某厂工人分为技术工和辅助工两类，技术工人的工资水平大大高于辅助工。最近，该厂一位财务人员对全厂工人的平均工资变动情况进行了动态对比，他发现与上年相比，全厂工人的平均工资下降了 5%。而另一人则通过分析认为，全厂工人的工资水平并没有下降，而实际上工人的工资平均提高了 5%。你认为这两人的分析结论是否矛盾？为什么？

三、计算题

1. 某企业生产 A，B 两种产品，报告期和基期产量、出厂价格资料如下表所示：

产品	产量(件)		出厂价(元)	
	基期	报告期	基期	报告期
A	2 000	2 200	12.0	12.5
B	5 000	6 000	6.2	6.0

要求:(1) 用拉氏公式编制产品产量和出厂价格指数;(2) 用帕氏公式编制产品产量和出厂价格指数;(3) 比较两种公式编制的产量和销售量指数的差异。

2. 某地区 2010 年和 2015 年有关资料如下表:

商品种类	收购总额(万元)		收购价格类指数(%)
	2010 年	2015 年	
甲	140	138.6	105
乙	60	78.4	98

要求:编制这两类商品收购价格总指数。

3. 据调查,某地甲、乙、丙、丁四种商品的个体价格指数分别为 110%,95%,100% 及 105%,各类代表商品的固定权数分别为 10%,30%,40% 和 20%,试计算这四种商品的价格总指数。

4. 某企业生产三种产品,有关资料如下表:

产品种类	基 期		产量个体指数(%)
	价格(元)	产量(万件)	
甲	10	20	109.2
乙	9	16	121.5
丙	8	15	98.6

要求:计算该企业三种产品产量总指数。

5. 某地区 2016 年农副产品收购总额为 400 亿元,2017 年比 2016 年的收购总额增长 10%,农副产品收购价格总指数为 102%。试问 2017 年与 2016 年对比:

(1) 农民因交售农副产品共增加多少收入?

(2) 农副产品收购量增加了百分之几?农民因此增加了多少收入?

(3) 由于农副产品收购价格提高 2%,农民又增加了多少收入?

(4) 验证以上三方面的分析结论能否协调一致。

6. 甲、乙两城市水果销售资料如下:

种类	甲城市		乙城市	
	价格(元)	销售量(公斤)	价格(元)	销售量(公斤)
1	14	200 000	20	50 000
2	20	100 000	12	150 000

要求:以乙城市为比较基准,分别用马埃公式计算甲、乙两城市水果价格比较指数,并加以简要文字说明。

7. 某工厂生产两种不同种类的产品,有关资料如下:

产品种类	计量单位	产量		价格(元)	
		基期	报告期	基期	报告期
甲	件	20 000	24 600	40	45
乙	台	108	120	500	450

要求:(1) 计算该厂工业总产值指数及总产值增长额;(2) 从相对数和绝对数两方面对总产值变动进行因素分析;(3) 用文字说明分析结果。

8. 某公司所属两企业有关资料如下:

企业	平均工人数(人)		工作月长度(日)		工作日长度(时)		时劳动生产率(件)	
甲	200	220	26	25	7.5	7.5	100	120
乙	200	200	26	25	8.0	7.0	120	125
合计	400	420	—	—	—	—	—	—

要求:根据上列资料分析说明该公司工业总产量变动情况及劳动生产率、工作日长度、工作月长度和工人数各因素影响程度和绝对额。

9. 某企业工人数及工资资料如下:

	工人数		工资水平	
	基期	报告期	基期	报告期
技术工	400	630	1 600	1 700
普通工	600	870	800	900

要求:(1) 计算各组工人工资个体指数;(2) 计算总平均工资指数;(3) 对总平均工资变动进行因素分析;(4) 比较各组工人工资个体指数与总平均工资指数的差异,并分析出现差异的原因;(5) 计算由于平均工资水平的变动对企业工资总额支出的影响额。

10. 某市 2017 年与 2016 年对比的有关资料如下:

某市居民消费价格指数计算表

类　别	平均价格(元)		指数(%)	权数
	基期	报告期		
居民消费价格指数				100
1. 食品类			96.9	48
2. 衣着类			98.3	5
3. 家庭设备及用品类			97.8	5
4. 医疗保健			100.8	3
5. 交通和通讯工具				7
(1) 交通工具			99.6	-40
(2) 通讯工具				-60
固定电话机	200	180		
移动电话机	1900	1980		
6. 娱乐教育文化用品类			100.1	10
7. 居住			110.5	13
8. 服务项目			118.6	9

要求:计算 2017 年居民消费价格指数。

第九章

统计综合评价

引例

哪一国的综合体育实力更强

2016年第31届里约夏季奥林匹克运动会上几个主要国家获得的奖牌如表9-1所示。

表9-1　2016里约奥运会若干国家奖牌榜

国家/地区	金牌	银牌	铜牌	总数
美国	46	37	38	121
英国	27	22	17	66
中国	26	18	26	70
俄罗斯	19	18	19	56
德国	17	10	15	42
日本	12	8	21	41

阅读表9-1我们可以清楚地看到，其排序是按金牌的多少为标志的。假如排序的标志改变了，是按奖牌的总数为标志，此时，英国与中国的位次就会发生变化。

众所周知，金牌优于银牌，银牌优于铜牌，但我们无法确切地说出1个金牌等于几个银牌，或1个银牌等于几个铜牌。根据上表的数据，能否科学地评判中国与英国的体育综合水平的高低？这里，就涉及本章将要介绍的综合评价问题。

第一节　综合评价概述

一、统计综合评价的基本步骤

统计评价是根据研究的目的，对所要研究的对象做出定量的判断。评价包括单项评价与综合评价。单项评价是利用一个统计指标对事物的某一个方面做出判断。综合评价则是根据研究的目的，建立一个统计指标体系，对事物的各个方面进行定量分析，得出概括性的结论，从而揭示事物的本质及其发展规律。

统计综合评价的基本步骤如下。

（一）明确评价的目标

进行统计综合评价，必须先明确其评价的目标。即搞清楚为什么要进行综合评价，确定所要评价的对象、评价的精确度以及评价所要说明的问题等等。

（二）建立评价指标体系

根据研究的目的，选择合适的统计指标，建立一个能够从不同角度、不同侧面反映被评价对象的评价指标体系。评价指标体系可以是单一层次的，也可以是多层次的。例如，我国评价独立核算工业企业的经济效益，是利用工业增加值率、总资产贡献率、资产负债率、流动资产周转次数、工业成本费用利润率、全员劳动生产率、产品销售率等项指标进行评价，该评价项目体系是单一层次的。对于因素更多的复杂现象，则可用两层次或多层次综合评判法进行评价。

（三）评价指标的量化处理

综合评价需要运用由多个指标组成的指标体系，而这些指标性质不同，计量单位往往也不一样，因而，必须使定性数据数量化，对各个评价指标进行同度量处理，使之具有可比性，在此基础上才能综合汇总。

（四）确定各评价指标的权数

综合评价涉及许多因素，而每一因素又有各种不同的评价值。例如，一种产品是否受欢迎受到多种因素的影响，这些因素包括了产品的质量、性能、价格、式样、包装及售后服务等等，有必要对上述这六个因素做出综合评价。但这六个因素对我们评价的目标——产品受欢迎程度——所起的作用是不同的。在综合评价中，权衡不同项目重要性的数值被称为权重，或称权数，在评价中，须根据评价的目的和各个项目的内在含义对各个指标赋予相应的权数。

如果评价项目体系是单一层次的，要求所有指标的权数总和等于100%。如果评价项目体系是多层次的，则要求每一层次中，同一层次各项目的权数总和都等于100%。

（五）综合各个单项的评价结果

根据前面建立的评价指标体系和相应的权数体系，在单项评价的基础上，采用一定的方法，汇总计算与分析所要研究的事物，得出综合的判断。

二、统计综合评价的特点

统计综合评价的特征是定量与定性分析相结合，它是在定性分析的前提下，通过现象的数量表现，对研究对象进行更深刻的、更全面的认识。就统计活动过程而言，统计综合评价是在统计调查、统计整理之后的一项重要的工作，是充分发挥统计功能的重要环节。

应该指出，由于目前统计综合评价的理论与方法还不是十分成熟，它也存在一定的局限性。主要表现为以下两点：

其一，综合评价结果具有相对性。综合分析与评价尽管采用了一定的数学模式，其结果用数值表示，但它只有相对的意义，一般情况下，它仅适用于在性质相同的对象之间进行比较和排序。此外，采用不同的评价方法，有可能得出不同的结果。

其二，综合评价结果带有一定的主观性。在综合评价中，各指标的评价标准以及权数的确定常常需要依靠有关专家来确定，不同专家给出的标准和权重会有所差异，因此，综合评价的结果往往带有一定的主观性。我们在开展统计综合评价时，必须注意各种方法的特点，采用多种方法进行比较与分析，尽可能地减少主观因素的干扰，提高评价结果的客观性和稳定性。

第二节　评价指标的选择与数据处理的方法

一、选择评价指标的原则

如前所述，对客观现象进行统计综合评价，关键是要科学地选择评价项目，建立一个合适的评价指标体系。选择评价指标应遵循如下几个原则：

其一，合目的性。合目的性要求选择的评价指标应与研究目的相吻合。

其二，客观性。所建立的评价指标体系，必须能够准确地把握所要研究问题的本质和内涵，能够客观地反映事物的特征。

其三，全面性。单个指标，只能从某一个侧面反映现象的某一特征。若要全面反映现象的特征，则要求各评价指标应能从不同的角度综合地反映对象的全貌。

其四，敏感性。此即所选择的指标能比较敏感地反映分析对象的变化。

其五，相互独立性。应尽可能选择相关程度低的指标。这是因为如果指标之间相关程度过高，则用 1 项指标就能说明问题，若采用多项指标，事实上加大了这类指标的权重。

其六，可比性。评价指标要含义明确，计算口径一致，达到动态可比、横向可比。

其七，可操作性。评价指标体系要考虑资料收集的可能性，尽可能地利用现有的统计资料。

二、评价指标的选择方法

在实践中，根据上述原则选择具体评价指标的方法有两种：定性方法和定量方法。

（一）定性方法

一般是首先将评价的对象划分为若干个组成部分或不同的侧面，明确各个侧面所要评价问题的内涵与外延，对每一侧面分别选用一个或若干个指标以反映评价对象的特征。在此基础上，通过研讨会或征询意见的方式，集中专家们的意见，以确定评价指标。

（二）定量方法

常用的定量方法有：试算法和系统聚类法。

1. 试算法。这种方法是通过历史资料的试算来判断指标的有效性。例如，要评价各地区全面建设小康社会的绩效，可以若干年的数据资料进行试算，通过试算判断所选择的指标是否合适，然后反复修正指标体系直至满意为止。

2. 系统聚类法。这种方法是通过判断指标之间的相似程度来筛选指标的一种方法。假设有 n 个指标，将每个指标看作一类，根据指标间的相似程度，通过比较类间距离进行并类，把距离最小的两类加以合并，此时，余下 $n-1$ 类，再选择类间距离最小的加以合并。这样，每合并一次，就减少一类，反复继续这一过程，最终形成由小到大的分类系统。整个分类过程可以绘制成一张聚类图，用以反映所有指标的亲疏关系，我们可依据这种关系确定指标体系中所包含的指标个（类）数。系统聚类法的具体操作步骤如下：

第一步：度量指标（类）间的相似程度。度量指标（类）间的相似程度的常用方法是相关系数或判别系数法。根据 n 个指标的历史资料，分别计算指标两两之间的相关系数 r（或判别系数 r^2），并形成相关系数矩阵 $R_{n\times n}$（或判别系数矩阵 $R^2_{n\times n}$），以相关系数矩阵 $R_{n\times n}$（或判别系数矩阵 $R^2_{n\times n}$）表示指标间的相关关系。

第二步：度量指标（类）间的距离。利用相关系数矩阵 $R_{n\times n}$（或判别系数矩阵 $R^2_{n\times n}$）表示指标（类）间相似程度时，必须将其变换为距离矩阵 $D_{n\times n}$，d_{ij}值越小表明两指标关系越密切。$d_{ij}=|1-r_{ij}|$ 或者 $d_{ij}^2=1-r_{ij}^2$。

第三步：根据聚类图确定指标（类）的个数，从每类中选择出最具有代表性的指标。

【例 9－1】现有 6 个指标及其相关的历史数据，试应用系统聚类法绘制聚类图，并分别从中选择 2 个、3 个或 4 个评价指标。

【解】根据历史数据计算，计算指标两两之间的相关系数 r，得到相关系数矩阵 $R_{6\times6}$。根据系统聚类法的要求，将相关系数矩阵 $R_{6\times6}$转变为距离矩阵 $D_{6\times6}$。因为在相关系数矩阵中，$r_{ij}=r_{ji}$，在距离矩阵中，$d_{ij}=d_{ji}$，所以只需写出上三角矩阵。

相关系数矩阵 $R_{6\times6}$ =

指标	A	B	C	D	E	F
A	1	0.75	0.58	0.54	0.44	0.60
B		1	0.55	0.56	0.56	0.62
C			1	0.89	0.73	0.60
D				1	0.74	0.72
E					1	0.80
F						1

$$
\text{距离矩阵 } D_{6\times6} = \begin{array}{c} \\ A \\ B \\ C \\ D \\ E \\ F \end{array}
\begin{array}{cccccc} A & B & C & D & E & F \\ \hline
0 & 0.25 & 0.42 & 0.46 & 0.56 & 0.40 \\
 & 0 & 0.45 & 0.44 & 0.44 & 0.38 \\
 & & 0 & 0.11 & 0.27 & 0.40 \\
 & & & 0 & 0.26 & 0.28 \\
 & & & & 0 & 0.20 \\
 & & & & & 0
\end{array}
$$

在距离矩阵 $D_{6\times6}$ 中找到距离最小的两个指标，由 $d_{CD}=0.11$ 得知，指标 C 和指标 D 关系最为密切，可聚为一类。

又在矩阵 $D_{6\times6}$ 中找到距离第二小的两个指标，由 $d_{EF}=0.20$ 得知，指标 E 和指标 F 关系密切程度仅次以指标 C 与指标 D，它们可聚为一类。

由 $d_{AB}=0.25$ 得知，指标 A 和指标 B 关系较为密切，它们可聚为一类。

如此继续这一过程，逐步选择较小距离的指标，直至指标聚为一类为止，并据此绘制聚类图，具体图形见图 9－1。

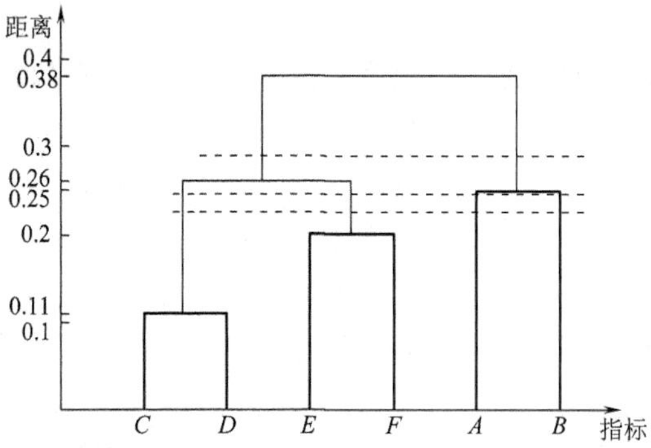

图 9－1 聚类图

通过定量和定性判断，根据评价的目的、实际操作的可能性和各个指标之间关系的密切程度，确定指标体系的容量。可能有以下几种情况：

（1）若评价某一现象要选择两个评价指标，可在指标 C，D，E 和 F 中选择一个指标，将它确定为第一个评价指标；又在指标 A 和指标 B 中选择一个指标，将它确定为第二个评价指标。

（2）若评价某一现象要选择三个评价指标，可在指标 C 和 D 中选择一个指标，将它确定为第一个评价指标；又在指标 E 和 F 中选择一个指标，确定为第二个评价指标；最后在 A 指标和 B 中选择一个指标，将它确定为第三个评价指标。

（3）若评价某一现象要选择四个评价指标，可在指标 C 和 D 中选择一个指标，将它确定为第一个评价指标；又在指标 E 和 F 中选择一个指标，确定为第二个评价指标；选择指标 A 为第三个评价指标，选择指标 B 为第四个评价指标。

三、定性变量的量化处理方法

在综合评价中，有些项目属于定性评价，对这些项目的评价应进行量化处理。例如，工程项目的质量是以优、良、合格、不合格作为评价标准的；顾客对某项服务的评价是以满意、一般、不满意来反映的。定性变量的量化处理方法有多种，常用方法的有：直接评分法、分解—合并法、模糊统计法和分类统计法等。

直接评分法是最简单的方法。例如，专业技术职称是定性变量，分为：初级、中级、高级等。在综合评价中，评价者直接主观地对初级、中级、高级职称赋给不同的分值：1，2，3，进行简单的量化处理。

分解—合并法是根据定性变量的内涵，将它分解为一系列可进行量化操作的概念，经过逐一量化后，再综合为评价分值。分解—合并法的具体操作步骤是：第一，把评价对象分解为若干个细项目，对各个细项目的评价分为不同的等级，并赋予各等级不同的分值；第二，聘请足够数量的评议者，请评议者对评价对象进行评议，让他们在所列的评语等级中选择一个他认为最恰当的等级；第三，根据评价者的评判结果计算评价对象的若干个细项目的各等级得票数和得票频率；第四，综合计算各个细项目各等级的得票频率，最后得到评价的分值。

模糊统计法是利用模糊数学的方法进行量化处理的。常用的方法是将定性变量划分为若干个取值等级，而后请一批专家评判，根据专家的评判结果得到该定性变量的隶属度，最后用最大隶属度法或加权平均法得到综合评价分值。

分类统计法是一种间接的量化方法，它是通过对次数分布做出正态性假设的基础上来计算每一类别的量化值。

限于篇幅，本章只介绍分解—合并法。现以一实例说明分解—合并法的实际应用。

【例 9－2】为了对教师教学质量进行综合评价，将教学质量分解为 4 个细项目：教学内容、教学方法、教学态度和教学效果，由此建立教学质量评估体系如表 9－2 所示。假定对各个评价侧面的评价等级分为：好、较好、一般和较差四个等级，各评价项目的权数分别为：0.40，0.30，0.10，0.20，试对教师教学质量进行量化处理。

表 9－2 教学质量评估体系

评价项目	评分标准				权重
	10	8	6	4	
教学内容	好：符合大纲、内容丰富、联系实际	较好	一般	较差	0.40
教学方法	好：讲授生动、深入浅出、有启发性	较好	一般	较差	0.30
教学态度	好：认真对待教学、虚心听取学生意见	较好	一般	较差	0.10
教学效果	好：课堂气氛活跃、学生知识扎实	较好	一般	较差	0.20

【解】对教师教学质量评价的四个等级“好”、“较好”、“一般”和“较差”量化处理的具体步骤如下：

第一步，对这四个等级分别赋予不同的分值：10 分、8 分、6 分和 4 分，由此将评语等级“好”、“较好”、“一般”和“较差”转换为相应的数值：10，8，6，4。

第二步，对各评价项目评判。假定请 100 名学生对 F 教师分别就上述 4 个评估项目评分，根据得票数计算各评语等级的得票率，如表 9－3 所示。

第三步，计算单个评价项目的分值。

$$F教师的教学内容得分 =10\times0.4+8\times0.4+6\times0.2+4\times0=8.4$$

同理，F 教师的教学方法、教学态度和教学效果的得分分别为：8.16，8.64 和 7.2。

表 9－3　100 名学生对 F 教师教学质量评分结果分组表

评估项目	好(10)		较好(8)		一般(6)		较差(4)	
	得票数	得票率	得票数	得票率	得票数	得票率	得票数	得票率
教学内容	40	0.4	40	0.4	20	0.20	0	0
教学方法	24	0.24	60	0.6	16	0.16	0	0
教学态度	50	0.50	36	0.36	10	0.10	4	0.04
教学效果	30	0.30	20	0.20	30	0.30	20	0.20

第四步，综合评价结果：

$$\begin{aligned}F教师的教学质量综合评价分值 &=8.4\times0.4+8.16\times0.3+8.64\times0.1+7.2\times0.2\\&=8.112\end{aligned}$$

四、同度量处理方法

在指标体系建立之后，由于各指标的计量单位不同（具有不同的量纲）而无法进行直接汇总，为此，一般在完成资料搜集工作后，还需要进行消除量纲处理，即同度量处理。较常用的同度量处理方法有如下三种。

（一）相对化处理方法

指标分为正指标、逆指标和适度指标。所谓正指标，就是指标的数值越大就越好的指标，例如，产值、利润、劳动生产率等指标。所谓逆指标，就是指标数值越小就越好的指标，例如，单位产品成本、万元产值综合能耗、物耗率等指标。所谓适度指标，就是指标数值的取值范围在某一区间最好。

进行相对化处理，必须先对每个评价指标确定一个标准值，而后计算实际值与标准值之比。

正指标的相对化处理公式：

$$x'=\frac{x_i}{x_B} \tag{9.1}$$

逆指标的相对化处理公式：

$$x'=\frac{x_B}{x_i} \tag{9.2}$$

式中：x'为相对化处理后的变量值，x_i为变量的实际值，x_B为标准值。

通常，可用参加评价单位某一时期的平均值或最优值作为标准值。根据研究目的的不同,也可以选择国际先进水平、历史最高水平或计划规定水平等作为标准值。

对于适度指标,当变量的实际值小于合适取值区间的下限时可采用与正指标类似的相对化处理方式,而当变量的实际值大于合适取值区间的上限时可采用与逆指标类似的相对化处理方式。

【例 9－3】4 个城市的国有企业及规模以上非国有工业企业主要经济效益指标资料如表 9－4 所示,试对这些资料进行相对化处理。

表 9－4 4 个城市国有及规模以上非国有工业企业主要经济效益指标

指标 / 城市	工业增加值率(%)	总资产贡献率(%)	流动资产周转次数(次/年)	工业成本费用利润率(%)	全员劳动生产率(元/人,年)	产品销售率(%)
A	28.17	6.94	1.43	5.02	63 878	95.95
B	24.18	8.50	1.79	6.48	52 425	98.39
C	27.19	8.87	1.56	6.43	82 327	99.02
D	29.48	6.09	1.18	1.67	31 252	99.09

【解】表 9－4 所列示的指标均为正指标,以实际值对比标准值。经过相对化处理后,将原来不同度量的指标转化为无量纲的、同度量的相对指标。具体的处理结果如表9－5所示。

表 9－5 相对化处理结果资料表

指标 / 城市	工业增加值率	总资产贡献率	流动资产周转次数	工业成本费用利润率	全员劳动生产率	产品销售率
标准值*	30.00	9.00	1.80	6.00	60 000	99.00
城市 A	0.94	0.77	0.79	0.84	1.06	0.97
城市 B	0.81	0.94	0.99	1.08	0.87	0.99
城市 C	0.91	0.99	0.87	1.07	1.37	1.00
城市 D	0.98	0.68	0.66	0.28	0.52	1.00

注:* 表中标准值为假定。

(二)功效系数法处理

功效系数法是对多目标规划原理中的功效系数加以改进,经计算而得到综合评判的分数。它借助功效系数,把确定要评价的各项指标值转化为可以度量的评判分数。

利用功效系数法进行消除量纲影响的处理,必须对评价的指标确定一对阈值,包括一个下限值(不容许值)和一个上限值(满意值),并通过功效系数公式计算出每项指标的评价分,其计算公式如下:

$$d_i^* = \frac{x_i - x_i^{(s)}}{x_i^{(h)} - x_i^{(s)}} \times 40 + 60 \tag{9.3}$$

式中:x_i为第 i 个指标实际值;$x_i^{(s)}$ 为第 i 个指标的不容许值;$x_i^{(h)}$ 为第 i 个指标的满意值,d_i^* 为第 i 项指标单项评分。

一般地,对于不容许值,可令第 i 项指标历年来最差值为不容许值,或第 i 项指标数列中较差的10%的数值平均数为不容许值;对于满意值,可令第 i 项指标中历年来最优值为满意值,或第 i 项指标数列中较好的10%的数值平均数为满意值。

在式(9.3)中,把指标值处于不容许状态看作及格状态,当某项指标值等于不容许值时,d_i^* 为60分。一般情况下,实际指标值在不容许值和满意值之间,若 x_i 比 $x_i^{(h)}$ 值更高,则 $d_i^* > 100$ 分;若 x_i 比 $x_i^{(s)}$ 值更低,则 $d_i^* < 60$ 分。

【例9-4】根据表9-6所提供的不容许值和满意值和表9-4的资料,利用功效系数法进行处理。

【解】A市工业增加值率功效系数分值:

$$d^* = \frac{28.17-24}{50-24} \times 40 + 60 = 66.4$$

A市总资产贡献率功效系数分值:

$$d^* = \frac{6.94-6}{10-6} \times 40 + 60 = 69.4$$

同理,我们可以得到各个城市有关工业经济效益指标的功效系数分值。详细的计算结果列在表9-6中。

表9-6　功效系数法处理结果

指标 城市	工业增加值率	总资产贡献率	流动资产周转次数	工业成本费用利润率	全员劳动生产率	产品销售率
不容许值*	24.00	6.00	1.2	2.00	30 000	95.00
满意值*	50.00	10.00	1.8	10.00	90 000	100.00
城市A	66.4	69.4	75.3	75.1	82.6	67.6
城市B	60.3	85.0	99.3	82.4	75.0	87.1
城市C	64.9	88.7	84.0	82.2	94.9	92.2
城市D	68.4	60.9	58.7	58.4	60.8	92.7

注:* 表中不容许值和满意值为假定。

(三)标准化处理

利用标准化处理的基本前提是:进行标准化处理的变量须服从正态分布。即在标准化处理中,将变量值转化为数学期望为0,方差为1的标准化数值。具体操作步骤如下:

1. 求出各变量(指标)的算术平均值(数学期望值)$\bar{x}_i$ 和标准差 σ_i;

2. 利用公式(9.4)进行标准化处理:

$$x_{ij}' = \frac{x_{ij} - \bar{x}_i}{\sigma_i} \tag{9.4}$$

式中:x_{ij}' 为标准化变量;x_{ij} 为实际变量(指标)值;$\bar{x}_i$ 为第 i 项指标的算术平均值(数学期望值);σ_i 为第 i 项指标的平均数的标准差。

3. 进行标准化处理的指标中若有逆指标,改变处理后的指标的符号。

经标准化处理后的数值围绕着0上下波动。数值大于0,说明高于平均水平;数值小于0,说明低于平均水平。

【例9－5】利用表9－4所提供的资料进行标准化处理。

【解】先计算各指标的平均数与标准差,而后分别对各市的指标值进行标准化:

$$A\text{市工业增加值率标准值}=\frac{28.17-27.26}{1.95}=0.47$$

$$A\text{市总资产贡献率标准值}=\frac{6.94-7.6}{1.13}=-0.58$$

同理,我们可以得到4个城市各个指标的标准值。具体计算处理结果见表9－7。

表9－7 标准化处理结果

指标 城市	工业增加值率	总资产贡献率	流动资产周转次数	工业成本费用利润率	全员劳动生产率	产品销售率
平均值 $\bar{x}$ *	27.26	7.6	1.49	4.9	57 470.5	98.11
标准差 *	1.95	1.13	0.22	1.95	18 518.7	1.28
A城市	0.47	-0.58	-0.27	0.06	0.35	-1.69
B城市	-1.58	0.80	1.36	0.81	-0.27	0.22
C城市	-0.04	1.12	0.32	0.78	1.34	0.71
D城市	1.14	-1.34	-1.41	-1.66	-1.42	0.77

注:* 表中的平均值与标准差是根据表9－4的资料计算的。

第三节 权重的确定与评价结果的综合

一、权重的分类

在综合评价中的统计权数主要有如下几种分类:

其一,按权数的表现形式划分,可分为绝对数形式权数和相对数形式权数(或称比重权数)。相对数权数能较直观地显示权数在评价中的作用。

其二,按权数的形成方式划分,可分为自然权数和人工权数。由于变换统计资料的表现形式与统计指标合成方式而得到的权数即自然权数,这种权数也称为客观权数。人工权数是指根据研究目的和评价指标的内涵,人为地构造出反映各个评价指标重要程度的权数,这种权数也称为主观权数。

其三,按权数形成的数量特点划分,可分为定性赋权和定量赋权。在综合分析评价过程中,定性赋权和定量赋权的方法结合使用,往往能获得较好的效果。

其四,按权数与待加权的单个指标之间的相关程度划分,可分为独立权数与相关权数。独立权数是指评价指标的权重与该指标值的大小无关,在综合评价中较多地运用这种权数,基于这种权数建立的综合评价模型被称为“定权综合”模型。相关权数是指评价指标的权重与该指标值呈函数关系，例如，当某一评价指标值达到一定水平时，该指标重要性相应减弱；或者当某一评价指标值达到另一定水平时，该指标重要性相应增大。这种权数产生于评价指标的重要性随着指标取值的不同而发生变化的场合，基于这种权数建立的综合评价模型被称为“变权综合”模型。“变权综合”模型较多地运用于对环境质量的评价。

二、确定权重的方法

权数的确定方法有多种，本书仅介绍几种较常用的方法。

（一）统计平均法

统计平均法是根据专家们对各评价指标所赋予的相对重要性系数分别求其算术平均数，以所得的平均数作为各指标的权重。

（二）最大组中值法

评价指标体系 U 中含有 $u_1, u_2, \cdots, u_n$ 个指标，请有关专家（$m \geqslant 30$ 人组成）根据权数分配表，对 U 中的各项指标提出自己认为最合适的权数，再根据专家估测的资料，进行单因素的权数统计。具体步骤如下：

1. 对于指标 $u_i(i=1,2,\cdots,n)$，在专家所赋予的权数 a_{ij} 中找出最大值 M_i 和最小值 m_i。$M_i = \mathrm{Max}\{a_{ij}\}, m_i = \mathrm{Min}\{a_{ij}\}(i=1,2,\cdots,n; j=1,2,\cdots,m)$。

2. 适当选取正整数 P，利用公式 $\dfrac{M_i - m_i}{P}$ 计算出权数分组的组距，并将权数从小到大分为 P 组。

3. 计算各组的权数的频率与频数。

4. 根据频数与频率的分布情况，取最大频率所在组的组中值为指标 u_i 的权数 $a_i(i=1,2,\cdots,n)$，从而得出权重向量。

【例 9-6】某公司对管理人员工作质量评估，建立评价指标体系 U，U 中含有 4 个指标，u_1：管理水平；u_2：业务知识；u_3：廉洁奉公；u_4：工作态度。现请 100 职员对这 4 个指标写出自己认为最合理的权重分配，据此确定 4 个评价指标的权数。

【解】根据 100 名职员所列的权重分配表，对于指标 u_1（管理水平），最大值 $M_1 = 0.5$，最小值 $m_1 = 0.05$。选 $P = 5$ 作为组数，则组距 $= \dfrac{0.5 - 0.05}{5} = 0.09$，具体分组情况如表 9-8 所示。

表 9-8 管理水平指标权重分配表

分组	0.05 ~ 0.14	0.14 ~ 0.23	0.23 ~ 0.32	0.32 ~ 0.41	0.41 ~ 0.50	Σ
频数	8	33	40	10	9	100
频率	0.08	0.33	0.40(Max)	0.10	0.09	1.00

对于指标 u_2（业务知识），最大值 $M_2 = 0.75$，最小值 $m_1 = 0.25$，组距 $= \dfrac{0.75 - 0.25}{5} = 0.1$，分组情况如表 9-9 所示。

表 9-9 业务知识指标权重分配表

分组	0.25～0.35	0.35～0.45	0.45～0.55	0.55～0.65	0.65～0.75	Σ
频数	7	25	43	20	5	100
频率	0.07	0.25	0.43(Max)	0.20	0.05	1.00

对于指标 u_3(廉洁奉公),最大值 $M_3=0.50$,最小值 $m_3=0.05$,组距 $=\dfrac{0.50-0.05}{5}=$ 0.09,分组情况如表 9-10 所示。

表 9-10 廉洁奉公指标权重分配表

分组	0.05～0.14	0.14～0.23	0.23～0.32	0.32～0.41	0.41～0.5	Σ
频数	12	55	18	9	6	100
频率	0.12	0.55(Max)	0.18	0.09	0.06	1.00

对于指标 u_4(工作态度),最大值 $M_4=0.25$,最小值 $m_4=0$,组距 $-\dfrac{0.25-0}{5}=0.05$,分组情况如表 9-11 所示。

表 9-11 工作态度指标权重分配表

分组	0～0.05	0.05～0.1	0.1～0.15	0.15～0.2	0.2～0.25	Σ
频数	8	33	49	6	4	100
频率	0.08	0.33	0.49(Max)	0.06	0.04	1.00

表 9-8 至表 9-11 反映了 100 名职员对四个评价指标给出的权重系数的分布情况,取频率最大组的组中值作为相应指标 u_i 的权。如果所得的权数之和不为 1 时,可做相应的调整。如本题,各评价指标中,频率最高的组中值分别为 $(0.23+0.32)/2=0.275$,$(0.45+0.55)/2=0.5$,$(0.14+0.23)/2=0.185$,$(0.1+0.15)/2=0.125$,它们的和不为 1,须调整。

$$调整系数=\frac{1}{0.275+0.5+0.185+0.125}=0.92166$$

$$0.275\times0.92166=0.253$$

$$0.5\times0.92166=0.461$$

$$0.185\times0.92166=0.171$$

$$0.125\times0.92166=0.115$$

由此,我们可以得到评价指标的权重向量

$$A=(0.253,0.461,0.171,0.115)$$

(三)AHP(Analytic Hierarchy Process)构权法

AHP 构权法是利用运筹学的层次分析法的原理,确定统计综合评价中各评价指标(或项目)的相对重要性系数。运用层次分析法进行构权,基本思路是:将复杂的评价对象表示为一个有序的递阶层次结构的整体,通过人们在各个评价项目间进行两两的比较、判断,进而计算各个评价项目的相对重要性系数,即权数。AHP 构权法有单准则构权法和多准则构权法之分,本节只介绍单准则构权法。用单准则 AHP 构权法确定权数的具体步骤如下:

1. 确定指标的量化标准。见表 9-12。

表 9-12 比例标度值体系(重要性分数 x_{ij})

取值含义	1 至 9 标度	5/5 至 9/1 标度	9/9 至 9/1 标度
i 与 j 同等重要	1	(5/5 =)1	(9/9 =)1
i 比 j 稍微重要	3	(6/4 =)1.5	(9/7 =)1.286
i 比 j 明显重要	5	(7/3 =)2.33	(9/5 =)1.8
i 比 j 强烈重要	7	(8/2 =)4	(9/3 =)3
i 比 j 极端重要	9	(9/1 =)9	(9/1 =)9
介于上述相邻两级之间重要程度的比较	2,4,6,8	(5.5/4.5 =)1.222 (6.5/3.5 =)1.857 (7.5/2.5 =)3 (8.5/1.5 =)5.67	(9/8 =)1.125 (9/6 =)1.5 (9/4 =)2.25 (9/2 =)4.5
j 与 i 的比较	上述各数的倒数	上述各数的倒数	上述各数的倒数

AHP 构权法的关键是建立一个构造合理且一致的判断矩阵,判断矩阵的合理性受到标度的合理性的影响。标度是人们对各个评价指标(项目)重要性的等级差异进行量化的概念。确定指标重要性的量化标准常用的方法有:比例标度法和指数标度法。以比例标度法为例,比例标度法是以人们对事物质的区别的评判标准为基础,一般地,以 5 种判别就可以很好地表示事物质的等级差别。当评判需要更高的精度时,可以在相邻判别之间做出比较,形成 9 种判别,对判别等级量化,用数值表示就是 9 个标度。常见的标度值体系如表 9-12 所示。

2. 初始权数的形成。在综合评价中,确定初始权数采用定性分析与定量分析相结合的方法,往往能取得较好的成果。一般的是先通过组织专家评判,再综合专家的意见,最终形成初始权数。具体操作步骤如下:

(1)将统计分析目的、已建立的指标体系和第一步确定的指标重要性量化标准分发给各个专家,让专家们根据上述的比例标度值体系所提供的等级重要性系数,请他们独立地给出各指标重要性权数(权重)。

(2)根据专家们所给出的各个指标的权数,分别计算各指标权重的均值和标准差。

(3)将所得的均值和方差的资料反馈给专家,要求专家再次提出修改意见或更改指标的建议,并在这基础上重新确定权数。

(4)重复以上 1~3 的步骤,直至获得较为满意的结果(或各专家对各个评价项目所确定的权数趋于一致)为止,便得到初始权数。

3. 对初始权数进行处理。步骤如下:

(1)建立判断矩阵 A。通过专家对 n 个评价指标的评判,进行两两比较,其初始权数形成判断矩阵 A。判断矩阵 A 中第 i 行第 j 列的元素 x_{ij} 表明指标 x_i 与 x_j 比较后所得的标度。

(2)计算判断矩阵 A 每一行各标度连乘积的 n 次方根 W_i。

(3)进行归一化处理。归一化处理就是利用公式 $W'_i = \frac{W_i}{\sum_{i=1}^{n} W_i}$ 计算,确定各个评价指标的权数。

4. 对判断矩阵的一致性进行检验。判断矩阵的一致性检验是指当需要赋权的指标较多时,矩阵内的初始权数可能出现相互矛盾的现象,对于阶数较高的判断矩阵,难以直观地对其一致性进行判断,这就必须进行一致性检验。本书省略了一致性检验的具体步骤。

【例 9 - 7】有三个评价指标 x_1, x_2, x_3,其判断矩阵 A 如下,试确定这三个指标的权数。

$$
\begin{array}{cccc} \text{指标} & X_1 & X_2 & X_3 \end{array}
$$

$$
A = \begin{bmatrix} 1 & 4 & 1/8 \\ 1/4 & 1 & 1/5 \\ 8 & 5 & 1 \end{bmatrix} \begin{matrix} X_1 \\ X_2 \\ X_3 \end{matrix}
$$

【解】根据已知条件计算 W_i:

$$W_1 = \sqrt[3]{1 \times 4 \times 1/8} = 0.793\ 7$$

$$W_2 = \sqrt[3]{1/4 \times 1 \times 1/5} = 0.368\ 4$$

$$W_3 = \sqrt[3]{8 \times 5 \times 1} = 3.42$$

由于 $0.793\ 7 + 0.368\ 4 + 3.42 \neq 1$, 须进行归一化处理:

$$\sum_{i=1}^{3} W_i = 0.793\ 7 + 0.368\ 4 + 3.42 = 4.582\ 1$$

$$W_1' = \frac{W_1}{\sum_{i=1}^{3} W_i} = 0.793\ 7/4.582\ 1 = 0.173\ 2$$

同理, $W_2' = 0.0804$, $W_3' = 0.746\ 4$

通过以上计算,初步确定三个指标的权数为:0.173 2,0.080 4,0.746 4。

(四)变异系数法

与前面介绍的几种方法不同,变异系数法不需要依靠专家先对各指标的权重做出评定,而是直接利用各指标所包含的信息通过计算得出指标的权重。它是一种客观赋权方法。这一方法的基本思想是:在评价指标体系中,指标取值差异越大的指标,也就是越难实现的指标。差异越大的指标越重要,因为它更能反映出参加评价的各单位的差距。例如,选取人均 GNP 作为评价现代化的重要指标,不仅在于它能够反映各国经济水平的高低,而且还在于现代化程度不同的国家其人均 GNP 差别较大。试想一下,如果各国人均 GNP 没有差别,都能达到现代化标准,则没有必要再将其作为一项衡量的指标。

评价指标体系中各指标的量纲不同,不宜直接比较其差异程度。为了消除各指标量纲不同的影响,用各指标的变异系数来衡量各项指标取值的差异程度:

$$\text{各指标的变异系数 } V_i = \frac{\sigma_i}{\bar{x}_i} \quad (i = 1, 2, \cdots, n) \tag{9.5}$$

式中:σ_i 是第 i 项指标的标准差, $\bar{x}_i$是第 i 项指标的均值。

$$\text{各指标的权重 } W_i = \frac{V_i}{\sum_{i=1}^{n} V_i} \tag{9.6}$$

【例9－8】试利用变异系数法,来确定英国社会学家英克尔斯提出的衡量一个国家现代化程度的指标体系的权重①。

【解】选取包括中国在内的近40个中等收入水平以上国家1998年的数据为样本,根据公式(9.5)计算各项指标在这近40个国家中的变异系数,以反映各国在各项指标方面的差距,从而作为衡量各项指标权重的依据,再根据式(9.6)计算出各指标的权重。(计算结果见表9－13)。

表9－13　现代化评价指标的权重

	人均GNP(国际美元)	农业占GDP比重(%)	第三产业占GDP比重(%)	非农业劳动力比重(%)	城市人口比重(%)	人口自然增长率	平均预期寿命(岁)	成人识字率(%)	大学生占适龄人口比重(%)	千人拥有医生	总和
标准差	7 966.27	7.316	12.94	0.170	19.339	0.831 9	5.375	9.050	20.477	1.314	
平均数	11 938.43	9.352	54.86	0.826	69.792	0.721 4	72.632	93.34	36.556	2.446	
变异系数	0.667	0.782	0.236	0.206	0.277	1.153	0.074	0.097	0.560	0.537	4.59
权数	0.145	0.170	0.051	0.045	0.060	0.251	0.016	0.021	0.122	0.117	1.00

注:根据中国统计出版社《国际统计年鉴2000年》中所列的近40个中等收入以上国家1998年数据计算,适龄人口比重的数据来源于世界银行《1999年世界发展指标》。

三、评价结果的综合

在确定评价指标的权数之后,可将经同度量处理后的变量值进行综合汇总。综合汇总有多种方法,本书侧重介绍总分评定法、加权平均综合法和距离综合法。

(一)总分评定法

总分评定法是通过将变量值转化为分值,而后将各个评价对象的分值加总的方法。将变量值转化为分值,可以有多种记分方法。由于变量的计量尺度不同,对于不同计量层次的变量采用不同的记分方法。

1. 对于以定距尺度或定比尺度计量的评价指标,其记分方式可根据各评价指标的优劣排次,名次在前记高分,名次在后记低分。例如,采用的指标是动态对比指标,以报告期值对比基期值,采用三档记分:报告期对比基期增加者,记满分;报告期与基期持平者,减半记分;报告期比基期下降者,记零分。

2. 对于以定序尺度计量的评价项目,一般把该项目划分为若干个评分等级,并对不同等级赋予适当的分值,然后请足够多的评判者按预定的评分等级对该项目评分。

3. 综合评判结果,即把各指标(或各项目)的得分加总,得到该评价对象的总分。

【例9－9】考核工业企业经济效益,选择工业增加值率、资本金利税率、成本费用利润率和流动资产周转次数四个指标为评价指标,对这四个指标确定的标准分分别为20,40,30,10,四个地区的资料如表9－14所示。

① 本例引自庄赟,曾五一:《中国现代化进程的统计考察》一文。

评分标准:动态指标大于1者记满分;动态指标等于1者减半记分;动态指标小于1者记0分。

表9－14　四个地区独立核算工业企业四项经济效益指标

指标 地区	工业增加值率(%)			资本金利税率(%)			成本费用利润率(%)			流动周转次数(次/年)		
	报告期	基期	报告期/基期	报告期	基期	报告期/基期	报告期	基期	报告期/基期	报告期	基期	报告期/基期
甲	36.32	35.07	103.6	12.92	12.39	104.3	8.86	9.90	89.49	1.51	1.59	95
乙	28.38	30.36	93.47	12.91	14.34	90.03	8.88	8.37	106.1	1.44	1.75	82.3
丙	29.14	26.51	109.9	12.53	15.26	82.11	5.91	8.16	72.4	1.84	2.11	87.2
丁	30.29	36.54	82.90	7.45	10.21	72.96	2.66	4.26	62.4	1.35	1.72	78.5

【解】四个地区的得分情况如下:

甲:$20+40+0+0=60$

乙:$0+0+30+0=30$

丙:$20+0+0+0=20$

丁:$0+0+0+0=0$

上面的计算结果表明,甲地区企业经济效益最佳,乙、丙次之,丁地区最差。

(二)加权平均综合法

加权平均综合法有两种形式,一种是加权算术平均形式,另一种是加权几何平均形式。

1.采用加权算术平均形式计算,其基本公式如下:

$$\text{加权算术平均综合值}=\frac{\sum_{i=1}^{n}x_iW_i}{\sum_{i=1}^{n}W_i} \tag{9.7}$$

式中:给定评价指标体系由 n 个指标构成, x_i 为已经经同度量处理过的第 i 个评价指标的得分值,$i=1,2,\cdots,n$;W_i为各项指标的权重,$W_1+W_2+\cdots+W_n=100\%$(或$=1$)。

【例9－10】假定企业效益评价指标体系中的评价指标:工业增加值率、总资产贡献率、流动资产周转次数、成本费用利润率、全员劳动生产率和产品销售率的权重向量为(0.15,0.2,0.1,0.15,0.2,0.2),对表9－6中功效系数法处理结果的资料进行加权算术平均,计算各城市的加权算术平均综合值,并按独立核算企业经济效益的高低对各城市进行排序。

【解】A市企业经济效益功效系数加权算术平均综合值为:

$$\frac{66.4\times0.15+69.4\times0.2+75.3\times0.1+75.1\times0.15+82.6\times0.2+67.6\times0.2}{0.15+0.2+0.1+0.15+0.2+0.2}=72.675$$

同理,可得B市、C市和D市的功效系数综合值,它们分别为:80.755,85.625,61.945。

按企业经济效益功效系数综合值的高低排序：C 市第一，B 市次之，A 市第三，D 市最差。

2. 采用加权几何平均形式计算，其基本公式如下：

$$加权几何平均值 = \sqrt[\sum_{i=1}^{n} w_i]{\prod x_i^{w_i}} \tag{9.8}$$

式中：评价指标体系的容量为 n，x_i 为已经经同度量处理过的第 i 个评价指标的相对值，i = 1，2，…，n，W_i 为各项指标的权重。

【例 9 - 11】以表 9 - 6 功效系数法处理结果的资料和例 9 - 10 给出的权数，采用加权几何平均法，计算各城市的加权几何平均功效系数综合值。

【解】A 市企业效益功效系数加权几何平均综合值为：

$$\sqrt[0.15+0.2+0.1+0.15+0.2+0.2]{66.4^{0.15} \times 69.4^{0.2} \times 75.3^{0.1} \times 75.1^{0.15} \times 82.6^{0.2} \times 67.6^{0.2}} = 72.34$$

同理，我们可得到 B 市、C 市和 D 市的企业经济效益功效系数加权几何平均综合值，它们分别是：79.68，85.28，66.04。按几何平均法的计算结果排序为：C 市第一，B 市次之，A 市第三，D 市最差。

（三）最优值距离法

最优值距离法是以各项评价指标的实际值与最优值（或标准值）之间距离的大小来衡量评价对象效益的高低。对评价指标体系中的各评价指标进行相对化处理后，运用距离法进行综合，其综合值反映了各评价指标与相应的最优值（或标准值之间的距离）。第 j 个参评单位的距离综合值的计算公式如下：

$$S_j = \sqrt{(1 - x'_{1j})^2 w_1 + (1 - x'_{2j})^2 w_2 + \cdots + (1 - x'_{nj})^2 w_n} \tag{9.9}$$

式中：x'_{ij}是经相对化处理后的变量值，$x'_{ij} = \dfrac{x_{ij}}{x_{i0}}$，$i$ 表示第 i 个评价指标，$i = 1,2,3,\cdots,n$；j 表示第 j 个参评单位，$j = 1,2,3,\cdots,m$。x_{ij}为第 j 个参评单位的第 i 个评价指标的实际值，x_{i0}为第 i 项指标的最优值或标准值，它们可以是全国的先进水平或历史的最高水平，也可以根据经济发展规划而确定。权数 W_i 是根据各项评价指标在社会再生产过程中的重要程度分别确定相应的权数。

S_j 值越小，与最优值越接近，表明效益越佳；S_j 值越大，越远离最优值，表明效益越低。

【例 9 - 12】根据表 9 - 4 的资料，各项指标即工业增加值率、总资产贡献率、流动资产周转次数、成本费用利润率、全员劳动生产率和产品销售率的最优值分别为：50%，10%，1.8 次/年，10%，90 000 元/人年，100%；各项指标相应的权重向量为（0.15，0.2，0.1，0.15，0.2，0.2），试计算各市的最优值距离综合值。

【解】先对各个指标实际值进行相对化处理。相对化处理是以各评价指标的实际值对比最优值，具体计算如下：

A 市企业增加值率相对值：28.17/50 = 0.56

A 市企业总资产贡献率相对值：6.94/10 = 0.69

同理，我们可以计算其他指标的相对值。经相对化处理后的数据如表 9 - 15 所示。

表 9－15　相对化处理结果表

指标 城市	工业增加值率	总资产贡献率	流动资产周转次数	工业成本费用利润率	全员劳动生产率	产品销售率
最优值	50.00	10.00	1.80	10.00	90 000	100.00
A 城市	0.56	0.69	0.79	0.50	0.71	0.96
B 城市	0.48	0.85	0.99	0.65	0.58	0.98
C 城市	0.54	0.89	0.87	0.64	0.91	0.99
D 城市	0.59	0.61	0.66	0.17	0.35	0.99

A 市最优距离综合值：

$$S_1=\sqrt{(1-0.56)^2\times0.15+(1-0.69)^2\times0.2+(1-0.79)^2\times0.1+\cdots+(1-0.96)^2\times0.2}$$
$$=0.327\,6$$

同理，我们可以得到 B，C 和 D 三个城市的最优距离综合值，它们分别是：0.314 3，0.243 4，0.505 0。根据各个城市的企业经济效益的最优距离综合值排序，C 居首位，B 次之，A 第三，D 第四。

本章小结

1. 统计综合评价就是根据研究的目的，以统计资料为依据，借助一定的方法，对不能直接加总的、性质不同的项目进行综合评判，得出概括性的结论，从而揭示事物的本质及其发展规律。

2. 系统聚类法是通过判断指标之间的相似程度来筛选指标的一种方法。系统聚类法的具体操作步骤是：第一步：度量指标（类）间的相似程度。第二步：度量指标（类）间的距离。第三步：根据聚类图确定指标（类）的个数，从每类中选择出最具有代表性的指标。

3. 同度量处理主要有三种方法。

相对化处理法是先对每个评价指标确定一个标准值。对于正指标，相对化处理公式为：$x'=\frac{x_i}{x_B}$；对于逆指标，相对化处理公式为：$x'=\frac{x_B}{x_i}$。对于适度指标可以根据指标的实际取值，按正指标或逆指标的方式进行相对化处理。

功效系数法是借助功效系数，把须评价的各项指标值转化为可以度量的评判分数。功效系数的计算公式是：$d_i^*=\frac{x_i-x_i^{(s)}}{x_i^{(h)}-x_i^{(s)}}\times40+60$。

标准化处理法是将变量值转化为数学期望为 0，方差为 1 的标准化数值。具体操作步骤如下：第一步，求出各变量（指标）的算术平均值（数学期望值）$\bar{x}_i$和标准差 σ_i；第二步，利用公式 $x_{ij}'=\frac{x_{ij}-\bar{x}_i}{\sigma_i}$ 进行标准化处理。

4. 权数的确定方法主要有四种：统计平均法、最大组中值法、AHP 构权法和变异系数法,前三种属于主观赋权法,后一种属于客观赋权法。

5. 对单项评价指标评价结果的合成,一是采用总分评定法,它先将变量值(指标实际值)转化为分值,而后将各个评价项目的分值加总。二是采用加权平均综合法。加权平均综合法有两种形式,一种是加权算术平均形式,另一种是加权几何平均形式。三是采用最优值距离法,它是以各项评价指标的实际值与最优值(或标准值)之间距离的大小来衡量评价对象效益的高低。

思考与练习题

一、判断题

1. 综合评价是对客观对象从不同的侧面、不同的角度进行全面的分析与评价,故它完全地消除了主观因素的影响。(　　)

2. 资产负债率、万元产值消耗能源比率和物耗率皆为逆指标。(　　)

3. 评价指标值若服从正态分布,可利用标准化方法进行消除量纲影响的处理。(　　)

4. 进行归一化处理后,权数之和一定为1。(　　)

5. 经过标准化处理后的数据x'_{ij}的取值范围为:$0 \leqslant x'_{ij} \leqslant 1$ 。(　　)

二、计算题

1. 现有7个指标,根据历史资料计算每两个指标的相关系数,建立如下相关系数矩阵,见下表:

指标	1	2	3	4	5	6	7
1	1	0.85	0.58	0.54	0.44	0.74	0.60
2		1	0.55	0.56	0.56	0.34	0.62
3			1	0.89	0.73	0.72	0.60
4				1	0.74	0.41	0.72
5					1	0.54	0.80
6						1	0.66
7							1

(1)试根据上述资料绘制聚类图。(2)假定评价某一项目的评价指标体系指标容量为4,请根据聚类图从中选择4个评价指标。

2. 假定经向专家征询,认为奥运会金、银、铜牌可分别按10分、7分和4分计算,请使用总分法评定法和引例中的资料,对各国体育的综合实力进行评价。你认为这种评定方法是否合理?还可以考虑从哪些方面作进一步的改进?

3. 某电器公司为了解本公司×型号电冰箱的受欢迎程度,请客户对该型号冰箱从其制冷量、耗电量、耐用度及售后服务四个项目进行评价。对每一评价项目,按满意10分、较满意8分、一般6分、较差4分四个等级计分。假定各评价项目的权重分别为:0.3,0.2,0.3,

0.2。现对收回的500个客户的调查卷的资料进行整理，结果如下表所示：

四个评价项目的得分情况表

评估项目	得票数				
	满意（10分）	较满意（8分）	一般（6分）	较差（4分）	合计
制冷量	280	160	60	0	500
耗电量	120	200	100	80	500
耐用度	160	160	100	80	500
售后服务	50	50	100	300	500

要求：按总分评定法计算×型号电冰箱的得分。

4. 污水处理厂的经营管理状况综合评判是采用如下指标反映的：

（1）每日污水处理量（千吨/日）；（2）BODs去除率（%）；（3）悬浮物去除率（%）；（4）处理1吨污水消耗空气量（米^3/吨）；（5）去除1公斤BOD_5耗电量（度/公斤）。以上各项指标的权数分别为：0.10，0.30，0.30，0.15，0.15。又已知某污水处理厂按月记录的历史数据划分为三个等级，各等级的平均值和该厂2017年6月的实际指标值如下表所示：

污水厂主要技术管理指标

指标	单位	好	中	差	实际值
每天污水处理量	千吨/日	18,5	16.5	14.5	15.0
BODs去除率	%	95.0	87.0	79.0	95.0
悬浮物去除率	%	95.0	87.0	79.0	94.0
处理1吨污水消耗空气量	米^3/吨	6.5	8.5	10.5	8.0
去除1公斤BODs耗电量	度/公斤	0.85	1.05	1.25	1.05

（1）以评语"好"为满意值，以评语"差"为不容许值，用功效系数法对上述资料进行同度量处理。

（2）以评语"好"为最优值，用相对化处理法对上述资料进行同度量处理。

（3）对问题（1）计算结果的数据，分别采用加权算术平均法和加权几何平均法进行综合。

（4）对（2）计算结果的数据，采用最优值距离法进行综合。

（5）对三种综合方法的计算结果进行比较。

第十章

国民经济统计概述

引例

国民经济统计的魅力

国民经济统计是统计学应用的一个重要领域。诺贝尔经济学奖获得者萨缪尔森这样描述 *GDP* 的重要性:“正如太空中的人造卫星能够探测地球各大洲的天气一样,*GDP* 能够给你一幅关于经济运行状态的整体图画。这就使得总统、国会以及联邦储备委员会能够搞清楚:经济是过冷还是过热,是需要刺激一下还是需要紧缩一点,是否有衰退或者通货膨胀的威胁。”20 世纪末美国商务部在回顾历史成就时,将国民经济核算体系的发明与运用称为“世纪性杰作”。美国商务部长在一次新闻发布会指出:“当我们要寻找商务部的先驱们创造的对美国影响最大和最伟大的成就的时候,国民经济账户 —— 今天称之国内生产总值的发明则当之无愧。” 本章我们所要介绍的就是国民经济核算的基本内容,以及国民核算数据在宏观经济管理中的应用。

第一节　国民经济核算的基本知识

一、国民经济核算体系的发展和基本结构

国民经济核算是国民收入统计演化的结果。最早的国民收入统计可以追溯到1665 年英国经济学威廉 · 配第在他的《政治算术》一书中对当时英国国民收入的估算。1929—1933 年资本主义世界爆发了严重的经济大危机,主张“国家干预” 的凯恩斯经济理论应运而生,作为政府管理经济基本依据的国民经济核算体系也顺应这一历史要求而诞生。

英、美等国政府和联合国国际组织对国民经济核算体系的创建与发展做出了重要贡

献。美国经济学家列昂节夫、英国经济学家斯通曾先后因对国民经济核算的贡献获得诺贝尔经济学奖。联合国 1953 年公布的《国民核算表及补充表体系》(简称旧 *SNA*,*A System of National Accounting*),标志着国民经济核算体系正式诞生。在世界各国实践和理论研究的基础上,1968 年联合颁布了《国民经济核算体系》(简称新 *SNA*),标志着国民经济核算体系框架的完善。1993 年联合国第 27 届统计委员会议又通过了对这一体系的修改方案,其内容有了较大的扩充,形成的核算体系称为 1993*SNA*。联合国的国民经济核算理论与方法对世界各国国民经济核算体系的建立与发展起了根本性的指导作用,目前已有 170 多个国家和地区采用这一体系。

我国在改革开放之前,采用苏联的物质产品平衡表体系(Material Product Balance System,简称 MPS)。随着改革开放的深入,为更加适应国民经济管理和宏观经济调控的需要,1984 年国务院成立专门的国民经济统一核算领导小组,参照 SNA 对我国新国民经济核算体系进行设计。经过若干年的努力,制定和颁布了我国的《新国民经济核算体系(试行方案)》,从 1992 年起我国开始向新的国民核算体系转轨。2017 年,经过多年的实践并结合联合国新颁布的 SNA - 2008,我国又发布了最新的《中国国民经济核算体系(2016)》。

二、五大核算

在我国现行的国民经济核算体系中,基本核算表包括国内生产总值表、投入产出表、资金流量表、国际收支表和资产负债表。下面扼要介绍基本核算表即五大核算的内容。

第一,国内生产总值生产及使用核算。它是以 GDP 为核心指标,对国民经济活动中的生产、消费、投资和进出口等基本宏观经济总量进行全面、系统的核算,综合反映国民经济发展的规模、速度和结构。

第二,投入产出核算。它是运用投入产出分析法,将国民经济各部门生产中的各种投入来源与产品使用去向,反映在纵横交错的棋盘式平衡表中。投入产出核算详细地反映国民经济各产品之间、部门之间互相依存相互制约的技术经济联系。

第三,资金流量核算。其主要以收入分配和资金运动为对象,核算各部门资金的来源和运用,是国民经济核算在分配领域的展开,反映全社会各种资金在各部门间的流量、流向,包括各部门收入的形成,初次分配、再分配、使用和各部门资金筹集余缺的调节和融通情况。

第四,国际收支核算。它是以对外经济交易为对象,对一定时期一国与外国或地区之间的贸易、非贸易往来和资本往来、对外金融资产和负债存量状况进行系统的核算,综合反映国家的国际收支平衡状况、收支结构和外汇储备状况。

第五,资产负债核算。它是以经济资产存量为对象的核算,反映一定时点上机构部门及经济总体所拥有的资产和负债的积累状况。

三、国民经济核算的部门分类

国民经济是一个复杂的有机整体,包括极其众多的组成部分,需要分门别类地加以研究。搞好国民经济分类,是国民经济核算的一项十分重要的基础性工作,也是对国民经济进行深入系统研究和分析的基本条件。

国民经济分类具有多层次、相对性和不断演化的特点。一方面根据考察对象和研究目的的不同,可以选择不同标志,从不同角度对国民经济进行分类。另一方面,国民经济本身的构成也是随着社会生产力和社会分工的发展而发展,随着社会生产关系和社会经济体制的变化而变化。例如,由于经济技术的迅速发展,不断促成一次又一次社会分工,出现新的活动领域,产生新的国民经济部门。主要的国民经济核算部门分类可分为两大类:机构部门分类与活动部门分类。

(一)机构部门分类

机构部门分类是对各单位按其财务决策权进行分类。

在国民经济核算中,机构单位必须具备以下基本条件:① 独立从事一定的经济活动,并对这些活动具有决策权;② 独立地拥有和处置资产、承担债务,并能与其他经济单位进行交易;③ 具有较为完备的核算资料,能够独立地编制包括资产负债表在内的一套在经济和法律上有意义的完整账户。

在我国最新的国民经济核算体系中,所有的机构单位被归并为五个机构部门:

1. 非金融企业部门。非金融企业是指主要从事市场货物生产和提供非金融市场服务的常住企业,如工商企业、建筑企业、运输邮电企业以及其他各种服务企业,主要包括各类法人企业。所有非金融企业归并在一起,就形成非金融企业部门。

2. 金融机构部门。金融机构是指主要从事金融中介以及与金融中介密切相关的辅助金融活动的部门。其中主要包括中央银行、商业银行、政策性银行、非银行信贷机构如证券公司、租赁公司和保险公司、信托投资公司等单位,所有这些单位归并在一起,就形成金融机构部门。

3. 广义政府部门。广义政府机构指在设定区域内对其他机构单位拥有立法、司法或行政权的法律实体及其附属单位,主要包括各级党政机关、群众团体、事业单位、基层群众自治组织等。广义政府机构的主要职能是利用征税和其他方式获得的资金向社会和公众提供货物和服务;通过转移支付,对社会收入和财产进行再分配;从事非市场性生产。所有广义政府机构组成广义政府部门。

4. 为住户服务的非营利机构部门。为住户服务的非营利机构指从事非市场性生产、为住户提供服务、其资金主要来源于会员会费和社会捐赠且不受政府控制的机构,例如宗教组织,各种非营利的社交、文化、娱乐和体育俱乐部,以及公众、企业、政府机构、非常住单位等以现金或实物提供资助的慈善、救济和援助组织等。所有为住户服务的非营利机构组成为住户服务的非营利机构部门。

5. 住户部门。住户指共享同一生活设施,部分或全部收入和财产集中使用,共同消费住房、食品和其他消费品与服务的常住个人或个人群体。所有住户归并在一起形成住户部门。

(二)活动部门分类

活动部门分类是从生产的角度,按活动性质的同类性对各基层单位进行分类。一个企业,特别是一个大企业,可能同时从事不同的生产活动,如果按主要活动对整个企业进行分类,就会产生某些企业生产的货物和服务活动不同质的情况,不利于对生产过程的技术经济联系进行分析。所以，在分析对生产技术起重要作用的生产过程时，必须排除不同的生产活动，而将性质相同的生产活动归并在一起。按活动部门分类，也就是对掌握生产经营决策权的基层单位进行分类。同一类性质活动的基层单位归并在一起，就形成产业部门或行业部门。但这种分类存在层次差别，根据分析的需要，可粗可细。现实中常用的活动部门分类主要有以下几种：

1. 三次产业分类。三次产业分类是英国经济学家阿·费希尔（A. Fisher）于20世纪30年代提出的。三次产业是就产业形成的时序加以划分，同时也反映了劳动对象的特点及其满足人类需求的层次。人类最早形成的第一产业是以自然资源为对象的产业，包括农业和采掘业；以后相继出现了以农产品和采掘品为对象进行加工和再加工的第二产业，包括加工工业（制造业）和建筑业；第三产业提供各种服务产品，包括除第一、第二产业以外的所有行业。

三次产业分类在国际上已经通用，但各国的分类标准并不完全相同。比如，美国把采矿业列入第一产业，日本等国则把采矿业列入第二产业。有的国家把煤气、电力和自来水划入第二产业，也有的国家将其划入第三产业。

我国现行的统计制度对三次产业做如下划分：

第一产业：农业（包括农业、林业、牧业、渔业等）；

第二产业：工业（包括采掘业、制造业、自来水、电力、蒸汽热水、煤气）和建筑业；

第三产业：除上述第一、第二产业以外的其他各业。

由于第三产业包括的行业多、范围广，根据我国的实际情况，第三产业具体又分为以下四个层次：

第一层次：流通部门，包括交通运输业、邮电通信业、商业、饮食业、物质供销和仓储业。

第二层次：为生产和生活服务的部门，包括金融业、保险业、地质普查业、房地产业、公用事业、居民服务业、旅游业、咨询服务业和各类技术服务业等。

第三层次：为提高科学文化水平和居民素质服务的部门，包括教育、文化、广播电视业，科学研究事业，卫生、体育和社会福利事业等。

第四层次：为社会公共需要服务的部门，包括国家机关、政党机关、社会团体及军队和警察等。

2. 国民经济行业分类。行业分类是一个相对完备的国民经济分类体系，是最为基本、也是最为重要的国民经济分类。与三次产业分类相比，国民经济行业分类更为系统、完整，并构成三次产业和其他一些重要的国民经济分类的基础。世界各国和联合国等有关国际组织都制定了专门的国民经济行业分类标准。

行业分类具有多层次的结构，便于灵活地进行相应的分解和归并处理，满足国民经济管理和核算的各种需要。国民经济行业的分类对象是从事各种生产经营活动的所有经济主体的总和。其分类标志则是它们所从事的生产经营活动的经济性质。

随着经济的发展和社会的进步，一些旧的行业消亡，一些新的行业则不断出现。因此，国民经济的行业分类也必须与时俱进。我国的国民经济行业分类曾经做过多次修订。2017年重新修订颁布的国家标准《国家标准行业分类》（GB/T4754—2017）将国民经济划分为20个门类,然后再依次划分为97个大类、473个中类和1 380个小类。

四、国民经济核算的主体范围

国民经济核算必须首先界定空间界限范围,目前国际上通行的界定原则是“常住经济单位原则”。所谓常住经济单位(简称常住单位),是指在一国的经济领土上具有经济利益中心的经济单位。理解这个定义需要搞清楚“经济领土”和“经济利益中心”这两个概念。“经济领土”与人们通常所讲的主权领土不完全一致,它除了包括本国大陆的领地、领海和领空外,还包括以下两部分:一是位于国际水域,但本国具有捕捞和海底开采管辖权的大陆架;二是本国在其他国家领土范围内的所谓领土飞地,即位于别国境内但实际为本国政府所拥有或租借的土地,如由于外交、科研和国际援助等目的,通过正式协议获得,并具有明确边界线的区域范围。相应的,在本国领土范围内而被其他国家和经济组织租借和实际使用的领土飞地,就不能记入本国的经济领土范围内。“经济利益中心”是指一个经济活动单位在本国的经济领土范围内具有一定的生产经营活动场所,如住房、厂房或其他建筑物,从事一定规模的经济活动并在时间上超过一年。与常住经济单位相对应的概念是非常住经济单位。所谓非常住经济单位,是指那些不在本国经济领土上,或在本国经济领土上没有经济利益中心的活动单位。

就实际情况而言,本国境内的外商投资企业是本国的常住经济单位,而本国在境外投资的企业则不是本国的常住经济单位;本国的驻外使领馆和新闻机构是本国的常住经济单位,而外国驻本国的使领馆和新闻机构则是非常住经济单位。常住经济单位在主权领土以外的生产活动仍然属于本国国民经济总体的生产活动,属于本国国民经济核算的主体范围,而非常住经济单位在本国主权领土之内的生产活动则不属于本国国民经济总体的生产活动,也不属于本国国民经济核算的主体范围。

第二节　国内生产总值核算

一、国内生产总值的概念

GDP是国内生产总值(Gross Domestic Product)的英文缩写。它是对一个国家或一个地区在一定时期内常住单位生产活动成果的一种计量,可从总体上反映一个国家或地区经济活动的总规模、综合实力。

从实物运动角度看,在国民经济中,生产活动的成果可以分为两类:一类称作中间产品,另一类称作最终产品。中间产品就是本期生产出来,并在本期再次投入生产活动,作为原材料、燃料、动力、辅助材料的产品,它是构成企业本期生产活动的成本的重要内容。最终产品则是指本期生产,本期不再加工,可供社会最终消费、使用或者库存的产品。例如,纺纱厂用某农场本期生产的棉花作为原料生产出棉纱,棉花就是中间产品。而纺织厂以棉纱为原料生产坯布,棉纱也是中间产品。染织厂以坯布为原料生产色布,坯布也是中间产品。最后,服装厂以色布为原料生产服装,色布也成了中间产品,而只有服装最终卖给消费者使用,才是最终产品。国民经济生产活动的目的是为社会和居民提供可供最终消费和使用的产品,中间产品只是在国民经济再生产过程中循环,为最终产品的生产而出现的过渡性产品,所以只有社会最终产品才是国民经济生产活动的最终有效成果。GDP 反映的就是一国经济常住单位为社会提供的全部最终产品的价值总量。

就其实物内容来看,最终产品的去向有三个方面:① 居民和政府消费的消费品和服务产品;② 用作投资的产品;③ 净出口产品。

从价值的角度看,在国民经济生产活动中的价值也可以分为两种类型:一种是中间消耗价值,另一种是增加值。中间消耗(C_2)就是在生产过程中所消耗的产品的价值,它是上一个生产环节的活动成果;增加值则是在生产过程中把中间产品加工成最终产品所追加的价值。GDP 反映的就是一国的各常住单位所创造的增加值的总和。

就其价值构成来看,增加值包括三部分:① 固定资产折旧(C_1),即固定资产的损耗价值;② 劳动者报酬(V);③ 社会纯收入(M),包括国家生产税净额收入和企业营业盈余。

从全社会的角度看,中间消耗是中间产品的价值表现;全社会的增加值总和等于最终产品的价值。这个关系可通过表 10 - 1 来说明。

表 10 - 1 简单的价值型投入产出表

	部门 1	部门 2	…	部门 n	最终产品	总产品
部门 1	x_{11}	x_{12}	…	x_{1n}	f_1	X_1
部门 2	x_{21}	x_{22}	…	x_{2n}	f_1	X_2
⋮	⋮	⋮	⋮	⋮	⋮	⋮
部门 n	x_{n1}	x_{n2}	…	x_{nn}	f_1	X_n
增加值	v_1	v_2	…	v_n		
总产值	X_1	X_2	…	X_n		

表 10 - 2 是一个简化的投入产出表。从横向看,该表反映了各部门的产出及其使用去向。x_{ij} 是第 i 部门生产提供给第 j 部门作为原材料的中间产品,f_i 是第 i 部门生产的最终产品,X_i 是第 i 部门生产的总产品。其平衡关系为:中间产品 + 最终产品 = 总产品。即有:

$$\sum_{j=1}^{n} x_{ij} + f_i = X_i \qquad (i = 1,2,\cdots,n) \tag{10.1}$$

从纵向看,该表反映各部门的价值构成。x_{ij} 是第 j 部门生产过程中消耗第 i 部门产品的价值,v_j 是第 j 部门的增加值,X_j 是第 j 部门的总产值。其平衡关系为:中间消耗价值 + 增加值 = 总产值。即有:

$$\sum_{i=1}^{n} x_{ij} + v_j = X_j \qquad (j = 1,2,\cdots,n) \tag{10.2}$$

$$\text{全社会最终产品价值} = \sum_{i=1}^{n} f_i = \sum_{i=1}^{n} X_i - \sum_{i=1}^{n}\sum_{j=1}^{n} x_{ij} \tag{10.3}$$

$$\text{全社会的增加值} = \sum_{j=1}^{n} v_j = \sum_{j=1}^{n} X_j - \sum_{j=1}^{n}\sum_{i=1}^{n} x_{ij} \tag{10.4}$$

因为 $$\sum_{i=1}^{n} X_i = \sum_{j=1}^{n} X_j\ ;\ \sum_{i=1}^{n}\sum_{j=1}^{n} x_{ij} = \sum_{j=1}^{n}\sum_{i=1}^{n} x_{ij}$$

所以 $$\sum_{i=1}^{n} f_i = \sum_{j=1}^{n} v_j$$

也就是全社会最终产品的完全价值等于全社会各单位增加值的总和。

二、国内生产总值核算的原理和方法

从理论上看,GDP 的生产量、分配量和使用量是完全相等的。这在国民经济核算中称为 GDP 统计的“三方等价原理”。国民经济生产的目的就是为了社会的最终使用,生产多少就使用多少,而生产的成果在使用前首先要通过货币形式对各生产要素按其对生产的贡献进行分配。就总量而言,生产多少就分配多少,生产的总量等于收入分配的总量,也等于支出使用的总量。从表 10-1 也可以很清楚地看到这一平衡关系。

根据三方等价原理,可以分别从生产、分配和使用三种不同的角度对 GDP 进行核算,即生产法、收入法和支出法。

(一) 生产法

生产法从生产的角度以生产的总成果即货物和服务的总产品价值为出发点,从中扣除生产过程中投入的中间产品的价值,得到增加值。各企事业、各行业的增加值之和便是 GDP。用生产法核算 GDP 的公式是:

$$增加值 = 总产值 - 中间消耗 \quad (10.5)$$

这里的总产值(也称总产出)是指一个国家(或地区)的常住单位在一定时期内生产或提供的所有货物和服务产品的总价值。它反映了常住单位总的生产规模。中间消耗则是指常住单位在生产货物或提供服务产品的过程中,因生产所需消耗和使用的所有非固定资产形式的货物和服务的价值。从总产值中扣除中间消耗,剩下的便是常住单位在本期生产过程中创造的新增价值和固定资产的转移价值,即增加值。

例如,某工业企业报告期生产了价值 1 000 万元的产品,是该企业的总产值。企业在生产过程中消耗了 700 万元的原材料、燃料、动力、辅助材料等中间产品,扣除这 700 万元,剩下的 300 万元是这个企业创造的增加值。

GDP 等于各单位创造的增加值之和。

(二) 收入法

收入法是从生产领域进行初次分配的角度来进行计算的,也称分配法。收入法计算常住单位增加值的公式为:

$$增加值 = 劳动者报酬 + 生产税净额 + 固定资产折旧 + 营业盈余 \quad (10.6)$$

等式右边的四个项目,分别反映了参与 GDP 初次分配的劳动者、政府、固定资产和企业经营者四方各自在 GDP 初次分配中的所得份额。

1. 劳动者报酬,指劳动者因从事生产活动所获得的全部报酬,既包括货币形式的报酬,也包括实物形式的报酬。具体有:各种形式的工资、奖金和津贴、上班交通补贴和由单位支付的社会保险费等。

2. 生产税净额,指各种生产单位向政府缴纳的生产税减去政府对企业的生产补贴以后的净值。生产税是政府对生产单位从事生产、销售和经营活动以及因为从事生产经营活动而使用某些生产要素，例如固定资产、土地、劳动力所征收的各种税、附加费和规费。生产税具体包括销售税及附加、增值税、应缴纳的养路费、排污费和水费附加、烟酒专卖上缴政府的专项收入等。生产补贴与生产税相反，是政府对生产单位政策性的单方面收入转移，故作为生产税的对立面进行扣减处理。生产补贴具体包括政策性亏损补贴、外贸企业出口退税等。

3. 固定资产折旧，指在一定时期内，为弥补固定资产损耗，按照核定的固定资产折旧率计提的固定资产折旧。其中政府单位、非企业化管理的事业单位和居民自有住房等在实际中未计提固定资产折旧的，要按国民经济核算中统一规定的折旧率虚拟计算固定资产折旧。固定资产折旧反映了全社会固定资产在本期生产中磨损的价值量。

4. 营业盈余是指常住单位创造的增加值扣除劳动者报酬、生产税净额和固定资产折旧后的余额。它相当于企业的经营利润加上生产补贴，但要扣除从利润中开支的工资和福利。

各常住单位的增加值的总和就是 GDP。

（三）支出法

支出法是从社会产品最终使用去向，也就是购买支出的角度来计算 GDP，因此也称使用法。支出法的计算公式为：

$$GDP = 最终消费支出 + 资本形成总额 + 货物和服务的净出口额 \qquad (10.7)$$

等式右边的三个项目反映了 GDP 使用的三个去向，具体包括的内容是：

1. 最终消费支出，指本国的常住单位为满足物质、文化和精神生活的需要，所购买的货物和服务的支出。最终消费支出分居民消费支出和政府消费支出两部分。

2. 资本形成总额，指常住单位在一定时期内对固定资产和存货的投资支出合计，包括固定资本形成总额和存货增加两部分。

3. 货物和服务的净出口额，指货物和服务出口额减进口额的差额。

【例 10－1】某地区有关国民经济核算资料如下：

总产值与中间消耗（万元）：

部　门	总产值	中间消耗率（%）
农业	5 450	36
工业	22 240	72
建筑业	3 058	70
运输业	650	22
商业	1 615	48
服务企业	1 606	27
政府服务行政事业	1 608	28

分配、再分配（万元）：

项　　目	数　　额
劳动报酬	8 520
生产税净额	2 370
所得税	360
营业盈余	2 297
固定资产折旧	980

支出使用情况(万元):

项　　目	数　　额
居民个人消费	7 080
政府消费	1 820
社会总投资	5 107
固定资产投资	4 700
库存增加	407
净流出(流出 - 流入)①	160

试用生产法、收入法和支出法计算该地区的生产总值②。

【解】(1)按生产法计算:

地区生产总值 = 总产值 - 中间消耗

= 5 450 × (1 - 36%) + 22 240 × (1 - 72%) + 3 058 × (1 - 70%) + 650 × (1 - 22%) + 1 615 × (1 - 48%) + 1 606 × (1 - 27%) + 1 608 × (1 - 28%)

= 36 227 - 22 060

= 14 167(万元)

(2)按收入法计算:

地区生产总值 = 劳动者报酬 + 生产税净额 + 固定资产折旧 + 营业盈余

= 8 520 + 2 370 + 2 297 + 980

= 14 167(万元)

(3)按支出法计算:

地区生产总值 = 最终消费支出 + 资本形成总额 + 货物和服务的净流出额

= (7 080 + 1 820) + 5 107 + 160

= 14 167(万元)

从理论上说,按上述三种方法核算出来的 GDP 应该是完全相等的。但在国民经济核算的实践中,由于受资料来源、统计口径等因素的限制,三种方法的计算结果往往不相等。特别是支出法计算的 GDP 数值与生产法、收入法的核算结果之间经常存在一定的出入。在我国国民经济核算实践中,生产法和收入法所计算的 GDP 数值相等,支出法核算的 GDP 则与之存在一定的统计误差。根据《2016 年中国统计年鉴》公布的数据,我国 2015 年按生产法和收入法计算的 GDP 是 682 635 亿元,而按支出法计算的 GDP 则是 696 594亿元,两者的统计误差达 959 亿元。

三、正确认识和应用 GDP

作为经济总量指标,国内生产总值指标具有显著的优越性:一是覆盖了国民经济各

① 对于地区来讲,流入和流出不仅包括对外国的进出口,还包括从国内其他地区流入与流出到其他地区的货物与服务。

② 过去,我国将国内各地区常住单位增加值的总和称为该地区的 GDP,为避免误解,从 2004 年起,国家统计局提出,各地区常住单位增加值的总和改称地区生产总值。

行各业;二是避免了中间消耗的重复计算,能确切地反映社会生产活动最终成果的价值量;三是能完整地反映社会最终产品的实物内容,因而能同时从生产、收入和最终使用的角度进行观察和计算;四是它具有国际可比性,为世界各国广泛采用。正因为如此,GDP核算在国民经济统计中处于核心地位,是目前普遍使用的最重要经济总量指标。

然而,应当指出,国内生产总值指标并不是万能的。它的主要缺陷是:计算生产成果时,未将本来应该由企业承担却让外部承担的成本(如生产过程中自然资源的耗费和生态环境的破坏与污染等)加以抵扣。因此,如果片面追求国内生产总值,有可能以破坏自然资源和生态环境为代价,危及人类的健康和社会经济的可持续发展。另外,该指标只是反映生产成果的指标,仅仅依靠该指标并不能全面反映经济效益、生产效率和人民实际的生活福利。例如,由于质量原因,有些城市修的马路没多久就要拆除翻修,每次翻修都计算增加值,从而有可能使 GDP 增加,而这并没有带来人民福利和社会财富的真实增加。因此,在经济管理中,应该知道利用 GDP 能够做什么,不能够做什么,在它的适用范围内正确地使用它。

四、与 GDP 有关的国民经济总量指标

作为反映国民经济和社会经济发展的统计指标,GDP 不是独自存在的。在国民经济核算体系中存在多个有关国民经济活动总量的统计指标,构成国民经济总量核算的指标体系。

(一)国民总收入

早期的国民经济核算中有一个常用指标——国民生产总值(GNP),《1993SNA》将GNP 改称为国民总收入(Gross National Income,简称 GNI)。与 GDP 是反映生产成果的总量指标不同,GNI 是反映收入水平的总量指标。

国民经济核算以常住单位界定核算的空间范围。按照这一原则,凡属本国常住单位生产的最终产品都是 GDP 统计的对象,而非常住单位的生产成果一律排除在外。但是当前各国经济都是开放的经济体系,与世界其他国家发生着广泛的经济联系。常住单位在生产中要使用非常住单位的生产要素,非常住单位也要使用常住单位的生产要素。例如从国外引进技术、资本、雇佣劳动力,或本国的技术、资本、劳动力流出国外。所以本国的常住单位要对非常住单位的生产要素支付利息、工资等要素报酬,这是本期生产的 GDP在生产领域的初次分配;反之,本国的常住单位也会从非常住单位获得劳动者报酬、利息收入等初次分配收入。GNI 就是本国的 GDP 减去支付给非常住单位的原始收入,再加上从非常住单位获得的原始收入。用公式表示就是:

$$\begin{aligned}\text{国民总收入} &= \text{国内生产总值} - \text{付给国外的要素收入} + \text{来自国外的要素收入}\\ &= \text{国内生产总值(CDP)} + \text{来自国外的要素收入净额} \qquad (10.12)\end{aligned}$$

一般来讲,经济发达的国家资本和技术输出较多,从国外取得的要素收入要比付给国外的要素收入多,即来自国外的要素收入净额为正值,从而 GNI 大于 GDP。发展中国家资本和技术的输入比输出多,如果不存在大量劳工输出的话,则从国外取得的要素收入要比付给国外的要素收入少,即来自国外的要素收入净额为负值,从而 GNI小于 GDP。

（二）国民总收入净值和国内生产净值

国民净收入（Net Gross National Income，简称 NGNI），是国民总收入减去折旧后的价值，而国内生产净值（Net Domestic Product，简称 NDP）则是国内生产总值减去折旧后的价值。用公式表示就是：

$$国民净收入=国民总收入-固定资产折旧 \tag{10.13}$$

$$国内生产净值=国内生产总值-固定资产折旧 \tag{10.14}$$

因为固定资产折旧是转移价值，与中间消耗一样都是过去劳动的成果，因此在 GNI 和 GDP 中减去固定资产折旧后的国民净收入和国内生产净值是完全排除了转移价值以后的新创价值。国民净收入是常住单位的原始净收入，而国内生产净值则是常住单位生产的最终净成果。

（三）国民可支配总收入和国民可支配净收入

国民可支配总收入是国民总收入加上来自国外的政府援助、非官方赠予等非借贷、无须偿还的各种现期净转移收入之和，它是一国可以用作消费和储蓄的全部收入。用公式表示为：

$$\begin{aligned}国民可支配收入&=国民总收入+来自国外的现期转移收入-付给国外的现期转移支出\\&=总消费+总储蓄\end{aligned} \tag{10.15}$$

$$\begin{aligned}国民可支配净收入&=国民可支配总收入-固定资产折旧价值\\&=总消费+净储蓄\end{aligned} \tag{10.16}$$

（四）个人收入和个人可支配收入

个人收入是指个人从各种来源获得的初次分配和再分配收入的总和，包括个人得到的劳动报酬、财产收入和各种转移收入。在国民净收入中，有一部分收入不能构成个人收入。如生产税净额归国家所有，企业未分配利润留归企业所有。个人收入用公式表示为：

$$\begin{aligned}个人收入=&国民净收入-生产税净额-企业未分配利润+\\&政府、企业对个人的债券利息支付\end{aligned} \tag{10.17}$$

个人可支配收入指实际可用于个人消费支出和储蓄支出的收入，它是缴纳个人税和各种非税支付后所余下的收入，等于个人收入减去所得税、财产税以及其他个人缴纳的余额。

$$个人可支配收入=个人收入-个人税及非税支付 \tag{10.18}$$

【例 10－2】已知某地区得自国外与其他地区的要素收入 400 万元，分配给国外和其他地区的要素收入 1 060 万元；从区外得到的现期转移收入 200 万元，付给区外的现期转移支出 100 万元；企业营业盈余中未分配利润占 50%，所得税中个人税占 45%。请利用上述资料和例 10－1 的计算结果，试计算该地区生产净值、国民总收入、国民净收入、国民可支配总收入、国民可支配净收入、个人收入和个人可支配收入。

【解】

$$\begin{aligned}地区生产净值&=地区生产总值-固定资产折旧\\&=14\ 167-980\\&=13\ 187(万元)\end{aligned}$$

$$\begin{aligned}地区国民总收入&=地区生产总值+区外净要素收入\\&=14\ 167+(400-1\ 060)\\&=14\ 167+(-660)\\&=13\ 507(万元)\end{aligned}$$

地区国民净收入 = 地区国民总收入 - 固定资产折旧
= 13 507 - 980
= 12 527(万元)

地区国民可支配总收入 = 地区国民总收入 + 区外现期转移净收入
= 13 507 + (200 - 100)
= 13 507 + 100
= 13 607(万元)

地区国民可支配净收入 = 地区国民可支配总收入 - 固定资产折旧
= 13 607 - 980
= 12 627(万元)

地区个人收入 = 地区国民净收入 - 生产税净额 - 企业未分配利润
= 12 527 - 2 370 - 2 297 × 50%
= 9 008.5(万元)

地区个人可支配收入 = 地区个人收入 - 个人税及非税支付
= 9 008.5 - 360 × 45%
= 8 684.5(万元)

第三节　常用的国民经济分析指标

一、人均水平指标

(一)人均国内生产总值

国内生产总值是反映一国经济总规模的统计指标。单纯观察该指标,往往不能反映经济发展的真实水平。例如,经过改革开放近 40 年的努力,我国国民经济得到前所未有的发展,综合经济实力大大提高,2015 年 GDP 规模已经超过 10 万亿美元,位居世界第 2 位。但以我国 13 亿的人口规模计算,人均 GDP 仍然很低,只有 7 925 美元,低于全世界人均 GDP 9 996 美元的水平,属于发展中国家。所以在进行不同国家经济发展水平的横向对比时,不仅要看总量,也要看人均水平。人均 GDP 反映了一国国民经济生产总量与本国人口比较的相对强度,其计算公式如下:

$$\text{人均 GDP} = \frac{\text{GDP}}{\text{人口总数}} \tag{10.19}$$

在计算地区的人均生产总值时,应注意其所利用的人口数据要采用本地区的常住人口而不是户籍人口。

(二)社会劳动生产率

由于一国总人口中已经退休的老年人口和儿童人口不直接参与社会生产活动,所以可以把 GDP 与人口中直接从事社会生产活动的劳动者相比,求得社会劳动生产率指标。

$$\text{社会劳动生产率} = \frac{\text{GDP}}{\text{社会劳动者人数}} \tag{10.20}$$

社会劳动生产率说明每一个社会劳动者提供的国民经济最终产品数量。社会劳动生产率是社会各国普遍使用的,用来反映整个国民经济活动效率的指标之一。

（三）人均国民总收入

人均国民总收入集中反映了一国国民经济的发展水平和人民的收入水平，是国际上通行的判定一国经济发展所处阶段和进行横向对比的重要依据。一国总人口中，虽有一部分人口不参与社会生产活动（如儿童和老年人），但是它们都要通过各种收入分配渠道直接或间接获得收入并进行消费。所以虽然每个人不一定都与国内生产总值有直接关系，但却与国民总收入存在直接的关系。表 10－2 列出了世界银行公布的按照 3 年移动平均汇率法计算的一些国家和地区的人均 GNI。世界银行一年一度的《世界发展报告》，也将人均国民总收入水平作为划分低收入国家、中等收入国家和高收入国家的依据。

表 10－2　2016 年世界一些国家和地区人均 GNI 的数据　　单位：美元

	人均 GNI	世界排名
挪威	82 329	1
美国	56 181	8
德国	43 662	16
中国香港	43 243	18
日本	37 995	25
韩国	27 600	29
中国台湾	23 854	33
俄罗斯	9 877	63
中国大陆	8 264	71
南非	5 483	91
印度	1 677	145

资料来源：世界银行《2017 年世界发展指标》。

二、国民生产分析指标

（一）经济增长速度

不同时期按当年价格计算的 GDP 数量变化中包含价格变动因素，因而不能准确反映实际生产水平的变化。所以用 GDP 来反映经济发展速度时，必须注意其价格问题。

采用当年价格计算的各个时期的 GDP，称为名义 GDP。如果各个时期的 GDP 都采用固定价格、可比价格或某个特定时期的价格来计算，则称为实际 GDP。经济增长速度应以消除价格变动影响的实际 GDP 作为计算的基础。

根据统计指数理论，实际 GDP 可以利用计算名义 GDP 得到的资料和有关的价格指数去推算。在统计实践中有以下两种方法。

1. 双紧缩法。从生产角度推算实际 GDP，需要分别消除价格因素对总产出和中间投入的影响，其公式如下：

$$\begin{aligned}\text{实际 GDP} &= \text{实际总产出} - \text{实际中间投入} \\ &= \frac{\text{现价总产出}}{\text{总产出价格指数}} - \frac{\text{现价中间投入}}{\text{中间投入价格指数}} \qquad (10.21)\end{aligned}$$

2. 单紧缩法。从最终使用角度推算实际 GDP,可以直接利用有关价格指数消除价格因素对最终使用的各组成部分的影响,其公式如下:

$$\begin{aligned}实际\ GDP &= 实际总消费 + 实际总投资 + 实际出口 - 实际进口 \\ &= \frac{现价总消费}{消费价格指数} + \frac{现价总投资}{投资价格指数} + \\ &\quad \frac{现价出口}{出口价格指数} - \frac{现价进口}{进口价格指数} \end{aligned} \tag{10.22}$$

名义 GDP 与实际 GDP 相除,就可得到 GDP 紧缩价格指数。它可以综合反映国民经济的价格水平和通货膨胀的情况。

$$GDP\ 紧缩价格指数 = \frac{名义\ GDP}{实际\ GDP} \tag{10.23}$$

经济增长速度可以通过对比不同期的实际 GDP 求得。如果事先已编制 GDP 紧缩价格指数,也可以利用名义 GDP 指数和紧缩价格指数求得。

$$\begin{aligned}经济增长速度 &= \frac{报告期实际\ GDP}{基期实际\ GDP} - 100\% \\ &= \frac{名义\ GDP\ 指数}{GDP\ 紧缩价格指数} - 100\% \end{aligned} \tag{10.24}$$

(二)各部门增加值在 GDP 中所占比重

该指标可以按三次产业分类计算,也可以按国民经济行业分类计算。通过这一指标,可以反映各部门在国民经济生产中的地位及其变化情况。如我国 1978 年、2000 年与 2015 年三次产业增加值比重对比如表 10-3 所示。

表 10-3　中国三次产业增加值比重(%)

年份	国内生产总值	第一产业	第二产业	第三产业
1978	100	27.9	47.7	24.6
2000	100	14.7	45.5	39.8
2015	100	8.9	40.9	50.2

资料来源:国家统计局:《中国统计年鉴(2016)》,北京,中国统计出版社,2010。

(三)各部门对经济增长的贡献率

该指标反映各部门为国民经济增长所做直接贡献的份额。公式如下:

$$某部门经济增长贡献度 = \frac{某部门增加值增量}{GDP\ 增量} \times 100\% \tag{10.25}$$

上式中的各部门增加值的增量和 GDP 增量都应以可比价格计算。

三、收入分配分析指标

(一)国家、企业、住户分配构成分析

国民经济分配包括收入初次分配和收入再分配。初次分配在生产领域进行,它与 GDP 的来源和创造相联系,并根据各要素在生产过程中对 GDP 的贡献大小来分配。初次分配可以使市场机制对要素价格的形成和资源的合理配置起到基础性作用。再分配在全社会范围进行,着重解决社会公平问题。初次分配和再分配的最终结果,形

成各个主体的可支配收入。

利用国民经济分配的基本统计资料，可以分别计算各机构部门在初次分配和最终分配中所占的比重。利用这些资料还可以分析政府、企业和个人在收入分配中的比重。非金融企业和金融机构大致相当于企业，住户大致相当于个人①。如果将历年的资料进行对比，还可以观察收入分配格局的总体变动趋势。从表 10－4 中可以看出，2008 国际金融危机以来，我国的国民收入分配中住户和政府所占的比重有所上升，而企业所占的比重则有所下降。

表 10－4　我国各机构部门在可支配总收入中所占比重　　单位：%

年份	企业部门	政府部门	住户部门	合计
2008	24.5	18.3	57.2	100
2013	19.8	18.9	61.3	100
2014	20.6	19.0	60.4	100

资料来源：根据《中国统计年鉴》的有关资料整理。

分配的构成还可以从不同性质的收入的角度进行进一步的分析，如可计算各机构部门初次分配收入和再分配收入在可支配收入中所占的比重，也可以计算劳动报酬、生产税净额、营业盈余和固定资产折旧在初次分配收入中所占的比重，等等。

（二）居民收入分配差异分析

居民收入分配差异分析是关于收入分配的均衡情况分析。存在收入差距的主要原因有三个：第一个是居民个人本身素质的差异所引起的收入差距，如受过高等教育和没有受过高等教育的个人之间收入的差距；第二个是不同地区和不同行业、部门，从事不同职业所引起的收入差距；第三个是原先所占有财富不同所引起的差距。

居民收入分配差距常用基尼系数来反映。基尼系数是按照统计学家基尼（Gini C）的名字来命名的。基尼系数是国际上最常用的分析收入分配格局的方法，它是在绘制洛伦兹曲线图的基础上进行计算的。洛伦兹曲线的制作方法我们已在本书第二章中作了介绍，它的图形可见图 10－1。

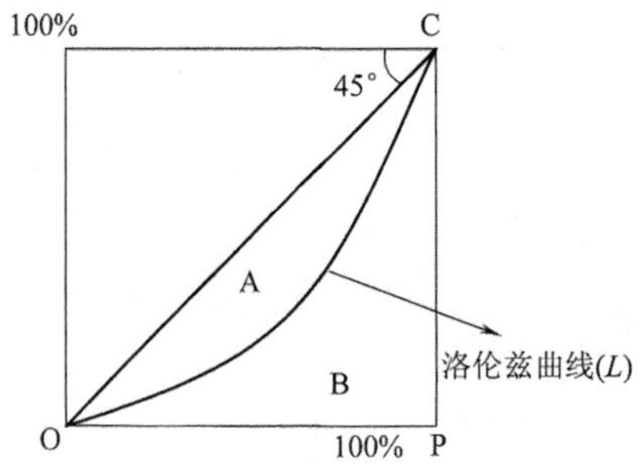

图 10－1

① 我国从 2017 年开始才单独设立非营利机构部门。所以表中未将其单列。

由于三角形 OPC 的面积 S_{A+B}是固定的,基尼系数就是用 S_A 与 S_{A+B}的比重来反映收入分配的均衡程度。用公式表示如下:

$$G=\frac{S_A}{S_{A+B}} \tag{10.26}$$

由于三角形 OPC 的面积 S_{A+B}恒等于 1/2,所以:

$$G=\frac{S_A}{S_{A+B}}=\frac{S_A}{1/2}=2S_A=1-2S_B \tag{10.27}$$

显然,基尼系数的取值区间为 0 ~ 1,基尼系数越接近 1,收入分配的均衡程度越低。世界各国对基尼系数的实际测算表明,大多数国家的基尼系数都在 0.2 ~ 0.6 之间。各国通行的判断标准是:基尼系数低于 0.2 表明收入分配高度平均,0.2 ~ 0.3 为相对平均,0.3 ~ 0.4 大致合理,0.4 ~ 0.6 显示收入分配差距过大,0.6 以上则表明收入分配严重向一部分人倾斜。

据有关部门的测算,1980 年以来,我国个人收入分配基尼系数的变化情况是:1981—1984 年,基尼系数在 0.15 ~ 0.16 之间,且变化很小,说明我国收入分配处于绝对平均状态;20 世纪 80 年代中期收入差距开始拉大,到 80 年代后期基尼系数达到0.23;20 世纪 90 年代以后,基尼系数迅速增大,由 1992 年的0.25 猛增到 1994 年的0.43。1995 年下半年国家开始采取措施,加大宏观调控力度,使基尼系数在稳定中略有下降。近年基尼系数又呈现攀升的态势。

四、最终消费和投资分析指标

(一)消费率与恩格尔系数

消费是以满足生活的需要为目的而使用货物和服务,这种需求也称作最终消费。最终消费总额与 GDP 的比率为消费率,用公式表示如下:

$$消费率=\frac{最终消费总额}{GDP}\times 100\% \tag{10.28}$$

在居民消费分析中,恩格尔系数是一个重要指标:

$$恩格尔系数=\frac{食品支出额}{消费支出总额}\times 100\% \tag{10.29}$$

随着人们收入水平的提高,恩格尔系数不断下降是一个普遍规律。因此,恩格尔系数可以作为判断一国经济发展水平和居民收入水平的辅助指标。

(二)投资率

测定投资水平的指标是社会资本形成总额和投资率。社会资本形成总额是国内生产总值最终使用中用于投资的部分,由年度固定资产投资规模和库存增加两部分组成。投资率是社会资本形成总额与国内生产总值的比值,用公式表示如下:

$$投资率=\frac{资本形成总额}{GDP}\times 100\% \tag{12.30}$$

表 10 -5 是改革开放后我国若干年份 GDP 最终消费、资本形成总额分析数据。由表 10 -5 可以看出,改革开放后随着我国 GDP 规模的不断扩大,最终消费规模和资本形成总额的规模都逐年增大,消费率呈现下降趋势,投资率则呈现上升趋势。目前我国是全世界投资率最高的国家,但近年来消费率有所回升。

表 10－5　我国 GDP 最终使用构成分析（按当年价格计算）

年份	最终消费		资本形成总额	
	总量（亿元）	消费率（%）	总量（亿元）	投资率（%）
1980	2 967	64.8	1 623	35.5
1985	5 918	64.5	3 630	39.5
1990	12 001	62.9	6 555	34.4
1995	36 198	58.8	24 343	39.6
2000	63 668	63.3	35 426	34.3
2005	101 448	53.6	77 534	41.0
2010	198 998	48.5	196 653	47.9
2015	359 516	51.6	313 070	44.9

资料来源：《2016 中国统计年鉴》。

（三）最终需求对经济增长的贡献率和拉动

消费、投资和净出口都是最终需求的重要组成部分。在一定前提下，刺激消费、增加投资和进出口都会对经济增长产生影响。所谓贡献率，是指消费、投资或净出口需求增加对 GDP 增加所做的直接贡献的份额。其公式如下：

$$消费、投资或净出口贡献率=\frac{消费、投资或净出口增量}{GDP增量}\times 100\% \qquad (10.31)$$

所谓拉动经济增长的百分点，是指各类最终需求增长使经济增长的百分点。其公式如下：

$$消费、投资或净出口拉动增长百分点 = GDP增长率 \times 各类需求贡献率 \qquad (10.32)$$

表 10－6 是近年来我国三大需求对经济增长的贡献率和拉动百分点。

表 10－6　三大需求对经济增长的贡献率和拉动（按不变价计算）

年份	最终消费支出		资本形成总额		货物和服务净出口	
	贡献率（%）	拉动（百分点）	贡献率（%）	拉动（百分点）	贡献率（%）	拉动（百分点）
2007	45.3	6.4	44.1	6.3	10.6	1.5
2008	44.2	4.3	53.2	5.1	2.6	0.3
2009	56.1	5.3	86.5	8.1	−42.6	−4.0
2010	44.9	4.8	66.3	7.1	−11.2	−1.3
2011	61.9	5.9	46.2	4.4	−8.1	−0.8
2012	54.9	4.3	43.4	3.4	1.7	0.2
2013	47.0	3.6	55.3	4.3	−2.3	−0.1
2014	48.8	3.6	46.9	3.4	4.3	0.3
2015	59.9	4.1	42.6	2.9	−2.5	−0.1

资料来源：《中国统计年鉴（2016）》，中国统计出版社。

由上表可以看出，国际金融危机前后，拉动我国经济增长的因素有较大变化。危机前的2007年净出口对经济增长的贡献占有相当比重，而金融危机发生后，扩大内需成为我国经济增长的主要因素。2009和2010两年主要依靠增加投资去应对出口需求的减少。2011年后开始注意刺激消费需求，作为保经济增长的重要举措。

五、其他重要的分析指标

GDP是反映国民经济生产、分配和使用总量的最重要指标，对一些关系国民经济全局的重要经济、社会问题，需要将有关指标与GDP进行比较分析。

（一）外贸依存度

外贸依存度有两种计算公式，从不同的角度出发，说明不同范围的问题。

1. 对外贸易总体依存程度。计算公式为：

$$\text{对外贸易总体依存程度} = \frac{\text{商品和服务的进出口总额}}{\text{GDP}} \times 100\% \tag{10.33}$$

对外贸易总体依存度说明了一个国家，包括进口和出口在内的对外贸易总规模，相当于GDP的百分比，它是国民经济总体的对外依赖程度的反映。

2. 出口贸易依存度。计算公式为：

$$\text{出口贸易依存度} = \frac{\text{商品和服务的出口额}}{\text{GDP}} \times 100\% \tag{10.34}$$

出口贸易依存度是说明一个国家的出口贸易额相当于GDP的百分比，它是国民经济对出口贸易依赖程度的反映。

改革开放后，我国积极参与国际竞争，开拓国际市场，对外经济往来越来越密切，对外贸易依存度逐年提高。1978年，我国的对外贸易依存度只有9.8%，出口贸易依存度只有4.62%；2015年，外贸总体依存度和出口贸易依存度分别达到36.0%和20.7%。

（二）财政收入占GDP的比重

财政收入是国家财政参与社会产品分配所取得的收入，是实现国家职能的保证，所以财政收入规模必须保持在一个合理的范围内。衡量财政规模的大小一般是计算财政收入占GDP的比重，计算公式如下：

$$\text{财政收入占 GDP 的比重} = \frac{\text{财政收入}}{\text{GDP}} \times 100\% \tag{10.35}$$

需要指出的是，我国财政收入即通常所说的预算内收入并不是我国政府的全部收入。除了预算收入外，我国政府收入还包括预算外收入和各种规费收入和其他收入。而国外财政收入、预算收入和政府收入是同一个概念。

另外，政府为弥补财政收入的不足而举借国债（包括内债和外债），政府债务收入占GDP的比重也是一个常用的指标，能够反映政府债务规模的合理性、安全程度等。计算公式如下：

$$\text{政府债务收入占 GDP 的比重} = \frac{\text{政府债务收入}}{\text{GDP}} \times 100\% \tag{10.36}$$

（三）政府教育科技投入

1. 政府教育经费支出力度。教育是社会经济发展的基础性事业，是非营利性生产部门,主要由政府投资。公共教育支出是指政府用于公共教育的支出加上对私立教育的补贴。目前世界各国采用的测度政府教育经费支出力度的指标是政府公共教育支出占GDP的比重。该指标计算公式是:

$$政府公共教育经费占\text{GDP}的比重=\frac{政府公共教育支出}{\text{GDP}}\times 100\% \tag{10.37}$$

2. 科技投入占GDP的比重。近年来,在世界各国的经济发展中,科技进步日益成为决定性的因素。1976年,经济合作与发展组织正式定义了"以知识为基础的经济"即知识经济。知识经济的产业支柱是高技术产业,发展高技术产业必须以巨大的产业资本投入作为动力,以大批的高水平科技人才队伍为保证。测度国家科技投入力度的大小一般采用科技投入额占GDP的比例来反映。科技投入最常用且最具有可比性的指标是"研究与发展的经费支出",简称"R&D经费支出",是指用于基础研究、应用研究和实验发展三方面课题活动的全部实际支出。测度R&D经费投入力度的指标为:

$$\text{R\&D}经费支出占\text{GDP}的比例=\frac{\text{R\&D}经费支出额}{\text{GDP}}\times 100\% \tag{10.38}$$

利用这个公式,可以测度整个国家或各个地区的科技投入强度。当需要测度产业或企业的科技投入强度时,则将公式中的分母GDP换成产业的增加值或企业的销售收入。

(四)能源使用效率

能源包括原煤、原油、天然气、水电等。它既是社会生产的动力,又是社会生活中的必需品,所以能源是经济增长和社会发展的重要保障。

能源使用效率是国民经济技术经济水平和效率的反映。测度国民经济总体的能源使用效率,一般将能源消耗总量及其增长率与GDP总量及其增长率相对比。具体有以下几种指标:

1. 单位GDP生产所消耗的能源总量。计算公式为:

$$单位\text{GDP}生产所消耗的能源总量=\frac{生产用能源消耗总量}{\text{GDP}} \tag{10.39}$$

该指标反映单位国民经济产出量消耗的能源量,也可以用其逆指标即单位能源使用所带来的国民经济产出量来反映。

2. GDP实际增长率与能源消耗量增长率之差。计算公式为:

$$\text{GDP}实际增长率与能源消耗量增长率之差=\text{GDP}实际增长率-同期能源消耗增长率 \tag{10.40}$$

3. 能源生产和消费弹性系数。计算公式为:

$$能源生产弹性系数=\frac{能源生产总量增长率}{\text{GDP}增长率} \tag{10.41}$$

$$能源消费弹性系数=\frac{能源消费总量增长率}{\text{GDP}增长率} \tag{10.42}$$

本章小结

1. 国民经济核算是以国民经济为整体的统计核算。它利用一整套的统计表与账户体系,通过一系列的统计指标体系,对国民经济运行过程进行系统描述。

2. 国民经济核算体系中的基本核算是由国内生产总值的生产及使用核算、投入产出核算、资金流量核算、国际收支核算和资产负债核算五个有机联系的子系统组成的科学体系。

3. 根据考察对象和研究目的的不同，可以选择不同标志，从不同角度对国民经济进行分类。国民经济两种最基本的分类是机构部门分类与活动部门分类。机构部门分类是对各单位按其财务决策权进行分类。活动部门分类是从生产的角度，按活动性质的同类性对各基层单位进行分类。最主要的活动部门分类有三次产业分类与国民经济行业分类。

4. 目前国际上通行的界定国民经济总体范围的原则是"常住经济单位"原则。所谓"常住经济单位"，是指在一国的经济领土上具有经济利益中心的经济单位。

5. GDP 是国民经济核算体系的核心指标。就其价值构成来看包括：①固定资产折旧；②劳动者报酬；③生产税净额收入；④营业盈余。就其实物内容来看包括：①居民和社会集团消费的全部消费品和服务；②用作投资的产品，即作为固定资产投资的产品和增加储备的产品；③净出口的产品。核算 GDP 有三种方法：①生产法；②收入分配法；③支出使用法。

6. 与 GDP 有关的总量指标体系包括：

国民总收入(GNI) = 国内生产总值(GDP) + 来自国外的要素收入净额

国民净收入 = 国民总收入 - 固定资产折旧

国内生产净值 = 国内生产总值 - 固定资产折旧

国民可支配收入 = 国民总收入 + 来自国外的现期转移收入 - 付给国外的现期转移支出
= 总消费 + 总储蓄

国民可支配净收入 = 国民可支配总收入 - 固定资产折旧价值
= 总消费 + 净储蓄

个人收入 = 国民净收入 - 生产税净额 - 企业未分配利润 + 政府、企业对个人的债券利息支付

个人可支配收入 = 个人收入 - 个人税及非税支付

7. 对 GDP 进行动态比较时，必须消除其中价格变动的影响。利用价格指数从名义 GDP 求实际 GDP 的方法包括：单紧缩法和双紧缩法。

8. 基尼系数 $G = \dfrac{S_A}{S_{A+B}}$，其值越接近于 1，收入分配的均衡程度越低；越接近于 0，收入分配的均衡程度越高。

9. 分析社会最终产品使用情况的主要指标有消费率、投资率等。

10. 分析各类最终需求对经济增长影响的指标有最终需求对经济增长的贡献率和拉动百分点。

思考与练习题

一、选择题

1. 国民经济核算的主体是以(　　)界定的。

A. 一国的地理领土范围　　　　B. 一国的主权领土范围

C. 一国的经济领土范围　　D. 一国常住经济单位

2. 中间产品和最终产品的划分依据是(　　)。

A. 产品的性质　　B. 产品的功能

C. 产品的使用去向　　D. 产品的使用价值

3. 生产税中不包括(　　)。

A. 农业税　　B. 营业税　　C. 所得税　　D. 销售税

4. 可支配收入与消费支出的差额构成的指标是(　　)。

A. 储蓄　　B. 投资　　C. 积累　　D. 银行储蓄存款

5. 一国的恩格尔系数与基尼系数的关系是(　　)。

A. 恩格尔系数越高,基尼系数越高　　B. 恩格尔系数越高,基尼系数越低

C. 恩格尔系数越低,基尼系数越高　　D. 不能下结论

二、判断题

1. 第三产业的所有部门属于非物质生产部门。(　　)

2. 全世界各国的国内生产总值之和小于国民可支配收入之和。(　　)

3. 农业部门创造的增加值就是农业部门生产的最终产品价值。(　　)

4. 全社会各部门创造的增加值总和等于全社会最终产品完全价值总和。(　　)

5. 一国的经济发展水平主要由一国的国内生产总值规模决定。(　　)

6. 按照 GDP 计算的消费率和储蓄率之和通常不等于 1。(　　)

三、计算题

1. 现有资料如下,请根据这些资料,分别用生产法、分配法和使用法计算 GDP,进而计算国内生产净值、国民总收入、国民总收入净值、国民可支配总收入和国民可支配净收入。

(1)生产和消耗:

单位:亿元

生产部门	总产值	中间消耗率/%	折旧率/%
农业	3 260	25	5
工业	12 460	45	10
建筑业	2 050	55	10
商业运输业	1 375	30	6
政府公共服务	980	12	3
其他服务	5 820	17	3

(2) 收入分配:

项　目	数　额	项　目	数　额
劳动者报酬	9 581	国外要素收入净额	-318
自产自用产品价值	489	国外经常转移净收入	192
生产税净额	2 382		
营业盈余	2 523.5		

(3)支出使用:

项　目	数　额	项　目	数　额
消费品市场购买额	11 381	固定资产形成总额	3 825
库存增加额	382	净出口额	-181

2.假设已知上年度的按现价计算的GDP为8 500亿元。本年度的有关数据见下表。
(1)请分别从生产角度和使用角度计算当年的GDP增长速度和紧缩价格指数。
(2)计算最终需求对经济增长的贡献率和拉动百分点。

各部门的总产出、中间消耗与相关的价格指数

	本年总产出		本年中间消耗	
	按当年价格(亿元)	价格指数(%)	按当年价格(亿元)	价格指数(%)
总计	20 000		10 500	
第一产业	2 000	102	1 000	101
第二产业	10 000	101	6 500	103
第三产业	8 000	105	3 000	102

支出法GDP与相关的价格指数

	上年按当年价格(亿元)	本年按当年价格(亿元)	价格指数(%)
GDP	8 500	9 500	
总消费	5 500	6 000	104
总投资	2 500	2 800	102
出口	1 200	1 500	103
进口	700	800	104

附录一

Excel 概述

第一节 Excel 简介与基本操作

一、Excel 简介

Microsoft Excel 是美国微软公司 Microsoft Office 桌面办公软件的重要组成部分，它是一个用来组织、计算和分析数据的通用电子表格软件。Excel 有多种版本，不同版本的界面和功能有所不同，本书使用的是 Excel 2013 版。

由于和 Windows 操作系统的良好结合，Excel 的普及面广，易于操作。作为一个通用的电子表格软件，除了其普及面广、易于操作的特性外，Excel 还有如下一些特性使其适于完成一般的统计分析任务：

(1)分析工具库。Excel 专门提供了一组数据分析工具，只需提供必要的数据和参数，该工具就会输出相应的结果。这一特性使 Excel 具备了专业统计分析软件的某些功能。

(2)图表功能。Excel 强大的图表功能可以让我们方便地画出各种统计图形，如直方图、散点图等。

(3)公式与函数。Excel 具有很强的公式功能，以及丰富的数学、统计函数。对于没有现成分析工具的统计分析任务，可以综合应用 Excel 的公式和函数来完成。

(4)VBA 编程。在 Excel 中可以使用 VBA 进行编程，为特定的统计分析任务制定解决方案。如可以用 VBA 编写求加权平均的函数。这一特性需要掌握编程技能，本书不加以介绍。

此外，作为办公自动化软件的组件之一，Excel 能够与 Office 中的其他软件相结合，便于制作教学多媒体课件。

二、熟悉 Excel 工作界面

Excel 第一次启动时，在应用程序工作区中显示一个新的空工作簿，如附图 -1 所示，主要包含如下几项内容：标题栏、功能区、快速访问工具栏、编辑栏、工作表、工作表标签、滚动栏和状态栏等。

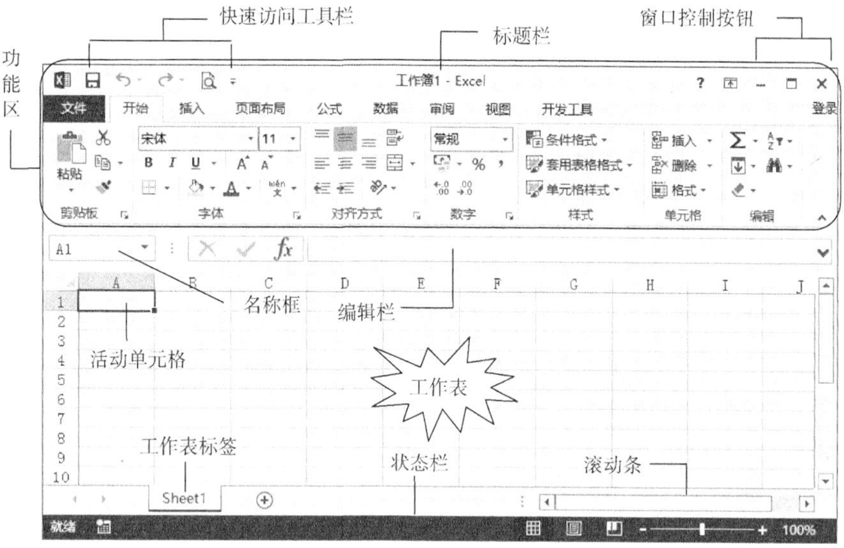

附图 -1 Excel 的工作界面

（一）标题栏

"标题栏"告诉用户正在运行的程序名称和正在打开的文件的名称。标题栏显示"工作簿 1 -Excel"表示此窗口的应用程序为 Microsoft Excel，在 Excel 中打开的当前文件的文件名为"工作簿 1. xlsx"。

（二）功能区

Excel 2007 中首次引入了功能区的概念，在 Excel 2013 中，功能区得到进一步扩展。功能区旨在帮助快速找到完成某一任务所需的命令，是 Microsoft Office Fluent 用户界面①的一部分。利用功能区，可以轻松地查找以前隐藏在复杂菜单和工具栏中的命令和功能，换句话讲，功能区替代了以前版本的菜单和工具栏。

功能区由[开始]、[插入]、[页面布局]、[公式]、[数据]等"选项卡"组成。每个选项卡都与一种类型的活动（如布局页面）相关，包括了完成相应任务的各种命令。命令按逻辑组的形式组织，逻辑组集中在选项卡下，如[开始]选项卡包括了最常见的一些操作命令，分为[剪贴板]、[字体]、[对齐方式]等不同的逻辑命令组，其中的[剪贴板]组下，

① 在 Microsoft Office2007 及后续版本中，对用户与 Word、PowerPoint、Excel、Access 和 Outlook 等的交互方式进行了重新设计，使用户能够更轻松地找到和使用程序功能。这些应用程序的总体外观简洁明快，并通过引入新技术向用户提供可能的选择结果，用户只需"浏览、选取并单击"，而无须再面对复杂的对话框。

则包括了完成复制、剪切、粘贴等相关的各种命令按钮。下面给出主要选项卡的简介。

此外,在[开始]选项卡左边还有一个“文件”按钮,通过该按钮,可设置 Excel 选项以及进行文件相关操作,如打开、关闭、保存文件以及打印等。

1.[开始]选项卡。[开始]选项卡包括了最常见的一些操作命令,分为[剪贴板]、[字体]、[对齐方式]、[数字]、[样式]、[单元格]和[编辑]等不同的逻辑命令组。

[剪贴板]命令组包括复制、剪切、粘贴(选择性粘贴)和格式刷等命令。[字体]命令组则包括了设置字体的各种命令。[对齐方式]命令组则可设置文本的水平和垂直对齐方式、文本的缩进与自动换行以及单元格的合并等。[数字]命令组则可设置单元格的数字格式。[样式]命令组可设置条件格式、表格以及单元格样式。[单元格]命令组则可插入或删除单元格、插入或删除工作表、设置行高与列宽、设置单元格格式以及进行工作表的相关操作。[编辑]命令组则可插入一些常见函数或打开“插入函数”对话框、进行自动填充、清除内容或格式、进行排序和筛选以及查找替换和定位等。

2.[插入]选项卡。[插入]选项卡用于插入图表、图片、自选图选等,它所包含的逻辑命令组有:[表格]、[插图]、[图表]、[迷你图]、[筛选器]、[链接]、[文本]和[符号]。

[表格]命令组可以将单元格区域转换成表格,也可以创建数据透视表或数据透视图。[插图]命令组可以插入图片、剪贴画、自选图形,创建 SmartArt 图形,也可以直接进行屏幕截图。[图表]命令组则可以插入各种统计图形,如柱形图、折线图、饼图和散点图等。[迷你图]是工作表单元格中的一个微型图表,可提供数据的直观表示,包括折线图、柱形图和盈亏图。[筛选器]中的切片器则用来筛选数据,如可以筛选数据透视表数据。[链接]则用于插入网站或其他文件等的超链接。[文本]命令组可以插入文本框、页眉和页脚、艺术字等。[符号]命令组则可插入各种符号以及 $A=\pi r^2$ 这样的公式(作为对象插入,不可计算)。

3.[页面布局]选项卡。[页面布局]选项卡用于进行页面设置、主题设置以及对象操作。包括[主题]、[页面设置]、[调整为合适大小]、[工作表选项]和[排列]等命令组。

文档主题是一套统一的设计元素和配色方案,是为文档提供的一套完整的格式集合。其中包括主题颜色(配色方案的集合)、主题文字(标题文字和正文文字的格式集合)和相关主题效果(如线条或填充效果的格式集合)。利用文档主题,可以非常容易地创建具有专业水准、设计精美、美观时尚的文档。[主题]命令组包括了设置主题的各种命令。[页面设置]、[调整为合适大小]和[工作表选项]这三个命令组用于页面设置,实际上均属“页面设置”对话框中最常用的功能。[排列]命令组用于对浮动对象的操作,如调整层次关系、对象的对齐等。

4.[公式]选项卡。[公式]选项卡主要涉及公式的操作,包括[函数库]、[定义的名称]、[公式审核]和[计算]四个逻辑命令组。

[函数库]命令组可以直接打开“插入函数”对话框,插入几个最常用的自动求和函数(包括求和、求平均,求最大、最小值)以及最近你所使用过的函数,[函数库]命令组还分类列出了 Excel 的函数(Excel 共有 13 个函数别,这里只列出 11 个类别,数据库函数和自定义函数未列出),你可以点相应类别,然后选择弹出的函数列表中的某个函数,打开“函数参数”对话框。[定义的名称]命令组用于设置区域的名称。[公式审核]命令组则

用于对公式进行审核,如实现在显示公式和显示公式计算结果之间进行切换,追踪引用或从属单元格,错误检查等。在 Excel 中,计算指的是在包含公式的单元格中显示结果值的过程。默认情况下,Excel 对公式自动计算,比如当你更改公式中引用的单元格时,公式会立即自动重新计算并显示出新的结果。当然也可以手动重新计算。[计算]命令组则可完成自动与手动计算的选择,并在手动模式下完成工作表或工作簿的计算。

5.[数据]选项卡。[数据]选项卡主要涉及对数据的排序筛选、审核、分类汇总以及使用[分析工具库]进行分析等。

[获取外部数据]和[连接]命令组主要用于获取其他数据源的数据。[排序和筛选]命令组的功能是显而易见的。[数据工具]命令组可以进行数据分列、删除重复数据,可以进行有效性审核,可以将多个区域的值合并到一个新区域,还可以进行单变量求解以及模拟运算等。[分级显示]命令组可以创建分类汇总。

[分析]命令组包括[规划求解]和[数据分析]两个命令。这两个命令以加载宏的方式提供,默认情况下,它们并不出现在[数据]选项卡中。为了使用这两项功能,需要先加载规划求解或分析工具库。点击[文件]→[选项]打开"Excel 选项"对话框,再点击对话框的"加载项",确保右侧的"管理"下拉列表中是"Excel 加载项"(默认即是),然后单击[转到]按钮,弹出"加载宏"对话框。在对话框中,选中"分析工具库"和"规划求解加载项",最后单击[确定]按钮即可。参见附图 -2。如果没有"分析工具库"或"规划求解加载项",则单击[浏览]进行查找。如果出现一条消息,指出您的计算机上当前没有安装分析工具库或规划求解加载宏,请单击[是]进行安装。

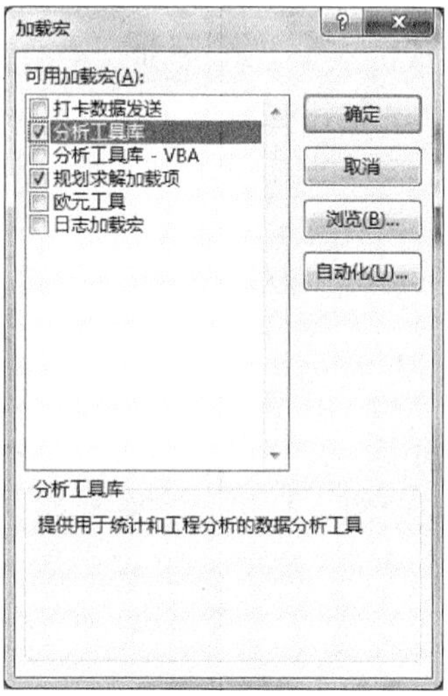

附图 -2 加载宏

6.[审阅]选项卡。[审阅]选项卡的主要功能包括:拼写检查、批注、保护工作表或工作簿以及修订等。

7.[视图]选项卡。视图决定了工作表的特定显示设置。使用[视图]选项卡可以设置 3 种工作簿视图:普通、页面布局和分页预览。默认是普通视图,通常就是我们打开 Excel 所见到的样子;使用页面布局视图可以看到页的起始与结束位置,并可看到页眉和页脚;分页预览视图可以预览到打印时的分页位置,在该视图下,可以很方便地设置分页符。此外,还可以设置自定义视图,并设置在任一种视图下是否全屏显示。[显示]命令组可以设置是否显示网络线、行列标题、编辑栏等。[显示比例]命令组可放大或缩小显示工作表。[窗口]命令组可以拆分或冻结窗口。[宏]命令可以录制或查看 VBA 宏。

为了使屏幕更为整洁,某些选项卡只在需要时才显示,并且功能区可以最小化。在 Office 2013 版本中,还可以创建自定义选项卡和自定义组来包含一些常用命令。

(三)快速访问工具栏

它是一个可自定义的工具栏,包含一组独立于当前显示的功能区上选项卡的命令。该工具栏可以放在功能区上方,也可放置于功能区下方,并且可以向快速访问工具栏中添加您所常用的命令按钮。默认情况下,快速访问工具栏的四个按钮分别是[保存]、[撤消]、[恢复]和[自定义快速访问工具栏]。

(四)名称框和编辑栏

名称框和编辑栏给用户提供活动单元格的信息。在编辑栏中用户可以进行输入和编辑,编辑栏左边是"名称框",显示活动单元格的坐标。

编辑栏左半部分有三个按钮,三个按钮从左至右分别是:[×](取消)按钮、[√](输入)按钮和[fx](插入函数)按钮。

(五)工作表

新的工作簿默认包含一个工作表,名称为 Sheet1。

工作表是一个由行和列组成的表格。行号和列号分别用字母和数字区别。行由上自下范围为 1~1048576,列号则由左到右采用字母编号 A~XFD。因此每张表为 16384 列×1048576 行,若从 Excel 导入的数据超过以上范围,则会被 Excel 自动截去。每一个行、列坐标所指定的位置称之为单元格,如列 A 和行 1 的交叉点的单元格称为单元格 A1。单元格名称也叫"单元格地址"。在单元格中用户可以键入符号、数值、公式以及其他内容。

若要在现有工作表之前插入新工作表,请选择该工作表,在[开始]选项卡上的[单元格]组中,单击[插入],然后单击[插入工作表]或者直接点击工作表标签右边的"新工作表"按钮(一个带圈的加号,参见附图 -3)即可。若要删除工作表,则右键单击该工作表标签,然后单击[删除]。

(六)工作表标签

工作表标签通常用"Sheet1"、"Sheet2"等名称来表示,用户也可以通过用鼠标右击标签名,选择弹出菜单中[重命名]命令来修改标签名。

工作簿窗口中的工作表称为活动工作表,当前工作表的标签为白色,其他为灰色,如附图 -3 所示。单击某个标签可以使相应的工作表成为活动工作表。如果工作表数量过多,看不到相应的标签,那么就要用标签滚动按钮,当看到所需要的工作表标签时,再单击该标签,使该工作表成为活动工作表。

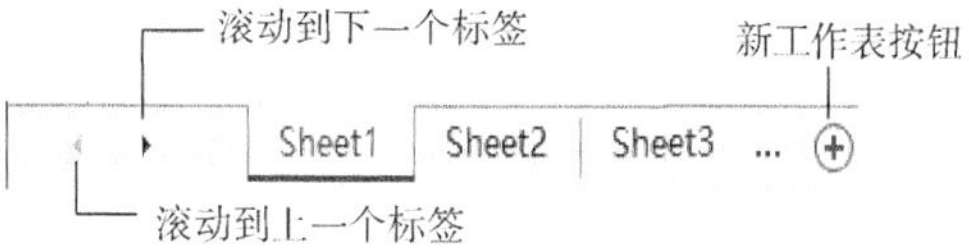

附图-3 工作表标签

（七）滚动栏

当工作表很大时，如何在窗口中查看表中的全部内容呢？可以使用工作簿窗口右边及下边的滚动条（包括滚动框和滚动箭头等），使窗口在整张表上移动查看，也可以通过[视图]选项卡中的[显示比例]扩大整个工作表的显示范围。

（八）状态栏

状态栏位于 Excel 窗口底部，它显示程序运行的某些信息。比如，在默认情况下，最左端显示的是单元格的模式，当单元格准备接受命令或输入数据时，显示为"就绪"，当输入数据时，显示"输入"，当单元格处于编辑状态时，显示"编辑"。当单击了功能区的某些命令按钮时，可能会显示此命令用途的简要提示。状态栏的右侧依次是"视图快捷方式"、"缩放滑块"和"显示比例"，可以通过它们调整视图方式和显示比例等。当选择了包括数字的单元格区域时，状态栏上会显示这些数字的平均值、求和以及计数等信息。此外，右键单击状态栏可对状态栏自定义。

三、输入数据

（一）直接输入

一般来讲，在 Excel 中输入数据，要先选择单元格，然后输入数据并按回车键。输入的数据同时显示在相应的单元格和编辑栏上。如要编辑已输入的数据，可单击编辑栏进行编辑。编辑时，单击[×]（取消）按钮，可放弃编辑；单击[√]（输入）按钮，可接受一个已修改的项。也可双击相应的单元格或选定相应的单元格并按功能键 F2，在单元格中移动插入指针进行编辑。

可以在 Excel 工作表中输入下列形式的信息：

1. 数值。数值可以是整数、小数、整分数（10 3/7）或以科学计数法表示的数字（如 2E +9）。可以在数字中使用一些数学符号，包括加（ + ）、减（ - ）、百分号（%）、分号（/）、指数符号（E）和货币符号。默认情况下，数值靠单元格的右端对齐。

2. 文本。文本可以是任意文字数字字符的组合，包括大小写字母、数字和符号。默认情况下，文本靠单元格的左端对齐。如想要将数值、日期一类的数字保存为文本，在数字前加一个单引号。

3. 日期和时间。要在单元格中保存日期和时间，必须使用预定义的日期和时间格式的一种，如，"2002 年 3 月"、"2002 - 3 - 3"或"8:00AM"。

4. 公式。公式是一个从现有的数值计算出一个新值的方程式。它可以包括数字、数学运算符、单元格引用和称为"函数"的内部方程式，如" = sum（A5:A8）"。公式的使用将另作介绍。

5. 其他。比如超链接、批注以及图片等等。

（二）与其他软件交换数据

除了直接输入数据外，Excel 还可通过复制、公式、与其他软件交换等渠道取得数据。关于复制和公式的操作，我们在下一节中介绍。在 Excel 中也可以打开其他类型的数据文件，如文本文件、Access 数据文件等。

四、编辑工作表

（一）选定单元格和区域

一些 Excel 命令是针对单个单元格或单元格区域的。活动单元格总是处于选定状态。

要使用鼠标选择一定区域的单元格，可执行下列步骤：

(1) 鼠标单击要选定的第一个单元格。

(2) 按下鼠标左键，然后将鼠标拖过选定区，最后放开鼠标左键。被选定的单元格以淡蓝色突出显示，并且外边框为加粗边框。

(3) 如要选定不相邻的单元格区域，可按住 Ctrl 键，然后重复步骤 1 和 2 直到选定所有的区域。选定后，放开 Ctrl 键。

还可以通过单击想要选定行的行标，选定一行单元格，或通过单击列标选定一列单元格。通过按下鼠标左键，并拖曳鼠标指针经过希望选定的列或行，则可以选定多个行或列。最后，按下[全选]按钮允许用户在一次操作中选定工作表中的所有单元格。如附图 -4 所示。

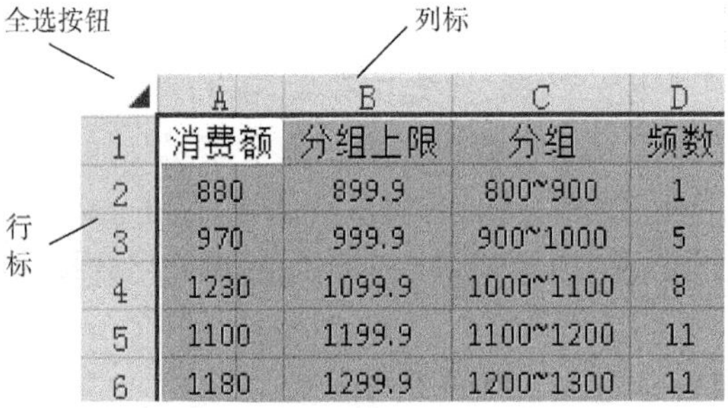

附图 -4　选定单元格和区域

要使用键盘选择一定区域的单元格，可执行下列步骤：

(1) 使用箭头键移动到要选定的第一个单元格上。

(2) 按 Shift 键，然后按相应的箭头键选定其余部分。最后放开 Shift 键。

要选定不相邻的单元格区域，选定一个区域后，按下 Shift + F8 组合键（此时状态栏上出现“添加到所选内容”），重复上述步骤再选择另一个区域。

另外，使用 Shift + Ctrl + 箭头键可以快速选定一个连续的数据区域，大大提高操作效率。

（二）编辑和清除单元格内容

要想编辑一个存在数据的单元格，可以先进入编辑该单元格的状态，然后进行修改，最后确认即可。进入编辑状态,有两种方法:一种是双击相应的单元格;另一种是选定相应的单元格,然后按 F2 键或单击编辑栏。确认修改结果时,可以直接按回车键也可以单击编辑栏上的[√](输入)按钮。

要清除活动单元格的内容,按 Delete 键,或者右击该单元格,然后从弹出菜单中选择[清除内容]即可。用户还可以选择一定区域的单元格,然后以同样的方式清除它们的内容。

注意:单元格内容并未被完全删除。清除单元格与删除单元格不同。清除单元格只是清除单元格的值,而单元格的格式信息却仍然保留。而删除单元格则是将单元格从电子表格中删除,并用其他单元格来替换该单元格。

(三)插入和删除单元格

要将一个单元格或单元格区域插入电子表格中,可以选定与要插入新单元格的位置相邻的单元格区域,右键单击这个单元格,然后从弹出菜单中选择[插入]。如果 Excel 不能确定如何处理其他单元格,则会提示用户是否将单元格下移或右移。它还让用户选择是插入新行还是插入新列。

删除单元格区域情况相同,只是单元格按相反的方向移动。用户可以将单元格左移或上移,或者用户可以删除受影响的行或列。如果用户在选择插入或删除命令之前,选定了一行或多行(或列),那么 Excel 将不会向用户提示额外信息,它只是向前执行所需的操作。

(四)[撤消]和[恢复]命令

如果不小心删除了不该删除的区域,可以通过快速访问工具栏中的[撤消]命令来恢复被删除的内容。[撤消]是 Excel 中较常用到的操作,如果不小心实施了错误的操作,那么可以通过撤消操作使工作表恢复原样。该命令的键盘快捷键是 Ctrl + Z。

在使用[撤消]命令后,也可以使用快速访问工具栏中的[恢复]命令将刚才撤消的操作恢复过来。[恢复]命令具有与[撤消]命令相反的功能。该命令的键盘快捷键是 Ctrl + Y。

(五)使用[剪切]和[粘贴]命令移动数据

当使用[剪切]命令剪切某个单元格区域时,该区域周围显示闪动的虚线矩形框表示这是要移动的单元格,然后将该单元格区域内容(包括批注和格式)存放在一个临时的存储空间,该存储空间就是 Windows 剪贴板。当选定放置数据的新位置并执行[粘贴]命令,单元格以及他们的格式将从剪贴板复制到新的位置上,同时原始单元格区域的数据和格式将被清除。如果在出现矩形框后要取消移动,请按 Esc 键。

操作步骤如下:

1. 选定要移动的单元格区域。
2. 单击[开始]选项卡[剪贴板]组中的[剪切]命令。也可按快捷键 Ctrl + X。
3. 选定要移动数据的目的单元格。
4. 单击[开始]选项卡[剪贴板]组中的[粘贴]命令。也可按快捷键 Ctrl + V。

(六)使用[复制]和[粘贴]命令复制数据

如果只是要复制工作表中的单元格区域,而不是移动它们,可用[开始]选项卡[剪贴板]组中的[复制]命令。这个命令将选定的单元格副本保存到剪贴板中,然后使用[粘贴]命令可以将这些单元格任意多次地粘贴到工作表中。

其操作步骤基本上与[剪切]和[粘贴]命令相同,只是第 2 步应改为:执行[复制]命令。也可按快捷键 Ctrl + C。

（七）使用自动填充功能创建序列

Excel 中最有用的特性之一就是它自动完成一个序列的能力。一个序列可以是一组数字（如 1、2、3 或 2、4、6），也可以是一组日期（如 Jan - 99、Feb - 99、Mar - 99 或工作日），用户甚至可以定义自己的序列（Excel 已有的自定义序列有 11 个），Excel 将自动填充。

自动填充功能通过将“填充柄”拖过新单元格时产生作用。填充柄是位于活动单元格或选定单元格区域右下角的小黑框。当指针停留在填充柄上时，指针形状变成加号（ + ），这表明自动填充功能已经启用。

要使用自动填充功能，可以按下列步骤进行：

1. 在电子表格中输入序列的前几个值。

2. 用鼠标选定这些值。

3. 将指针移动到选定区域的填充柄上，然后等待指针变为加号。

4. 按下鼠标左键，拖动填充柄覆盖希望填充的单元格区域。

5. 释放鼠标左键。

点击[文件]→[选项]，可以打开“Excel 选项”对话框。在对话框“高级”类别的“常规”下，单击[编辑自定义列表]，可打开“自定义序列”对话框创建自己的序列。

五、使用公式和函数

Excel 具有很强的公式功能。在数据分析处理过程中，使用公式和函数主要有以下几方面优点：

（1）公式的复制功能适应大批量数据处理，极大地加快运算速度。

（2）用 Excel 的公式，可以记住分析的具体步骤，非常便于检查和修改。

（3）Excel 具有自动更新功能，修改公式引用的单元格，公式可立刻进行重新计算并显示出结果。

（4）利用 Excel 的函数，可以省去众多手动计算时的中间步骤，提高效率。

Excel 在内部保存公式（可以在编辑栏上看到公式），在放置公式的单元格中显示公式的计算结果。Excel 中的所有公式都以一个等号（ = ）开头，后面跟上由各种运算符连接在一起的一系列数据、单元格引用、单元格区域名称或函数等。

（一）创建公式

选择要输入公式的单元格，输入公式（公式一定要以一个等号开头），按回车键完成公式并显示结果。有两种公式输入方式：一是直接在单元格中输入公式，二是使用“插入函数”对话框。要调出该对话框，可单击编辑栏上的[*fx*]按钮。

数组公式的输入：

1. 如果数组公式返回一个结果，请单击需要输入数组公式的单元格。

如果数组公式返回多个结果，请选定需要输入数组公式的单元格区域。

2. 键入数组公式。

3. 按 CRTL + SHIFT + ENTER 组合键。

在输入数组公式时，Excel 自动在大括号{ }之间插入公式。

（二）在公式中使用单元格引用

单元格引用指的是在公式中包含单元格的名称。要在公式中引用单元格，有两种方法，下面举例说明。

例如，要将单元格 B5 和 C5 的内容相加，结果放至 D5 中去，可创建公式："=B5+C5"，这时可使用如下两种方法：

1. 通过键盘输入创建：选择单元格 D5，输入"=B5+C5"，按回车键。

2. 用鼠标创建：选择单元格 D5，输入等号（=），单击单元格 B5，然后按加号键（+），再单击单元格 C5，最后按回车键。

Excel 有 3 种方式表示单元格的引用，即冒号、逗号和空格。

冒号表示连续区域的引用，即引用一个矩形区域内的单元格；逗号表示联合引用，即引用若干个单元格或单元格区域，这些单元格或单元格区域并不一定是在一起的。空格表示交叉引用，即引用两个单元格区域的公共部分。

如 SUM（A1:B5）表示对 A1 到 A5 以及 B1 到 B5 单元格求和；

SUM（A1,A3,B1:B4）表示对 A1、A3 以及 B1 到 B4 单元格求和；

SUM（A1:B4 A2:B5）表示对 A2 到 A4 以及 B2 到 B4 单元格求和。

（三）公式的复制

公式复制是 Excel 数据成批计算的重要操作方法。可以使用自动填充功能来实现公式的复制，也可以用[复制]和[粘贴]命令来实现公式的复制。

如果公式中包含单元格引用，必须了解单元格引用的方式：绝对引用和相对引用。如果公式中引用的单元格的地址的行标和列标前都加上"$"符号，表明使用的是绝对引用；反之，如果未加"$"符号，则表示是相对引用。

之所以要区分绝对引用和相对引用，是因为是复制公式时，Excel 会根据引用方式的不同，自动调整公式中的单元格引用。这一特性是 Excel 非常重要的功能之一，它使数据的成批计算成为可能。比如使用复制公式这一功能，在 Excel 中可以根据一个数列产生一个新的数列。

如果希望当公式复制到别的区域之时，公式中引用的单元格地址不会随之相对变动，那么你必须在公式中使用单元格的绝对引用。如果你希望当公式复制到别的区域之时，公式引用的单元格地址也会随之相对变动，那么你必须在公式中使用单元格的相对引用。有时，在复制公式时，要求仅仅保持引用单元格的行标或列标不变，这种情况下要使用混合引用，即只在引用单元格地址的行标前或只在列标前加上"$"符号。

下面举例说明绝对引用与相对引用的区别。

在单元格 A1 和 B1 中已输入了数值数据，在 C1 单元格输入公式"=A1+B1"，该公式使用的便是相对引用：C1 中有公式，公式引用的单元格与公式所在单元格 C1 在同一行，但是分别在 C1 的左边 1 列和左边 2 列，此时将 C1 中的公式复制到其他单元格，则公式引用的单元格地址和公式所在单元格地址保持相对不变。比如，将 C1 中的公式复制到了 D2 的单元格，则 D2 中的公式引用的单元格就不是 A1 和 B1 了，而是与 D2 在同一行，分别在 D2 左边 1 列和左边 2 列的两个单元格，即 B2 和 C2 单元格，因此 D2 中的公式是"=B2+C2"。如果将该公式复制到单元格 F100，同理 F100 中的公式将变为"=D100+E100"。

因此"相对"的概念指的是,公式所在的单元格位置和该公式引用的单元格位置是相对固定的。

在复制包含绝对引用的公式时,不论将公式复制到何处,公式的内容都不会发生变化。比如若 C1 中的公式是" = \$A \$1 + \$B \$1",则将该公式复制到 F100 单元格时,F100 中的公式仍是" = \$A \$1 + \$B \$1"。

在复制包含混合引用的公式时,如果单元格地址的行标前加" \$ ",则保持"行"不变动,但"列"会随着公式位置的变化而变动;如果单元格地址的列标前加" \$ ",则保持"列"不变动,但"行"会随着公式位置的变化而变动。例如,将单元格 C1 中的公式" = A\$1 + B\$1"复制到单元格 F100,那么公式将变为," = D\$1 + E\$1"。

在复制公式时,可以作这样的归纳:公式中" \$ "符号后面的单元格坐标不会随着公式位置的变化而变动,而不带" \$ "符号后面的单元格坐标会随着公式位置的变化而相对变动。

(四)复制公式的计算结果

仅将公式的计算结果复制到目标区域,并不复制公式本身,可用选择性粘贴来实现。操作步骤如下:

1. 选定待复制区域,并执行[复制]命令。

2. 用鼠标右击目标区域,执行[选择性粘贴]命令。出现"选择性粘贴"对话框,选定"数值"选项。也可在弹出的右键菜单中单击按钮。

(五)使用函数

函数是一些预定义的公式,利用函数不仅能提高效率,而且可以减少由于人为原因导致的错误,同时也能减少工作表占用的内存空间,提高 Excel 工作速度。

1. 函数的语法。

函数名(参数 1,参数 2,参数 3,…)

其中,参数是函数中用来执行计算的数值。参数可以是数字、文本、单元格引用或名称,也可以是常量或其他函数。具体到特定的函数,其参数类型与参数个数等由函数自身决定,因此在使用函数前应了解函数的具体语法。

2. 函数的输入。在 Excel 中使用函数,必须将它们输入工作表的公式中。

(1)几个常用求和函数的输入。在[开始]选项卡的[编辑]命令组和[公式]选项卡的[函数库]命令组中,单击[Σ自动求和]按钮可以输入几个最常用的自动求和函数(包括求和、求平均、求最大值、求最小值)。

(2)输入最近使用过的函数。在[公式]选项卡的[函数库]命令组中,有一个[最近使用的函数]按钮,点击该按钮,可以弹出你最近使用过的函数列表。

(3)使用"插入函数"对话框输入函数。点击[公式]选项卡[函数库]命令组中的[*fx* 插入函数]按钮或单击编辑栏上的[*fx*]按钮,可调出"插入函数"对话框。

Excel 中的函数共分为 13 个类别,与本课程关系密切的有:统计函数、数学和三角函数、日期和时间函数、查找和引用函数、文本函数等。

如果对 Excel 的函数比较了解,可以先浏览"选择类别"框中的分类,然后在"选择函数"列表中选择你想的函数。选中某个函数后,在对话框的下部会显示这个函数的简单介绍和语法。比如要想求算术平均数,可以先选择“统计”类别,则会列出所有的统计函数,然后选中 AVERAGE 函数,再单击[确定]按钮,参见附图 -5。

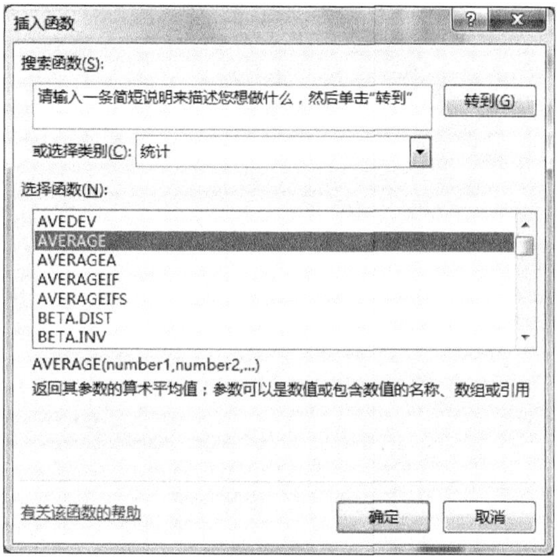

附图 -5 “插入函数”对话框

如果不确定要使用哪一个函数,则可在“搜索函数”框中键入输入关键字词来搜索函数,以加快输入函数的速度。比如想求算术平均数,但又不知道应该用哪个函数,则可以在“搜索函数”框中键入关键字“求平均”,然后单击[转到]按钮,则会在“选择函数”列表中列出相关的平均数函数,然后逐一点击相关的函数,观察每个函数的说明,就可以知道求算术平均值应该使用 AVERAGE 函数。参见附图 -6。

附图 -6 搜索函数

选择函数并单击[确定]按钮后，会打开“函数参数”对话框。附图 -7 是 AVERAGE 函数的参数对话框。

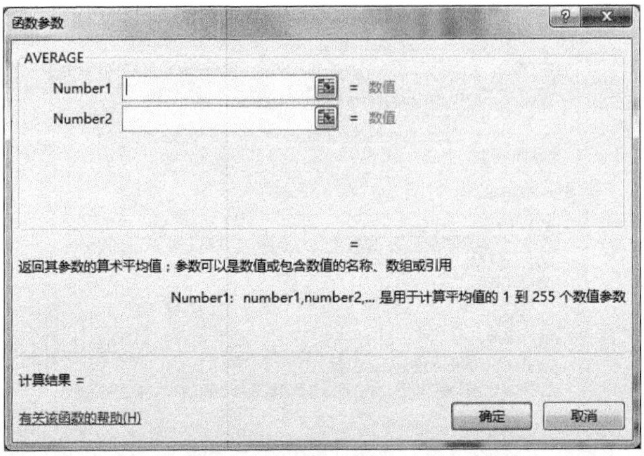

附图 -7 函数参数

若要将单元格引用作为参数输入，请单击[压缩对话框]按钮( )以临时隐藏对话框，在工作表上选择单元格，然后按[展开对话框]( )。参数输入后按[确定]按钮即可。

(4)使用[函数库]命令组输入函数。[公式]选项卡的[函数库]命令组分类列出了 Excel 的函数(Excel 共有 13 个函数别，这里只列出 11 个类别，数据库函数和自定义函数未列出)。单击某个类别后，会弹出该类别中的函数列表。当鼠标悬停在某个函数名上时，会显示该函数的简单说明。找到所需的函数后，单击该函数，会打开“函数参数”对话框。

(六)公式与错误值

如果公式不能正确计算出结果，Excel 将显示一个错误值。常见的错误值见附表 -1。

附表 -1 Excel 中常见错误值

错误值	简单说明
#DIV/0!	公式中出现 0 为除数的情况
#N/A	当某个值不可用于函数或公式时
#NAME?	公式中使用了 Excel 不能识别的文本
#NULL!	试图为两个不相交的区域指定交叉点
#NUM!	当公式或函数包含无效数值时
#REF!	公式包含的区域引用无效时
#VALUE!	公式所包含的单元格有不同的数据类型
######	计算结果太宽，无法在单元格中显示

（七）在公式中使用区域名称

要使公式和函数更具有可读性和更易于输入，可以在工作表中命名一个单元格区域，然后在公式和函数中使用该区域名称代替此区域的单元格引用。

1. 指定区域名称。即选中要命名的区域。选择区要包括行或列的标题以定义名称，如附图 -8。

	A	B
1	year	GDP
2	2004	162742.1
3	2005	189190.4
4	2006	221206.5
5	2007	271699.3
6	2008	319935.8
7	2009	349883.3
8	2010	410708.3
9	2011	486037.8
10	2012	540988.9
11	2013	596962.9
12	2014	648493.1
13	2015	696299.7

附图 -8　指定区域名称

如附图 -8，选择区域包含了要用于指定区域名称的文字标签“GDP”。然后单击[公式]选项卡[定义的名称]组中的[定义名称]，弹出“新建名称”对话框（见附图 -9）。在该对话框的“名称”文本框中已经自动输入了名称“GDP”，最后单击[确定]按钮。如果之前选定的区域不包括文字标签，则需要自行输入一个新的名称。

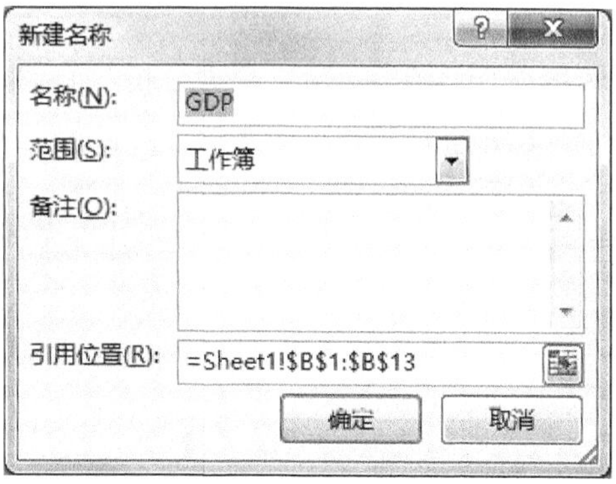

附图 -9　定义名称

2. 使用区域名称。可以在公式和函数中使用区域名称。如本例要计算单元格 B2 到 B13 的 GDP 平均值，可以用公式“ = AVERAGE(GDP)”。

3. 修改名称所指定的单元格区域。

(1)单击[公式]选项卡[定义的名称]组中的[名称管理器],弹出“名称管理器”对话框。

(2)选择要修改的区域名称,再单击[编辑],弹出“编辑名称”对话框(与“新建名称”基本相同,只是对话框中的“范围”不可选)。

(3)在“引用位置”文本框修改单元格引用。也可以直接在工作表中选择新的单元格区域。

(4)最后单击[确定]按钮保存所做的修改。

当修改区域时,Excel 将自动更新所有与此名称相关的公式。

4. 删除区域名称。调出“名称管理器”对话框,单击要从工作表中删除的区域名称,再单击[删除]按钮。

第二节　分析工具库与统计函数

一、分析工具

Excel 提供了一组数据分析工具,称为“分析工具库”。在建立复杂的统计分析时,使用现成的数据分析工具,可以节省很多时间。只需为每一个分析工具提供必要的数据和参数,该工具就会自动使用适宜的统计或数学函数,并在输出表格中显示相应的结果。其中的一些工具在生成输出表格时还能同时产生图表。如果要浏览已有的分析工具,可以单击[数据]选项卡[分析]组中的[数据分析]按钮。

如果[数据分析]没有出现在选项卡上,则必须先加载该分析工具库。具体参见本章第一节中的“熟悉 Excel 工作界面”部分。

使用各项分析工具的操作步骤如下。

(1)打开相应的 Excel 文件。

(2)点击[数据]→[数据分析],在调出的“数据分析”对话框中双击相应的数据分析工具选项,如“回归”“抽样”等,参见附图 -10。

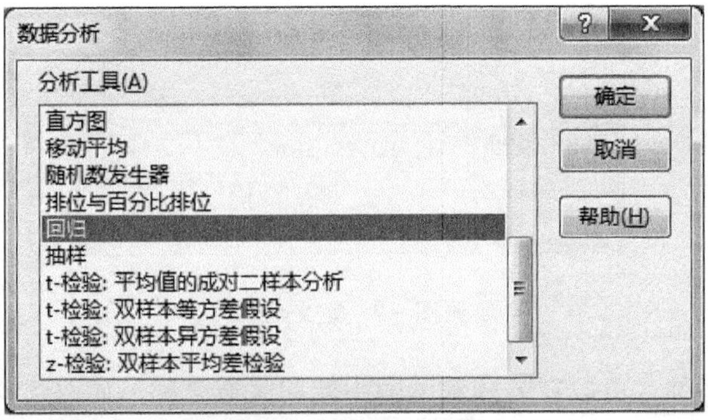

附图 -10　“数据分析”对话框

(3)在打开的各种分析工具的对话框中,按各种分析工具的要求填写相应的信息,最后按[确定]按钮。

以下给出 Excel 主要分析工具的一览表(附表 -2),具体的使用方法在有关章节中说明。

附表 -2 Excel 主要数据分析工具一览表

分析工具名称	简单说明
F -检验:双样本方差	此分析工具可以进行双样本 F - 检验,用来比较两个样本总体的方差
t -检验:平均值的成对二样本分析	此分析工具及其公式可以进行成对双样本 t - 检验,用来确定样本均值是否不等。此 t -检验并不假设两个总体的方差是相等的
t -检验:双样本等方差假设	此分析工具可以进行双样本 t - 检验。此 t - 检验先假设两个数据集的平均值相等,故也称作齐次方差 t - 检验。可以使用 t - 检验来确定两个样本均值实际上是否相等
t -检验:双样本异方差假设	此分析工具及其公式可以进行双样本 t - 检验。此 t - 检验先假设两个数据集的方差不等,故也称作异方差 t - 检验。可以使用 t - 检验来确定两个样本均值实际上是否相等
z -检验:双样本平均差检验	此分析工具可以进行方差已知的双样本均值 z - 检验。此工具用于检验两个总体均值之间存在差异的假设
抽样	此分析工具以输入区域为总体构造总体的一个样本。当总体太大而不能进行处理或绘制时,可以选用具有代表性的样本。如果确认输入区域中的数据是周期性的,还可以对一个周期中特定时间段中的数值进行采样。例如,如果输入区域包含季度销售量数据,以四为周期进行取样,将在输出区域中生成某个季度的样本
回归	此工具通过对一组观察值使用"最小二乘法"直线拟合,进行线形回归分析。本工具可用来分析单个因变量是如何受一个或几个自变量影响的
描述统计	此分析工具用于生成对输入区域中数据的单变值分析,提供有关数据趋中性和易变性的信息
排位与百分比排位	此分析工具可以产生一个数据列表,在其中将给定数据按大小次序排位和按相应的百分比排位,用来分析数据集中各数值间的相互位置关系
随机数发生器	此分析工具可以按照用户选定的分布类型,在工作表的特定区域中生成一系列独立随机数字。可以通过概率分布来表示主体的总体特征
相关系数	此分析工具及其公式可用于判断两组数据集(可以使用不同的度量单位)之间的关系。可以使用"相关系数"分析工具来确定两个区域中数据的变化是否相关
协方差	此分析工具及其公式用于返回各数据点的一对均值偏差之间的乘积的平均值。可以使用协方差工具来确定两个区域中数据的变化是否相关

续表

分析工具名称	简单说明
移动平均	此分析工具及其公式可以基于特定的过去某段时期中变量的均值,对未来值进行预测
直方图	在给定工作表中数据单元格区域和接收区间的情况下,计算数据的个别和累积频率,用于统计某个数值元素的出现次数
指数平滑	此分析工具及其公式基于前期预测值导出相应的新预测值,并修正前期预测值的误差。此工具将使用平滑常数 a,其大小决定了本次预测对前期预测误差的修正程度
单因素方差分析	此分析工具通过简单的方差分析(anova),对两个以上样本均值进行相等性假设检验(抽样取自具有相同均值的样本空间)。此方法是对双均值检验(如 t-检验)的扩充
可重复双因素分析	此分析工具是对单因素 anova 分析的扩展,即每一组数据包含不止一个样本
无重复双因素分析	此分析工具通过双因素 anova 分析(但每组数据只包含一个样本),对两个以上样本均值进行相等性假设检验(抽样取自具有相同均值的样本空间)。此方法是对双均值检验(如 t-检验)的扩充

二、常用数学与统计函数简表

这里,给出 Excel 中常用的数学和统计函数列表(附表-3)。具体的使用方法将结合具体实例,在各有关章节中说明。更多函数请参考 Excel 帮助。

附表-3　Excel 常用数学和统计函数一览表

函数名称	函数功能
AVERAGE	求算术平均值
BINOM. DIST	求二项式分布的概率值
BINOM. INV	求使累积二项式分布大于等于临界值的最小值
CHISQ. DIST	求 χ^2 分布的左尾概率值或密度函数值
CHISQ. INV	求 χ^2 分布左尾概率的逆函数值
CHISQ. DIST. RT	求 χ^2 分布的右尾概率值
CHISQ. INV. RT	求 χ^2 分布右尾概率的逆函数值
CONFIDENCE. NORM	求总体平均值的置信区间,即求 $z_{\alpha/2}\sigma/\sqrt{n}$
CORREL	求相关系数
COUNT	求变量个数
COVARIANCE. P	求总体协方差
COVARIANCE. S	求样本协方差
BINOM. INV	求使累积二项分布概率值大于等于临界值 α 的最小值

续表

函数名称	函数功能
EXP	返回 e 的 n 次幂
EXPON. DIST	求指数分布累积分布或概率密度
F. DIST	求 F 分布的左尾概率值或密度函数值
F. INV	求 F 概率分布左尾概率的逆函数值
F. DIST. RT	求 F 分布的右尾概率值
F. INV. RT	求 F 概率分布右尾概率的逆函数值
F. TEST	返回 F 检验的结果,即当数组 1 和数组 2 的方差无明显差异时的双尾概率
HYPGEOM. DIST	返回超几何分布的概率值
IF	执行真假值判断,根据逻辑测试的真假值返回不同的结果
INT	求一个数向下舍位到最接近的整数
INTERCEPT	返回线性回归线的截距
KURT	求峰度
LN	求一个数的自然对数
LOG	按所指定的底数,求一个数的对数
MAX	求一组数的最大值
MEDIAN	求中位数
MIN	求一组数的最小值
MINVERSE	求逆矩阵
MMULT	求两个矩阵的乘积
MODE. SNGL	求众数
NORM. DIST	求正态分布的概率值(给定平均值和标准偏差)
NORM. INV	求给定平均值和标准偏差的正态分布的累积函数的逆函数
NORM. S. DIST	求标准正态分布的概率值
NORM. S. INV	求标准正态分布累积函数的逆函数
PI	返回 π 值
POISSON. DIST	求泊松分布的概率值
ROUND	求某个数字按指定位数舍入后的数字
SKEW	求偏度
SLOPE	返回线性回归线的斜率
SQRT	求正平方根
STANDARDIZE	返回正态化数值,即 $(X-\mu)/\sigma$
STDEV. S	求样本的标准差
STDEV. P	求总体的标准差

续表

函数名称	函数功能
SUM	求所有参数的和
T. DIST	求 T 分布的左尾概率值或密度函数值
T. INV	求 T 分布左尾概率的逆函数
T. DIST. 2T	求 T 分布的双尾概率值
T. INV. 2T	求 T 分布双尾概率的逆函数
TRANSPOSE	求矩阵的转置
T. TEST	返回 T 检验相关的概率
VAR. S	求样本方差
VAR. P	求总体方差
Z. TEST	返回 Z 检验的单尾概率值

附录二

常用统计表

附表1 正态分布概率表

$F(Z)=P(|x-\bar{x}|/\sigma<z)$

Z	F(Z)	Z	F(Z)	Z	F(Z)	Z	F(Z)
0.00	0.0000	0.35	0.2737	0.70	0.5161	1.05	0.7063
0.01	0.0080	0.36	0.2812	0.71	0.5223	1.06	0.7109
0.02	0.0160	0.37	0.2886	0.72	0.5285	1.07	0.7154
0.03	0.0239	0.38	0.2961	0.73	0.5346	1.08	0.7199
0.04	0.0319	0.39	0.3035	0.74	0.5407	1.09	0.7243
0.05	0.0399	0.40	0.3108	0.75	0.5467	1.10	0.7287
0.06	0.0478	0.41	0.3182	0.76	0.5527	1.11	0.7330
0.07	0.0558	0.42	0.3255	0.77	0.5587	1.12	0.7373
0.08	0.0638	0.43	0.3328	0.78	0.5646	1.13	0.7415
0.09	0.0717	0.44	0.3401	0.79	0.5705	1.14	0.7457
0.10	0.0797	0.45	0.3473	0.80	0.5763	1.15	0.7499
0.11	0.0876	0.46	0.3545	0.81	0.5821	1.16	0.7540
0.12	0.0955	0.47	0.3616	0.82	0.5878	1.17	0.7580
0.13	0.1034	0.48	0.3688	0.83	0.5935	1.18	0.7620
0.14	0.1113	0.49	0.3759	0.84	0.5991	1.19	0.7660
0.15	0.1192	0.50	0.3829	0.85	0.6047	1.20	0.7699
0.16	0.1271	0.51	0.3899	0.86	0.6102	1.21	0.7737
0.17	0.1350	0.52	0.3969	0.87	0.6157	1.22	0.7775

续表

Z	F(Z)	Z	F(Z)	Z	F(Z)	Z	F(Z)
0.18	0.1428	0.53	0.4039	0.88	0.6211	1.23	0.7813
0.19	0.1507	0.54	0.4108	0.89	0.6265	1.24	0.7850
0.20	0.1585	0.55	0.4177	0.90	0.6319	1.25	0.7887
0.21	0.1663	0.56	0.4245	0.91	0.6372	1.26	0.7923
0.22	0.1741	0.57	0.4313	0.92	0.6424	1.27	0.7959
0.23	0.1819	0.58	0.4381	0.93	0.6476	1.28	0.7995
0.24	0.1897	0.59	0.4448	0.94	0.6528	1.29	0.8030
0.25	0.1974	0.60	0.4515	0.95	0.6579	1.30	0.8064
0.26	0.2051	0.61	0.4581	0.96	0.6629	1.31	0.8098
0.27	0.2128	0.62	0.4647	0.97	0.6680	1.32	0.8132
0.28	0.2205	0.63	0.4713	0.98	0.6729	1.33	0.8165
0.29	0.2282	0.64	0.4778	0.99	0.6778	1.34	0.8198
0.30	0.2358	0.65	0.4843	1.00	0.6827	1.35	0.8230
0.31	0.2434	0.66	0.4907	1.01	0.6875	1.36	0.8262
0.32	0.2510	0.67	0.4971	1.02	0.6923	1.37	0.8293
0.33	0.2586	0.68	0.5035	1.03	0.6970	1.38	0.8324
0.34	0.2661	0.69	0.5098	1.04	0.7017	1.39	0.8355
1.40	0.8385	1.75	0.9199	2.20	0.9722	2.90	0.9962
1.41	0.8415	1.76	0.9216	2.22	0.9736	2.92	0.9965
1.42	0.8444	1.77	0.9233	2.24	0.9749	2.94	0.9967
1.43	0.8473	1.78	0.9249	2.26	0.9762	2.96	0.9969
1.44	0.8501	1.79	0.9265	2.28	0.9774	2.98	0.9971
1.45	0.8529	1.80	0.9281	2.30	0.9786	3.00	0.9973
1.46	0.8557	1.81	0.9297	2.32	0.9797	3.20	0.9986
1.47	0.8584	1.82	0.9312	2.34	0.9807	3.40	0.9993
1.48	0.8611	1.83	0.9328	2.36	0.9817	3.60	0.99968
1.49	0.8638	1.84	0.9342	2.38	0.9827	3.80	0.99986
1.50	0.8664	1.85	0.9357	2.40	0.9836	4.00	0.99994
1.51	0.8690	1.86	0.9371	2.42	0.9845	4.50	0.999994
1.52	0.8715	1.87	0.9385	2.44	0.9853	5.00	0.999999
1.53	0.8740	1.88	0.9399	2.46	0.9861		
1.54	0.8764	1.89	0.9412	2.48	0.9869		

续表

Z	F(Z)	Z	F(Z)	Z	F(Z)	Z	F(Z)
1.55	0.8789	1.90	0.9426	2.50	0.9876		
1.56	0.8812	1.91	0.9439	2.52	0.9883		
1.57	0.8836	1.92	0.9451	2.54	0.9889		
1.58	0.8859	1.93	0.9464	2.56	0.9895		
1.59	0.8882	1.94	0.9476	2.58	0.9901		
1.60	0.8904	1.95	0.9488	2.60	0.9907		
1.61	0.8926	1.96	0.9500	2.62	0.9912		
1.62	0.8948	1.97	0.9512	2.64	0.9917		
1.63	0.8969	1.98	0.9523	2.66	0.9922		
1.64	0.8990	1.99	0.9534	2.68	0.9926		
1.65	0.9011	2.00	0.9545	2.70	0.9931		
1.66	0.9031	2.02	0.9566	2.72	0.9935		
1.67	0.9051	2.04	0.9587	2.74	0.9939		
1.68	0.9070	2.06	0.9606	2.76	0.9942		
1.69	0.9090	2.08	0.9625	2.78	0.9946		
1.70	0.9109	2.10	0.9643	2.80	0.9949		
1.71	0.9127	2.12	0.9660	2.82	0.9952		
1.72	0.9146	2.14	0.9676	2.84	0.9955		
1.73	0.9164	2.16	0.9692	2.86	0.9958		
1.74	0.9181	2.18	0.9707	2.88	0.9960		

附表2　t-分布临界值表

$P[|t(v)|>t_{\alpha}(v)]=\alpha$

单侧 双侧	α =0.10 α =0.20	0.05 0.10	0.025 0.05	0.01 0.02	0.005 0.01
v =1	3.078	6.314	12.706	31.821	63.657
2	1.886	2.920	4.303	6.965	9.925
3	1.638	2.353	3.182	4.541	5.841
4	1.533	2.132	2.776	3.747	4.604
5	1.476	2.015	2.571	3.365	4.032
6	1.440	1.943	2.447	3.143	3.707
7	1.415	1.895	2.365	2.998	3.499
8	1.397	1.860	2.306	2.896	2.355
9	1.383	1.833	2.262	2.821	3.250
10	1.372	1.812	2.228	2.764	3.169
11	1.363	1.796	2.201	2.718	3.106
12	1.356	1.782	2.179	2.681	3.055
13	1.350	1.771	2.160	2.650	3.012
14	1.345	1.761	2.145	2.624	2.977
15	1.341	1.753	2.131	2.602	2.947
16	1.337	1.746	2.120	2.583	2.921
17	1.333	1.740	2.110	2.567	2.898
18	1.330	1.734	2.101	2.552	2.878
19	1.328	1.729	2.093	2.539	2.861
20	1.325	1.725	2.086	2.528	2.845
21	1.323	1.721	2.080	2.518	2.831

续表

单侧 双侧	α=0.10 α=0.20	0.05 0.10	0.025 0.05	0.01 0.02	0.005 0.01
22	1.321	1.717	2.074	2.508	2.819
23	1.319	1.714	2.069	2.500	2.807
24	1.318	1.711	2.064	2.492	2.797
25	1.316	1.708	2.060	2.485	2.787
26	1.315	1.706	2.056	2.479	2.779
27	1.314	1.703	2.052	2.473	2.771
28	1.313	1.701	2.048	2.467	2.763
29	1.311	1.699	2.045	2.462	2.756
30	1.310	1.697	2.042	2.457	2.750
40	1.303	1.684	2.021	2.423	2.704
50	1.299	1.676	2.009	2.403	2.678
60	1.296	1.671	2.000	2.390	2.660
70	1.294	1.667	1.994	2.381	2.648
80	1.292	1.664	1.990	2.374	2.639
90	1.291	1.662	1.987	2.368	2.632
100	1.290	1.660	1.984	2.364	2.626
125	1.288	1.657	1.979	2.357	2.616
150	1.287	1.655	1.976	2.351	2.609
200	1.286	1.653	1.972	2.345	2.601
∞	1.282	1.645	1.960	2.326	2.576

附表3 χ^2 分布临界值表

$$P[\chi^2(v) > \chi_\alpha^2(v)] = \alpha$$

v	显著性水平(α)												
	0.99	0.98	0.95	0.90	0.80	0.70	0.50	0.30	0.20	0.10	0.05	0.02	0.01
1	0.0002	0.0006	0.0039	0.0158	0.0642	0.148	0.455	1.074	1.642	2.706	3.841	5.412	6.635
2	0.0201	0.0404	0.103	0.211	0.446	0.713	1.386	2.403	3.219	4.605	5.991	7.824	9.210
3	0.115	0.185	0.352	0.584	1.005	1.424	2.366	3.665	4.642	6.251	7.815	9.837	11.341
4	0.297	0.429	0.711	1.064	1.649	2.195	3.357	4.878	5.989	7.779	9.488	11.668	13.277
5	0.554	0.752	1.145	1.610	2.343	3.000	4.351	6.064	7.289	9.236	11.070	13.388	15.068
6	0.872	1.134	1.635	2.204	3.070	3.828	5.348	7.231	8.558	10.645	13.592	15.033	16.812
7	1.239	1.564	2.167	2.833	3.822	4.671	6.346	8.383	9.803	12.017	14.067	16.622	18.475
8	1.646	2.032	2.733	3.490	4.594	5.527	7.344	9.524	11.030	13.362	15.507	18.168	20.090
9	2.088	2.532	3.325	4.168	5.380	6.393	8.343	10.656	12.242	14.684	16.919	19.679	21.666
10	2.558	3.059	3.940	4.865	6.179	7.267	9.342	11.781	13.442	15.987	18.307	21.161	23.209
11	3.053	3.609	4.575	5.578	6.989	8.148	10.341	12.899	14.631	17.275	19.675	22.618	24.725
12	3.571	4.178	5.226	6.304	7.807	9.304	11.340	14.011	15.812	18.549	21.026	24.054	26.217
13	4.107	4.765	5.892	7.042	8.634	9.926	12.340	15.119	16.985	19.812	22.362	25.472	27.688
14	4.660	5.368	6.571	7.790	9.467	10.821	13.339	16.222	18.151	21.064	23.685	26.873	29.141

续表

v	显著性水平(α)												
	0.99	0.98	0.95	0.90	0.80	0.70	0.50	0.30	0.20	0.10	0.05	0.02	0.01
15	5.229	5.985	7.261	8.547	10.307	11.721	14.339	17.322	19.311	22.307	24.996	28.259	30.578
16	5.812	6.614	7.962	9.312	11.152	12.624	15.338	18.413	20.465	23.542	26.296	29.633	32.000
17	6.408	7.255	8.672	10.035	12.002	13.531	16.338	19.511	21.615	24.769	27.587	30.995	33.409
18	7.015	7.906	9.390	10.865	12.857	14.440	17.338	20.601	22.760	25.989	28.869	32.346	34.805
19	7.633	8.567	10.117	11.651	13.716	15.352	18.338	21.689	23.900	27.204	30.144	33.687	36.191
20	8.260	9.237	10.851	12.443	14.578	16.266	19.337	22.775	25.038	28.412	31.410	35.020	37.566
21	8.897	9.915	11.591	13.240	15.445	17.182	20.337	23.858	26.171	29.615	32.671	36.343	38.932
22	9.542	10.600	12.338	14.041	16.314	18.101	21.337	24.939	27.301	30.813	33.924	37.659	40.289
23	10.196	11.293	13.091	14.848	17.187	19.021	22.337	26.018	28.429	32.007	35.172	37.968	41.638
24	10.856	11.992	13.848	15.659	18.062	19.943	23.337	27.096	29.553	33.196	36.415	40.270	42.980
25	11.524	12.697	14.611	16.473	18.940	20.867	24.337	28.172	30.675	34.382	37.652	41.566	44.314
26	12.198	13.409	15.379	17.292	19.820	21.792	25.336	29.246	31.795	35.563	38.885	42.856	45.642
27	12.897	14.125	16.151	18.114	20.703	22.719	26.336	30.319	32.912	36.741	40.113	44.140	46.963
28	13.565	14.847	16.928	18.930	21.588	23.647	27.336	31.391	34.027	37.916	41.337	45.419	48.278
29	14.256	15.574	17.708	19.768	22.475	24.577	28.336	32.461	35.139	39.087	42.557	46.693	49.588
30	14.593	16.306	18.493	20.599	23.364	25.508	29.336	33.530	36.250	40.256	43.773	47.962	50.892

附表4 F分布临界值表($\alpha=0.05$)

$$P[F(v_1,v_2)>F_\alpha(v_1,v_2)]=\alpha$$

v_2 \ v_1	1	2	3	4	5	6	8	10	15
1	161.4	199.5	215.7	224.6	230.2	234.0	238.9	241.9	245.9
2	18.51	19.00	19.16	19.25	19.30	19.33	19.37	19.40	19.43
3	10.13	9.55	9.28	9.12	9.01	8.94	8.85	8.79	8.70
4	7.71	6.94	6.59	6.39	6.26	6.16	6.04	5.96	5.86
5	6.61	5.79	5.41	5.19	5.05	4.95	4.82	4.74	4.62
6	5.99	5.14	4.76	4.53	4.39	4.28	4.15	4.06	3.94
7	5.59	4.74	4.35	4.12	3.97	3.87	3.73	3.64	3.51
8	5.32	4.46	4.07	3.84	3.69	3.58	3.44	3.35	3.22
9	5.12	4.26	3.86	3.63	3.48	3.37	3.23	3.14	3.01
10	4.96	4.10	3.71	3.48	3.33	3.22	3.07	2.98	2.85
11	4.84	3.98	3.59	3.36	3.20	3.09	2.95	2.85	2.72
12	4.75	3.89	3.49	3.26	3.11	3.00	2.85	2.75	2.62
13	4.67	3.81	3.41	3.18	3.03	2.92	2.77	2.67	2.53
14	4.60	3.74	3.34	3.11	2.96	2.85	2.70	2.60	2.46
15	4.54	3.68	3.29	3.06	2.90	2.79	2.64	2.54	2.40
16	4.49	3.63	3.24	3.01	2.85	2.74	2.59	2.49	2.35
17	4.45	3.59	3.20	2.96	2.81	2.70	2.55	2.45	2.31
18	4.41	3.55	3.16	2.93	2.77	2.66	2.51	2.41	2.27
19	4.38	3.52	3.13	2.90	2.74	2.63	2.48	2.38	2.23

续表

v_2 \ v_1	1	2	3	4	5	6	8	10	15
20	4.35	3.49	3.10	2.87	2.71	2.60	2.45	2.35	2.20
21	4.32	3.47	3.07	2.84	2.68	2.57	2.42	2.32	2.18
22	4.30	3.44	3.05	2.82	2.66	2.55	2.40	2.30	2.15
23	4.28	3.42	3.03	2.80	2.64	2.53	2.37	2.27	2.13
24	4.26	3.40	3.01	2.78	2.62	2.51	2.36	2.25	2.11
25	4.24	3.39	2.99	2.76	2.60	2.49	2.34	2.24	2.09
26	4.23	3.37	2.98	2.74	2.59	2.47	2.32	2.22	2.07
27	4.21	3.35	2.96	2.73	2.57	2.46	2.31	2.20	2.06
28	4.20	3.34	2.95	2.71	2.56	2.45	2.29	2.19	2.04
29	4.18	3.33	2.93	2.70	2.55	2.43	2.28	2.18	2.03
30	4.17	3.32	2.92	2.69	2.53	2.42	2.27	2.16	2.01
40	4.08	3.23	2.84	2.61	2.45	2.34	2.18	2.08	1.92
50	4.03	3.18	2.79	2.56	2.40	2.29	2.13	2.03	1.87
60	4.00	3.15	2.76	2.53	2.37	2.25	2.10	1.99	1.84
70	3.98	3.13	2.74	2.50	2.35	2.23	2.07	1.97	1.81
80	3.96	3.11	2.72	2.49	2.33	2.21	2.06	1.95	1.79
90	3.95	3.10	2.71	2.47	2.32	2.20	2.04	1.94	1.78
100	3.94	3.09	2.70	2.46	2.31	2.19	2.03	1.93	1.77
125	3.92	3.07	2.68	2.44	2.29	2.17	2.01	1.91	1.75
150	3.90	3.06	2.66	2.43	2.27	2.16	2.00	1.89	1.73
200	3.89	3.04	2.65	2.42	2.26	2.14	1.98	1.88	1.72
∞	3.84	3.00	2.60	2.37	2.21	2.10	1.94	1.83	1.67

续表

v_2 \ v_1	1	2	3	4	5	6	8	10	15
1	4052	4999	5403	5625	5764	5859	5981	6065	6157
2	98.50	99.00	99.17	99.25	99.30	99.33	99.37	99.40	99.43
3	34.12	30.82	29.46	28.71	28.24	27.91	27.49	27.23	26.87
4	21.20	18.00	16.69	15.98	15.52	15.21	14.80	14.55	14.20
5	16.26	13.27	12.06	11.39	10.97	10.67	10.29	10.05	9.72
6	13.75	10.92	9.78	9.15	8.75	8.47	8.10	7.87	7.56
7	12.25	9.55	8.45	7.85	7.46	7.19	6.84	6.62	6.31
8	11.26	8.65	7.59	7.01	6.63	6.37	6.03	5.81	5.52
9	10.56	8.02	6.99	6.42	6.06	5.80	5.47	5.26	4.96
10	10.04	7.56	6.55	5.99	5.64	5.39	5.06	4.85	4.56
11	9.65	7.21	6.22	5.67	5.32	5.07	4.74	4.54	4.25
12	9.33	6.93	5.95	5.41	5.06	4.82	4.50	4.30	4.01
13	9.07	6.70	5.74	5.21	4.86	4.62	4.30	4.10	3.82
14	8.86	6.51	5.56	5.04	4.69	4.46	4.14	3.94	3.66
15	8.86	6.36	5.42	4.89	4.56	4.32	4.00	3.80	3.52
16	8.53	6.23	5.29	4.77	4.44	4.20	3.89	3.69	3.41
17	8.40	6.11	5.19	4.67	4.34	4.10	3.79	3.59	3.31
18	8.29	6.01	5.09	4.58	4.25	4.01	3.71	3.51	3.23
19	8.18	5.93	5.01	4.50	4.17	3.94	3.63	3.43	3.15
20	8.10	5.85	4.94	4.43	4.10	3.87	3.56	3.37	3.09
21	8.02	5.78	4.87	4.37	4.04	3.81	3.51	3.31	3.03
22	7.95	5.72	4.82	4.31	3.99	3.76	3.45	3.26	2.98

续表

v_2 \ v_1	1	2	3	4	5	6	8	10	15
23	7.88	5.66	4.76	4.26	3.94	3.71	3.41	3.21	2.93
24	7.82	5.61	4.72	4.22	3.90	3.67	3.36	3.17	2.89
25	7.77	5.57	4.68	4.18	3.85	3.63	3.32	3.13	2.85
26	7.72	5.53	4.64	1.14	3.82	3.59	3.29	3.09	2.81
27	7.68	5.49	4.60	4.11	3.78	3.56	3.26	3.06	2.78
28	7.64	5.45	4.57	4.07	3.75	3.53	3.23	3.03	2.75
29	7.60	5.42	4.54	4.04	3.73	3.50	3.20	3.00	2.73
30	7.56	5.39	4.51	4.02	3.70	3.47	3.17	2.98	2.70
40	7.31	5.18	4.31	3.83	3.51	3.29	2.99	2.80	2.52
50	7.17	5.06	4.20	3.72	3.41	3.19	2.89	2.70	2.42
60	7.08	4.98	4.13	3.65	3.34	3.12	2.82	2.63	2.35
70	7.01	4.92	4.07	3.60	3.29	3.07	2.78	2.59	2.31
80	6.96	4.88	4.04	3.56	3.26	3.04	2.74	2.55	2.27
90	6.93	4.85	4.01	3.53	3.23	3.01	2.72	2.52	2.42
100	6.90	4.82	3.98	3.51	3.21	2.99	2.69	2.50	2.22
125	6.84	4.78	3.94	3.47	3.17	2.95	2.66	2.47	2.19
150	6.81	4.75	3.91	3.45	3.14	2.92	2.63	2.44	2.16
200	6.76	4.71	3.88	3.41	3.11	2.89	2.60	2.41	2.13
∞	6.63	4.61	3.78	3.32	3.02	2.80	2.51	2.23	2.04

附表5　秩和检验表

表中列出了秩和下限 $T_1(\alpha)$ 及秩和上限 $T_2(\alpha)$ 的值

$\alpha = 0.05$								$\alpha = 0.025$							
n_1	n_2	$T_1(\alpha)$	$T_2(\alpha)$	n_1	n_2	$T_1(\alpha)$	$T_2(\alpha)$	n_1	n_2	$T_1(\alpha)$	$T_2(\alpha)$	n_1	n_2	$T_1(\alpha)$	$T_2(\alpha)$
2	4	3	11	5	5	19	36	2	6	3	15	5	6	19	41
2	5	3	13	5	6	20	40	2	7	3	17	5	7	20	45
2	6	4	14	5	7	22	43	2	8	3	19	5	8	21	49
2	7	4	16	5	8	23	47	2	9	3	21	5	9	22	53
2	8	4	18	5	9	25	50	2	10	4	22	5	10	24	56
2	9	4	20	5	10	26	54	3	4	6	18	6	6	26	52
2	10	5	21	6	6	28	50	3	5	6	21	6	7	28	56
3	3	6	15	6	7	30	54	3	6	7	23	6	8	29	61
3	4	7	17	6	8	32	58	3	7	8	25	6	9	31	65
3	5	7	20	6	9	33	63	3	8	8	28	6	10	33	69
3	6	8	22	6	10	35	67	3	9	9	30	7	7	37	68
3	7	9	24	7	7	39	66	3	10	9	33	7	8	39	73
3	8	9	27	7	8	41	71	4	4	11	25	7	10	43	83
3	9	10	29	7	9	43	76	4	5	12	28	8	8	49	87
3	10	11	31	7	10	46	80	4	6	12	32	8	9	51	93
4	4	12	24	8	8	52	84	4	7	13	35	8	10	54	98
4	5	13	27	8	9	54	90	4	8	14	38	9	9	63	108
4	6	14	30	8	10	57	95	4	9	15	41	9	10	66	114
4	7	15	33	9	9	66	105	4	10	16	44	10	10	79	131
4	8	16	36	9	10	69	111	5	5	18	37				
4	9	17	39	10	10	93	127								
4	10	18	42												

附表 6 游程检验 *R* 临界值表

表中对应于 n_1 与 n_2 的有两行数值。若 R 等于小于上行数值，或等于大于下行数值，则在 $\alpha=0.025$（单侧检验）或 $\alpha=0.05$（双侧检验）水平上判定序列为非随机的。

n_1 \ n_2	2	3	4	5	6	7	8	9	10	11	12	13	14	15	16	17	18	19	20
2											2	2	2	2	2	2	2	2	2
3					2	2	2	2	2	2	2	2	2	3	3	3	3	3	3
4				2 9	2 9	2	3	3	3	3	3	3	3	3	4	4	4	4	4
5			2 9	2 10	3 10	3 11	3 11	3	3	4	4	4	4	4	4	4	5	5	5
6		2	2 9	3 10	3 11	3 12	3 12	4 13	4 13	4 13	4 13	5	5	5	5	5	5	6	6
7		2	2	3 11	3 12	3 13	4 13	4 14	5 14	5 14	5 14	5 15	5 15	6 15	6	6	6	6	6
8		2	3	3 11	3 12	4 13	4 14	5 14	5 15	5 15	6 16	6 16	6 16	6 16	6 17	7 17	7 17	7 17	7 17
9		2	3	3	4 13	4 14	5 14	5 15	5 16	6 16	6 16	6 17	7 17	7 18	7 18	7 18	8 18	8 18	8 18
10		2	3	4	4 13	5 14	5 15	6 16	6 16	7 17	7 17	7 18	8 18	8 18	8 19	9 19	9 19	9 20	9 20

续表

n_1 \ n_2	2	3	4	5	6	7	8	9	10	11	12	13	14	15	16	17	18	19	20
11		2	3	4	4 13	5 14	5 15	6 16	6 17	7 17	7 18	7 19	8 19	8 19	8 20	9 20	9 20	9 21	9 21
12	2	2	3	4	4 13	5 14	6 16	6 16	7 17	7 18	7 19	8 19	8 20	8 20	9 21	9 21	9 21	10 22	10 22
13	2	2	3	4	5	5 15	6 16	6 17	7 18	7 19	8 19	8 20	9 20	9 21	9 21	10 22	10 22	10 23	10 23
14	2	2	3	4	5	5 15	6 16	7 17	7 18	8 19	8 20	9 20	9 21	9 22	10 22	10 23	10 23	11 23	11 24
15	2	3	3	4	5	6 15	6 16	7 17	7 18	8 19	8 19	9 20	9 20	10 21	10 21	11 22	11 22	11 23	12 23
16	2	3	4	4	5	6	6 17	7 18	8 19	8 20	9 21	9 21	10 22	10 23	11 23	11 24	11 25	12 25	12 25
17	2	3	4	4	5	6	7 17	7 18	8 19	9 20	9 21	10 22	10 23	11 23	11 24	11 25	12 25	12 26	13 26
18	2	3	4	5	5	6	7 17	8 18	8 19	9 20	9 21	10 22	10 23	11 24	11 25	12 25	12 26	13 26	13 27
19	2	3	4	5	6	6	7 17	8 18	8 20	9 21	10 22	10 23	11 23	11 24	12 25	12 26	13 26	13 27	13 27
20	2	3	4	5	6	6	7 17	8 18	9 20	9 21	10 22	10 23	11 24	12 25	12 25	13 26	13 27	13 27	14 28

附表7　斯皮尔曼等级相关系数 r_s 的上临界值 r_α 表

$P(r_s \geqslant r_\alpha) \leqslant \alpha$ $P(r_s \leqslant -r_\alpha) \leqslant \alpha$

n \ α	0.001	0.005	0.010	0.025	0.050	0.100
4	—	—	—	—	0.8000	0.8000
5	—	—	0.9000	0.9000	0.8000	0.7000
6	—	0.9429	0.8857	0.8286	0.7714	0.6000
7	0.9643	0.8929	0.8571	0.746	0.6786	0.5357
8	0.9286	0.8571	0.8095	0.7143	0.619	0.5000
9	0.9000	0.8167	0.7667	0.6833	0.5833	0.4667
10	0.8667	0.7818	0.7333	0.6364	0.5515	0.4424
11	0.8364	0.7545	0.7	0.6091	0.5273	0.4182
12	0.8182	0.7273	0.6713	0.5804	0.4965	0.3986
13	0.7912	0.6978	0.6429	0.5549	0.4780	0.3791
14	0.7670	0.6747	0.622	0.5341	0.4593	0.3626
15	0.7464	0.6536	0.6000	0.5170	0.4429	0.3500
16	0.7265	0.6324	0.5824	0.5	0.4265	0.3382
17	0.7083	0.6152	0.5637	0.4853	0.4118	0.326
18	0.6904	0.5975	0.548	0.4716	0.3994	0.3148
19	0.6737	0.5825	0.5333	0.4579	0.3895	0.307
20	0.6586	0.5684	0.5203	0.4451	0.3789	0.2977
21	0.6455	0.5645	0.5078	0.4351	0.3688	0.2909
22	0.6318	0.5426	0.4963	0.4241	0.3597	0.2829
23	0.6186	0.5306	0.4852	0.415	0.3518	0.2767
24	0.607	0.5200	0.4748	0.4061	0.3435	0.2704
25	0.5962	0.5100	0.4654	0.3977	0.3362	0.2646
26	0.5856	0.5002	0.4564	0.3894	0.3299	0.2588
27	0.5757	0.4915	0.4481	0.3822	0.3236	0.2540
28	0.566	0.4828	0.4401	0.3749	0.3175	0.2490
29	0.5567	0.4744	0.432	0.3685	0.3113	0.2443
30	0.5479	0.4665	0.4251	0.362	0.3059	0.2400

参考书目

[1]曾五一. 统计学概论[M]. 2 版. 北京:首都经贸大学出版社,2010.

[2]曾五一,肖红叶. 统计学导论[M]. 2 版. 北京:科学出版社,2006.

[3]曾五一. 统计学简明教程[M]. 北京:中国人民大学出版社,2012.

[4]曾五一,朱建平. 统计学[M]. 北京:高教出版社,2017.

[5]韦博成. 漫话信息时代的统计学[M]. 北京:中国统计出版社,2011.

[6]曾五一等. 关于进一步推动我国统计学发展的思考[J]. 统计研究. 2007(8).

[7]肖红叶. 中国经济统计学科建设 30 年回顾与评论[J]. 统计研究. 2010(1).

[8]曾五一等. 经济管理类统计学专业教学体系改革与创新[J]. 统计研究. 2010(2).